Para Queenie con mu c

MW01074332

13-oct-02

PATRICIA PASQUALI

SAN MARTÍN
CONFIDENCIAL

Correspondencia personal del Libertador
con su amigo Tomás Guido (1816-1849)

 Planeta

Diseño de cubierta: Mario Blanco y María Inés Linares
Diseño de interior: Orestes Pantelides

© 2000, Patricia Pasquali

Derechos exclusivos de edición en castellano
reservados para todo el mundo:
© 2000, Editorial Planeta Argentina S.A.I.C.
Independencia 1668, 1100 Buenos Aires
Grupo Planeta

ISBN 950-49-0478-5

Hecho el depósito que prevé la ley 11.723
Impreso en la Argentina

Agradecimientos

Es un grato deber manifestar mi reconocimiento a Miguel Unamuno, leal amigo, a quien conocí cuando ocupaba la dirección del Archivo General de la Nación, donde llevó a cabo una gestión tan fecunda como poco común que merece el justo encomio de la comunidad historiográfica. A él le soy tributaria de la instigación inicial y el estímulo permanente para la realización de esta obra.

Palabras preliminares

Cuando estaba preparando mi biografía *San Martín. La fuerza de la misión y la soledad de la gloria*, la correspondencia epistolar dirigida por el prócer a Tomás Guido, quien fuera su consecuente y dilecto amigo durante toda la segunda mitad de su vida, fue adquiriendo –a medida que iba desmenuzando el contenido de los originales– una importancia inequiparable para penetrar en el pensar y el sentir íntimos del Libertador, quien no se caracterizaba por poseer precisamente una personalidad fácilmente permeable.

En efecto, pese a su talante chispeante y locuaz de indudable sello andaluz, fueron excepcionales los casos de quienes lograron que San Martín se franqueara. Éste siempre guardó una cauta y prevenida reserva ante quienes lo rodeaban, en consonancia con una actitud análogamente recelosa que la mayoría de sus contemporáneos adoptaron para con él. "El rasgo distintivo de su carácter –afirmó Sarmiento– era la astucia y el secreto. Su pensamiento estaba herméticamente cerrado en su pecho."

Esta barrera autoimpuesta que impedía llegar al meollo de su cerebro y de su corazón, sólo fue sorteada en América por tres personas que se ganaron plenamente su confianza y fueron depositarios de sus más íntimas confidencias: José Gregorio Gómez, Bernardo O'Higgins y el citado Guido. Los tres demostraron con su imperturbable lealtad al general que éste no se había equivocado en tal selección amistosa.

El primero, su "querido Goyo", fue la persona que conquistó antes que nadie su afecto apenas regresó al Plata en 1812 y tal vez contribuyó a ello la afinidad entre ambos emanada de su común filiación masónica; era al único al que San Martín tuteaba y al que le dirigía cartas que firmaba con el informal apodo de "Pepe". El general no dudó un solo instante en designarlo su albacea en reemplazo de Manuel Escalada, cuando constató con dolorosa sorpresa la falta de probidad demostrada por su cuñado en la administración de sus bienes; finalmente, cuando la militancia de Gómez en oposición a la dictadura rosista lo convirtió en uno de los tantos proscriptos que tuvieron que emigrar del país –recuérdese que formó parte de la Comisión Argentina en Montevideo– San Martín desde su ostracismo no sólo se empeñó en recomendarlo especialmente para que fuera bien acogido en los países de Sudamérica donde conservaba influyentes relaciones, sino que en todo momento le reiteró que siempre tendría un lugar preferencial en su casa ya que debía considerar a su familia como propia.

Al segundo lo conoció en Mendoza cuando a fines de 1814 cruzó los Andes con los restos de su derrotada hueste después de la batalla de Rancagua que restableció el dominio realista en Chile poniendo fin al período de la llamada "Patria Vieja". San Martín, a la sazón gobernador intendente de Cuyo, se encargó de auxiliar a los emigrados del país transcordillerano. Simpatizó de inmediato con O'Higgins y sus seguidores, a la par que se ganó la definitiva enemistad de los hermanos Carrera y su bando. Aquél no tardó en convertirse en su compañero y eficaz colaborador en la campaña a Chile y, mientras se mantuvo en el gobierno de su patria liberada, el Libertador ejerció a través suyo una gran influencia político-militar en el país trasandino, que le permitió completar la última y esencial fase de su plan continental: la expedición al Perú. Más tarde, durante el largo ostracismo sanmartiniano, el chileno –también exiliado– se convirtió en gestor del cobro de las cuotas atrasadas de la pensión y los sueldos que el gobierno limeño debía al "Fundador de su Libertad". La estrecha relación entre ambos sólo se cortó con la muerte de O'Higgins en 1842, infausta noticia que motivó un fuerte quebranto emocional en San Martín, que lo dejó postrado varios días.

Por último, el destinatario de la rica correspondencia que publicamos fue su "Lancero amado", la mano derecha del general durante toda su campaña emancipadora. Si bien existía entre ellos un débil parentesco, su conocimiento mutuo se inició y profundizó en el seno de la Logia porteña fundada en 1812, a la que Tomás Guido se incorporó de inmediato. Pero recién cuando fue desplazado el dominio alvearista de la conducción de aquella institución secreta, la figura de San Martín comenzó a adquirir un merecido pero postergado relieve en la Revolución y su joven amigo, como oficial mayor de la Secretaría de Guerra, se convirtió desde Buenos Aires en su más útil apoyo, y en un propagandista entusiasta y elocuente de las ventajas del plan estratégico de liberación continental propiciado por el entonces gobernador de Cuyo. Y cuando, por fin, las autoridades porteñas optaron por su realización, Guido fue el colaborador imprescindible e inseparable del general hasta su súbita partida de Lima en 1822. Pese a que no alcanzó a comprender entonces la repentina actitud del Libertador y no dudó en reprocharle su abrupto alejamiento dejando su misión inconclusa, mantuvo para con él una inconmovible lealtad, actitud poco común en tiempos bolivarianos, que le ocasionó no pocos sinsabores. Pasado el intervalo de unos tres años, cuando a su regreso del Perú reanudó el contacto epistolar con su antiguo jefe autoexpatriado, pudo comprobar que la íntima amistad con que San Martín lo privilegiara no había variado un ápice; por el contrario, estaba destinada a profundizarse con la distancia. Recompensada así su noble y añeja fidelidad, la figura de Tomás Guido –más allá de su propia actuación pública, tan prolongada y fecunda– quedó instaurada ante la Historia como la del gran confidente del Libertador; y las numerosas cartas de índole personal y reservada que éste le dirigió, cuidadosamente conservadas, se han convertido en un maravilloso puente que –tendido por sobre la maraña de datos, testimonios, documentos, planteos, interpretaciones y controversias relativos a San Martín– es preciso cruzar para asomarse a la esquiva interioridad de ese ser humano que, escondido tras la pétrea y lejana imagen del Padre de la Patria, sigue siendo para muchos un desconocido.

Lo que hace que tal correspondencia adquiera ese insustituible valor, al compararla con la dirigida a los otros dos amigos mencionados, debe atribuirse a un peculiar mérito de Guido que lo distinguía de aquéllos: él fue quien –según expresión del propio general– tenía el "raro don" de hacerle romper el silencio y motivarlo a escribir "largos cartapacios", a pesar de su confesada aversión por el papel y la pluma. De allí deriva la riqueza de esas comunicaciones que sobrepasan el centenar. Actualmente se conservan encuadernadas en el Archivo General de la Nación, Sala VII, *Fondo Tomás Guido*, legajo Nº 2007 (antes 16-1-1) y abarcan temporalmente el prolongado lapso que corre entre 19 de enero de 1816 y el 9 de enero de 1849. Sólo algunas se han dado a publicidad, otras han sido citadas muy fragmentariamente o permanecen inéditas. Así, una parte de esas piezas documentales integraron la obra *Vindicación histórica. Papeles del brigadier general Guido. 1817-1820*, coordinados y anotados por Carlos Guido y Spano, editada por Carlos Casavalle en 1882. Otras se dieron a conocer en *El Centenario del brigadier general Tomás Guido 1788-1888*, libro salido de la imprenta de Tribuna Nacional en ese último año. En cuanto a las contadas de esas cartas que se incluyeron entre los diez tomos de los *Documentos del Archivo de San Martín*, recopilados por la Comisión Nacional del Centenario y publicado por Coni en 1910, se pueden comprobar diferencias más que notables al confrontarlas con sus respectivos originales. Es cierto que una mínima parte de esa disimilitud es atribuible al hecho de que se utilizaron como fuentes los borradores manuscritos del prócer obrantes en su archivo personal depositado en el Museo Mitre, comúnmente enmendables al redactar sobre su base la carta definitiva. Pero de otras disparidades son responsables los encargados de su edición, quienes no incurrieron en ellas por mero error sino intencionalmente. Las de menor cuantía son las concernientes a las modificaciones introducidas con el propósito de mejorar la redacción del prócer, suprimiendo acotaciones secundarias para allanarla o reestructurando la construcción de una oración o de un párrafo para facilitar su comprensión, aunque a veces se consigue todo lo contrario. Mucho más reprobable resulta la eliminación de las expresiones juzgadas subidas de tono: aun las más leves no se dieron a la luz sin ser antes elegantemente transformadas. De forma tal que si San Martín había escrito "todo se irá al diablo" –expresión harto frecuente en él–, en la versión para el público se la trocaba por "todo se frustrará". Ya podrá imaginarse, con ese solo y ligero ejemplo, la ridícula censura de que serían objeto los naturales y humanos exabruptos del general. ¿Cómo admitir que exclamase indignado "¡Carajo con nuestros paisanitos!" o que, abrumado por sus tareas, se quejase hablando de sí mismo en tercera persona "¡Y todo lo tiene que hacer este hijo de puta!"? De ninguna manera. Los sacrosantos labios del prócer máximo de los argentinos, convertido en rígido maniquí, sólo debían pronunciar en tono circunspecto y pontificador sentencias para la posteridad. Pero estas correcciones, enderezadas a un puntilloso y significativo ciudado de las formas, con ser de por sí condenables –¿o acaso no constituía la peor de las irreverencias atreverse a enmendarle la plana al Libertador?–, no constituyen lo peor de ese execrable manipuleo. Más reprochables resultan sin duda las supresiones y cambios que afectan el contenido de las cartas, llegando incluso a desvirtuar su sentido; para no mencionar esos detestables puntos suspensivos destinados a silenciar toda referencia incómoda, que no era conveniente divulgar. Tales omisiones se extienden, en general, a cualquier alusión que pudiera resultar demasiado íntima, personalizada, controvertida o escabrosa –obviamente, todo ello así juzgado desde los estrechos parámetros mentales operantes en la cuestionada selección.

Más tarde, cuando Ricardo Guido Lavalle publicó en 1917 *El general don Tomás Guido y el paso de los Andes* utilizó el mismo material documental, ya dado a publicidad anteriormente por Guido y Spano. En cambio, unas pocas más de ese voluminoso conjunto de cartas inéditas –esta vez sin mutilaciones, ni enmiendas– conformaron el apéndice de la obra de Felipe Barreda Laos, *General Tomás Guido. Revelaciones históricas*, aparecida en 1942. Posteriormente, varios autores como Carlos Ibarguren, Ricardo Piccirilli, José Luis Busaniche, entre otros, e inclusive yo misma utilizamos esa correspondencia, citándola parcialmente.

En consecuencia, dada la potencialidad encerrada en ese valioso epistolario, se echaba de menos su publicación en forma integral y fidedigna, la que además de ser de utilidad para los especialistas, sobre todo debe cumplir la esencial función de concitar y a la vez saciar un legítimo y patriótico interés por descubrir a través de su lectura al San Martín real, vivo, íntimo: el que contaba cuentos o anécdotas con proverbial salero: "Tenga V. presente lo de la monja que estuvo 500 años en el purgatorio por cinco lentejas que desperdició al tiempo de limpiarlas"; el que se encandilaba con los "bellísimos y destructores ojos" de una mujer, el de la incontenible socarronería anticlerical, el que ironizaba y gastaba bromas. Pero también el que identificó su vida con la misión libertadora que se propuso cumplir a todo trance, el hombre que llegaba al borde de la desesperación por la prevención que sentían hacia él sus paisanos: "¡maldita sea mi estrella que no hace más que promover desconfianzas!", el que supo sobreponerse al desaliento causado por la cadena de obstáculos que tenazmente se anteponían al cumplimiento de su misión, el que mellado por las calumnias que tuvo que soportar en el curso de la Revolución estuvo a punto de tornarse un misántropo: "sí, mi amigo, porque para un hombre de virtud he encontrado dos mil malvados". Y ya en el tiempo del ostracismo voluntario, el que velaba permanentemente por conservar a salvo la libertad de su América, convertida para él en un "tormento perpetuo" a la distancia; el que aun viviendo cómodamente en Bruselas o en París no podía dejar de admitir que "mi alma siente un vacío, ausente de mi patria"; el de los juicios contundentes emitidos sin cálculo ni retaceos sobre Bolívar, Rivadavia, Rosas y tantos más; el lúcido analista de la política europea y de los sucesos del Plata, el de los certeros y asombrosos vaticinios –emanados, no del don profético, sino de esa rara sabiduría, que siempre orientó su conducta, aun cuando ésta resultaba extraña e incomprensible para los demás–; el que sin dejar de ser nunca profundamente liberal en sus principios, pero asqueado de los "demagogos" y ateniéndose a la coyuntura política concreta de su tiempo no dudó en expresar sin eufemismos su opinión favorable a la entronización de gobiernos "vigorosos; más claro, despóticos", concebidos como mal menor frente a la aniquiladora anarquía que imposibilitaba la organización estable de los nuevos Estados hispanoamericanos; el de la reacción indignada frente a la infundada agresión anglofrancesa; el que sintió arder su sangre de orgullo al comprobar en la acción de la Vuelta de Obligado que "los argentinos no son empanadas que se comen sin más trabajo que el de abrir la boca"; el que siguió con actitud expectante y recelosa las subsiguientes negociaciones diplomáticas porque "yo soy como las mulas chúcaras que orejean al menor ruido, es decir, que estoy sobre el quién vive de todo lo que viene de Inglaterra"; en fin, el que no podía dejar de sentir la soledad que precedió a su gloria al reflexionar con nostalgia a sus "64 navidades": "30 años han transcurrido desde que formé mis primeras amistades y relaciones en Buenos Aires y a la fecha no me queda un solo amigo".

Estoy profundamente persuadida de que el mejor homenaje que, como historiadora y sanmartiniana, puedo rendirle a la memoria del Libertador al cumplirse el sesquicentenario de su fallecimiento es el de procurar que los argentinos conozcan de cerca, vívidamente y sin intermediarios, a quien fue todo un héroe –por su probada capacidad para realizar hazañas, según reza el diccionario– pero también un gran hombre –pues ambas condiciones no se presuponen recíprocamente–, que a través de estas cartas exentas de toda pátina de bronce resulta más creíble y, precisamente por eso, mucho más próximo y entrañable.

PATRICIA PASQUALI
Rosario, junio de 2000

INTRODUCCIÓN

Para que se pueda sacar el máximo provecho posible de la lectura de esta correspondencia, se ha considerado conveniente –además de modernizar la ortografía original– agruparla en ocho partes diferenciadas por las temáticas históricas predominantes que guardan correlación con el orden cronológico. Cada una de ellas incluirá un análisis que sirva de introducción y a la vez permita seguir la ilación del proceso, facilitando la inserción de las piezas documentales en el contexto que les da sentido. Asimismo se tratarán de enfatizar las cuestiones medulares que ellas abordan y realizar las aclaraciones pertinentes acerca de los sucesos y personajes aludidos que resulten relevantes para su más acabada comprensión.

Antes de interiorizarnos de su contenido, es imprescindible explicitar, aunque sea en forma concisa, el cuadro de situación de la época y el posicionamiento de nuestro protagonista en él.[1]

SOSPECHAS EN TORNO A UN ENIGMÁTICO REGRESO

Nacido accidentalmente el 25 de febrero de 1778 en la Yapeyú posjesuítica donde su padre Juan de San Martín se desempeñaba como teniente go-

---

[1] Para no extendernos demasiado en el relato, ni atiborrar el texto con citas eruditas –sólo se incorporarán las que resulten imprescindibles–, que no corresponden a la índole de esta obra, remitimos al lector interesado en profundizar algunos aspectos de las temáticas que aquí abordamos en forma sintética y conceptual a nuestra obra biográfica: *San Martín. La fuerza de la misión y la soledad de la gloria*, Buenos Aires, Planeta, 1999, 460 págs., donde podrá encontrar, además del desarrollo ampliado de las cuestiones aquí someramente planteadas, una minuciosa referencia de las fuentes documentales y bibliográficas sobre las que basamos nuestro análisis.

bernador de uno de los cuatro distritos en que habían quedado divididas las antiguas misiones, destino que como militar y funcionario de la Corona se le asignó, entre otros, durante los veinte años de su estadía en América; José Francisco –el menor de cinco hermanos, una mujer y cuatro varones– permaneció allí tres años y otros tantos en Buenos Aires; hasta que a fines de 1783, en cumplimiento de una disposición real que ordenaba la restitución de don Juan a España por incluírselo en la nómina de oficiales excedentes en los cuadros coloniales, debió trasladarse allí con su familia, la que nunca más retornaría a América. Así pues, sin haber alcanzado a echar raíces en este suelo, los años decisorios de la formación personal y profesional de San Martín fueron los veintisiete subsiguientes transcurridos en la península. No es extraño entonces que cuando en 1812 regresase al Plata, solo, siendo ya un militar veterano en la mitad de su vida, no conservara nexo alguno tangible con la sociedad porteña en la que debía insertarse. Apareció ante ella de improviso, sin familia ni relaciones, sin antecedentes conocidos ni medios de fortuna: como un absoluto desconocido. En ese incierto "volver a empezar" por el que había optado conscientemente, sólo contrapesaba su desvalimiento social la contenedora solidaridad juramentada de sus compañeros logistas, que –como él– habían cruzado el Atlántico con el propósito de sumar su apoyo al movimiento emancipador hispanoamericano iniciado dos años atrás, justo cuando éste comenzaba a entrar en crisis ante la triunfante reacción absolutista que, al anunciar el ocaso napoleónico en Europa, presagiaba el recrudecimiento de la acción represiva de la insurgencia colonial indiana.

Puede decirse entonces que el punto de partida de San Martín en la carrera de la Revolución fue relativamente desfavorable. Una cadena de disgustos y postergaciones sería la previsible consecuencia de su precaria e inestable situación inicial, pero fueron otros sinsabores los que lograrían mellarlo más hondamente: esas gratuitas habladurías sobre los supuestos designios ocultos de su viaje.

En efecto, pese a que por su idoneidad y experiencia castrense, su concurso en una guerra hasta entonces conducida por militares improvisados era de vital importancia y terminaría por resultar casi providencial; fueron muchas las sospechas que su persona despertó en el ambiente ajeno y suspicaz de su suelo natal. Los más diversos corrillos de aldea comenzaron a circular apenas se tuvo un somero conocimiento de sus antecedentes.

Contaba con veintidós años de servicios en el ejército español y todos sus hermanos continuaban militando en él: ¿no sería un godo encubierto que pretendía infiltrarse en las fuerzas criollas para traicionarlas cuando una ocasión propicia se presentase? Había sido amigo personal y revistado bajo las órdenes del general Solano, alevosamente masacrado en las calles de Cádiz por su supuesto afrancesamiento, y más tarde se había convertido en primer ayudante del general Coupigny, oriundo de Artois, además de admirar y estar adiestrado en la moderna táctica de guerra francesa: ¿y si se tratase de un agente de Napoleón? Precisamente, una denuncia de ese tenor no tardó en llegar hasta la cancillería metropolitana. Tampoco dejó de llamar la atención ese sable corvo que ostentaba, al estilo del usado por los corsarios ingleses, adquirido en Londres, donde había pasado los últimos tres meses antes de embarcarse en la *George Canning* con destino al Plata. ¿Acaso fuera un espía británico?

Lejos de pasar desapercibidas, esas dudas –ostensibles hasta en los mismos integrantes del gobierno que aceptó el ofrecimiento de sus servicios– continuarían mortificando profundamente a San Martín, pues no lograría desvanecerlas del todo ni aun después de acreditar con hechos irrefutables su sincera y total entrega a la causa independentista de América.

HOMBRE-MISIÓN

Tales desconfianzas –cuya falta de fundamento el tiempo y su propia conducta se encargarían de demostrar de modo irrefutable– no parecían completamente descabelladas en el momento inicial de su arribo teniendo en cuenta su singularísima situación. Él no era uno de los tantos americanos que se hallaban circunstancialmente de paso por la metrópoli cuando se produjo el estallido revolucionario, al que adhirieron naturalmente sin siquiera pensarlo en virtud de ese visceral e irrenunciable vínculo con la tierra a la que se pertenece. Pero ¿cómo podía "sentir" que su patria era América quien sólo había habitado en ella sus seis primeros años de vida? Sus padres eran nativos de España, allí crecieron y murieron; sus hermanos permanecieron en la península sin considerar nunca como propio aquel lejano suelo en el que por azar habían nacido. Hasta el delator acento andaluz de San Martín era el indeleble sello del lugar donde se había criado, donde había recibido la primera instrucción, donde había comenzado a dejarse fascinar por la exactitud de las matemáticas y a detestar el latín, donde había descubierto su destreza para el dibujo y le había tomado ese especial gusto a pulsar la guitarra que lo indujo a tomar lecciones con el famoso compositor Fernando Sors. En aquella soleada tierra mediterránea, desde los once años su existencia había transcurrido en los cuarteles y durante más de dos décadas se había forjado en el culto del deber como buen militar español. ¿Cómo explicar que ese fogueado oficial de treinta y cuatro años y recomendable actuación, en el concepto de sus superiores que accedieron a su solicitud de retiro, se pasase a las filas de los insurrectos de allende el océano sin que ese acto pesase en su conciencia como una traición? Sin duda se trataba de un viraje atípico, como atípicas eran también la índole del protagonista y sus circunstancias. En tal sentido debe orientarse la indagación del acuciante por qué de ese movimiento de ruptura o punto de inflexión que le permitió a San Martín salir de la nada de su regular existencia y atreverse a ser lo que sus principios le imponían que fuese, transgrediendo lo esperable. Sin duda ello debió ser el fruto de una deliberación consciente más que de un arrebato emocional, por otra parte, ajeno a su temperamento.

Inmerso en un tiempo de cambio, signado por la lucha de las fuerzas liberales contra el absolutismo y la dependencia colonial, el aprendizaje variado y fructífero que le deparó su larga formación de militar de carrera fue modelando a San Martín como un conductor en potencia pero sin chance de realización en el escenario peninsular, no sólo porque el último bastión de la resistencia a la invasión napoleónica había quedado reducido al territorio gaditano, sino porque además la estructura orgánica del ejército español estaba todavía fuertemente influida por la tradición estamental, que vedaba el acceso a las más altas graduaciones a aquellos oficiales que, como en su caso, por más meritorios que fueran, carecían de la condición nobiliaria. De allí el contraste entre el registro de su actuación contenido en sus fojas de servicios que reflejan una trayectoria relativamente mediocre y las excepcionales dotes tácticas, de organización y de mando que exhibió posteriormente en su fase de Libertador. Y ello se explica porque pese a su origen modesto e indiano había logrado sortear en parte las trabas de la burocracia castrense e introducirse en el Estado Mayor en virtud de la particular distinción que hicieron de él sus superiores convirtiéndolo en su hombre de confianza y deparándole un trato amistoso poco común para quien no pasaría de ser en los papeles capitán efectivo y teniente coronel graduado en condición de "agregado", es decir, de oficial excedente y sin destino, añadido a la lista de un regimiento –en su caso el de Caballería de Borbón, como antes lo había sido el de Voluntarios de Campo Mayor– al sólo efecto de recibir su paga.

No debió ser ajena a esa peculiar y ambivalente situación de San Martín la activa influencia de la masonería, extensamente infiltrada en los cuadros del ejército, en concordancia con la intensa campaña de propaganda implementada por la Francia revolucionaria y luego imperial para difundir allende los Pirineos los ideales de libertad, igualdad y fraternidad que le servían de bandera. Sin duda, la participación en las logias de la Orden operó como un canal alternativo al oficial para alcanzar un mejor posicionamiento castrense. No parece casual que desde que en 1808 fuera iniciado en la Logia Integridad de Cádiz, de la que su ya mencionado superior el general Francisco María Solano, marqués del Socorro y Capitán General de Andalucía, era venerable maestro, comenzara a ocupar empleos más espectables que los hasta entonces desempeñados. Poco después se afilió a la Logia Caballeros Racionales Nº 3, en la que recibió el tercer grado de la masonería simbólica, es decir, el de maestro masón, convirtiéndose simultáneamente en inseparable edecán del general Antonio Malet, marqués de Coupigny, y secundándolo llegó a introducirse hasta en el cuartel general del mismísimo Wellington, cuando el estratega británico –final vencedor del Gran Corso– tuvo a su cargo la defensa de Portugal.

Pero en San Martín la formación masónica no fue sólo un vehículo de valimiento para avanzar en su capacitación profesional, sino que adquirió un valor que trascendió ese objetivo utilitario y coyuntural: los principios liberales propagados por la institución secreta calaron muy hondo en su pensamiento, oficiaron de pilares constitutivos de su personalidad y orientaron su conducta hasta el final de sus días. Espíritu libre y universalista, de vigorosa racionalidad, asfixiado en una España que prácticamente había desaparecido como Estado soberano, sin ser afrancesado, ni juntista y mucho menos absolutista, comenzó a intuir en él el germen de algo grande destinado a malograrse en aquel estrecho escenario; mientras América, sobreponiéndose a la larga enajenación colonial, había comenzado también a luchar por afirmar su propia identidad. En el marco de ese significativo paralelismo de replanteo existencial, individual y comunitario a la vez, ¿cómo podía San Martín soslayar el amplio campo que abría a su noble ambición aquel suelo casi olvidado de su primera niñez cuando Europa parecía predestinada a que dominasen cada vez más las fuerzas de la reacción y el despotismo? En tales circunstancias, no le costó demasiado reconocer su verdadero puesto de lucha, para el que sin saberlo se había venido preparando durante dos décadas: aquél estaba junto a esos pueblos anhelantes de libertad del otro lado del Atlántico. Ésa era la Patria que quería, podía y debía contribuir a forjar con su espada, pues simbolizaba el ideal por el que creía que valía la pena luchar. Contribuir a desaherrojarla de sus cadenas sería para él desde el momento de su crucial decisión una especie de desafío personal. La íntima simbiosis de su propio ser con la misión a cumplir, que lo haría autodefinirse como un "instrumento de la justicia", fue lo que dio unidad de sentido a toda su vida, aunque llevara implícita la suprema exigencia de una incondicional entrega, que todo lo supeditaba al triunfo de aquel cometido.

Esa convicción fue la que retempló su espíritu en los momentos de prueba, haciendo que su fortaleza moral terminara siempre sobreponiéndose a la tentación, que más de una vez lo asaltó, de abandonarlo todo, para vivir en paz como el más oscuro y común de los mortales. Pero, aunque despotricara y maldijera, en el fondo San Martín sabía que no tenía alternativa: "serás lo que hay que ser, si no eres nada", fue su famosa sentencia estoica, apenas una pálida verbalización de la fuerza de su sino.[2]

[2] Cfr. Patricia Pasquali, *"San Martín: el hombre y la misión"*, en *Todo es Historia*, Buenos Aires, agosto de 2000, N° 399.

Inexorablemente, tendría que padecer el relegamiento, la maledicencia, la ingratitud, la incomprensión y el aislamiento; y lo haría con la serena sobriedad y el reconcentrado autodominio que sólo poseen las personas confiadas en la solidez de sus méritos laboriosamente adquiridos, desdeñosas de los fulgurantes pero efímeros beneficios proporcionados por los golpes de suerte, ejercitadas en la virtud de la paciencia a la espera de la oportunidad propicia que lo orientara a la meta propuesta y munidas de una voluntad de hierro para no desviarse del camino conducente al triunfo de una causa confundida con el propio destino. Sólo excepcionalmente y en la intimidad de la confidencia con su amigo Guido, el general se permitiría el necesario desahogo que reprimía ante los demás, haciéndolo partícipe de sus angustias, sus preocupaciones, sus quejas, su malhumor, además de sus agudas observaciones. Pero ¿quién era y qué actuación había tenido Tomás Guido antes de encontrarse con el Libertador y convertirse en su compañero y confidente? Había nacido en Buenos Aires el 1° de setiembre de 1788, en el seno de una familia de peninsulares de posición relativamente acomodada radicada en la ciudad puerto. Tomó cursos de latinidad y filosofía en el Colegio de San Carlos, donde fue condiscípulo de Esteban de Luca y de Manuel Dorrego, convirtiéndose en un entusiasta del estudio de los clásicos que se solazaba citando de memoria a Virgilio y Horacio. Por su vivaz inteligencia gozaba de la predilección del más conocido maestro de la época, don Marcos Alcedo; y estaba a punto de partir hacia Madrid junto a su tío el comandante general de ingenieros José Cáceres para completar sus estudios, cuando sobrevino la invasión inglesa de 1806-1807 que frustró su viaje y lo llevó a empuñar las armas. En esas jornadas épicas, se alistó en uno de los tercios urbanos y combatió como soldado del batallón de Miñones comandado por Jaime Llavallol. Tras ese episodio bélico, el joven Guido ya no volvió a pensar en trasladarse a España y su atención fue absorbida por la lectura de los filósofos del siglo XVIII: Voltaire, Diderot, Volney, Raynal, Montesquieu, aunque lo sedujo particularmente Rousseau y su famoso *Contrato Social*, convertido en verdadero evangelio de la generación ilustrada a la que pertenecía. Mientras tanto, se desempeñaba como oficial del Tribunal Mayor de Cuentas, demostrando un alto grado de talento y dedicación, según consta en el informe elevado a la superioridad por el visitador Diego de la Vega.[3] Ya

---

[3] Cfr. Augusto G. Rodríguez, *"Tomás Guido: una vida al servicio de la Patria"*, en *Boletín de la Academia Nacional de la Historia,* Buenos Aires, 1967, N° 39, pág. 113.

iniciada la crisis de la monarquía española destinada a complicarse irreversiblemente con la ocupación francesa del territorio peninsular y la usurpación del trono por Bonaparte, el joven Tomás fue introducido por su mentor, el doctor José Darragueira, en los conciliábulos secretos de los patriotas conjurados que tenían por meta la emancipación. Llegó por fin el momento esperado y en las jornadas de Mayo Guido formó parte de "los decididos" o "chisperos", es decir, de esa "mozada de resolución" que bien armada se había enseñoreado de la plaza de la Victoria amedrentando a los godos. Apenas instalada la Primera Junta, se lo empleó como oficial de la Secretaría de Gobierno, departamento de Estado del que era titular el doctor Mariano Moreno, lo que le permitió estar en estrecho contacto con el brillante y fogoso secretario de aquel inaugural gobierno patrio, convertido en verdadero cerebro y motor de la Revolución. Pero éste no tardó en ser desplazado de la conducción gubernativa por la facción moderada opuesta a la drasticidad de sus procederes, enviándolo en misión diplomática ante las cortes de Brasil y Londres para desembarazarse de él. El 2 de enero de 1811 se determinó que Guido junto con Manuel Moreno, hermano del plenipotenciario, lo secundasen en su gestión en calidad de secretarios. El 24 de ese mes zarparon a bordo de la fragata inglesa *La Fama*. Sabido es que el controvertido comisionado murió misteriosamente en ultramar el 4 de marzo. Sus acompañantes al llegar a Londres entablaron relaciones con otros americanos partidarios de la independencia. Moreno permaneció en su lugar de destino, pero la escasez de recursos obligó a su compañero a emprender el retorno. ¿Fue durante esa fugaz estadía en la capital británica cuando este último tuvo su primer contacto con San Martín? Así se lo sostuvo tradicionalmente.[4] Sin embargo, se ha probado en forma indubitable que ambos se desencontraron por un escaso desfasaje de tiempo entre la partida de uno y la llegada del otro.[5]

[4] BARTOLOMÉ MITRE, en su clásica obra *Historia de San Martín y de la Emancipación Sudamericana*, Buenos Aires, 1887, tomo II, pág. 180, refiere: "Tomás Guido, empleado diplomático en 1811 en Londres, conoció allí a San Martín y junto con él se afilió en la Logia de Miranda, matriz de la de Lautaro". FELIPE BARREDA LAOS, en su obra ya citada, adhiere a este criterio y ratifica esa versión en un artículo muy posterior: *"Centenario del General Tomás Guido, personalidad prócer de la era sanmartiniana en Chile y Perú"*, en *Boletín de la Academia Nacional de la Historia*, Buenos Aires, 1967, N° 39, págs. 118-134, basándose en el criterio de autoridad de Mitre y en el hecho de haber recibido éste informaciones personales directas del mismo Guido, además del general José Matías Zapiola y del doctor Manuel Moreno.

[5] Cfr. RICARDO PICCIRILLI, *"¿San Martín conoció a Guido en Londres?"*, en *Investigaciones y Ensayos*, Buenos Aires, Academia Nacional de la Historia, 1967, N° 3, págs. 121 y siguientes.

En efecto, a mediados de agosto de 1811 y a pedido de Moreno, el ministro inglés William Hamilton le escribió al embajador de SMB en Río de Janeiro, lord Strangford, para recomendarle a Guido que se encontraba ya próximo a partir en el primer barco que saliera hacia Brasil. Así lo hizo a fines de ese mes, arribando a Río el 25 de octubre. Por otro lado, desde mediados de ese año y cuando en Cádiz ya era uniforme el clamor por sofocar *manu militari* la insurrección americana, la Caballeros Racionales Nº 3 preparaba furtivamente la partida hacia Londres de la camada de oficiales logistas con destino final al Plata. No puede descartarse que Guido haya alcanzado a encontrarse con algunos de ellos, pero no con San Martín pues éste no optó por la salida subrepticia sino que solicitó formalmente su retiro del ejército alegando la necesidad de marchar a Perú para cuidar de unas fantasmagóricas propiedades, lo que le fue concedido en setiembre y sólo a fines de ese mes salió de España, para hacer después escala en Portugal, cuando ya Guido cruzaba el Atlántico. Así pues, mientras éste avistaba las costas brasileñas, aquél arribaba a Londres, donde se reunió con sus cofrades y con otros americanos ya iniciados en la llamada "Casa de los Venezolanos", que había servido de residencia hasta pocos meses atrás al Precursor caraqueño Francisco Miranda y adonde había ido a buscarlo Simón Bolívar con quien retornó a su patria para ponerse a la cabeza del movimiento revolucionario. Allí San Martín fue ascendido al quinto y último grado y junto con Alvear, Zapiola, Mier, Villaurrutia y Chilavert –por mandato de la Nº 3, que había quedado bajo la dirección del presbítero porteño Ramón Eduardo Anchoris– fundaron a fines de octubre otra filial de los Caballeros Racionales distinguida con el Nº 7 y presidida por Luis López Méndez, cuya misión era servir de nexo con las otras sociedades, a la vez que brindar refugio a los amigos que lograran escaparse de Cádiz. Inmediatamente se incorporó a ella Manuel Moreno, quien en enero de 1812 le notificaba a Guido: "Después de tu salida he escrito a Buenos Aires por varias ocasiones y actualmente lo hago por el *George Canning* en que se dirigen los amigos Larrea, Aguirre, Zapiola, Alvear, Vera, Chilavert y otros cuantos oficiales escapados de Cádiz".[6] Es claro que si no mencionaba expresamente a San Martín, quien quedaba así englobado en el último y anónimo grupo, era porque –a diferencia del resto de sus coterráneos– no se hallaba familiarizado ni con su persona, ni con su

---

[6] Cit. en: RICARDO PICCIRILLI, *San Martín y la política de los pueblos*, Buenos Aires, Gure, 1957, pág. 113. Disentimos, no obstante, con este autor cuando interpreta la ausencia de la mención de San Martín en el referido párrafo en el sentido de que tampoco Moreno lo habría conocido en Londres.

nombre. En tanto, el destinatario de esta carta, ya de regreso en su ciudad natal, volvió a prestar servicios como oficial de número en la Secretaría de Estado, por disposición del 1° de setiembre de 1812. Recién entonces trabaría sus primeros contactos con ese primo lejano cuya existencia ignoraba, recalado en el Plata pocos días después que él y con el que confraternizaría cada vez más en el seno de la nueva logia porteña, cuya misión era la de trabajar por la independencia.

La dura lucha por conquistar un lugar en la Revolución

Si San Martín logró sortear parcialmente las reticencias que suscitó a su arribo fue gracias a la influencia de su munificente y linajudo cofrade y camarada de armas Carlos de Alvear, a quien había conocido como venerable de la Logia N° 3. También a ese rumboso personaje le tocaría dirigir la flamante filial de la organización secreta que establecieron en Buenos Aires a mediados de 1812 y que en octubre del mismo año quedó dueña del poder, demostrando con ello la eficacia de su sigiloso accionar. [7]

[7] No nos referiremos a dicha asociación secreta con el tradicional nombre de "Logia Lautaro", que por mero hábito historiográfico se le sigue asignando, porque él corresponde en verdad a su segunda fase, cuando a la caída del alvearismo fue reorganizada bajo la influencia de San Martín en 1816. Lappas, el tradicional historiador de la masonería, ha demostrado que la logia fundada en 1812 bajo la presidencia de Alvear, acompañándolo San Martín, Zapiola, Chilavert, Holmberg, Vera, Arellano, Terrada, Zufriátegui, Moldes, Matheu, Iturribarría, R. Larrea, Pinto y Julián Álvarez, recibió la misma denominación que las otras filiales, es decir, la de Logia de Caballeros Racionales N° 8 (recuérdese que venían de fundar en Londres la N° 7), lo que se corrobora por el hecho de que luego de la rendición de la plaza realista de Montevideo en 1814, Alvear fundó allí la Logia Caballeros Racionales N° 9, que luego cambió su nombre por el de Caballeros Orientales. Otra evidencia la proporciona el texto de los interrogatorios realizados por la Comisión Civil de Justicia creada en 1815 para juzgar a los partidarios alvearistas caídos en desgracia. La pregunta n° 29 dirigida a Larrea se formula así: "si sabe o tiene noticias de una sociedad privada que con el título de Racionales u otro se hubiese establecido por algunos americanos en Cádiz, o en Londres y después en ésta". El acta original se encuentra en el Archivo General de la Nación, Sala X, 7-3-5 y fue reproducida en la obra *Biblioteca de Mayo*, Buenos Aires, Senado de la Nación, 1960/1963, tomo XIII, aunque trocando la palabra "racionales" por "nacionales". Cfr. Alcibíades Lappas, *"San Martín y las Logias"*, en *La Nación*, Buenos Aires, 25 de febrero de 1978. Add. *San Martín y su ideario liberal*, Buenos Aires, Símbolo, 1982.

A través del patrocinio de ese joven audaz y ambicioso, que lo recomendó a las autoridades rioplatenses, avalando con su atendible palabra la larga trayectoria y la relevante capacidad militar de San Martín, éste pudo comenzar a revistar como teniente coronel en el Ejército revolucionario. Alvear lo introdujo también en la alta sociabilidad porteña: no por casualidad él y su mujer, Carmen Quintanilla, fueron testigos del rápido y ventajoso matrimonio que contrajo su maduro protegido con María de los Remedios Escalada, codiciada niña casadera, no sólo por su agraciado aspecto sino por ser la hija de uno de los hombres más acaudalados de Buenos Aires.

Una vez que hubo así afirmado su pie en la sociedad y el ejército porteños, con perseverancia y sin estridencias, San Martín comenzó a cimentar su prestigio con su obsesiva contracción a la tarea de adiestramiento del Regimiento de Granaderos a Caballo que se le había encomendado formar, destinado a oficiar de unidad modelo, convirtiendo el Cuartel del Retiro en su segundo hogar. Tanta dedicación y eficiencia fue coronada por la victoria obtenida por ese cuerpo en su bautismo de fuego de San Lorenzo el 3 de febrero de 1813, combate en el que su comandante, ya ascendido a coronel, arriesgó temerariamente su vida al ser el primero en poner el pecho a las balas, con la intención no sólo de dar con el ejemplo de su arrojo la última y más elocuente lección a sus soldados sino para probar, de una vez por todas, su sincera y total adhesión a la causa de la Patria. En otras circunstancias y de no mediar tal premeditación, semejante exposición física habría resultado inexplicable, pues era inadmisible que un oficial de su formación incurriese en el error de descuidar tan ostensiblemente su elemental deber de preservarse como conductor responsable de la acción.

Pero apenas comenzó a evidenciarse que el potencial militar de San Martín iba mucho más allá del papel, útil pero secundario, de oscuro instructor de tropas que la Logia le había asignado, instrumentalizada como estaba en función de la voraz ambición de poderío de Alvear; éste no tardó en trocar su pródigo padrinazgo en sorda emulación. Se propuso neutralizar cuanto antes a quien empezaba a asomar como posible competidor de los laureles que apetecía obtener en forma exclusiva. El progresivo desplazamiento del comandante de granaderos quedó desde entonces decretado, lo que pareció correr paralelo a la postergación del propósito independentista.

A los quince meses de su regreso a Buenos Aires, Alvear no sólo dominaba aquella sociedad secreta y controlaba la Asamblea General Constituyente del año XIII –convocada por el segundo Triunvirato, surgido de la llamada "revolución del 8 de octubre de 1812" provocada por los civiles y militares logiados–, sino que además había batido el récord de las promociones castrenses ascendiendo en ese corto lapso nada menos que cinco grados: de teniente a coronel. Así, en virtud de la más descarada arbitrariedad, el imberbe niño mimado de virginal espada quedó nivelado militarmente con San Martín. En tanto, a este último se lo desligó de hecho de los escuadrones de granaderos a caballo que tan cuidadosamente había preparado y que se hallaban dispersos en diversos puntos de la costa bonaerense, mientras se lo nombraba comandante en jefe de todas las fuerzas disponibles en la ciudad "en caso de ataque o invasión", cargo altisonante pero precario por cuanto el ejercicio de tal autoridad estaba supeditado a la concreción de la circunstancia especificada, y al que San Martín insistió en renunciar. Últimamente había venido verificando que sus consejos y solicitudes no encontraban eco en el gobierno. Sus sugerencias eran desatendidas o pospuestas, por dársele prioridad al arma de infantería encargada al cuidado de Alvear. Tal supeditación por desacertada que fuera no podía extrañarle, pues ya no contaba con ninguna influencia directa en el Ejecutivo, desde que en agosto se había reemplazado al triunviro Álvarez Jonte, que respondía a su tendencia, con Gervasio Posadas, tío de Alvear; y un mes más tarde se consolidaba en el Ejecutivo la fracción que le era opuesta con el ingreso de Larrea. Eran claros indicios de la puesta en práctica de una táctica de aislamiento que buscaba generar el vacío en torno a San Martín, forzando el alejamiento de sus hombres de confianza. No por casualidad, unos meses atrás un opaco coronel como Tomás Allende había reemplazado en el desempeño interino de la Secretaría de Guerra a su activo y eficiente amigo Tomás Guido, quien luego de ser relevado de ese cargo, no tardó en ser enviado a Charcas para acompañar en carácter de secretario al nuevo presidente de esa gobernación intendencia, el coronel Francisco Antonio Ortiz de Ocampo, hasta entonces jefe natural del Regimiento de Infantería N° 2, desplazado de su comando con el solo objeto de que Alvear pudiera tomar su puesto.

Finalmente, la comprometida situación por la que entonces atravesaron las armas patriotas ofrecería al alvearismo una inmejorable y oportuna excusa para desembarazarse lisa y llanamente de la molesta figura de San Martín. En efecto, el avance del ejército aliado anglo-hispano contra los franceses en la península, iniciado a mediados de 1812, resultaría incontenible: en agosto se levantó el sitio de Cádiz y el 21 de junio de 1813 Wellington obtenía un contundente triunfo en Vitoria que obligó al repliegue de los invasores, quienes terminaron evacuando el territorio español. A fines de ese año Fernando VII fue restaurado en el trono y, a la par de suprimir las libertades constitucionales conquistadas por los españoles en su ausencia, comenzó a armar una expedición punitiva de más de 10.000 hombres al mando de Morillo destinada a sofocar el alzamiento de sus súbditos de allende el Atlántico. Como avanzada de la misma, que se presumía enfilaría hacia el Río de la Plata, arribaron unos 2.500 efectivos al foco realista de Montevideo, destinado a oficiar como cabeza de puente en el ataque a la capital revolucionaria del sur. Pero no era sólo esa amenaza exterior la que preocupaba en el flanco oriental de la guerra, sino el ahondamiento de la disidencia interna en el litoral: la del federalismo artiguista, que para 1814 ya había desembocado en abierta guerra civil, justo cuando parecía cada vez más inminente la contraofensiva realista. No resultaba más alentador el panorama que presentaba la lucha en el frente septentrional. Allí los logros obtenidos por el Ejército del Norte al mando del general Belgrano en las batallas de Tucumán y Salta, se revirtieron en territorio altoperuano –repitiéndose así lo acontecido en la anterior campaña que, iniciada con la victoria de Suipacha, concluyó con la derrota de Huaqui–, siendo sucesivamente vencida aquella sufrida hueste en los encuentros de Vilcapugio y Ayohuma a fines de 1813.

El gobierno revolucionario de Buenos Aires debía, pues, contener el avance del enemigo por el norte y en una carrera contra el tiempo hacer un esfuerzo supremo para tomar Montevideo, con el fin de anular esa base natural de desembarco y reaprovisionamiento de la expedición que se preparaba en Cádiz. Si tal era el desafío militar generado por tan críticas circunstancias, en el plano político ellas oficiaron de marco propicio para la concentración del poder auspiciada por los adláteres de Alvear, quien en diciembre de 1813 asumió la comandancia general de armas de la capital. Y en enero de 1814 la Asamblea –limitada únicamente a convalidar los actos del poder ejecutivo– creó el cargo de Director Supremo para cuyo desempeño fue elegido "por unanimidad de sufragios" el tío Posadas. Para entonces ya San Martín había partido de Buenos Aires en cumplimiento de la orden de auxiliar a Belgrano y pronto se encontró ante el espectáculo desolador de un ejército harapiento y vencido, replegado a Tucumán y acechado por el enemigo. Se le había encomendado contener la ofensiva realista y organizar con los escasos recursos de que dispusiera la defensa en el norte, permitiendo así que las fuerzas patriotas operasen libremente en el flanco oriental. Hacia allí se volcarían todos los recursos disponibles, que incluían la formación de una escuadra al mando de Brown, lo que terminaría siendo el factor decisivo de la victoria pues al completarse el cerco terrestre de Montevideo con el bloqueo marítimo, que impidió el aprovisionamiento de dicha plaza, su rendición resultaba inevitable.

Durante su permanencia de cuatro meses en Tucumán, a donde llegó en enero de 1814, y luego de tomar posesión del mando del Ejército del Norte, San Martín concordó con Belgrano en que ese punto debía oficiar de enclave estratégico para cumplir la misión que se le encomendara. Hizo construir un recinto atrincherado en las afueras de la ciudad, la famosa "Ciudadela", donde mandó reconcentrar las fuerzas para reorganizarlas y tratar de devolverles su capacidad combativa, aunque por el momento sólo cabía adoptar una rigurosa posición defensiva y servir de punto de apoyo a la guerra de hostilidades irregulares llevadas a cabo por los gauchos salteños acaudillados por el teniente coronel Martín Miguel de Güemes, a quien San Martín terminó confiándole, por su admirable eficacia, el comando general de toda la línea de vanguardia. Simultáneamente fomentó y auxilió a la insurrección altoperuana, propagada a retaguardia del enemigo por José Antonio Álvarez de Arenales e Ignacio Warnes con tan buenos resultados que hacia mediados de año volvieron a quedar dueños de Cochabamba, Chuquisaca y Santa Cruz de la Sierra.

Conseguido el objetivo propuesto con esa eficaz aunque poco lucida actuación, desarrollada en un terreno lejano y en condiciones precarias, San Martín, al no ser atendidos sus pedidos de auxilio que se volvieron cada vez más insistentes cuando anunció estar pronto para iniciar la ofensiva –aunque esto no era más que una simple estratagema para poner a prueba al gobierno capitalino– y considerándose víctima de una intriga para reducirlo a la inacción, se valió de la agudización de sus crónicos padecimientos de salud que sufrió a fines de abril, para presentar su solicitud de licencia con el fin de reponerse en un lugar más adecuado. Además de que sus dolencias eran ciertas, otras razones contribuyeron a que obrase de ese modo: por un lado, había comprendido que nada más podía hacerse en el norte y, por otro, consideró que lo más prudente en esos momentos era dar un paso al costado para no ser arrasado por la marea alvearista en auge, de la que cabía esperar cualquier desaire. Confirmó sus recelos la rapidez con que el gobierno accedió a su petición. Es que la noticia de la enfermedad de San Martín no podía llegar en momento más oportuno para los planes de la facción dominante: Brown ya había tomado Martín García; desde mediados de abril, bloqueaba Montevideo y el 17 de mayo vencía a la escuadra española en El Buceo. Cuando la capitulación del bastión realista era inminente, se le ordenó al coronel José Rondeau, quien desde un comienzo estuvo al frente del ejército sitiador, que partiera inmediatamente a encargarse del Ejército del Norte, luego de entregar el mando de sus fuerzas a Alvear, quien así pudo entrar triunfalmente en Montevideo el 23 de junio, alzándose con el rédito de una espectacular victoria a la que poco y nada había contribuido y convirtiéndose en el refulgente paladín de la revolución rioplatense. Enseguida fue designado brigadier general y benemérito de la Patria en grado heroico. Tenía veintiséis años.

En tanto, San Martín sin poder reponerse de sus quebrantos en el territorio tucumano de La Ramada, se había trasladado a una hacienda de la serranía cordobesa perteneciente a los Pérez Bulnes ubicada en Saldán, donde se recluyó durante unos pocos meses para recuperarse de su enfermedad, sobrellevar su eclipse militar y reflexionar con tranquilidad sobre sus futuros pasos. Porque, para compensación de su suerte esquiva, su estadía norteña había contribuido de manera indirecta a delinear más firmemente la concepción estratégica de la empresa destinada a inmortalizar su nombre.

También aquella experiencia le había deparado otro beneficio: se reencontró con Guido. Éste, luego de bajar desde Chuquisaca ante el avance enemigo y ponerse en contacto con Belgrano uniéndosele en Jujuy, había recibido órdenes de secundar a Dorrego en Salta. Por entonces San Martín recién arribado a Tucumán, lo mandó llamar con urgencia para que le diera datos precisos sobre un terreno de operaciones que le era desconocido, inquietud que su joven amigo satisfizo cuando se reunieron en la hacienda de Puch. Más tarde, Tomás acompañó al convaleciente coronel durante más de dos meses en la mencionada finca de Córdoba. Las que entonces mantuvieron no fueron, precisamente, conversaciones vanas.[8] Tal vez de resultas de ellas, aunque aparentemente en forma súbita, San Martín escribió al director Posadas para solicitarle, a la manera de descanso y con el fin de continuar reponiéndose, el mando de la gobernación intendencia de Cuyo, recientemente creada. Los alvearistas no opusieron reparo alguno a la concesión del oscuro destino al que parecían limitarse sus ambiciones. El 10 de agosto de 1814 se le expidió el pertinente despacho. Quienes lo firmaron lejos estaban de advertir que acababan de situar a ese enfermizo militar relegado en el terreno preciso para realizar a mediano plazo un plan sólo concebible por una mente como la suya: capaz de pensar "en grande".

EL PLAN CONTINENTAL

En el corto lapso que permaneció en el norte, San Martín no sólo fue minuciosamente asesorado por Guido, sino también por Belgrano, Güemes y Dorrego, entre otros, acerca de las dificultades topográficas y estratégicas

---

[8] En la relación de aquella estadía en Saldán, publicada por Carlos Guido y Spano en la *Revista de Buenos Aires* en junio de 1864, supervisada directamente por su padre don Tomás, por lo que adquiere valor testimonial, se narran cuáles eran las preocupaciones de San Martín y los tópicos abordados en esas largas pláticas con Guido: el primero temía que la guerra civil entre los patriotas chilenos Carrera y O'Higgins desarrollada simultáneamente al incremento de la expedición realista al mando de Osorio terminara con la derrota de los revolucionarios, lo que abriría un tercer frente de guerra por el oeste al quedar la zona de Cuyo bajo una inminente amenaza de invasión por parte del enemigo. Resultaba prioritario poner a esa gobernación en aptitud de defenderse.

que era preciso sortear para llevar la ofensiva contra el bastión realista de Lima por la vía del altiplano, las que desgastaban de tal forma a los ejércitos patriotas que cuando alcanzaban la línea del Desaguadero –límite entre el virreinato peruano y las Provincias Unidas del Río de la Plata– se hallaban ya semi vencidos por el largo recorrido, la rarefacción atmosférica y la inhóspita naturaleza. De tal suerte que el Alto Perú (actual Bolivia) constituía, más que una vía de acceso al territorio enemigo, un obstáculo prácticamente insalvable que servía de natural defensa a los ejércitos realistas; como lo demostraban irrecusablemente los terribles reveses de Huaqui y Ayohuma, que pusieron fin a las dos primeras campañas intentadas por esa ruta. Por entonces San Martín debió terminar de convencerse de la absoluta necesidad de buscar un itinerario alternativo para dar un golpe de mano en el corazón del Imperio español en Sudamérica, pues hasta que ello no se consiguiera no se pondría fin a la guerra.

Es muy probable que antes de retornar al Río de la Plata, como militar de formación europea acostumbrado a planificar sobre mapas operaciones a gran escala, al tanto de las concepciones estratégicas de la época e incluso contando con la experiencia directa que le había proporcionado la lucha contra los revolucionarios franceses en la campaña transpirenaica –donde tuvo lugar su iniciación como combatiente de alta montaña– y su posterior incursión naval en la guerra contra los ingleses –como voluntario de infantería de marina a bordo de la fragata *Santa Dorotea* en la que se había entrenado como guerrero anfibio–, hubiera ponderado las ventajas que podría proporcionar el camino de Chile, cruzando los Andes, para lanzarse luego por mar al Perú. Esto es tanto más verosímil si se tiene en cuenta la existencia de proyectos británicos concebidos sobre tal base, como los ideados por el coronel Fullarton en 1780 y por el parlamentario Nicholas Vansittar en 1798.[9] También en 1800 el mayor general Thomas Maitland ideó otro de esos planes, el que descubrió Terragno en 1981 e hizo famoso al exagerar infundadamente su similitud con la empresa sanmartiniana.[10] En él se proponía un ataque simultáneo y coordinado sobre la costa de Chile y sobre Buenos Aires, corres-

---

[9] Cfr. José Luis Speroni, *La real dimensión de una agresión. Una visión estratégica de la intervención británica a América del Sur 1805-1807*, Buenos Aires, Círculo Militar, 1984. Contiene un interesante detalle sobre las actividades inglesas ejecutadas y proyectadas para obtener el dominio de América del Sur durante todo el siglo XVIII.

[10] Rodolfo Terragno, *Maitland & San Martín*, Buenos Aires, Universidad de Quilmes, 1998. Add. *"Las fuentes secretas del plan libertador de San Martín"*, en *Todo es Historia*, Buenos Aires, agosto de 1986, N° 231, págs. 8-40.

pondiendo la conquista del primer país a la expedición naval que debía llegar por el Pacífico y *no* al destacamento que Maitland consideraba debía desprenderse de las fuerzas inglesas que hubiesen capturado la capital rioplatense para marchar a Mendoza, con el solo fin de facilitar la apertura transandina de comunicaciones que asegurase la conexión atlántica con Inglaterra. Se recibirían así desde la isla nuevas instrucciones y tropas que arribadas a la ciudad porteña pasarían por tierra al reino chileno por los pasos cordilleranos cruzados habitualmente sin dificultad por el tráfico de negros para luego proseguir al Perú. De esta manera se evitaría la travesía por el Cabo de Hornos. Como se ve ese cruce de los Andes nada tenía que ver con el traspaso de todo un ejército sin ser percibido por el enemigo y aprestado para darle batalla y vencerlo apenas descendiera al llano occidental, como efectivamente fue lo que ideó y realizó San Martín. Por otro lado, ese meneado plan distaba de ser el más acertado de todos los considerados por la escuela de estrategas británicos para sustraerle a España sus colonias en Sudamérica, pues teniendo en cuenta que lo que se pretendía era un copamiento global del subcontinente, en él se descuidaba por completo la realización de operaciones en el frente norte. Por eso en 1801 Henry Dundas subsanaría esa falencia proponiendo tomar posesión de Concepción en Chile y de un punto en el Río de la Plata, como así también de otro en el Orinoco. Es evidente entonces que dichos planes fueron perfeccionándose unos a otros hasta quedar diseñado el proyecto final elaborado en 1804 por sir Home Popham en colaboración con el venezolano Francisco Miranda. Éste fue puesto en práctica en 1806, cuando el primero propició la invasión directa al Plata dirigida por Beresford, mientras que el segundo –apoyado por la flota inglesa del Caribe, al mando de Cochrane– intentó desembarcar en su tierra natal e insurreccionarla, a la par que desde Gran Bretaña se despachaba una expedición al mando de Craufurd que debía tomar un punto de la costa chilena. Como se sabe ese operativo militar combinado fracasó, pero dejó al descubierto la estrategia inglesa, que más tarde sería utilizada con éxito por Bolívar y San Martín en la lucha emancipadora. Sin descartar que el conocimiento de esos planes británicos pudo llegarle al último por la vía de la masonería escocesa –en la que ocupaba un preminente lugar James Duff, el amigo que le facilitó en 1811 su salida de Cádiz–, a la que estaba adscripto el grupo parlamentario liderado por Makintosh, partidario de la independencia sudamericana y opositor a la política del gobierno británico, aliado desde 1808 a la monarquía española; más natural parece se enterara de ellos a raíz de su participación en la Logia de Caballeros Racionales Nº 3, subsidiaria de la fundada inicialmente en Londres por el famoso Precursor.

Si es muy probable que San Martín hubiera empezado a concebir en Europa la idea de su plan continental, no cabe duda de que terminaría de inclinarse por la ruta alternativa de Chile cuando, estando al mando del Ejército Auxiliar del Norte, además de los informes ya mencionados debió capitalizar particularmente las apreciaciones de su subordinado, el teniente coronel Enrique Paillardelle, a quien le había encomendado el dictado del curso de artillería y geometría y luego puso en sus manos el trazado, con el auxilio de sus alumnos organizados en un plantel de ingenieros, del pentágono y los bastiones para la construcción de la Ciudadela. Pues bien, este destacado oficial, encontrándose en Mojos, había elevado a consideración del gobierno el 29 de noviembre de 1813 un plan para llevar la guerra al Perú con la cooperación de Chile. En él proponía que fuerzas chilenas y rioplatenses partieran por mar de Valparaíso para desembarcar en Arica y llevar la ofensiva a la capital del virreinato peruano, operando en forma combinada con el ejército auxiliar reorganizado que debía avanzar simultáneamente por el altiplano boliviano. Éste es sin duda el proyecto que más se asemeja, anticipándosele, a la concepción estratégica de San Martín, no sólo en lo atinente a la expedición naval a Perú desde Chile, sino también en lo relativo a la operación secundaria por el Alto Perú que debía complementarla provocando la división de las tropas realistas y que el Libertador confiaría oportunamente a las fuerzas de Güemes, aunque éste no podría cumplirla por caer abatido sorpresivamente en junio de 1821.

Incluso, unos meses antes de que Paillardelle redactara su plan, el 18 de abril de 1813, el diputado argentino ante el gobierno de Chile, doctor Bernardo de Vera y Pintado, había esbozado –aunque no con las precisiones de aquél– la idea de una acción conjunta argentino-chilena contra Lima por el Pacífico.

Estas iniciativas locales demuestran que la idea central de tomar el país trasandino como base de operaciones para lanzarse por mar al Perú estaba lejos de ser patrimonio exclusivo de los estrategas ingleses. Pero aun en presencia de todos los antecedentes señalados, queda para San Martín el mérito de haber sido el primero y el único que concibió la grandiosa empresa del cruce de los Andes como operativo bélico a gran escala para iniciar la ofensiva dirigida a obtener la liberación y el control de Chile, que ni Maitland, ni Vera, ni Paillardelle llegaron siquiera a imaginar. El escocés por las razones que ya se han expuesto y los dos últimos porque cuando elevaron sus propuestas el país trasandino estaba en manos de los revolucionarios chilenos y recién volvería a ser dominado por los realistas luego de la derrota de Rancagua en octubre de 1814.[11]

---

[11] Cfr. Patricia Pasquali, *"Acerca del Plan Maitland y su influencia en la estrategia sanmartiniana"*, en *Desmemoria*, Buenos Aires, julio-diciembre 1999, N° 23/24, págs. 41-55.

Mientras San Martín tomó el camino de Mendoza, capital de la gobernación cuyo mando acababa de obtener, Guido permaneció en Córdoba ejerciendo desde agosto de 1814 la Secretaría de Gobierno, cargo que ocupó durante medio año, hasta que fue llamado a Buenos Aires, donde en enero de 1815 fue nombrado oficial mayor del Ministerio de Guerra, puesto estratégico desde el que podría brindar un apoyo sustancial al proyecto que su admirado amigo venía pergeñando.

Pese al triunfalismo de Alvear y sus secuaces y aunque la toma del foco realista de Montevideo –verdadera espada de Damocles que desde 1810 pendía sobre la Revolución, manteniéndola en vilo– fuera de vital importancia, lo cierto era que si hasta entonces habían sido remitidos desde la península más de 15.000 soldados veteranos a América, con el restablecimiento del absolutismo fernandino esa cifra ascendería a 26.000. Es decir, que el período más arduo y recio de la contienda recién comenzaba.

Desde Cuyo San Martín siguió atentamente el curso de los acontecimientos a través de las comunicaciones que Posadas continuaba remitiéndole desde la capital. Por esa vía no tardó en comprobar el acierto de su previsión relativa a que los alvearistas estaban planificando una gran ofensiva por el norte con la intención de traspasar la línea del Desaguadero y atacar a los realistas en su propio territorio, nuevo derrotero triunfal que, según estos alegres cálculos, le estaba deparado al héroe de Montevideo. Sólo venía demorando la realización de esa empresa la prolongación inesperada de la campaña contra las montoneras de Artigas que disputaban palmo a palmo a los porteños el dominio de la Banda Oriental y terminarían no sólo ganándoles esa partida sino extendiendo el dominio del caudillo a todo el litoral.

Precisamente, por tener la mira puesta en la proyectada incursión por el norte, Posadas desechó por completo el envío de los efectivos que San Martín le solicitó a instancias del gobierno patriota chileno, acosado entonces por las fuerzas realistas enviadas desde el Perú por el virrey Abascal para reconquistar el país; a la par que, con similar tono desaprensivo, el Director le comunicaba al gobernador peticionante que, hallándose imposibilitado de enviarle auxilios, proveyese como pudiera a la defensa de Cuyo.

Lo cierto fue que las disensiones internas entre los bandos revolucionarios del país trasandino –tal como lo venía previendo San Martín– favorecieron su derrota el 2 de octubre de 1814 en la batalla de Rancagua que puso fin a la llamada "Patria Vieja". En consecuencia, al mes de su llegada a Cuyo, San Martín debió enfrentar ese peligroso cambio de situación, que dejaba expuesto al territorio de su mando, por entonces completamente desguarnecido, ya no a la amenaza, sino al peligro concreto de una incursión realista. A mediados de octubre comenzaron a llegar los contingentes chilenos (unas 2.000 personas) que habían huido de su patria nuevamente sojuzgada a través de la cordillera; figuraban entre ellos los Carrera con 700 hombres que respondían a su mando, O'Higgins con 150 dragones y el argentino Las Heras al frente de los 200 efectivos que conformaban la División de Auxiliares de los Andes. De inmediato se desató el conflicto con los primeros, pues los díscolos hermanos que pretendían manejarse como fuerza autónoma, reivindicando el mantenimiento de su autoridad exclusiva sobre sus tropas, aun cuando se hallasen fuera de su territorio, desacataron abiertamente las órdenes de San Martín, quien debido a la inferioridad de sus fuerzas se halló en un primer momento imposibilitado para reprimir sus arrogantes desplantes y pendencias que mantenían en constante sobresalto a la pacífica población que los había asilado. Pero pronto el gobernador, además de solicitar con urgencia el envío de fuerzas desde Buenos Aires, se las ingenió para organizar sigilosamente con la división de Auxiliares, las milicias mendocinas y los militares chilenos contrarios al bando carrerino el sorpresivo ataque del 30 de octubre al cuartel de la Caridad en el que se alojaban los Carrera, que concluyó con su apresamiento y posterior destierro a San Luis, desde donde luego se les permitió pasar a la capital, ya que alegaron reconocer como legítimo su sometimiento sólo al gobierno superior de las Provincias Unidas. Lo que en verdad sucedía es que José Miguel Carrera y Carlos de Alvear habían trabado amistad en el seno de la Logia de Caballeros Racionales Nº 3 de Cádiz, a la que el chileno también se había incorporado. Siendo ambos de similar idiosincrasia, desde entonces se habían propuesto liderar el movimiento revolucionario de sus respectivos países. Era esperable que por entonces los dos dieran por descontado su natural entendimiento.

Por más molesto que fuese, ese tenso incidente que debió sortear San Martín tuvo un resultado positivo evidente: el aumento de la tropa de guarnición hasta entonces prácticamente inexistente en Mendoza, que en apenas dos meses contó con 400 efectivos en armas para atender a su seguridad local.

Sin embargo, los problemas no habían concluido. Posadas presentó su dimisión al mando cuando el Ejército del Norte se sublevó negándose a aceptar a Alvear como su nuevo comandante en reemplazo de Rondeau, desacato al que no tardaron en sumarse las provincias de Salta y Jujuy. Así quedó pronta y fácilmente frustrado el inconsistente proyecto de aquel general de cartón alucinado por continuar su camino lineal hacia la gloria con una improvisada expedición por el norte. Pero este revés de la suerte no lo amilanó: inmediatamente asumió el cargo de Director Supremo en sustitución de su tío. Para entonces ya se hallaban en Buenos Aires José Miguel y Luis Carrera. Nada bueno podía esperar San Martín de la reunión de quienes lo tenían como enemigo común. Sin embargo, el 10 de enero de 1815, Alvear lo promovió al rango de coronel mayor; pero asimismo decidió dividir al Ejército en tres cuerpos, abarcando el primero, que puso bajo su directo mando, las fuerzas comprendidas en diversas jurisdicciones incluida la de Cuyo, de tal suerte que por este medio aquél quedó sujeto a la directa dependencia militar del nuevo Director.

No obstante estas novedades y a pesar de que todavía se lo mantenía en una posición relativamente marginal, por primera vez San Martín pudo sentir que en esa región al pie de la cordillera pisaba un terreno firme, cuyo dominio político-militar poseía y debía servirle de punto de apoyo a sus planes. Para que éstos no se malograran debía consolidar esa base local de poder. Con ese objetivo desarrolló un hábil y sutil ardid para contribuir a derrocar a Alvear, cuyo poder se encontraba ya jaqueado en el norte y en el litoral. En efecto, a principios de 1815 el gobernador de Cuyo elevó al Director su pedido de licencia para trasladarse a Rosario por motivos de salud, precisamente cuando aumentaba el riesgo de ataque realista por quedar abierta la cordillera. Concedida aquélla de inmediato y por tiempo indeterminado, en febrero se envió para suplantarlo en su cargo al coronel Gregorio Perdriel, lo que provocó la previsible reacción de la población mendocina, que se negó a aceptar al nuevo gobernante, ratificando a los gritos su adhesión al mandatario en ejercicio. Esa "revolución municipal" desarrollada entre el 16 y el 21 de abril de 1815 garantizó a San Martín contra cualquier intento futuro de remoción arbitraria de su cargo, en función de los vaivenes políticos a los que hasta entonces había estado sujeto. Desde ese momento quedó tácitamente consagrado gobernador inamovible de Cuyo. Por otra parte, el episodio mendocino terminó de socavar la autoridad de Alvear, circunscripta en los hechos al perímetro de la capital, hasta que también allí nada menos que el propio Cabildo, dirigido entonces por el tío político de San Martín, se sumó –no casualmente, por cierto– a las fuerzas opositoras a su dictadura militar, la que concluyó cuando la vanguardia de las tropas directoriales enviadas a luchar contra los artiguistas litoraleños al mando de Álvarez Thomas se pronunció en Fontezuelas, exigiendo la deposición del "gobierno tiránico" del Director. Luego de un intento de resistencia, a fines de abril Alvear y su esposa debieron fugarse a Río de Janeiro. Su caída fue tan vertiginosa como su ascenso, proceso inverso al seguido por San Martín que recién entonces comenzaría a jugar un papel destacado en la Revolución, lenta y trabajosamente ganado, pero mucho más sólido.

EL CRUCE DE LOS ANDES
(1816-1817)

ESPERANZAS FRUSTRADAS

La correspondencia confidencial que José de San Martín dirige a su amigo Tomás Guido, conservada en el Archivo General de la Nación, se inicia con una veintena de cartas que tratan sobre los proyectos, preparativos, inquietudes, decepciones y esfuerzos relativos a la concreción de esa magnífica y descomunal operación de guerra que se conoce como el "paso de los Andes", ideada y organizada larga, esforzada y minuciosamente por el futuro Libertador, para luego llevarla a cabo con asombrosa precisión matemática, siendo coronada por el éxito.

Lo primero que se advierte es que este último difiere bastante de la forzada imagen convencional, que muestra al héroe acaparando siempre el predominio de la escena. La lectura de esta parte de su epistolario contribuirá no poco a rectificar esa falsa percepción.

Lo cierto es que se vivían por entonces momentos de dramática peligrosidad para la causa emancipadora hispanoamericana y San Martín no había podido conseguir todavía el protagonismo de primer orden que le permitiera llevar a cabo su plan de liberación continental, aunque mucho había avanzado con la caída del alvearismo.

Ante las nuevas circunstancias, el general reconoció la designación de Rondeau como Director titular y de Álvarez Thomas como suplente, pero con la condición de que se convocase de inmediato a un Congreso, para que se encargase de retomar el rumbo hacia la Independencia, del que la Asamblea del XIII se había extraviado. En cambio, rechazó el ofrecimiento de la jefatura del Ejército, que antes detentaba Alvear. Y lo hizo porque no quería alejarse de Mendoza: pensaba que por fin había llegado el anhelado tiempo de llevar a la práctica su meditada estrategia de liberación continental.

Sin embargo, nuevos escollos continuarían postergando su realización. El primero estuvo constituido por la salida de Cádiz en enero de 1815 de la poderosa expedición punitiva que se presumía arribaría a las costas platenses. Recién hacia mediados de ese año se tuvieron noticias fidedignas de la variación de su rumbo hacia Costa Firme. En el ínterin, el gobernador de Cuyo había continuado trabajando febrilmente con la mira puesta en organizar una fuerza armada que, además de garantizar la seguridad de su jurisdicción, fuera capaz de pasar a la ofensiva del otro lado de los Andes, pero muchos de los recursos suministrados por el pueblo cuyano que podrían haberse invertido en ello tuvo que remitirlos a la capital. No obstante, su idea de pasar a Chile había comenzado a merecer mayor atención del gobierno porteño y su asesoría a ser tomada muy en cuenta: por entonces se sometió a su dictamen un proyecto de reconquista de ese país presentado por José Miguel Carrera, que el general desaconsejó por completo, hecho que probaba hasta qué punto se habían invertido los papeles jugados por ambos, lo que no hizo más que aumentar la inquina del chileno hacia quien, poco tiempo atrás, había tratado con tanto desprecio.

Una vez desvanecido el peligro exterior sobre Buenos Aires, la disidencia interna tomó su lugar en la serie de escollos opuestos a la empresa trasandina. En efecto, las tropas que San Martín solicitaba insistentemente, en vez de ser enviadas a Mendoza se dirigieron hacia el litoral para operar en Santa Fe contra las montoneras artiguistas. Sólo se enviaron a Cuyo algunos refuerzos y elementos de guerra que únicamente podían servir para sostenerse a la defensiva.

En agosto el persistente gobernador volvió a la carga con sus solicitudes de recursos bélicos al Director pues se presentaba por entonces una oportunidad inmejorable para preparar una formal entrada en Chile: no sólo porque las poblaciones chilenas comenzaban a movilizarse al calor de la "guerra de zapa" por él fomentada sin escatimar recursos y para la que contaba con agentes sumamente activos, sino que además los realistas se hallaban con sus fuerzas mermadas por haber tenido que desprenderse de un importante contingente que a pedido de Abascal marchó hacia Perú. Sin embargo, otra vez su propuesta fue rechazada por completo, pues ya se había iniciado la tercera campaña por el Alto Perú al mando de Rondeau y hacia allí se volcaron las fuerzas disponibles. San Martín, indignado ante tanta necedad, flagrantemente demostrada en la insistencia de operar nuevamente por aquella vía y disgustado por el sistemático relegamiento de su proyecto, presentó su pedido de licencia que no era otra cosa que una clara señal de protesta y disgusto. Por supuesto, su solicitud no le fue concedida; a pesar de haberla reiterado, se lo obligó a permanecer en su puesto.

A fines de setiembre el gobernador volvió a aguijonear al gobierno consultándole sobre el plan de campaña que debía cumplir. Sólo consiguió que se le reiterara que debía mantenerse a la defensiva hasta tanto no se tuviera noticia de los resultados obtenidos por la expedición enviada al norte. Pero el general bien sabía que esa espera era inútil. Su saldo era más que previsible: se malograrían aquellas fuerzas como las anteriores que habían seguido el mismo derrotero. Pero parecía necesario que sus paisanos apurasen un nuevo desengaño, para que al fin su voz fuese escuchada. Lo verdaderamente grave era que el tiempo de la sobrevivencia estaba expirando y si se dejaba pasar la oportunidad de abrir las operaciones en ese verano, tal vez la caótica situación del país tornara inverificable la espera de una nueva ocasión propicia. Y mientras tanto su personal posición se volvía cada vez más embarazosa, tironeado como estaba por los solemnes compromisos asumidos ante los amigos chilenos y sus abnegados cuyanos. Los primeros intensificaban cada vez más sus guerrillas, y tenían cifradas todas sus esperanzas en que verían asomar por la cordillera a las huestes sanmartinianas durante los primeros meses de 1816. Los segundos se hallaban exhaustos por el sistemático y metódico plan de explotación de todos los recursos humanos y materiales de la región puesto en práctica por San Martín en pro de la manutención y aprovisionamiento de las tropas, cuyo incremento iba en proporción directa a los sacrificios realizados. Donativos, contribuciones forzosas, recarga impositiva, venta de tierras, confiscación de bienes a los realistas, leva de esclavos pertenecientes a los peninsulares, extrema economía en los gastos, distribución de tareas en forma equitativa pero no por ello menos agobiante en todos los sectores sociales, etc. conformaron esa "utopía de cooperación económico-militar" –al decir de Mitre– que se hacía cada vez más insostenible.

Durante el transcurso de 1815, San Martín había logrado engrosar fuertemente sus tropas: a sus 400 hombres iniciales se habían sumado 700 libertos, 100 artilleros con dos cañones, los escuadrones 3° y 4° de granaderos a caballo y la "Legión patriótica de Chile" que aglutinaba a los combatientes emigrados. También recurrió a la leva de vagos y al voluntariado. Pero todas las expectativas depositadas en el inicio de la campaña en el verano de 1816 recibieron un duro golpe cuando el Directorio porteño las desalentó por considerar todavía inoportuno y peligroso ese proyecto. Acababa de recibirse la noticia de la terrible derrota sufrida en Sipe Sipe por las fuerzas patriotas al mando de Rondeau el 29 de noviembre.

Esa nueva decepción –¡y ya iban tantas!– puso a San Martín de un humor insoportable, y como era usual en él somatizar las contrariedades, se apoderó del general un furioso ataque de esputos de sangre que lo debilitó enormemente, dejándolo postrado durante 19 días, jornadas de pesadilla en las que apenas si podía dormir breve e intermitentemente sentado en una silla, a causa de sus dificultades respiratorias, por lo que para poder conciliar el sueño comenzó a abusar del opio, farmacopea recomendada por su médico limeño Isidoro Zapata. Estaba harto de esperar que se le diera la oportunidad de llevar a cabo la cruzada trasandina e íntimamente persuadido de que si ella no se terminaba de decidir era por esa prevención hacia él que nunca había podido disipar del todo. Pero además lo atormentaba el desquicio interno de las Provincias Unidas al hallarse en pleno auge los estallidos anárquicos escudados tras la bandera del federalismo. Ya por entonces la "Liga de los Pueblos Libres" sustraída a la obediencia del Directorio porteño y puesta bajo el protectorado de Artigas rebasó su escenario natural litoraleño (Banda Oriental, Misiones, Corrientes, Entre Ríos y Santa Fe), proyectándose sobre el interior: en Córdoba el gobernador intendente Francisco Antonio Ortiz de Ocampo se vio obligado a renunciar ante la presión del caudillo oriental y de un sector de la población local, siendo reemplazado por José Javier Díaz. En Salta sucedió algo similar, aunque sin conexión con el artiguismo: el gobernador intendente Hilarión de la Quintana –tío político de San Martín– fue sustituido por el elegido del pueblo Martín Güemes. Otro estallido autonomista tuvo lugar en Santiago del Estero contra la dependencia de Tucumán, encabezado por el teniente coronel Juan Francisco Borges, que a diferencia de los demás fue sofocado. La indisciplina social cundía por doquier y la inconstancia era la regla, cuando más necesaria era la sujeción a la autoridad, el cumplimiento del deber y la perseverancia en el esfuezo para salvar la causa revolucionaria. La primera de la serie de cartas conservadas por Guido, trasluce claramente el irascible malestar que por entonces se había apoderado de San Martín ante tan catastrófico cuadro de situación, quien entendía que era preciso restituir el orden a todo trance, pues en tales momentos críticos una conducción fundada en principios liberales, que los pueblos incapacitados para valorarlos confundían con debilidad, estaba resultando suicida:

Mendoza y enero 28 de 1816

Mi Lancero amado:

Es lo más singular el silencio de Rondeau que V. me dice en la suya del 16: hablemos claro, mi amigo, yo creo que estamos en una verdadera anarquía o por lo menos una cosa muy parecida a esto. ¡Carajo con nuestros paisanitos! Toma liberalidad y con ella nos vamos al sepulcro. Lancero mío, en tiempos de Revolución, no hay más medio para continuarla que el que mande diga hágase y que esto se ejecute tuerto o derecho; lo general de los hombres tienen una tendencia a cansarse de lo que han emprendido y si no hay para cada uno de ellos un cañón de a 24 que les haga seguir el camino derecho todo se pierde.

Un curso[12] me da cada vez que veo estas teorías de libertad, seguridad individual, ídem de propiedad, libertad de imprenta, etc., etc. ¡Qué seguridad puede haber cuando me falta el dinero para mantener mis atenciones y hombres para hacer soldados! ¿Cree V. que las respetan? Estas bellezas sólo están reservadas para los pueblos que tienen cimientos sólidos y no para los que ni aún saben leer ni escribir, ni gozan de la tranquilidad que da la observancia de las leyes: no hay que cansarnos, cuantos gobiernen serán despreciados y removidos ínterin los pueblos subsistan bajo tales bases: yo aseguro a V. (y esto sin vanidad) que si yo no existiese en esta provincia ya hubieran hecho los sanbardos que las demás, pues todo el mundo es París.[13]

¡Qué quiere V. que le diga de la Expedición a Chile! Cuanto se emprenda ya es tarde: V. crea mi amigo que yo estaba bien persuadido que no se haría sólo porque su Lancero estaba a la cabeza: ¡maldita sea mi estrella que no hace más que promover desconfianzas! Por esto habrá V. notado que jamás he abierto mi parecer sobre ella: ¡ay, amigo, y qué miserables y débiles somos los animales con dos pies y sin plumas!

Zapiola como yo estamos amolados en ésta, campo no de Marte sino de toda colección de bichos e insectos; paciencia.[14]

Adiós, mi Lancero: el humor no está bueno y la salud peor, pero sí el afecto de su amigo

El Lancero
Memorias al portugués.

Pero, al parecer, este arrebato no le duró demasiado al general. En verdad, la mala nueva del contraste sufrido en el Alto Perú no causó en San Martín el mismo estupor que en los hombres de Buenos Aires; lejos estuvo de

---

[12] Expresión antigua que puede equipararse a "diarrea".

[13] Modismo utilizado para aludir a la generalización de un vicio o defecto que sin ser característico del lugar referido no puede evitar repercutir en él.

[14] Esta última referencia debe conectarse, a nuestro juicio, con la nueva leva que se había ordenado para formar el segundo batallón del N° 11, a cargo de Las Heras, que poco tiempo antes había sido elevado a regimiento.

mostrarse desconsolado por ese predecible desenlace. Y de pronto, su imaginación pródiga en argucias le hizo concebir un modo de sacar provecho de aquel revés militar y a partir de ese instante su exasperación anterior se trocó en arrebatado entusiasmo. Sabía que ya no había tiempo de preparar la expedición a Chile, pero en cambio consideró posible atraer al enemigo hacia su propio campo, haciendo correr el falso rumor, para tentarlo a acometer tal empresa, del presunto desguarnecimiento en que había quedado Mendoza por la salida de un importante contingente hacia el norte en auxilio del ejército que acababa de ser vencido. Todo parecía indicar que el nuevo mandatario chileno, Casimiro Marcó del Pont, había tragado el anzuelo: las tropas realistas de Chile comenzaban a movilizarse. San Martín esperaba ansioso al enemigo, seguro de la victoria. Inmerso en esa situación, no tardó en volver a escribirle a Guido para comentarle sus nuevos y prometedores planes. Como suele ocurrir cuando se inicia un nuevo año, el automatismo generado por el hábito y tal vez también su misma exaltación le hicieron incurrir en el error de fechar la carta en 1815.

Mendoza y enero 29 de 1815 [sic:1816]

Lancero amado:

Nada me admira la pérdida de Sipe-Sipe, pero mucho de que Rondeau no haya dicho al gobierno me amolaron: yo no concibo este silencio y menos no sé a qué atribuirlo.

Pero mi amigo ¿a qué atribuye V. estos repetidos contrastes? Yo creo que es a la confianza ilimitada o por mejor decir a nuestro orgullo.

Ya estará impuesto de mis planes. El enemigo no puede atacarme sino con la mitad de su fuerza, es decir, con 2.000 hombres; yo le puedo oponer 1.400 buenos, a más una milicia numerosa que aunque inútil para una batalla campal es utilísima para no emplear la fuerza veterana, imponer por la vista, perseguir, quitar caballadas y en fin para todo lo que no sea una línea formal; por otra parte, su caballería no es maniobrera, su infantería debe llegar cansada y estropeada, lo mismo que su armamento, mi artillería es muy superior tanto en instrucción como en calidad y número. Sus caballos en 80 leguas que tienen que caminar sin comer y por fin en una travesía para llegar a ésta de más de 19 leguas, me hacen esperar un buen resultado: yo estoy tomando mis medidas no solamente para un caso de victoria, sino para un adverso. Si el primero se verifica me soplo en Chile y si el segundo, se podrá remediar con las precauciones.

V. me dirá cómo teniendo el enemigo 4.000 hombres disponibles no puede atacarme más que con la mitad: la cosa es sencilla: esta fuerza está diseminada en varios puntos y en un espacio de más de 300 leguas; tienen que cuidar de sus costas y del disgusto general de Chile, en fin no pueden prescindir de acordarse es un país de conquista.

Va despachada la solicitud de Garamuño.

Se entregó la carta a Bermúdez. Hágame V. volar las noticias que se reciban del Perú y todo lo interesante.

¡Hay tranquilidad! ¡Hay juicio! Dios nos ayude.

Siempre será su amigo y primer Lancero

Sⁿ Martín

Esta misma confianza le transmitía San Martín a su amigo cuyano Tomás Godoy Cruz, electo diputado para integrar el Congreso de Tucumán. Le explicaba que, en verdad, tal proyecto era el único que podía tener por el momento probabilidad de triunfo, pues dada la inferioridad numérica de sus tropas no estaba en condiciones de lanzarse a la ofensiva. Sólo podía vencer al enemigo en su propio terreno si tenía por aliado el desgaste que aquél padecería en el dificultoso trayecto trasandino. Pero ese astuto y bien planificado proyecto, que paradójicamente se proponía reconquistar el país vecino en los campos de Mendoza, terminó fracasando por la delación de un pasado chileno que llegó a tiempo para detener el avance de las tropas contrarias, las que ya reunidas en Aconcagua estaban haciendo los últimos aprestos para cruzar la cordillera.

Otra vez el general quedaba reducido a la impotencia. No quedaba por el momento nada más que hacer. La única ocasión aprovechable en 1816 acababa de perderse. Era más que justificable el violento estado de alteración que se posesionó de él ante la adversidad de su suerte que lo había dejado –según la clásica expresión de Posadas– "en los cuernos del toro". Porque ¿con qué palabras podría explicarle a los chilenos, que lo aguardaban como a un mesías, y a los cuyanos, que habían efectuado toda clase de sacrificios, que debían continuar los unos esperando en la opresión y los otros padeciendo todo un año más? ¿Cómo evitar el escepticismo de los primeros, el abatimiento de los últimos y su propio y general descrédito ante todos ellos? No existe testimonio más elocuente de la desesperación que se apoderó entonces de San Martín –quien continuaba convencido de que todos esos males emanaban de que él siempre sería "un sospechoso en su país"– que la carta transcripta a continuación; la que además, por realizar en ella el gobernador cuyano su propio balance de la ingente labor realizada, resulta de gran utilidad para ponderar acabadamente la magnitud del extraordinario esfuerzo realizado.

Mendoza y febrero 14 de 1816

Mi Lancero amado:

Al fin V. con su carta del 1° me ha hecho romper el silencio perpetuo que me había propuesto guardar, pues reventaría si así continuase en mi sistema: vamos al caso. V. me dice que pida y más pida para el aumento de fuerza de esta provincia: a la verdad, mi amigo, que es una cosa bien triste verse en esta situación: el que mande el todo debe cuidar de las partes ¡pero pedir!¿no lo he hecho aun de las cosas de primera necesidad y se me ha negado? ¿no he hecho continuas reclamaciones sobre la indefensión de esta provincia tanto el verano pasado como el invierno anterior? ¿Por ventura el gobierno ha tenido los estados con el número de armamentos y su calidad: siendo éste de tal especie que las dos terceras partes está enteramente inútil? Pero para qué voy a enumerar a V. sobre esto cuando todo debe haber pasado por sus manos: a V. le consta que lejos de auxiliarme con un solo peso me han sacado 6.000 y más en dinero que remito a ésa, que las alhajas de donativo de la provincia (entre las que fueron las pocas de mi mujer)[15] *me las mandaron remitir como asimismo los caldos donados y que éstos últimos no fueron porque ya era demasiada paciencia; que tuve que pagar cuarenta mil pesos de las 4.000 mulas remitidas al Perú, que mis entradas mensuales no eran más que de*

---

[15] He aquí mencionado por el mismo San Martín el famoso gesto de las damas mendocinas que, encabezadas por la esposa del gobernador, se despojaron de sus joyas en aras de la causa de la patria. Sabido es que en aquella ocasión Remeditos dijo que no les era desconocido el riesgo que amenazaba a sus seres más queridos, ni la penuria del tesoro, ni la magnitud de los servicios que demandaba la conservación de la libertad. Y que, en consecuencia, los diamantes y las perlas les "sentarían mal en la angustiosa situación en que se veía la provincia y peor si por desgracia volviésemos a arrastrar las cadenas de un nuevo vasallaje". Queda corroborado en esta carta que, contra lo que habitualmente se cree, el producido de esta contribución no se destinó al ejército de Mendoza, sino –en cumplimiento de órdenes del superior gobierno– fue remitido a Buenos Aires, mal que le pesara al general, a quien no se le escapaba que ya era excesiva la sangría que se hacía de la población cuyana.

4.000 pesos y gasto mensualmente 20.000, que he tenido que crear una maestranza, parque, armería, dos hospitales, una fábrica de pólvora (porque ni aún ésta se me ha remitido sino para la sexta parte de mis atenciones); una provisión de víveres y qué se yo qué otras cosas: no incluyo 3.000 caballos recolectados y 1.300 mulas, y 1.000 recados, todo esto lo sabe el Gobierno, y también el que he tenido que arruinar las fortunas para sostener y crear tantas atenciones: no hablemos de gastos secretos porque esto es un mare magnum. Y a pesar de todo se me ha abandonado y comprometido del modo más inaudito.

Yo bien sabía que ínterin estuviese al frente de estas tropas no solamente no se haría expedición a Chile, sino que no sería auxiliado, así es que mis renuncias han sido repetidas no tanto por mi salud atrasada cuanto por las razones expuestas: vamos claros, mi Lancero: San Martín será siempre un hombre sospechoso en su país y por esto mi resolución está tomada: yo no espero más que se cierre la cordillera para sepultarme en un rincón en que nadie sepa de mi existencia; y sólo saldré de él para ponerme al frente de una partida de gauchos si los matuchos nos invaden. Dejemos esto y vamos al bien de la causa.

Creo conveniente crear otro escuadrón más de granaderos: el caso es éste: estos escuadrones tienen 70 plazas más de su completo: ellos se han completado de voluntarios y si se forma el otro escuadrón, me sobraría gente para él: el 2° del N° 11 lo completaré con la gente de San Juan y San Luis y de este modo el que se encargue de esto tendrá una fuerza para la primavera de 2.500 veteranos. Dígame V. sobre esto lo que le parezca.

Mañana marcha a Chile un enviado al mismo Marcó sobre Garfias y sobre este particular descanse V. que no habrá medio que no emplee en arruinarlo. Dígame V. algo de las resultas de la comisión de Belgrano.[16]

Nada más ocurre, sí solo el que esté seguro lo quiere mucho su
Lancero

---

[16] El general Manuel Belgrano –recién arribado de su misión diplomática a Europa– acababa de ser designado por su sobrino el Director interino Álvarez Thomas, jefe del Ejército de Observación acantonado en San Nicolás, quien con el objeto de inclinar

A pesar de la tentación confesada de sustraerse de una vez por todas a tantos sinsabores: "yo no espero más que se cierre la cordillera para sepultarme en un rincón en que nadie sepa de mi existencia", San Martín se sobrepuso a ese difícil trance y dos semanas más tarde escribió al gobierno porteño descartando por inconducente su propuesta, hecha con el ostensible fin de reconfortarlo, de enviar una pequeña expedición a ocupar Coquimbo durante el invierno para evitar que decayeran los ánimos de los patriotas trasandinos (una especie de reedición del plan de Carrera ya mencionado) y, en un esfuerzo de elocuencia, explicó que nada interesaba más que la ocupación de Chile: "Lograda esta grande empresa, el Perú será libre. Desde aquí irán con mejor éxito las legiones de nuestros guerreros. Lima sucumbirá faltándole los artículos de subsistencia más precisos. Pero para este logro, despleguemos de una vez nuestros recursos. Todo esfuerzo parcial es perdido decididamente. La toma de ese país recomendable debe prevenirse con toda probabilidad. Ella exige una fuerza imponente, que evitando la efusión de sangre, nos dé completa posesión en el espacio de tres o cuatro meses. De otro modo, el enemigo nos disputa el terreno palmo a palmo. Chile naturalmente es un castillo. La guerra puede hacerse interminable, y entre tanto variado el aspecto de la Europa, armas sólo que envíe la península, puede traernos consecuencias irreparables".[17] Como el Director pareció comprender tan acertado razonamiento, el general continuó ocupándose de construir reductos y baterías en los pasos de Los Patos, Uspallata y Portillo "para guardar nuestra espalda y afianzar la retirada en un infortunio. No se diga que llevando la guerra a país extraño desamparamos el nuestro".[18] Asimismo, dando por supuesto que en la próxima primavera debía realizarse sí o sí la expedición a Chile, a lo que el gobierno porteño se había comprometido, solicitó la incorporación de los escuadrones 1° y 2° de granaderos a caballo –los que incorporados al Ejército del Norte recién pudieron arribar a Mendoza, casi es-

---

al caudillo santafesino Mariano Vera en favor del gobierno porteño, envió al coronel Díaz Vélez hacia Santa Fe. Este jefe, resentido por haber sido desplazado del mando de dicha hueste, terminaría pactando con el mandatario autonomista y traicionando a su superior, cuya autoridad fue desconocida, lo que provocaría como corolario la renuncia de Álvarez Thomas.

[17] Cit.en: GERÓNIMO ESPEJO, *"El paso de los Andes. Crónica histórica de las operaciones del Ejército de los Andes para la restauración de Chile"*, en *Biblioteca de Mayo,* cit., tomo XVI, primera parte, págs. 13.998-9. San Martín al Director Supremo del Estado, Mendoza, 29 de febrero de 1819.

[18] Cit. en: *Ibídem*, pág. 14.000. San Martín al Director Supremo del Estado, Mendoza, 20 de marzo de 1816.

queléticos por el largo trayecto y la falta de víveres, en noviembre–, mientras continuaba pidiendo pertrechos y auxilios de todo género a Buenos Aires, sin descuidar ni por un instante la asidua correspondencia con sus agentes en Chile –entre los que sobresalía por su inteligencia y arrojo el famoso patriota Manuel Rodríguez–, que fue un factor clave en la preparación de la campaña y que abarcaba diversos aspectos: la instrumentación de una amplia red de espionaje, la guerra de zapa o socavamiento del campo enemigo, el montaje de medidas de seguridad tanto civiles como militares y las operaciones de contrainteligencia.

Pero si en Cuyo las cosas marchaban a todo ritmo por la férrea voluntad de su gobernador, los decisivos auxilios que había prometido remitirle el gobierno central no se hacían efectivos, mientras el tiempo transcurría raudamente. Los nervios consumían al general y su úlcera volvió a hacerse sentir. Además de presionar a las autoridades nacionales elevando el 9 de marzo un nuevo pedido de licencia –que le fue denegado–, continuó tratando de persuadirlas –a través de las cartas dirigidas a Guido– de la relevancia que tenía la empresa trasandina y de lo imprescindible que resultaba obrar con previsión y método, en vez de dejarlo todo librado a la improvisación de último momento.

Mendoza y abril 6 de 1816

Mi Lancero:

Por la de V. del 24 veo que lo de Santa Fe va de mal en peor, pero hasta ahora ni V. ni nadie dicen qué es lo que quieren: yo no soy de opinión de emplear la fuerza, pues cada gota de sangre americana que se vierte me llega al corazón, por lo tanto ya que han salido esas tropas sería de parecer no hiciesen la menor hostilidad hasta esperar la resolución del Congreso.[19]

[19] A principios de 1816 el principal punto de conflicto, dentro del cuadro de estallido autonomista que presentaba el país, era la provincia de Santa Fe, que con la invasión de tropas al mando de Viamonte desde setiembre anterior había sido restituida a la dependencia de Buenos Aires de la que se había separado el año anterior, cuando se adhirió al artiguismo; pero su situación era sumamente inestable. No bien esa fuerza de ocupación se vio disminuida por el desprendimiento de algunos cuerpos para reforzar el Ejército del Norte, tuvo lugar la sublevación acaudillada por Mariano Vera que, a fines de marzo, restableció la autonomía santafesina, luego de expulsar a los efectivos porteños. A tales acontecimientos hace referencia San Martín en ese párrafo de su carta.

Por la comunicación del correo pasado veo que la expedición de Chile no se verifica o por lo menos si se hace será aventurada como todas nuestras cosas; el Gobierno es menester que se persuada que si espera buen éxito de ella es necesario no desperdiciar un solo día de este invierno en los aprestos y preparativos porque al fin, mi amigo, no se calcula que cada comunicación de ésta a ésa tarda un mes su contestación y que en 6 comunicaciones no se puede poner uno de acuerdo, pero para qué nos cansamos, Chile necesita esfuerzos y yo veo que las atenciones inmediatas hacen olvidar la Ciudadela de la América. Una objeción se me ocurre: ¿no le parece a V. muy admirable que desde que permanezco en ésta, no se me haya pedido un solo plan de ofensa o defensa, ni que por incidencia se me haya dicho qué medios son los más conducentes al objeto que se propongan? Esto será increíble en los fastos de todo gobierno y un comprobante de nuestro estado de ignorancia.

Repito a V. que la expedición a Chile es más ardua de lo que parece; sólo la marcha es obra de una combinación y reflexión de gran peso, agregue V. a esto los aprestos, política que es necesario observar, tanto allá como con esta furibunda gente de emigrados y resultará que la cosa es de bulto.

Un enigma es para mí la marcha de la Carlota, mis cálculos se reducen a cero en este punto, no pierda V. ocasión de aclararlos.[20]

Dígame V. con franqueza cómo va el Establecimiento de Educación[21] *en ésa, pues yo temo que si no se dirige bien, no prospere este utilísimo establecimiento.*

Adiós mi amigo querido, lo ama mucho su

Lancero

---

[20] La alusión corresponde a Carlota Joaquina, princesa española hermana de Fernando VII y esposa del regente de Portugal, que con toda la corte lusitana se había trasladado a Brasil en 1808 para no caer bajo el dominio de Napoleón. Seguramente, San Martín se refiere al inicio de la invasión de las tropas portuguesas sobre la Banda Oriental con el pretexto de castigar las incursiones artiguistas en territorio de Río Grande do Sul.

[21] Desde la caída del alvearismo, San Martín había tenido siempre presente la necesidad de reorganizar a la Logia porteña que en esta carta denomina eufemísticamente, como siempre que se refiere a ella, "Establecimiento de Educación". Le interesa contar con un grupo de agentes políticos juramentados que secunden activamente su plan y por ello en lo sucesivo se mostrará sumamente interesado en su progreso.

Parece evidente que Guido no tardó en hacer conocer la inquietud central de San Martín, la que fue inmediatamente atendida por la Logia en vías de reorganización –a la que, como se ha visto, el general le asignaba una gran importancia–, que ya había logrado colocar en el gobierno a uno de sus cofrades, el general Antonio González Balcarce, quien sustituyó en el cargo de Director interino al renunciante Álvarez Thomas y no tardó en dirigirse al gobernador de Cuyo para solicitarle una lista de cuanto le hiciera falta para la expedición a Chile, así como el plan de campaña ofensivo y defensivo que creyera aconsejable seguir. Parecía, pues, que por fin las cosas comenzaban a encarrilarse en ese sentido; en cambio el conflicto interno parecía no tener solución de continuidad. Pero pese a ello, predomina en la carta que sigue un tono optimista. El general estaba contento con el curso que había tomado la dirección política en Buenos Aires; pero sobre todo por los progresos de su "guerra de zapa" en Chile, donde acababa de conseguir infiltrar en el campo enemigo a sus "quintacolumnistas"; a la par que había organizado un cuerpo de ingenieros para que verificasen bajo la dirección de Álvarez Condarco el reconocimiento de los caminos cordilleranos.

Mendoza y mayo 6 de 1816

Lancero amado:

Ya dije a V. la admiración de que estaba poseído con motivo de los sucesos de Santa Fe y por lo que veo encuentro un dificilísimo remedio a la anarquía ya esparcida por todas partes. Ésta hace rápidos progresos, lo cierto es que sólo [en] *esta provincia (y esto gracias al carácter de sus habitantes) no ha principado a sentirse.*[22]

Me ha parecido muy bien la elección de Balcarce: yo sin conocerlo tenía formada de él una opinión ventajosa, sin más motivo que la relación de algunos buenos.

---

[22] Se refiere a los tratados que el coronel Díaz Vélez de las fuerzas directoriales, traicionando a su mandante el general Belgrano, había celebrado con el caudillo autonomista Vera, los que no fueron ratificados por González Balcarce, aduciendo que correspondía al Congreso reunido en Tucumán entender en ellos. Se produjo así una nueva ruptura entre el Directorio y los santafesinos. San Martín consieraba que era preciso obrar con energía para erradicar esos brotes anárquicos, llegando al colmo de su alarma cuando sus ecos alcanzaron al seno del Congreso: "¡Me muero cada vez que oigo hablar de Federación!", le acababa de escribir a Godoy Cruz.

Mucho me alegro que el Establecimiento de Matemáticas progrese; si éste está bien establecido, las ventajas serán ciertas.[23]

He recibido la libranza y hoy marcha en oro parte de ella: Dios le dé buen viaje y sea empleada como deseo; la guerra de zapa que les hago es terrible: ya les tengo metidos en sus cuerpos 8 desertores, entre ellos dos sargentos, gente de toda mi confianza; es decir que han ido en clase de tales; esto me ha costado indecible trabajo, pero ha sido preciso separar toda sospecha de intervención mía en el particular para ocultar este paso.

Una muela me sacan Vˢ con llevarme a Bermúdez: éste con dos oficiales más están empleados en la formación de planos tanto de esta parte de la cordillera como del Estado de Chile para no marchar, como siempre sucede, a lo hotentote sin tener el menor conocimiento del país que se pisa sino por la relación de gauchos; en el día lo tengo empleado en un reconocimiento, pero lo espero en breve.

Si se quiere tomar a Chile repito que todo debe estar pronto para últimos de setiembre. De lo contrario, nada se hace.

Adiós, memorias a los Amigos y crea lo ama mucho su fiel

Lancero

Sin embargo, un nuevo peligro amenazó con malograr –y esta vez ya definitivamente– el postergado plan. Sucedió que entre los congresales reunidos en Tucumán había comenzado a abrirse cauce la idea de volver a poner en pie de guerra al Ejército del Norte elevando sus efectivos a unos 6.000 hombres y poniéndolo nuevamente al mando de Belgrano para contener a los realistas que ya se encontraban en Humahuaca. Enterado San Martín, se apresuró a escribir larga y medulosamente a Godoy Cruz, su vocero en aquella asamblea, para que desistieran de ese propósito, argumentando sobre la base de su experiencia que lo único que cabía hacer en el escenario bélico septentrional era adoptar una posición defensiva y expectante. Y acuciado por

---

[23] En esta misiva, San Martín cambia el nombre de "Establecimiento de Educación" que antes le había dado por el de "Establecimiento de Matemáticas" aunque es más que ostensible que con ambos se refiere a la Logia, por cuya reorganización no deja de interesarse.

el temor de que "todo se lo llevara el diablo", recién entonces se avino a revelarle al diputado por Mendoza en su real magnitud y detalles su "plan continental", en el que se ponía el acento en el objetivo de la toma de Lima, siendo la expedición relámpago que planeaba realizar a Chile tan sólo el indispensable paso previo, razón por la cual pensaba destinar unos pocos meses a su conquista para lanzarse de inmediato hacia Arequipa. En la siguiente carta, de similar factura, que algunos días más tarde le dirigió a Guido, reitera su plan e insiste en la necesidad de ampliar la mira como único medio de salvación: "hasta ahora yo no he visto más que proyectos en pequeño (excepto el de Montevideo), pensemos en grande y si la perdemos sea con honor". En la posdata daba cuenta de la imprescindible necesidad de contar con una expedición naval paralela a la terrestre.

También en esta epístola San Martín y precisamente teniendo en cuenta las grandes dimensiones de la empresa que propiciaba presenta una drástica receta de extracción de recursos para financiarla, que se diría inspirada en la economía de guerra implantada por los jacobinos para salvar a la revolución francesa en su momento de mayor acoso exterior y que en definitiva era la misma que él había venido aplicando desde hacía más de un año en Cuyo. Compárese si no su accionar desde que asumió el mando de esa gobernación con el siguiente relato de lo realizado en la nación gala y no podrá menos que admitirse la similitud entre ambos casos: "El año 94 marca la radicalización del proceso revolucionario en Francia. Robespierre, dedicado a elevar la moral del pueblo, desalentado por el largo bloqueo, emprende una serie de medidas con tal propósito. Bosques, minas, canteras, fundiciones y forjas, fábricas de papel, manufacturas de tejidos y talleres se hallan al servicio de la nación. Las materias primas de toda clase son utilizadas en gran proporción; los agricultores entregan granos, forrajes y textiles; los particulares, ropa blanca y mantas de abrigo. Una gran parte de la economía es dirigida de esta manera por el Estado. El gobierno revolucionario exige tales sacrificios a la población que sólo el espíritu cívico, el patriotismo puede hacerlos aceptables".[24] Pues bien, lo que ahora San Martín proponía no era otra cosa que extender ese modelo salvador en situaciones de emergencia ya adoptado por él a todo el país. No en vano, al terminar de explayarse al respecto, hace alusión a Robespierre, pues como él mismo reitera hasta el cansancio, por más drástico que resulte lo propuesto, "peor es que nos cuelguen".

[24] GEORGE LEFEBVRE, *La Revolución Francesa y el Imperio*, México, Fondo de Cultura Económica, 1966, págs. 121-122.

Lancero amado:

Tengo el consuelo de tener a la vista la suya del 1º.

Mucho celebraré recaiga el nombramiento de Director en Balcarce: sin haberlo tratado ni aun visto tenía de él la mejor opinión, sin más antecedentes que la relación de algunos hombres de bien.[25]

Reservado

Es materialmente imposible el que el Regimiento 11 se organice no poniendo a su cabeza un coronel capaz de hacerlo: Heras tiene disposición y deseos pero no tiene conocimiento del manejo interior de un cuerpo: esto es más urgente de lo que se cree y por lo tanto si se piensa en Chile es necesario hacerlo pronto para que este Regimiento se ponga en estado de batirse.[26]

Otra

Si no obstante el estado de mi salud me precisan a que vaya a Chile no lo puedo hacer sin que V. venga conmigo: es un desconsuelo ver mi situación no teniendo de quien fiarme para lo menor: las solas comunicaciones con los agentes de Chile necesita toda la contracción de un hombre. Ahora calcule V. cómo me veré teniéndolo que hacer todo por mi mano: sobre este particular escribo al Marquetero Mayor.[27]

[25] Como se ve, San Martín vuelve aquí a reiterar el buen concepto que le merece el vencedor de Suipacha y vencido en Huaqui, en el que se ratificaría al tener oportunidad de conocerlo y tratarlo de cerca cuando lo secundase en el Ejército de los Andes, aunque no pudiera imaginar siquiera que, cuando ya éste hubiera fallecido, su hijo Mariano desposaría a su hija que entonces estaba gestándose en el vientre de Remeditos.

[26] Este propósito del general no tardaría en trascender, predisponiendo en su contra tanto al mencionado jefe como a otros presuntos afectados por los recambios que se gestionaban, los que comenzaron a conspirar para resistir por la fuerza el pretendido relevo, planeando incluso atentar criminalmente contra la persona de San Martín. La sangre no llegaría al río y la confabulación fue abortada a tiempo por el Comandante del Ejército, quien no tomó represalias contra Las Heras, como sí lo hizo con otros dos implicados; sólo se limitaría a reducir su regimiento, el Nº 11 a un solo batallón, mientras con el segundo que antes lo integraba, formó el Nº 1 de Cazadores, puesto bajo las órdenes de Rudecindo Alvarado. De todos modos ése fue el origen de un sordo resentimiento que se arraigó en aquel coronel contra su jefe.

[27] Éste es el primer reclamo de una larga serie que haría San Martín para que un amigo de tanta confianza como Tomás Guido lo secundara con su probada eficiencia en la ingente tarea a realizar y destinada a multiplicarse progresivamente. Así lo ha solicitado, según indicaba, al director interino González Balcarce, a quien denomina "Marquetero Mayor", porque debido a su cargo se hallaba entonces a la cabeza de la Logia.

Somos mediados de mayo y nada se piensa, el tiempo pasa, y tal vez se pensará en expedición cuando no haya tiempo. Si ésta se verifica es necesario salga el 1° de noviembre a más tardar para que todo el Reino se conquiste en el verano, de no hacerse así es necesario prolongar otra campaña y entonces el éxito es dudoso: por otra parte se pierde el principal proyecto, cual es, a mediados del invierno entrante hacer marchar una expedición marítima sobre Arequipa, dirigirse al Cuzco, llevando algún armamento y hacer caer el coloso de Lima y Pezuela: en el entretanto el Ejército del Perú debe organizarse en Tucumán, único punto en mi opinión capaz de poderlo hacer un Ejército, tomando al efecto una defensiva estricta en Jujuy con 600 o 700 hombres, auxiliar la insurrección del Perú con algún armamento y en esta situación amenazante estar prontos para obrar de acuerdo con el Ejército de desembarco.

Amigo mío: hasta ahora yo no he visto más que proyectos en pequeño (excepto el de Montevideo), pensemos en grande y si la perdemos sea con honor: yo soy de opinión de que si prolongamos dos años más la guerra, no nos resta otro recurso que hacer la de montonera y esto sería hacérnosla a nosotros mismos: aún restan recursos si los empleamos con acierto y resolución y en mi opinión somos libres: indicaré a V. los que por el pronto se me ocurren.

1° Póngase un cuño: ésta es obra de dos meses: aquí existen los dos mejores operarios de la Casa de Moneda de Chile.

2° Prohíbase bajo la pena de confiscación de bienes todo uso de plata labrada y comamos con cucharas de cuerno.

3° Póngase todo empleado público a medio sueldo; los oficiales que están en los ejércitos a dos tercios, el sargento 8 pesos, 5 el cabo, tambor y trompeta y 4 el soldado: esta operación se ha hecho en toda esta provincia y nadie ha chistado y todos (según me parece) están contentos, peor es creerse tener 2.000 pesos y no tomar mil.

4° Todo esclavo útil es soldado, por mi cálculo deben producir las provincias los siguientes:

Buenos Aires y su campaña	*5.000*
Provincia de Cuyo y esto lo sé muy bien porque todos son cívicos	*1.273*
Córdoba	*2.700*
Resto de provincias	*1.000*
Total	*9.973*

Estoy viendo a mi Lancero que dice ¡qué plan tan sargentón el presentado!, yo lo conozco que así es, pero peor es que nos cuelguen.

¿Y quién hace el pan en Buenos Aires? Las mujeres, como sucede en el resto de las provincias, y mejor es dejar de comer pan que el que nos cuelguen.

¿Y quién nos hará zapatos, cómodas, cuja, ropa, etc., etc.? Los mismos artesanos que tienen en la Banda Oriental: más vale andar con ojotas que el que nos cuelguen. En fin, amigo mío, todo es menos malo que el que los maturrangos nos manden y más vale privarnos por tres o cuatro años de comodidades que el que nos hagan morir en alto puesto y, peor que esto, el que el honor nacional se pierda.

Hasta aquí llegó mi gran plan: ojalá tuviésemos un Cronwell o un Robespierre que lo realizase y a costa de algunos menos diese la libertad y esplendor de que es tan fácil nuestro suelo.

Adiós mi Lancero, mes rêveries y crea lo quiere mucho su

Lancero

P.D. Nada progresará la expedición sin dos o tres buques de fuerza que salgan de ésa para seguir las operaciones del Ejército que entre, y la de que no saquen los caudales y escapen sus tropas a Chile pues nada habríamos conseguido teniendo este punto que después de la conquista es tomado con 400 hombres.

LA DEFINITIVA ADOPCIÓN DE LA ESTRATEGIA SANMARTINIANA

Preocupado por lo que se decidiera con respecto al Ejército del Norte, San Martín le envió un correo extraordinario al diputado por San Luis, Juan Martín de Pueyrredón, en su carácter de Director Supremo titular, cargo para el que había sido recientemente designado, pidiéndole "una entrevista para arreglar el plan que debemos seguir: el tiempo es corto, hay mucho que hacer y las distancias son largas: en tres correos se pasa el invierno y hétele que llega el verano, nada se hace, los enemigos nos frotan y la comedia se acabó a capazos". Así se lo comunicaba, en confianza el 19 de mayo a Godoy Cruz, a quien le reiteraba machaconamente que los congresales debían desechar toda nueva incursión por el Alto Perú: "Desengáñense ustedes, ese ejército para poder obrar como corresponde necesita lo menos un año para organizarse, esto es, con todos los esfuerzos del gobierno, de consiguiente todo este tiempo le damos al enemigo para que nos hostilice y nos acabe; en esta inteligencia, es preciso no dejarlo respirar y que extendamos nuestras miradas a un horizonte más dilatado".[28] Simultáneamente le escribió a González Balcarce exponiéndole la urgente necesidad de operar con 4.000 hombres sobre Chile.

Al mismo tiempo, Tomás Guido, quien desde la Secretaría de Guerra había venido siguiendo el curso de los sucesos militares y las reflexiones hechas por San Martín, se dio perfecta cuenta de que había llegado el momento de tomar una crucial decisión: o se decidían las autoridades a obrar esta vez por el frente oeste o habría que resignarse a abandonar definitivamente ese proyecto. La Logia y el Director interino estaban bien dispuestos para acometer la empresa; en cambio, se estaba a ciegas con respecto a Pueyrredón. Con el fin de interiorizarlo de la vital cuestión y ganar su voluntad, Guido reunió todos los datos que San Martín le había venido proporcionando y los expuso con claridad y elocuencia en su famosa *Memoria* fechada en Buenos Aires el 20 de mayo de 1816, que con la recomendación de Balcarce le fue elevada a aquel mandatario el 31 de ese mes. Sobre la base de datos precisos y fidedignos, el documento demostraba que era "impolítico y ruinoso continuar la gran ofensiva con el Ejército Auxiliar del Perú" y que "La ocupación del Reino de Chile es el objeto principal que por varias razones debe proponerse el gobierno a todo trance y a expensas de todo sacrificio: primera, porque es el único flanco donde el enemigo se presenta más débil; segunda, porque es el camino más corto, fácil y seguro para libertar las provincias del Alto Perú, y tercera porque la restauración de la libertad en aquel país consolidará la emancipación de la América bajo el sistema a que induzcan ulteriores acontecimientos".[29] Antes de que pudiera recibir el escrito de Guido, Pueyrredón –al tanto ya del proyecto de San Martín, obviamente a través de las extensas cartas enviadas por éste a Godoy Cruz– escribió el 6 de junio desde Jujuy al gobernador de Cuyo en respuesta a su pedido de una entrevista, citándolo en Córdoba, a donde pensaba arribar –de paso hacia Buenos Aires– a mediados de julio, "para arreglar con exactitud el plan de operaciones del ejército de su mando". Le aclaraba de paso que Balcarce no era más que un delegado suyo y que le había ordenado que le franquease todos

[28] MINISTERIO DE EDUCACIÓN DE LA NACIÓN-INSTITUTO NACIONAL SANMARTINIANO-MUSEO HISTÓRICO NACIONAL, *Documentos para la Historia del Libertador General San Martín*, Buenos Aires, 1953-1999, tomo III, pág. 419.

[29] *Ibídem*, pág. 433.

los auxilios que le pidiera.[30] Esta última manifestación habla a las claras de que ya estaba dispuesto a seguir la estrategia sanmartiniana, renunciando al operativo por el norte.

En tanto, aunque todavía mantuviera cierta incertidumbre con respecto a la posición que asumiría Pueyrredón, San Martín se sentía más confiado en la realización de sus planes desde que éstos contaban con el apoyo de la Logia, que había vuelto a recobrar su influencia al haber superado ya por completo el cimbronazo que la había descolocado del poder hacía ya más de un año. Puede observarse ya cómo ésta ha acabado de reorganizarse, a tal punto que el general propone a través de su amigo, que oficiaba de puente entre él y la institución secreta, que marchase ya formada en el seno del ejército expedicionario una filial subordinada a la de Buenos Aires, destinada a operar en Chile, cuya sociedad –según los informes que tenía de sus agentes– resultaba mucho más reacia a los principios liberales que la rioplatense. Por entonces, a solicitud de González Balcarce, diseñó una "idea por mayor" de las operaciones a efectuar en Chile, pues como le explicaba en la siguiente carta a Guido no podía aún ofrecer un detalle de ellas. Por otro lado, no lo inquietaba mayormente la suerte a correr una vez que hubiese bajado al llano del otro lado de la cordillera, confiado como estaba en que podría derrotar a los godos; lo que le quitaba el sueño era la fase previa del cruce de los Andes. Continuaba en tanto remontando y adiestrando las tropas sin descanso, a la par que pidiendo nuevos recursos de Buenos Aires. Pero lo más notable de esta misiva es su sorpresiva solicitud de que se pusiera a la cabeza de la expedición el general Marcos Balcarce, secundándolo él como jefe de Estado Mayor. Esto, aunque no lo mencionara, debía tener relación con la convicción que desde siempre había tenido de que la campaña corriera peligro de no realizarse tan sólo por la desconfianza que provocaba su comando, sobre todo en esos momentos en que acababa de comprobar la resistencia que su figura despertaba en un sector de la oficialidad, develada en la conjura contra él que comenzaba a descubrir en el seno del Ejército.

Mendoza y junio 14 de 1816

Mi Lancero:

Llegó la de V. del 1°. Mucho dificulto que Pezuela avance a Jujuy y si lo hace sale mal, o por lo menos hará una marcha infructuosa;

[30] *Ibídem,* pág. 472.

para hacer intransitable aquellos países no se necesita un solo solda-
do, sobra con la gauchada para que se mueran de hambre.

El plan ofensivo y defensivo es imposible que pueda marchar tan circunstanciado como V. me dice: el punto o provincia por donde debe entrar lo ha de indicar la posición que tome el enemigo, es decir, el punto en que reúna sus fuerzas, de todos modos desde el momento en que entremos a Chile tiene V. cortada una parte de sus fuerzas y una provincia a saber, si por el sur toda la Concepción y parte de la de Santiago, y si por el norte la de Coquimbo en inteligencia que poco más o menos los caminos son fatales por todas partes; amigo mío, V. crea que lo que no me deja dormir es, no la oposición que puedan oponer los enemigos, sino el atravesar estos inmensos montes.

Sería muy conveniente llevar desde ésta a Chile ya planteado el Establecimiento de Educación Pública bajo las bases e inmediata dependencia del de esa ciudad, esto sería muy conveniente por cuanto el atraso de Chile es más de lo que parece: hágalo V. presente al gobierno para si es de su aprobación empezar a operar algunos alumnos. Yo creo que aunque no sea más que por conveniencia propia no dejará Pueyrredón de favorecer el Establecimiento de Pública Educación, él conocerá que sin las luces nada haremos y sólo acabaremos de arruinarnos: nuestra ignorancia nos tiene en este estado.[31]

Voy a poner en planta la formación del 5° escuadrón[32] *pero se necesita vengan rabiando los vestuarios y monturas para él, sin esto na-*

---

[31] Esta vez le daba a la Logia una denominación más extensa que en las cartas anteriores: "Establecimiento de Educación Pública". En cuanto al tono dubitativo con respecto a la actitud que Pueyrredón asumiría ante su proposición, es consecuencia de que el nuevo mandatario nunca había formado parte de ella, pero lo animaba cierto razonable optimismo pues le constaba su filiación masónica, lo que le hacía suponer que favorecería la expansión de su influencia. Ya San Martín, en uso de las atribuciones que el estatuto de la Logia le confería por su cargo de gobernador para poder establecer filiales, había reorganizado la masonería introducida años antes en Mendoza por José Moldes, en una logia que respondía a su veneratura, la que al iniciar su campaña sería delegada primero en Toribio Luzuriaga y luego en Godoy Cruz. Pero tal como lo había propuesto, llevaría a Chile una logia formada en el seno del Ejército de los Andes que serviría de base a la Lautarina de Santiago, la que se establecería luego de Chacabuco presidida por Bernardo O'Higgins.

[32] Se refería al 5° escuadrón de granaderos a caballo, que más tarde le oficiaría de escolta puesto bajo el mando de Mariano Necochea.

da hacemos. *Asimismo, debo hacer a V. presente que los otros dos escuadrones están poco menos que en cueros, pues con el servicio de la cordillera se han destrozado.*

Venga su hermano Rufino y no me lo detenga más de un solo mes.

Un bálsamo ha sido para mí la venida de Necochea, yo lo espero por momentos.

Vaya el plan y con él ganaremos mucho. El N° 11 debe quedar reducido a un solo batallón, éste que lo mande Las Heras, con el 2° se forma otro cuerpo al mando de Luzuriaga;[33] *venga entonces Balcarce de general en jefe y yo de mayor general –esto parece lo mejor: de este modo se hacen más manejables los regimientos pues nuestra instrucción no está para mandar cuerpos numerosos. Si esto se aprueba, hágase sin la menor pérdida porque el tiempo nos apura y mucho.*

Vestuarios es preciso hacer y sólo de ésa pueden venir.

Es una equivocación maliciosa la que V. me indica sobre el Sr. de Tagle: siempre he oído hablar con respeto de este Sr. excepto a 2 ó 3 maliciosos cuyas cartas he visto, por otra parte, aunque así fuese todo debía haberlo despreciado, sabiendo lo interesado que está en el adelanto :: de las luces de nuestro país, ofrézcale mis finos respetos y amistad.

Ya hice el sacrificio con los papeles que se remitían a La Rioja.

Si Dn. Marcos Balcarce viene que traiga ya consigo :: todas las instrucciones para la campaña.[34]

Mándeme V. decir en el momento que quiere lo pida, pero acuérdese que hay mucho que hacer y me hace falta.

---

[33] Esta resolución en la que vuelve a insistir hacia el final de la carta tiene directa conexión a la mencionada conspiración incubada entre algunos oficiales del ejército, que lo decidió a restar fuerza al Regimiento N° 11 de Las Heras implicado en ella, cercenándole uno de los dos batallones que lo formaban. El que sería separado de su dependencia, según lo acordado durante las conferencias sostenidas con Pueyrredón en Córdoba, se pondría bajo el mando de Alvarado y no de Luzuriaga como se indica en esta carta.

[34] Por el signo :: que en un párrafo anterior referido a Tagle ya ha utilizado y que hace referencia a la Logia, se puede comprobar que la resolución de enviar a Marcos Balcarce al frente de la expedición se discutiría en el seno de la institución secreta, que a su vez era la encargada de impartirle las instrucciones con que debía llegar munido a Mendoza.

Me parece bien el que Belgrano se encargue del Perú; qué diferencia de talento a talento.[35]

Repito sobre mi proyecto de reparto del N° 11 y venida pronta de Balcarce: mire V. que ya no puedo con la carga.

Lo ama mucho, mucho su

Lancero

¡Quién diablos ha de pensar en esta época en petacones!

Si me desvalijo un poco del maldito correo voy a remitirle un pequeño croquis de la cordillera y sus caminos.

Son las dos de la mañana y acabo de recibir su carta del 6 venida por extraordinario; ahora mismo sale otro a San Luis para que salga el capitán Soler que se halla allí con 12 granaderos y el resto de milicias para escoltar el convoy. Dios lo deje llegar con bien y así lo espero.

Venga volando el ingeniero pues me hace notable falta, venga, repito. Vale.

Recién una vez que hubo regresado a Tucumán, Pueyrredón tuvo oportunidad de leer la *Memoria* de Guido y el 24 de junio le respondía al Director interino que se la había elevado que: "estando yo más que convencido de toda la importancia que ofrece dicha expedición a la seguridad y ventajas del Estado, la he resuelto decididamente".[36] Tres días más tarde, su viejo amigo José Darragueira le escribía a Guido que su *Memoria* había sido presentada ante los diputados del Congreso de Tucumán, entusiasmando a todos y que particularmente había "electrizado" al primer mandatario. No es tan criticable que se haya exagerado la influencia de ese documento por parte de su autor, sino que muchos años después, no satisfecho con esto, don Tomás se haya autoatribuido, no ya la coautoría, sino la autoría exclusiva de la estrategia sanmartiniana. En efecto, ya en carta a Bolívar de diciembre de 1824 se re-

---

[35] En este párrafo San Martín expresaba su aprobació i por la designación de su amigo el general Manuel Belgrano como comandante en jefe del Ejército del Norte. Se recordará su famosa expresión al respecto: "No será un Napoleón o un Moreau pero es lo mejor que tenemos en Sudamérica". Aunque no está del todo claro, cuando se refiere a la diferencia de talentos seguramente está realizando una tácita comparación con su predecesor José Rondeau, obviamente favorable al creador de la Bandera.

[36] Cit. en J. Espejo, *op. cit.*, págs. 14.005-6.

fiere a ella como "mi plan", "mi proyecto".[37] Pero sobre todo hizo particular hincapié en ello en las postrimerías de su existencia cuando ya había desaparecido el Libertador, haciendo reproducir y enviando ejemplares de su *Memoria* a los gobiernos de Chile, Perú y Argentina, a los más ilustres sobrevivientes de la guerra de la independencia, a los más encumbrados políticos, a las tribunas parlamentarias y a los periódicos de su época. A lo sumo todo el valor histórico del tan mentado documento de Guido se redujo a exponer convincentemente las ideas estratégicas transmitidas en el intercambio personal y epistolar con su general amigo, pero pretender que quien era entonces poco más que un tinterillo de la oficina de Guerra fuese el iniciador del pensamiento que condujo a la liberación de Chile y Perú resulta un inconcebible absurdo. Fue un lamentable paso en falso dado por un noble anciano en una altura de su vida en que tenía sobrados méritos propios aquilatados, como para atribuirse –con más ingenuidad que malicia– uno que hasta el más crédulo debía sospechar que le era ajeno.

El 29 de junio, San Martín marchó hacia la ciudad mediterránea, sin saber todavía que quien sería su interlocutor estaba ya persuadido de lo acertado de su plan. No omitió anunciarle su partida a Guido en la breve nota que sigue, cuyo tenor sin embargo confirma que no estaba en condiciones de conjeturar sus resultados, los que –desde luego– se comprometía a comunicar a la Logia, la que también se hallaba poseída por cierta inquietud ante la inminente llegada del nuevo Director a Buenos Aires.

Mendoza y junio 29 de 1816

Mi Lancero:

En este momento tomo la posta para Córdoba en donde se me previene por Pueyrredón debe estar para el 10 o el 12 del entrante, como igualmente yo, para tener una entrevista y arreglar el plan que debe regirnos: avisaré sin pérdida de las resultas.

Nada más de particular, hasta mi subsiguiente carta.

Memorias a todos, y queda suyo su

Lancero

Contésteme a ésta

---

[37] Cit. en: *El centenario del brigadier general Tomás Guido. 1788-1888*, Buenos Aires, La Tribuna, 1888, págs. 14 a 16.

San Martín llegó a destino, luego de un penoso viaje por los fríos excesivos, el mismo histórico 9 de julio de 1816: "la maldita suerte no ha querido el que yo me hallase en nuestro pueblo para el día de la celebración de la Independencia. Crea V. –le decía a Godoy Cruz– que habría echado la casa por la ventana".[38] Su disgusto aumentó con la demora de Pueyrredón, pues tal pérdida de tiempo lo atormentaba con sólo pensar en todos los preparativos todavía pendientes cuando era tan inminente le llegada de la primavera. La demorada entrevista finalmente se realizó entre el 16 y el 22 de julio; sus efectos no pudieron ser más favorables dada la mutua y plena compenetración de miras suscitada entre el general y el Director. San Martín quedó desde entonces convencido de que su unión sería inalterable pues habían transado en todo. La siguiente carta dirigida a Guido transmite el optimismo engendrado por esa reunión.

Mendoza y agosto 16 de 1816

Lancero amado:

Mi viaje a Córdoba me ha impedido contestar a las suyas de 18 de junio entregada por el mayor Arcos y las de 1º y 16 de julio.

Ya habrán cesado todos los temores con la llegada del Director yo espero con ansia la noticia de su arribo pues con ella se calmarán los espíritus agitados.

Mi entrevista con él ha sido del mayor interés a la causa y creo que ya se procederá en todo sin estar sujeto a las oscilaciones políticas que tanto nos han perjudicado.

Nada dije al Director sobre su venida de V., hasta tanto se me avise su llegada :: y en el momento póngase las espuelas para volar.

Muy expuesta será la expedición si no se me refuerza con algunas tropas veteranas, pues las que tengo son la mayor parte reclutas.

El golpe de los esclavos[39] se va a dar en ésta y creo que esta provincia los entregará gustosos.

---

[38] *DHLGSM*, cit., tomo IV, pág. 7. Córdoba, 16 de julio de 1816.

[39] Se ha visto cómo ya en el mes de mayo, San Martín, aun a sabiendas del malestar que la sustracción de los esclavos causaría entre los propietarios, había adelantado su proyecto de incorporarlos al servicio de las armas. En verdad no se trataba de una cuestión de poca monta, pues la planeada expropiación afectaba en Mendoza no sólo a

La salud sigue bien, dígame algo de Europa y portugueses.

Adiós mi Lancero, lo será suyo eternamente su

Sⁿ Martín

P.D. Acabo de recibir la de 8 del 2 sea mil veces enhorabuena por el feliz recibimiento del Director, Dios haga sea el iris de la unión y tranquilidad pues ya era insufrible el miserable estado a que nos habían reducido nuestras niñerías. Yo protesto a V. que a la primera desavenencia que vea, me voy a mendigar a cualquier país extranjero.

No dudo que el Director cortará de raíz las desavenencias de Santa Fe, sin cuya circunstancia es inverificable la expedición a Chile, tanto por la escasez de fuerza como porque ésta es la mayor parte recluta y necesito alguna tropa veterana.

Trabaje, mi amigo, en que se consolide la unión de un modo indisoluble; que todos formen un solo cuerpo, de lo contrario esto termina en poco tiempo.

Zapiola y Luzuriaga lo saludan, no así Álvarez que está fuera en una comisión.

Adiós, mi Lancero, es su amigo su

Sⁿ Martín

PREPARATIVOS Y REALIZACIÓN DEL CRUCE DE LOS ANDES

Desde que contó con el eficiente e imperturbable apoyo del "hermano" Juan Martín pudo el general por fin dedicarse de lleno a terminar los preparativos de su campaña, confiado en que ya ningún vaivén político perturba-

---

la esclavatura de servicio doméstico sino a la ocupada en trabajos agrícolas perteneciente a la comunidad religiosa de San Agustín, en una especie de colonia denominada El Carrascal, de la que el general se proponía sacar unos 300 o más hombres para engrosar el ejército. Fue secundado en este propósito por los patriotas exaltados que integraban la Logia mendocina y venciendo las resistencias de los vecinos lograron la cesión de las dos terceras partes de los esclavos existentes en todo el territorio de Cuyo. El numeroso contingente fue incorporado en los batallones N° 7 y N° 8 al mando de Ambrosio Crámer y Pedro Conde, respectivamente.

ría su concreción. El 1° de agosto San Martín fue designado general en jefe del Ejército de los Andes y para contraerse de lleno a sus funciones castrenses, se lo desligó de sus tareas administrativas de la gobernación intendencia que quedaron a cargo del coronel mayor Toribio Luzuriaga.

Mendoza y agosto 21 de 1816
Lancero amado:
Tengo a la vista la de V. del 9.Convengo con mi cálculo en que Pueyrredón va a ser el Iris que dé la paz a las pasiones: él tiene mucho mundo, talento y cultura y al mismo tiempo filantropía, por lo tanto estoy bien seguro que no solamente promoverá el bien del país sino su base cual es el establecimiento de Educación Pública.[40]

[40] En este párrafo queda irrefutablemente evidenciada la confianza que el general depositaba en la eficacia y respaldo de la organización logista, a la que consideraba nada menos que la base del progreso del país. Según este criterio resultaba indispensable para asegurar la estabilidad del gobierno que éste contase con un grupo sólido de operadores políticos juramentados. Es en esta segunda fase y a partir de las conferencias de Córdoba cuando la asociación secreta tomó su clásico nombre de Logia Lautaro, que, como explicó López, "no fue, como generalmente se ha creído, un título de ocasión sacado al acaso de la Leyenda Araucana de Ercilla, sino una «palabra» intencionalmente *masónica* y *simbólica*, cuyo significado específico no era «guerra a España» sino *expedición a Chile*: secreto que sólo se revelaba a los iniciados al tiempo de jurar el compromiso de adherirse y consagrarse a ese fin. De otro modo habría sido trivial antojo bautizar la más grande empresa militar de los argentinos con el nombre de un indio chileno. Pero el simbolismo salvaba aquí la materialidad del lema; y el sentido recóndito de la palabra sacramental contenía el contrato solemne y juramentado de la espedición a Chile" (VICENTE FIDEL LÓPEZ, *Historia de la República Argentina. Su origen, su revolución y su desarrollo político.* Buenos Aires, Kraft, 1913, tomo VI, pág. 305). San Martín no se equivocó al suponer que encontraría una excelente disposición en el Director para favorecer el desarrollo de la Logia, pues éste no dudó en asegurarle: "El Establecimiento de Matemáticas será protegido hasta donde alcance mi poder. El nuevo secretario interino Terrada [ministro de Guerra] es también matemático y por consiguiente me ayudará al fomento de un objeto tan útil" (*DHLGSM*, cit., tomo IV, pág. 145. Buenos Aires, 10 de setiembre de 1816). La correspondencia entre ambos fue sumamente fluida y no sólo se restringió a los preparativos de la expedición a Chile sino que abarcó las principales cuestiones de Estado, partiendo ambos de su reconocimiento mutuo como hombres de orden. Fue un rasgo frecuente en esa correspondencia el intercambio de datos sobre las características de los personajes que los circundaban, siempre con miras a integrarlos a la Logia. Y a medida que aumentaba la conmoción interior se fue afirmando la consideración de la importancia de la organización logista como principal instrumen-

Ya dije a V. en mi anterior que sólo esperaba cierto aviso para pedirlo al Sr. Director: éste en mi opinión debe tardar muy pocos días por lo que debe V. estar pronto para venirse en el momento de recibir la orden.

Siento la demora del convoy y espero que a esta fecha ya estará adelantado.

Nuestra recluta se aumenta pero repito que sin una base más veterana se expone la expedición: sobre esto está enterado el Director.

Nada me dice mi Lancero ni de Europa ni de portugueses, ni de Banda Oriental y en fin de nada; yo quisiera no fuese V. tan económico en sus cartas.

Adiós mi amigo, lo quiere mucho su

Lancero

En cuanto a esa frase reiterada de que el Director se convertiría en "el iris de la paz", capaz de cortar las desavenencias internas que amenazaban tornar endémica la guerra civil, su vaticinio resultaría errado. La efervescencia insurreccional persistiría. Las provincias litoraleñas continuaban en disidencia con el Directorio y no habían enviado sus diputados al Congreso de Tucumán; mientras que los representantes cordobeses que sí concurrieron a dicha asamblea, aun integrando el área de influencia artiguista, como partidarios del federalismo no hicieron más que suscitar acalorados debates. Simultáneamente fracasaba la misión de paz ante los santafesinos confiada al canónigo doctor Miguel Calixto del Corro, por la arbitraria irrupción de Díaz Vélez que en agosto decidía entrar de *motu proprio* con sus fuerzas a Santa Fe, que fue estratégicamente abandonada por sus moradores y que no tardó en convertirse en una verdadera ratonera para los invasores, los que jaqueados por las guerrillas de Vera debieron retirarse derrotados después de 28 días

to disciplinador. Así Pueyrredón le decía al general: "No hay medio, amigo mío; o conseguimos poner a la cabeza de cada provincia y de cada ejército un amigo de la razón o perecemos entre guerras civiles" (*Ibídem*, pág. 285. Buenos Aires, 14 de octubre de 1816). En el mismo sentido le notificaría más tarde: "Mando al deán Funes y al doctor Castro: llevan también el objeto de pacificar a Córdoba y de pasar el último a Salta en el designio de persuadir a Güemes de la necesidad de que se dedique al estudio de las matemáticas para conocer mejor el terreno en que ha de hacer la guerra" (*Ibídem*, pág. 340. Buenos Aires, 2 de noviembre de 1816).

de ocupación. Pese a ello, San Martín pensaba que podría llegarse a un arreglo contando con la buena voluntad de Pueyrredón quien desautorizó al jefe porteño que había obrado sin su consentimiento y se disponía a enviar una misión conciliadora para entenderse con Vera. Y a pesar de que el panorama también comenzaba a complicarse por el lado oriental con la invasión de los portugueses a la Banda Oriental alentada por la riesgosa política permisiva aconsejada por el enviado argentino a Río de Janeiro, Manuel José García, el gobernador cuyano por entonces denotaba en sus cartas comprensible buen humor, no sólo porque los preparativos de su campaña continuaban progresando, sino porque además acababa de nacer su unigénita hija Mercedes Tomasa, de lo que anoticiaba a Guido refiriéndose a la niña con la tan conocida como ocurrente expresión de "infanta mendocina". Dicho esto en tono jocoso, no tardaría en convertirse en un vaticinio del burlón apelativo de "Rey José" que no tardarían en prodigarle sus enemigos al denunciar la presunta ambición personal de poder escondida tras sus proyectos monárquicos.

Mendoza y agosto 31 de 1816

Mi Lancero amado:

En la de V. del 16 se me queja horriblemente sobre mi supuesto silencio; cómo se conoce que va V. siendo viejo por lo regañón que se pone.

En este correo escribo al Director sobre su venida de V., véalo y véngase sin perder un solo momento.

Mucho me alegraré se transe lo de Santa Fe: estas divisiones nos arrastran al sepulcro y si no se cortan todo se pierde.

Ya verá V. por los estados el aumento de nuestra fuerza: con poco más que se me ayude de ésa emprendemos la expedición, no obstante la gran reclutada que tenemos.

Entregué a Luzuriaga la que V. me incluía para él: tanto éste como Zapiola y Álvarez lo saludan.

He visto la proclama o manifiesto del portugués, echo al carajo a este loco rematado pues ya no hay resistencia para sufrir sus sandeces.

Nada me dice V. de Europa, nada de portugueses, nada de la Banda Oriental y en fin nada de nada.

Es y será su amigo sincero

José de Sⁿ Martín

Sepa V. que desde antes de ayer soy padre de una Infanta Mendo-cina.[41]

Poco le duró el entusiasmo al general, al comprobar –como le comentaba a su amigo el comodoro inglés Bowles– que el horizonte desconsolante que presentaba el país no prometía despejarse, por el contrario todo parecía preanunciar que los males continuarían en aumento augurando su total ruina: "ésta no la temo de los españoles, pero sí de las desavenencias domésticas, de nuestra falta de educación y juicio".[42] Por entonces, la magnitud del enfrentamiento con los diputados cordobeses hizo que se pensase en disolver el Congreso, por temor a que en virtud del dominio artiguista en la zona mediterránea quedaran cortadas las comunicaciones con Buenos Aires. Toda nueva mala noticia que recibía en este sentido lo iba convenciendo cada vez más de la incapacidad de estos pueblos para mandarse a sí mismos, idea que se iría afianzando en él y que en breve le haría buscar el respaldo de una potencia extranjera.

En tanto, el general continuaba entregado a los últimos preparativos militares; pero tales ocupaciones no le impidieron propinar un fuerte reto a Guido por la insuficiente información que le suministraba, cuando él se fiaba enteramente en su criterio para conducirse.

Mendoza y setiembre 24 de 1816

Lancero amado:

Recibo la de 8 del 10. No hay una sola carta en que no me diga que sus apuros, ocupaciones, u otras cosas le impiden el extenderse; maldita sea su pereza o falta de previsión, pues si V. la tuviese no esperaría al último momento del correo; por Dios, el Demonio o por el Petacón le suplico me escriba con extensión todo, todo, bajo el supuesto que V. es el termómetro que me dirige.

---

[41] A pesar de esta referencia de San Martín que por la fecha de la carta haría suponer que el alumbramiento de Mercedes se había producido el 30 de agosto, el día de su nacimiento fue el 24 de ese mes.

[42] Cit. en: RICARDO PICCIRILLI, *San Martín y la política de los pueblos*, Buenos Aires, Gure, 1956, pág. 196.

El Convoy entrará en ésta pasado mañana, por fin escapó de las garras de los mandingas. Buenos sustos y cuidados me ha costado.[43]

Concluí con toda felicidad mi Gran Parlamento con los indios del Sur, no solamente me auxiliarán al Ejército con ganados, sino que están comprometidos a tomar una parte activa contra el enemigo.[44]

El 30 se reúne todo el Ejército en el campo de instrucción. El tiempo que nos resta es muy corto y es necesario aprovecharlo.[45]

No hemos escapado mal con la salida de las tropas de Santa Fe.

Es mío el plan sobre premios militares, se lo entregué al Director en Córdoba y creo sería útil el que como cosa suya mandase se observase con todas las modificaciones que juzgue convenientes: háblele sobre esto.

Hago a Ocampo la prevención que V. me dice.

Adiós mi Lancero, véngase volando a abrazar a su amigo

Lancero

---

[43] Se refiere a que por fin había recibido el convoy que conducía un importante parque de guerra y demás pertrechos remitidos desde Buenos Aires, el que logró evitar que fuera interceptado a su paso por la montonera, no sin que le costase buenos sustos y cuidados al general.

[44] El 10 de setiembre San Martín en persona marchó a los campos del sur para entenderse con los pehuenches con el objeto de que le facilitaran el paso de tropas por el Planchón, frente a Curicó y Talca. Luego de ocho días de festín y borrachera logró sellar un trato que superaba sus expectativas, como se lo comunica a Guido. Sin embargo, la traición coronó aquella jornada, pues inmediatamente los mensajeros del cacique Necuñán volaron al campo realista para delatar la marcha de los patriotas. Al conocer la felonía, San Martín decidió avanzar por el paso más dificultoso de Los Patos burlando a las alertadas fuerzas realistas. Cabe acotar que no parece verosímil en función de lo expresado en esta carta, como así también las misivas coincidentes dirigidas a Pueyrredón y Godoy Cruz la clásica versión que quiere presentar a San Martín previendo la delación de los indios y engañándolos ex profeso.

[45] En efecto, al finalizar el mes de setiembre, San Martín se trasladó con el ejército al campamento de El Plumerillo, situado a cuatro kilómetros al nordeste de Mendoza, un lugar sumamente inhóspito siempre blanco de salitre; pero el general no encontró otro mejor donde colocarse, pues los demás estaban muy distantes y él necesitaba estar en contacto inmediato con la ciudad. Al frente se ubicó el extenso campo de instrucción y hacia el oeste un tapial doble utilizado como espaldón de tiro. Además se construyeron barracas de adobe para la tropa, detrás de las que se establecieron las cocinas y los alojamientos para jefes y oficiales. Allí terminarían de disciplinarse sus fuerzas hasta quedar en pie de guerra.

Algo de lanza me pareció la recomendación de V. para Samanie-
go, no así la de Conde, cuyo sujeto me parece muy apreciable.

Como se ha visto en el transcurso del intercambio epistolar con Guido, desde hacía meses San Martín venía insistiendo en que acudiese cuanto antes a su lado por considerarlo un auxiliar imprescindible. Pero en el momento en que sentía un agobio cada vez más intenso por la multiplicidad de cuestiones que demandaban su atención a medida que se acercaba el tiempo de la expedición, el Director terminó por denegarle su solicitud. Por otro lado, no podía dejar de preocuparle la continuación de las disensiones internas, que por entonces tenían su epicentro en Córdoba: la situación se complicó aún más a raíz del levantamiento armado encabezado por el montonero Juan Pablo Pérez Bulnes, quien luego de haber luchado contra Díaz Vélez en Santa Fe, retornó a la ciudad mediterránea y depuso al gobernador José Javier Díaz, por no considerarlo lo suficientemente adicto a Artigas. Mientras el general seguía el curso de esos lamentables desencuentros que parecían no tener solución de continuidad, no dejaba de clamar por el envío de vestuarios para sus tropas que estaban prácticamente "en cueros", a la par de disponer nuevos arbitrios para cubrir los cada vez más ingentes gastos.

Mendoza y octubre 8 de 1816

Lancero muy querido:
El Director me ha desahuciado terminantemente sobre su venida,
pues me dice le pido un imposible en razón de que V. es el que lleva el
peso de toda la secretaría. Su falta me equivale a un batallón pues no
tengo de quien fiarme, especialmente para las comunicaciones secre-
tas y otras cosas reservadas, y todo es preciso lo haga este Hijo de Pu-
ta. En fin, a la entrada de la expedición voy a pedirlo a V. terminan-
temente sin perjuicio de la rotunda negativa.
¿Qué hacemos con el último movimiento de Córdoba si como creo
desobedece al Congreso? ¿Qué partido tomaremos? Parece que un
genio infeliz nos dirige a los americanos y que una mano destructora
entorpece los mejores planes. Protesto a V. que no encuentro un con-
suelo para ver tanto disparate y mucho más cuando no teniendo ene-
migos nuestra ignorancia nos precipita al último fin.
Por Dios los vestuarios para granaderos a caballo que están en
cueros: el de cazadores lo mismo y la esclavatura que pasado maña-

na entra en el N° 8 ídem. Yo no quiero hablar más sobre esto al Director por no abrumarlo con tanto pedido, pero hágalo V. cuando encuentre una oportunidad.

Atúrdase V., pasan de 25 mil pesos los gastados en este mes, sin más entrada que los 8 mil de ésa y 4.600 de ésta, el restante es preciso sacarlo de arbitrios, esto me ocupa más que el Ejército y me consume el tiempo.

Todas las tropas excepto el Batallón de Cazadores que está en San Juan entraron en el Campo de Instrucción el 30: es un dolor no tener siquiera una frazada para arroparlos de la intemperie.

Cuénteme lo que haya de Europa y dedique para su amigo media hora cada correo que Dios y nuestra Madre y Sra. de Mercedes se lo recompensarán.

A su recomendado Samaniego lo he colocado de Aposentador del Ejército: tiene demasiados conocimientos para ayudante de campo.

Muchas cosas a los matemáticos[46] y crea lo ama mucho su

Lancero

Las tareas de San Martín continuaban incrementándose y él mismo se asombraba de la magnitud de los recursos que tenía que movilizar en medio de la pobreza, "todo sacándolo con tirabuzón". Clamaba por el envío de los vestuarios que ya tenía pedidos desde hacía tiempo, a los que el ministro de Hacienda parecía hacer oídos sordos. ¿Cómo podían sus hombres pasar la cordillera poco menos que desnudos como estaban? Así que los pedidos del general proseguían lloviendo sobre el agobiado Director. En cuanto a noticias generales, observaba con satisfacción cómo los navíos corsarios de la revolución mantenían en jaque el comercio sobre las mismas costas de Cádiz. También tenía en cuenta el posible arribo de refuerzos peninsulares a Chile, pero de todos modos a esa altura de las circunstancias la expedición había que emprenderla de cualquier manera. Y en cuanto a la invasión lusitana al territorio oriental, confiaba en que Artigas no tendría mayores problemas en batirlos haciéndoles la guerra de montonera que acostumbraba.

---

[46] Con la expresión "matemáticos", obviamente, hace referencia a los compañeros de la Logia.

Campo de Instrucción y octubre 20 de 1816

Mi Lancero amado:

Era tal el embrollo de ocupaciones que tenía el correo pasado que no me dio lugar a contestarle: los quehaceres siguen y tanto más se multiplican cuanto todo es preciso hacerlo sin tener un cuartillo, pero vamos saliendo y poniéndonos a la vela para obrar.

Por la Patria vea V. al Director a fin de que me remita los vestuarios para cazadores, granaderos y Nº 8, que éstos estén en ésta a más tardar a mediados de diciembre. Sin este auxilio no se puede realizar la expedición pues es moralmente imposible pasar los Andes con hombres enteramente desnudos: los granaderos sólo necesitan 530 vestuarios pues con los 120 que han llegado y 100 más que yo les he dado se completará su número; los cazadores, 600, y 860 el Nº 8. Yo había hecho una contrata con un cordobés de 4.000 varas de bayetilla abatanada y me escribe después de haber tomado más de 1.000 pesos que los paños no pueden estar en ésta hasta fines de diciembre, tiempo en que ya debo estar en marcha: la bayetilla que se había comprado en San Luis en mi viaje a Córdoba se apolilló la mayor parte y por falta de lienzos he tenido que hacer camisas de ella para el Ejército: en fin, mi amigo, éste es el último auxilio que pido porque conozco que sin él nada haremos. Haga V. un esfuerzo y háblele al Director sobre el particular.

El Diablo me lleva con el Ministro de Hacienda actual: yo no tendría que hacer nada sobre este negocio si fuera hombre de cálculo: pero su miseria mal entendida hará tal vez que todo se lo lleve el Diablo: los tales vestuarios hace una furia de tiempo que están pedidos y nada se ha hecho: yo compadezco al Director con tal hombre.

Si como es indispensable se da la orden para la construcción de los vestuarios que necesito es preciso que en 15 días estén concluidos: que todas las mujeres cosan y todos los sastres corten: tenga V. cuidado que vengan los cascos para los granaderos como los que trajeron; con 350 hay suficientes pues conservo los otros en buen estado.

Nada extraño la crueldad de Murillo. Todos los matuchos son cortados por una tijera.

Mucho me gustan los progresos de nuestros corsarios. ¿Qué dirán en España al ver las fuerzas americanas sobre el gran departamento de Cádiz?

Si los portugueses vienen a la B.O. como V. me dice y Artigas le hace la guerra que acostumbra no les arriendo la ganancia: lo que sí temo es por Montevideo, el que en mi opinión es enteramente perdido.

Veo lo que V. me dice de la venida a Lima del Batallón de Gerona e Infantería Don Carlos y que tal vez vengan a Chile: esto puede suceder pero aun en este caso es preciso emprenderla, so pena que si no todo se lo lleva el Diablo. Por Dios mi amigo: mi encargo de vestuarios: en el supuesto de que ya se acabaron los pedidos.

Es increíble lo que necesito: sólo en el ramo de mulas son necesarias 7.000 y quinientas; tres mil caballos, otras tantas monturas para la infantería, mil aparejos de cordillera, subsistencias cargadas para 20 días y otros mil artículos, todo sacándolo con tirabuzón.

No puedo escribir más, pero sí asegurarle es su Lancero Eterno
José de Sⁿ Martín

Al día siguiente, San Martín volvió a escribir a Guido, ya teniendo que resignarse a no poder realizar una parte importante de su plan: Pueyrredón le comunicaba que a pesar de que estaba arbitrando todos los medios posibles para enviar la expedición marítima que tenía que complementar a la invasión terrestre, debido a la falta de fondos dudaba que pudiera concretarse. Poco después se confirmó el mal pronóstico. Pero el general ya estaba jugado y emprendería la empresa como fuese, a pesar de que persistía el rumor de que se desprenderían del Perú refuerzos con destino a Chile. Si esto se producía, lo peor sería que el enemigo se adelantara a tomar la ofensiva atreviéndose a invadir Cuyo, cuando todavía no habían terminado de equiparse las fuerzas patriotas. De allí que el general insistiera en redoblar los esfuerzos sin pérdida de momento. En medio del trajín a que estaba sometido y de la pobreza que lo cercaba, no faltaba en su misiva la nota de color, aunque a él no dejara de causarle fastidio, esto es, la cuestión relativa a los cabildantes que en ella se menciona. Sucedió que el Congreso y el Director le habían conferido a San Martín el nombramiento de capitán general con el tratamiento de excelencia, pero el ayuntamiento de Mendoza, no conforme con ello, peticionó que se le confiriera además el grado de brigadier, lo que le causó la molestia relatada a Guido.

Mendoza y octubre 21 de 1816

Lancero amado:
Recibí la del 8 del 9. Mucha falta nos hará cuatro o seis buques

71

de fuerza para la expedición, pero el que no tiene más con su madre se acuesta.

El atraso del N° 8 nos perjudica lo que V. no puede figurarse y mucho más los recados para granaderos que vienen con ellos pues no pueden instruirse como desearía por falta de este artículo.

Mucho daño están haciendo nuestros corsarios al Comercio español, ¿quién les habría de decir a los maturrangos semejante cosa?

Es bien rara la conducta preñada de los portugueses.

Si como V. teme, la retirada del enemigo en el Perú es con el objeto de reforzar a Chile y lo realizan, la cosa es algo expuesta: yo estoy esperando de aquel país comunicaciones muy repetidas y según ellas obraremos.

Estos carajos de cabildantes me tienen de amolar con sus solicitudes: en julio hicieron otra al Congreso solicitando se me diese el mando del Ejército. Esto me ha obligado a dar el papelucho que V. verá en uno de los periódicos pues los malvados creerán son instigaciones mías.[47]

Nos cagan si en estas circunstancias nos arriman los matuchos alguna expedición, por esto es preciso hacer esfuerzos para aumentar en ésa toda la fuerza posible.

---

[47] El "papelucho" a que San Martín se refería era un comunicado que contenía una formal declaración y que se apresuró a enviar a la prensa para prevenirse de antemano a la maledicencia que siempre lo había circundado. Se publicó en *El Censor* el 12 de diciembre y decía: "Señor Censor –Muy señor mío: por el último correo se me avisa de esa capital haber solicitado el Cabildo de esta ciudad, ante el excelentísimo supremo director se me diese el empleo de brigadier. No es ésta la primera oficiosidad de estos señores capitulares: ya en julio del año corriente, imploraron del soberano Congreso se me nombrase general en jefe de este ejército. Ambas gestiones, no sólo han sido sin mi consentimiento, sino que me han mortificado sumamente. Estamos en revolución, y a la distancia puede creerse, o hacerlo persuadir genios que no faltan, que son acaso sugestiones mías. Por lo tanto ruego a usted se sirva poner en su periódico esta exposición con el agregado siguiente: *Protesto a nombre de la independencia de mi Patria no admitir jamás mayor graduación que la que tengo, ni obtener empleo público, y el militar que poseo renunciarlo en el momento en que los americanos no tengan enemigos.* No atribuya usted a virtud esta exposición, y sí al deseo que me asiste de gozar de tranquilidad el resto de mis días". (Cit. en: J. ESPEJO, *op. cit.,* pág. 14.037.)

Mucho nos ha aliviado la derrota de Bulnes, pero es preciso a to-
da prisa mandar a Córdoba alguna fuerza para evitar se repitan tales
escenas.[48]

El tiempo apura extraordinariamente y hay que hacer lo que V. no
puede figurarse; protesto a V. que no sé cómo está mi cabeza y sobre
todo rodeado de miseria, baste decirle que para el mes entrante no
tengo un cuartillo para dar al Ejército.

No hay tiempo para más pero sí para asegurarle lo ama mucho su
Lancero

Abrumado ya por los pedidos de San Martín, Pueyrredón al remitirle lo
que había sido posible reunir en un último esfuerzo le dirigía esta conocida
misiva: "Van todos los vestuarios pedidos y muchas camisas [...] Van cuatrocientos recados [...] Van los doscientos sables de repuesto que me pidió.
Van doscientas tiendas de campaña o pabellones y no hay más. Va el mundo. Va el demonio. Va la carne. Y no sé yo cómo me irá con las trampas en
que quedo para pagarlo todo; a bien que en quebrando, chancelo cuentas con
todos y me voy yo también para que V. me dé algo del charqui que le mando; y, ¡carajo, no me vuelva V. a pedir más, si no quiere recibir la noticia de
que he amanecido ahorcado en un tirante de la fortaleza!".[49]

Sin embargo, San Martín insistió en reiterarle un pedido cuya concesión
estimaba mucho más valiosa que cualquier otro desprendimiento de tipo material: la presencia de Guido. No podía conformarse con la negativa que ya
había recibido al respecto y volvía a la carga con un nuevo intento de convencer al Director.

Mendoza y noviembre 1° de 1816

Mi Lancero amado:

Tengo a la vista la de V. del 16. En este correo escribo a Pueyrre-
dón sobre su venida: es materialmente imposible pueda trabajar con

---

[48] Belgrano que, como se dijo, había quedado nuevamente al frente del Ejército del
Norte, en 1816 envió por orden del Congreso una columna armada al mando del sargento mayor Francisco Sayós para reprimir la insurrección cordobesa de Bulnes, consiguiendo vencer al jefe insurgente en Santa Ana el 8 de noviembre.

[49] *DHLGSM*, cit., tomo IV, pág. 346. Buenos Aires, 2 de noviembre de 1816.

éxito sin tener un secretario de toda confianza que sea V. y de estas provincias, de lo contrario todo se lo lleva el Demonio; no hay arbitrio: el amigo Pueyrredón es preciso haga este último sacrificio y nada más pido.

Veo que es fundada su reflexión sobre la venida del Congreso a Buenos Aires. En este correo escribo a los Diputados de esta provincia sobre el particular: ellos son los que más han contribuido a su traslación, pero fue porque así lo acordamos con Pueyrredón en Córdoba y bajo este supuesto les escribí: si dicho amigo me hubiera escrito después las dificultades que se presentaban lo hubiera hecho. En fin, veremos si puede suspenderse su ida a ésa y que queden en Córdoba.[50]

Bueno va lo de Murillo y yo creo que este Baratero español saldrá con el rabo entre las piernas.

Veo lo que V. me dice de Soler, andaré con cuidado para echarme encima de un modo ejemplar si no anda muy derecho: por estas y otras cosas me es V. muy necesario.

Bien extraña es la ignorancia en que nos hallamos de los movimientos de los portugueses. Yo opino que Artigas los frega completamente.

Hable V. al amigo Pueyrredón sobre su venida, ésta es indispensable, póngase las espuelas y vuele hasta abrazarnos.

No tengo tiempo para más: se trabaja con provecho y creo que para mediados del entrante ya estaremos al corriente y prontos para rompernos las cabezas.

Adiós, su amigo

Lancero

---

[50] Dada la animadversión de los pueblos por el centralismo porteño y como medio de contener los estallidos autonómicos que se sucedían unos tras otros, se consideró la posibilidad de salvar el régimen consolidado o unificado de poder, imprescindible en tiempos de guerra, pero sacando a la capital del epicentro geográfico tradicional de la vocación hegemónica. Así fue que durante todo el transcurso de 1816 se meditó persistentemente en la posibilidad de que las autoridades se instalasen en Córdoba; sin embargo, la premura impuesta por las necesidades de guerra, junto con la convulsión interna que afectaba a esa provincia, hizo que se terminara desechando por inverificable esa eventualidad.

Tanta fue la insistencia de San Martín para que Guido concurriera en su auxilio que el tema hubo de tratarse especialmente en una tenida de la Logia y, como figura en el primer párrafo de la siguiente misiva, el resultado no fue favorable a sus deseos. En otro orden de cosas, el general no podía evitar crisparse ante la morosidad imperante en Buenos Aires, que retardaba la conclusión de sus preparativos cuando se estaba prácticamente a un paso de emprender "la tremenda", como él denominaba a la expedición, y su cabeza estaba a punto de estallar.

Mendoza y diciembre 6 de 1816

Mi Lancero amado:

Tengo a la vista la de V. del 25 y al cabo la :: me ha amolado negándome su venida.

Está visto que en ésa parece que los hombres toman láudano diariamente: V. sabe que hace más de ocho meses que pido las pieles de carnero para los aparejos de cordillera y no obstante las órdenes del gobierno veo con dolor que ni aun están recolectadas, cuando por lo menos necesito para forrar las esteras que están ya construidas más de un mes, en fin yo marcharé aunque me lleve el diablo.

Creo no me lleguen a tiempo los 500 hombres del Perú pues yo a más tardar debo emprender la tremenda a mediados del que entra.

Ya voy consiguiendo el que el enemigo se divida, la guerra de zapa vale mucho.

Ni una sola palabra me habla V. de portugueses.

Estoy tal que ya no sé cómo sacar dinero para acabar de pagar este mes: crea V. mi amigo que el Demonio me lleva de esta echa pues mi pobre cabeza no puede abarcar todo lo que está metido en ella.

Vaya con Dios Dorrego: lástima es la pérdida de este joven que un poco moderado hubiera podido ser útil a su Patria.[51]

---

[51] La invasión portuguesa a la Banda Oriental había levantado una ola de indignación popular en Buenos Aires, alentada desde la imprenta de la *Crónica Argentina*, periódico a cargo de Agrelo, Pazos Silva y Moreno; y sostenida por los militares Soler, French y Dorrego. Pueyrredón, que creía imposible abrir un tercer frente de guerra, logró captarse a Soler designándolo jefe de Estado Mayor en el Ejército de los Andes, pero en cambio Dorrego se mostró irreductible. Era sin duda el jefe de mayor gravitación

Siguen los trabajos de instrucción y se adelanta bastante.
Adiós. Hasta otra vez, su amigo eterno

El Lancero

A medida que se aproximaba el tiempo de la partida, más se complicaba la situación de las Provincias Unidas. Por primera vez en la epístola que sigue, el general comienza a mostrarse preocupado por la ocupación portuguesa de la Banda Oriental que hasta entonces no había creído factible, confiado en que Artigas los correría sin más trámite. Pero no estaba resultando así. La última y única salvación parecía depender exclusivamente del buen éxito de la empresa trasandina, que era preciso acometer aunque careciese de dinero, mulas y salud. Cada vez se convencía más de que no podría prescindir, sobre todo en Chile, de un secretario de confianza como Guido y por eso volvió a exponer sus razonamientos ante el Director, para que reconsiderase su negativa.

Mendoza y diciembre 15 de 1816

Mi Lancero amado:
Tengo a la vista la de V. del 6 que recibí por extraordinario.
Buena va la danza: lo del marqués en el Perú ya lo sabía, pero lo de los portugueses es algo formal; si estos demonios se posesionan de la Banda Oriental, tenemos mal vecino.
Si no puedo reunir las mulas que necesito me voy a pie, ello es que lo más tardar estoy en Chile para el 15, es decir me pondré en marcha y sólo los artículos que me faltan son los que me hacen demorar este tiempo.
Es menester hacer el último esfuerzo en Chile pues si ésta la perdemos todo se lo lleva el Diablo. Yo espero que no sea así y que en el pie en que se halla el Ejército saldremos bien.
El tiempo me falta para todo, el dinero ídem, la salud mala, pero así vamos tirando hasta la tremenda.

---

del partido popular, abierto opositor al monarquismo y a la política pro portuguesa del Directorio. A mediados de noviembre sorpresivamente fue apresado y desterrado sin más trámite por orden de Pueyrredón. De allí la expresión de San Martín.

Cada vez me convenzo más y más de que sin V. no haremos nada: esto lo digo en razón de lo que V. me dice de los chilenos y Carreras: no puede V. figurarse lo que el partido de estos malvados está minando la opinión del Ejército: el secretario que tengo es emigrado y no puedo tener la menor confianza de él en asuntos que tengan relación con Chile. Ahora bien, calcule V. cómo me veré en pasando, en una campaña activa y teniendo que establecer la base de nuestras relaciones políticas, crear otro Ejército, hacer reformas indispensables, etc., etc., etc.,: yo escribo al amigo Pueyrredón sobre este particular, y yo espero que convencido de la necesidad me lo mande a V. aunque no sea más que por tres meses.

Adiós: lo ama y amará siempre su

Lancero

A fuerza de reiteración, al fin San Martín consiguió arrancarles una promesa a sus amigos de la Logia, que el Director le comunicó en diciembre, logrando finalmente conformarlo: "Hemos tratado la ida de Guido y se ha resuelto que a la primera noticia de haber ocupado V. Chile saldrá de aquí. No sabe V. todo el sacrificio que hago de desprenderme de este joven que es el que me lleva todo el despacho de guerra".[52]

El general seguía observando, mientras tanto, el persistente avance portugués que amenazaba abrir un tercer frente de lucha en el este para las Provincias Unidas, justo cuando él se hallaba pronto para iniciar la campaña por el extremo opuesto y el Ejército del Norte debía continuar manteniéndose a la defensiva. En teoría correspondía afrontar esa nueva guerra, pero ¿dónde estaban los recursos que permitieran hacerlo? Y a esa altura de las circunstancias no podían dispersarse las fuerzas con que se contaba. Había que apostar el todo por el todo al triunfo de "la tremenda", para la que venía trabajando "como un macho".

Mendoza y diciembre 22 de 1816
Mi amigo amado:
Veo que tenemos que emprender una nueva guerra con los portugueses: veo también que cuasi es necesaria, pero V. que está en la

---

[52] Cit. en: A. G. RODRÍGUEZ, *op. cit.*, pág. 116.

fuente de los recursos me sabrá responder: qué fuerza tenemos para hacerla y qué medios (sin desatender los demás) y qué tiempo la podremos sostener: yo estoy seguro que nuestra situación actual es la más crítica de todas y que no nos queda otro arbitrio que el de hacer esfuerzos.

Trabajo como un macho para salir de ésta el 15 del que entra: si salimos bien, como espero, la cosa puede tomar otro semblante, si no todo se lo lleva el Diablo.

Lo de Chile sigue bien. Por mi correspondencia oficial verá V. la grosera de Marcó.[53]

Los Amigos lo saludan y lo hace con todo su corazón su

Lancero

El problema portugués continuó apareciendo recurrentemente en estas cartas de San Martín dirigidas a Guido. En verdad la invasión lusitana ponía al gobierno central ante el dilema de sostener a su enemigo interno –debili-

---

[53] La grosera nota de Marcó fue provocada por el propio San Martín, quien a mediados de diciembre encargó a su compadre el ingeniero Álvarez Condarco la riesgosa misión de encaminarse a Chile por el paso de Los Patos en calidad de parlamentario, con la excusa de entregarle a aquel mandatario una copia oficial del acta de la independencia de las Provincias Unidas, dando por descontado que el funcionario realista lo despacharía con cajas destempladas de regreso por el camino más corto, el de Uspallata, de tal suerte que ello le permitiría a su emisario realizar el reconocimiento de las dos rutas por donde marcharía el ejército. En efecto, el comisionado no pudo permanecer en el país trasandino más que 48 horas y los documentos que portaba fueron mandados quemar en la plaza pública por el ofuscado Marcó, quien pretendió fusilar a quien consideraba un espía encubierto, pero fue salvado de tal suerte por la solidaridad masónica de algunos jefes españoles. El mandatario debió pues conformarse con expulsarlo, pero antes le entregó una violenta contestación a los oficios que le remitiera San Martín, en la que le manifestaba que cualquier otro enviado no merecería la misma inviolabilidad y atención. Y al estampar su rúbrica el general realista manifestó: "Yo firmo con mano blanca y no como la de su general que es negra", aludiendo a su traición a la causa del rey. Cuando después de Chacabuco Marcó del Pont fue apresado y llevado ante la presencia de San Martín, éste recordó aquella agria alusión y no pudo reprimir gastarle una ironía que dejó balbuceante a su interlocutor. Se le acercó y extendiendo su diestra le dijo: "Señor general, venga esa mano blanca", episodio narrado por quien fuera testigo presencial (Cfr. G. Espejo, *op. cit.,* págs. 14.044-14.051).

tando la empresa trasandina por la división de fuerzas– o aparecer como cómplice de los invasores para librarse de él. Pueyrredón, a la vez que informó al Cabildo de Montevideo que había resuelto poner fin a su neutralidad, envió al coronel De Vedia ante el jefe de las fuerzas de ocupación portuguesas, general Lecor, para reclamarle el cumplimiento del armisticio Rademaker. Dicho jefe alegó que entendía no haber violado lo concertado en 1812 por cuanto la provincia oriental ya no respondía al gobierno de Buenos Aires. Esta contestación dio pie a que Pueyrredón, para desarmar el argumento del jefe invasor, exigiera al gobernador delegado de Montevideo, Miguel Barreiro, quien había solicitado su auxilio, que reconociera la autoridad del Congreso y del Directorio. En efecto, el 8 de diciembre se labró el Acta de Incorporación de la Banda Oriental a las Provincias Unidas; pero esto no tuvo mayores consecuencias, pues apenas enterado Artigas de ese paso, desconoció lo actuado y ordenó que el documento fuese quemado en la plaza pública. Frente a tales sucesos, San Martín hizo bien explícita su posición frente a dicho problema, como se comprobará en el documento que sigue, en el que afirmaba rotundamente que entre el dominio de los portugueses o el de Artigas en la orilla opuesta del Plata, prefería el de los primeros como mal menor, ante la imposibilidad momentánea de desalojarlos. Toda esta situación hizo reflexionar al general sobre la factibilidad y conveniencia del sistema de gobierno hasta entonces seguido por los revolucionarios. Sobre todo teniendo en cuenta la continuación de la guerra civil a la que se refería seguidamente. El 18 de noviembre las autoridades salteñas decidían retirar sus diputados del Congreso, si no se incorporaba a su conflictivo representante José Moldes, sobre quien pendían varias acusaciones, entre ellas la que le formulara Godoy Cruz, según la cual se habría apropiado de comunicaciones confidenciales y reservadas dirigidas a San Martín. El trasfondo de la cuestión se centraba en el disgusto que causaba la decisión de trasladar el Congreso a Buenos Aires, tomada no sólo ante la amenaza realista por el norte, sino sobre todo por la invasión portuguesa a la Banda Oriental.[54] Por otra parte, también a fines de 1816 y como reacción al centralismo del Estatuto Provisorio sancionado por el Congreso en noviembre, se produjo el segundo intento de insurrección de Juan Francisco Borges, con intenciones de separar a Santiago del Estero de la dependencia de Tucumán. Belgrano orde-

[54] Cfr. CARLOS S. A. SEGRETI, *"Las elecciones de diputados al Congreso de Tucumán"*, en *Investigaciones y Ensayos*, Buenos Aires, Academia Nacional de la Historia, julio-diciembre de 1982, N° 33, págs. 69-130; y del mismo autor *La acción política de Güemes*, Córdoba, Centro de Estudios Históricos, 1991.

nó a Lamadrid marchar a sofocar el movimiento. Su cabecilla fue vencido en Pitambalá y sería fusilado el 1º de enero de 1817. Todo esto dará motivo a una profunda reflexión de San Martín relativa a si, en verdad, estábamos en condiciones de constituirnos en nación, agregando estos durísimos términos: "en nación, sí, pero de salteadores". Por otro lado, planteaba, a eso estaba conduciendo la prolongación de la guerra: ¿hasta cuándo se podría continuar haciéndola en forma regular, sin incurrir en los mismos procedimientos de las montoneras?

Mendoza y diciembre 31 de 1816

Lancero amado:

No me ha tomado de sorpresa la maldad de los orientales pues yo calculaba que su decantada unión no debía tener más duración que ínterin nos necesitasen.

Sólo espero la llegada del convoy que salió el 14 para arrancar y salir cuanto antes del preñado, yo espero que no obstante las inmensas dificultades que presenta la cordillera tenemos de salir bien, de lo contrario todo se lo lleva el Diablo y a mí el primero.

Yo opino que los portugueses avanzan con pie de plomo esperando a su escuadra para bloquear a Montevideo por mar y tierra; y en mi opinión se lo meriendan; a la verdad, no es la mejor vecindad –pero hablándole a V. con franqueza– la prefiero a la de Artigas: aquéllos no introducirán el desorden y anarquía, y éste si la cosa no se corta lo verificará en nuestra campaña, como estoy bien informado: lo cierto es que nuestra situación es muy crítica y así se lo escribo al Director, es decir, lo desengañado que estoy en que nuestros paisanos puedan vivir en orden en el sistema que seguimos; a este paso yo creo que nuestra duración será bien corta.

Ya sabrá V. lo de Salta y Santiago del Estero, y dígame V. si con semejante gente podemos constituirnos en Nación: en Nación sí, pero de salteadores; yo opino que como no sea nada que tenga relación con españoles, porque primero es la muerte, todo nos acomodaría. En fin, mi amigo, dígame V. con ingenuidad, ¿con nuestro carácter, ambición, falta de costumbres, ninguna ilustración y el encono mutuo de los partidos y hombres particulares, ve V. ni remotamente un porvenir regular a nuestra felicidad futura, no a nosotros, sino al común de los habitantes? Por otra parte, repito mi pregunta anterior ¿qué tiempo podrán nuestros recursos mantener la guerra con orden sin recurrir a la de vandalaje? Esta reflexión debe pesar un poco en los amantes del país y honrados. Yo no miro mi individuo porque desde que llegué al país hice el ánimo resuelto de no sobrevivir a la empresa de ser libre; más digo a V., que si una nación extranjera o un príncipe tal lo mandare, yo lo abandonaría para vivir sepultado en la miseria, pero mi individuo no es el bien general, y yo me creo como hombre de bien en la obligación de sacrificar mis inclinaciones al de la comunidad.

Mucho he filosofado para lo que tengo entre manos y a la verdad que mi situación no es para tal.

Adiós, mi Lancero, la contestación a esta carta será la última que reciba en ésta su eterno amigo

El Lancero

En la siguiente misiva, San Martín, luego de referirse a la desconfianza que le inspiraban los chilenos, volvía sobre el tema tratado anteriormente a raíz de las limitaciones que pretendían imponer al Poder Ejecutivo los congresistas en ocasión de tratar la reforma al Reglamento Provisional, para afirmarse en la convicción de que en virtud de la probada incapacidad de estos pueblos para manejarse autónomamente se haría preciso recurrir a "algún demonio extranjero que nos salve".

Mendoza y enero 5 de 1817

Mi Lancero:

En proporción de acercarse la época de nuestra marcha crecen los trabajos y apuros, así seré corto a contestar a su carta del 24 del pasado.

No crea V. que voy fiado en el carácter y patriotismo de los chilenos, éste lo tantearé y si no corresponde a lo que han prometido me andaré con pies de plomo: de todos modos es necesario tantear una acción general con Marcó antes que llegue el mes de marzo, si es batido el país es nuestro, si lo somos tenemos tiempo de repasar los Andes antes de mayo, pues de lo contrario seríamos perdidos, en fin para fines de febrero la suerte de Chile estará decidida.

El Director me escribe sobre el Reglamento del Congreso, los doctores se han empeñado en que todo el país se lo lleve el Diablo: repi-

to lo que en mi carta anterior, que nosotros no somos capaces de cons-
tituirnos en Nación por nuestros vicios e ignorancia y que es preciso
recurramos [a] algún demonio extranjero que nos salve.

Nada particular de Chile. Los hombres no creen que los vamos a
visitar. Tanto mejor.

Adiós mi amigo querido, lo será de V. siempre su

Lancero

Cuando faltaban ya unos contados días para que comenzara la salida del
ejército y con la confianza puesta en la seguridad de obtener la victoria si se
lograba traspasar la cordillera, volvía sobre la cuestión portuguesa, ratificando su posición contraria a que se asumiese un nuevo compromiso en ese frente, por falta de recursos.

Mendoza y enero 13 de 1817

Mi Lancero:

El 17 empieza la salida de la vanguardia: las medidas están to-
madas para ocultar al enemigo el punto de ataque, si se consigue y
nos dejan poner el pie en el llano, la cosa está asegurada, en fin, ha-
remos cuanto se pueda para salir bien pues si no todo se lo lleva el
diablo.

Un misterio es para mí la conducta de los portugueses en sus ope-
raciones, en mi opinión si hubieran querido ya estarían sobre Monte-
video.

No estoy por que se declare la guerra a los hidalgos; antes de em-
pezar una casa es preciso hacer los cimientos y contar con los mate-
riales; yo creo que nosotros carecemos de ellos para una nueva gue-
rra, a bien que ya le tengo hablado en mis anteriores sobre el
particular. En fin, mi amigo, yo opino que nuestra falta de recursos no
nos permite continuar la guerra con orden arriba de un año y que por
necesidad tendremos que recurrir a la montonera.

Nada me dice V. ni el Director de la venida de Hilarión y con qué
destino.[55] *Yo me alegro de ello.*

---

[55] Se refiere a su tío político, Hilarión de la Quintana, hermano de su suegra doña
Tomasa Quintana de Escalada, con el que siempre guardó San Martín una fraternal relación, uniéndolos particularmente el sentido del humor.

Si tenemos buena suerte, marchará su hermano con la noticia.

Nada me dice V. de Europa.

Adiós, mi Lancero, es y será siempre su mejor amigo

El Lancero

Cuando el reloj señalaba que había llegado el tiempo de la hazaña por tanto tiempo postergado, le asistía a San Martín la certeza de que –una vez conseguida la victoria– por fin se daría a esa empresa tan postergada y desvalorizada, como él mismo lo había sido, el valor que realmente tenía. Aunque enfermo y exhausto ante las puertas de la gloria, allí estaba, de pie y dispuesto a traspasarlas.

Mendoza y enero 21 de 1817

Mi Lancero:

El 18 rompió su marcha el Ejército; para el 24 ya estará todo fuera de ésta y el 15 de febrero decidida la suerte de Chile:[56] *si ésta es próspera crea V. que entonces se le dará la importancia que merece, mucho ha habido que trabajar y vencer, pero todo sale completo excepto de dinero que no me llevo más que 14 mil pesos para todo el ejército.*

Se recibió la tinta simpática y se hará el uso de ella cuando convenga.

Yo no me entiendo con mulas, víveres, hospitales, caballos y una infinidad de carajos que me atormentan para que salga el ejército: mi amigo, si de ésta salgo bien como espero, me voy a cuidar de mi triste salud a un rincón pues esto es insoportable para un enfermo.

Muy útiles serán en Chile los oficiales franceses venidos de N. América. Ellos servirán para las bases del ejército que haya de formarse en aquel país.

Yo no sé qué se habrá hecho el general Rull que V. me anunció.

Adiós, mi Lancero, hasta Chile no le vuelve a escribir su

Lancero

---

[56] Obsérvese la asombrosa precisión con que formula el pronóstico: el 12 de febrero tendría lugar la victoria de Chacabuco.

Y por fin llegó el momento de tomar la pluma para escribir la carta tan ansiada a quien más podía valorar el logro de la trabajosa meta, porque la sentía como propia, en la medida que hasta 1817 había sido en Buenos Aires el eje y el apoyo de la expedición.

Santiago y febrero de 1817

Lancero amado:

Al fin no se perdió el viaje y la especulación ha salido como no podía esperarse, es decir, con la rapidez que se ha hecho. Ocho días de campaña han deshecho absolutamente el poder colosal de estos hombres. Nada existe sino su memoria odiosa y su vergüenza. Coquimbo es nuestro y sólo les resta 500 reclutas en Concepción los que a esta fecha estarán dispersos.

Mi indigna salud y un millón de atenciones que me cercan, no me permiten entrar en detalles. Baste decir a V. que todos se han portado bien; los granaderos han hecho más que hombres. Necochea, como siempre.

¡Qué falta me ha hecho V.! Yo bien lo calculaba; pero en esa distancia no se ve como yo divisaba.

Después de aumentar el ejército con más de mil hombres de los prisioneros y presentados, tengo en cuarteles 1.300 más y cada momento siguen presentándose. Hoy espero 400 de Valparaíso y otra infinidad de varias partes.

¿Qué se hace ahora mi amigo? ¿O qué operaciones se emprenden? ¿Qué ventajas podrán ganar nuestras relaciones políticas con este inesperado suceso? Tengamos mucha prudencia y no olvidemos (por un triunfo) el porvenir y lo que somos los Americanos.

Adiós, mi Lancero amado: un brazo hubiera dado por su presencia en estas circunstancias. Su eterno

Lancero

Sin embargo, una etapa de la vida de ambos había concluido con la concreción del paso de los Andes y el triunfo de Chacabuco. Curiosamente, a partir de entonces el "Lancero Amado" pasaría a ser tratado más común y formalmente como un "querido amigo" por quien había sido hasta ese preciso momento su "Eterno Lancero", convertido ahora lacónicamente en "Sn. Martín".

LA CAMPAÑA LIBERTADORA DE CHILE
(1817-1818)

DE CHACABUCO A MAIPÚ

A pesar de la gloriosa jornada del 12 de febrero de 1817, no era cierto lo afirmado por San Martín: "Todo Chile es nuestro". Se habían tomado las provincias de Coquimbo y Aconcagua, entrando las huestes patriotas victoriosas en Santiago; pero una considerable parte de las fuerzas realistas con Maroto a la cabeza habían conseguido embarcarse en Valparaíso hacia el Perú, mientras el resto se reorganizaba en el sur, a las órdenes del enérgico y activo gobernador de Concepción José Ordóñez. Recién a principios de marzo partió hacia esa provincia una columna de 1.000 hombres al mando de Las Heras que, luego de una lenta marcha de cuarenta días, encontró al enemigo rehecho.

En tanto una asamblea convocada por el Cabildo designó el 16 Director Supremo a Bernardo O'Higgins –lo que había quedado estipulado desde antes de comenzar la campaña–, siendo sus ministros Miguel Zañartú en Interior y José Ignacio Zenteno, en Guerra y Marina. El Libertador se reservó el mando militar como generalísimo del Ejército Unido argentino chileno que comenzó a organizarse rápidamente y se ocupó de establecer la Logia Lautarina. Como su mente estaba puesta en la continuación de su gesta hacia Lima, esto le hizo desestimar los restos de la resistencia realista, preocupándose de inmediato por ganarse el apoyo naval americano y/o inglés. Para ello el 11 de marzo se puso en marcha hacia Buenos Aires, arribando a fines de ese mes y sólo permanecería en la capital porteña el tiempo indispensable para convenir con el Director los medios de formar la escuadra que permitiera dominar las aguas del Pacífico. Con ese fin se le confirieron poderes a Manuel Hermenegildo de Aguirre para que acompañado del vista de aduana y amigo personal del Libertador Gregorio Gómez procuraran la compra y armamento de algunas fragatas en los Estados Unidos. Como no pudo encontrarse con el comodoro Bowles que se hallaba en Río de Janeiro, San Martín se entrevistó con el cónsul inglés Robert Staples siempre teniendo en vista la obtención de los medios de transporte que lo condujesen a Lima. Considerando afianzado su poder en Chile y consciente de que los recursos para solventar sus planes debían proceder de allí, actuó en todo momento con marcada independencia del gobierno de las Provincias Unidas, enfrascado por entonces en la cuestión portuguesa. Logró convenir con Pueyrredón y los amigos de la Logia porteña que los recursos del país liberado se empleasen en la formación de una escuadra de guerra y además consiguió que Tomás Guido, a quien el 1° de abril se le extendió el despacho de teniente coronel, fuera designado una semana después diputado de las Provincias Unidas ante el gobierno de Chile. Por fin el general podría contar con la cooperación de su amigo que tan repetida como infructuosamente había solicitado y, en verdad, Guido se comportaría más como un agente personal de San Martín que como representante del gobierno argentino. El 20 de abril partieron ambos hacia Chile. Al llegar a Mendoza se encontraron con Álvarez Condarco, quien luego de recibir las instrucciones pertinentes a su misión de allegar armamentos navales a Chile, siguió viaje a Buenos Aires para embarcarse hacia Inglaterra junto a Álvarez Jonte.

El 11 de mayo San Martín y Guido arribaron a Santiago, donde se alojaron en el edificio del Palacio Episcopal frente a la Plaza de Armas que, suntuosamente acondicionado, a partir de entonces sería la residencia del Libertador. Durante su ausencia, ante la lentitud de la marcha de la división del sur, O'Higgins había decidido hacerse cargo personalmente de su comando, delegando el gobierno en el coronel Hilarión de la Quintana, lo que suscitó un gran malestar en el susceptible pueblo chileno que lo consideraba un argentino sin conexión alguna con el medio y que para colmo era pariente político de San Martín. Sin embargo, Las Heras y sus tropas, a pesar de su demora una vez llegados al teatro de la acción actuaron adecuadamente, batiéndose en abril en Curapaligüe y a principios de mayo, fuertemente posicionado en el cerro Gavilán, logró rechazar la ofensiva realista dirigida, justo cuando llegaban las tropas conducidas por el Director chileno.

Por otra parte continuaban las intrigas de los Carrera, decididos a retomar el poder de su patria, y mientras su partido coadyuvaba a ello pretendiendo socavar la influencia de gobierno, en la casa porteña de Javiera, la inteligente y bella hermana de aquéllos, se tramaba una conspiración para subvertir el orden en Chile. En conexión con la misma, habían pasado a ese país subrepticiamente algunos conjurados a la manera de vanguardia de la expedición carrerina. Pero San Martín los tenía en la mira y el 23 de julio fueron sorprendidos en pleno conciliábulo y arrestados. Poco después Luis

Carrera fue apresado al llegar a Mendoza por el gobernador Luzuriaga, quien estaba al tanto de la trama y en agosto Juan José fue detenido en San Luis.

Desbaratada aquella intentona, y reemplazado por fin en setiembre Quintana en el gobierno delegado por una junta de chilenos independientes y respetables, terminó de restablecerse el orden en la convulsionada capital y se fue atenuando la animosidad de los chilenos, que había ocasionado tanto disgusto en San Martín que su salud y su ánimo llegaron a resentirse hasta tal punto que se llegó a creer más que probable su inminente deceso. En efecto, su médico de cabecera le comunicó, angustiado, a Guido: "Preveo muy próximo el término de la vida apreciable de nuestro general si no se le distrae de las atenciones que diariamente le agitan; a lo menos por el tiempo necesario de reparar su salud, atacada ya en el sistema nervioso. El cerebro viciado con las continuas imaginaciones y trabajo, comunica la irritabilidad al pulmón, al estómago y a la tecla vertebral, de donde resulta la hematoe, o sangre por la boca; que si antes fue traumática o por causa externa, hoy es por lo que ya he dicho. El mismo origen tienen sus dispexias y vómitos, sus desvelos e insomnios y la consunción a que va reduciéndose su máquina".[57] Informado Pueyrredón de la alarmante noticia, dispuso el envío del brigadier Antonio González Balcarce en carácter de jefe de Estado Mayor general. Su vigorosa actividad, unida a la no menos enérgica del ministro de Guerra, Zenteno, aliviarían no poco al general. Éste recibió por entonces dos cartas de Belgrano, ese otro solitario de la gloria como él, al que por eso mismo tanto comprendía y respetaba; de allí que no fuera una mera fórmula el encabezamiento de su contestación: "Mi H [hermano en masonería] y amigo amado" a quien no sólo satisfaría sus deseos de conocer los planes ulteriores del Libertador, sino que le encarecía su franca opinión sobre los mismos, dándole así la oportunidad de variarlos. Le explicaba que "nada puede emprenderse con esta fuerza sin tener una marítima que nos asegure: al efecto están en Estados Unidos dos comisionados los que han llevado 200.000 pesos en dinero y letras abiertas para la compra de cuatro fragatas de cuatro cañones para arriba, a más se han celebrado otras dos contratas de las que esperamos seis fragatas de igual porte; dominado el Pacífico, hacer salir la expedición de 6.000 hombres y desembarcar en Lima. Mi objeto es atacar ese foco de sus recursos y si la capital cae, el resto tendrá igual suerte, yo espero que en todo marzo venidero estaremos prontos".[58]

---

[57] Cit. en: CARLOS GUIDO Y SPANO, *Vindicación histórica. Papeles del brigadier general Guido. 1817-1820. Coordinados y anotados por...*, Buenos Aires, Carlos Casavalle, 1882, pág. 25. Santiago, 16 de julio de 1817.

[58] *DHLGSM, op. cit.,* tomo VI, pág. 126. Santiago de Chile, 20 de agosto de 1817.

Esos cálculos optimistas de San Martín se tornarían en breve irrealizables; para el mes señalado estarían disputando nuevamente con los realistas el dominio de Chile, que se daba ya por definitivamente liberado, cuando en verdad continuaba expuesto al riesgo de una reconquista inminente. El general no sólo no había podido contar con una flotilla que obrase en las costas chilenas simultáneamente con la invasión del Ejército de los Andes a través de la cordillera, como era su primigenia intención, sino que luego de conseguido el triunfo éste se tornó provisorio al permanecer el país expuesto a nuevas incursiones marítimas de los realistas, que continuaban detentando el dominio indisputado del Pacífico. La actitud desaprensiva del gobierno de las Provincias Unidas dejó librado al solo esfuerzo chileno la vital obra de la creación de la escuadra, a pesar de las constantes reclamaciones de Guido para que Pueyrredón tomara cartas en un asunto tan relevante no sólo para continuar la empresa comenzada, sino para que no se malograse lo hecho. Tal situación fue la que permitió que en diciembre de 1817 se enviase desde el Callao una poderosa expedición de 3.500 hombres al mando de Osorio que se sumó a la ya fuerte resistencia realista de Talcahuano –a principios de ese mes el asalto a la fortaleza por los patriotas había concluido en un rotundo fracaso–, pues en el sur la causa del rey contaba con un grueso número de partidarios, como lo demostraban la resistencia popular de Arauco y las montoneras entre el Bío Bío y el Maule. Se abría así la perspectiva de perpetuar la guerra en un territorio que sólo debía haber sido un transitorio punto de apoyo para llevarla al corazón del imperio español en Sudamérica. Sin duda, el Plan continental se había trastocado, obligando a multiplicar los esfuerzos donde éstos no podían tener efectos definitorios. Para reencauzarlo, San Martín en lo sucesivo se sustraería cada vez más a la tutela argentina y, sustentado en su base de poder chilena, obraría con independencia del gobierno porteño, haciendo su propio juego en procura de granjearse el apoyo de Inglaterra. No fue, pues, casual que el 29 de octubre el comodoro Bowles, que acababa de arribar a Valparaíso en la fragata de guerra de SMB fuese objeto de un espléndido agasajo público organizado por el Cabildo santiaguino. E inmediatamente se prestó gustoso a contribuir al plan de San Martín, llevando hacia el Callao al sargento mayor Domingo Torres que como emisario del general le propondría al Virrey un canje de prisioneros, aunque su verdadera intención era tomar contacto con los patriotas peruanos. Y si bien la propuesta fue rechazada por Pezuela, no sólo se alcanzaron los objetivos reales de la misión, sino que el marino británico llegó a tiempo para alertar a los patriotas sobre la nueva invasión que se preparaba en el Perú. En esas circunstancias el Libertador fue a su encuentro portando un memorial dirigido por el Director Supremo al Príncipe Regente de Gran Bretaña, acompañado por una nota de él dirigida al ministro de Relaciones Exteriores, vizconde de Castlereagh, por la que se solicitaba la mediación inglesa a favor de la independencia de América que pusiese fin a la guerra con España. Y en el informe secreto de lo conversado con San Martín que el comodoro redactó en alta mar el 14 de febrero expresaba respecto de aquél que "aunque tal vez sea uno de los más decididos sostenedores de la causa de la Independencia, lo ha sido siempre con la convicción de que la interferencia extranjera habría de ser al cabo necesaria para instituir en este país un gobierno estable". Lo sustancial de su pensamiento lo reducía a los siguientes puntos: rechazo de toda vinculación con España, aunque se mostraba dispuesto a compensar sus pérdidas por vía indemnizatoria; conveniencia de establecimientos de monarquías constitucionales en consonancia con el estado social de Hispanoamérica –que impedía la estabilización de los regímenes republicanos–, bajo el auspicio de potencias europeas pues creía fundamental producir un cambio en las bases de sustentación de las autoridades hasta entonces sostenidas únicamente en la opinión pública, lo que conducía a la demagogia populista en detrimento del buen gobierno; intervención morigeradora de una potencia amiga destinada a cortar el flagelo de las contiendas civiles. Las compensaciones que el gobierno chileno estaba dispuesto a otorgar a los ingleses a cambio de su apoyo y para lo que ya había facultado a su agente en Londres, Irisarri, se extendían a la concesión de la isla de Chiloé y el puerto de Valdivia y a la reducción a los derechos de importación y exportación para todos los barcos británicos por treinta años. Asimismo, sería bienvenido un príncipe de la familia real sin otra condición que la de avenirse a la sujeción de legalidad constitucional.[59] Tras tan avanzada propuesta de contornos quiméricos –que San Martín no podía desconocer que SMB no tomaría demasiado en serio–, cabe interpretar más racionalmente que lo que en definitiva el general buscaba era ganarse la buena voluntad o al menos la neutralidad de esa potencia naval, evitando con ello situaciones desventajosas como las ocurridas poco tiempo atrás, cuando el comandante inglés Hillyar con una flotilla enviada por Inglaterra cooperó a la reconquista española de Chile. En verdad su accionar diplomático naval procuraba cultivar las más amistosas relaciones con las dos potencias marítimas cuyos intereses estaban en juego en el Pacífico, pues por cierto su trato no se limitó a los marinos británicos, sino que se extendió a los norteamericanos. Sirva como prueba de ello lo escrito en uno de los párrafos de la siguiente carta dirigida a Guido, con la que se inicia esta segunda parte de la correspondencia particular entre ambos.

---

[59] Cit. en: R. PICCIRILLI, *op. cit.,* págs. 347-348 y 441-445.

Señor don Tomás Guido
Cuartel Gral. En Las Tablas, febrero 3/818
Mi amigo querido:
La de V. de 31 la recibí ayer después de mi regreso de Valparaíso: quedo enterado de su contenido.

En breves días me tendrá V. por ésa, pues me es indispensable antes de pasar al sur conferenciar con V. y el amigo Cruz: siempre había hecho ánimo de dar una vuelta porque las noticias que tenía de la situación de aquello no eran nada favorables, en razón de la división de los jefes; pero veremos de que todo se componga.

He tratado al capitán de la corbeta americana en cuyo buque estuve ayer: me hizo un recibimiento completo y su carácter me ha parecido muy recomendable. Monteagudo queda trabajando con él y veremos el partido que saca.

Memorias a los amigos, diciendo a Peña recibí la suya.
Páselo V. bien y crea a su amigo.

Sⁿ Martín [letra muy temblorosa]
P. D. Devuelvo la célebre carta de Escalada: no ha dejado de hacerme reír bastante.
Va la inclusa del Dr. Vera, guárdela V. hasta que nos veamos

Ante la nueva situación de peligro generada, el gobierno delegado ejercido por la Junta volvería a tomar la forma unipersonal, concentrándose sus atribuciones en el coronel Luis de la Cruz. En tanto, San Martín y la Logia de Santiago decidieron que la División del Sur levantase el sitio de Talcahuano y se replegase a la capital, con el objeto de concentrar las dos partes en que estaban divididas sus fuerzas antes de chocar con el enemigo. En cumplimiento de esta medida el 1° de enero O'Higgins inició la retirada de sus fuerzas hacia Talca arrastrando a su paso población, víveres y ganado para dejar al enemigo el territorio arrasado. Mientras, en Santiago se convocaba a las milicias y se requisaban caballos y medios de transporte. La carta anterior de San Martín estaba fechada en Las Tablas, localidad al sur de Valparaíso donde se había establecido el campamento de las tropas al mando de Balcarce que llegaban a 4.000 hombres.

En vísperas de un inminente enfrentamiento con el enemigo, y con el pueblo capitalino en masa reunido en la plaza mayor de Santiago, se procedió a la solemne jura de la Independencia de Chile en el primer aniversario de Chacabuco, lo que templando los ánimos demostró la decisión de vencer en que se estaba.

Recién dos días antes, el 10 de febrero los realistas desembarcados en Talcahuano se habían puesto en marcha hacia el norte. Se explica esa morosidad dubitativa de su jefe, Osorio: su ejército contaba con 4.600 plazas, mientras que si alcanzaban a reunirse los efectivos patriotas casi los doblarían en número. Las cartas que siguen denotan el accionar de San Martín en pro de conseguir este último objetivo, aunque todavía permanecía a oscuras sobre los planes del enemigo. Desconociendo que éste se había puesto en marcha por tierra, consideraba la posibilidad de que intentase una incursión por vía marítima sobre la capital.

Señor don Tomás Guido

Cuartel General en Talca, febrero 23/818

Mi querido amigo:

Devuelvo el memorial y carta que V. me ha remitido.

Hoy parto para Rancagua con el fin de reconcentrar todas nuestras fuerzas, dejando en ésta una vanguardia movible al mando de Freyre y estableciendo este Ejército en San Fernando y Curicó para que mutuamente puedan darse la mano con el de Balcarce, el que me escribe con bastante apuro sobre la salida de aquel campo, en atención a las grandes incomodidades que sufre: hoy veré de hablar sobre el particular con don Bernardo.

Diga V. a nuestro Cruz que respecto a la venida de Irizarri escriba al comodoro Bowles sobre los 12 mil pesos que se le remitieron.

Este Ejército se halla algo bajo de fuerza, especialmente su caballería que no tiene en qué montar: ésta es una de las razones más poderosas que me han decidido su retirada.

No tenemos aún noticias positivas de los movimientos del enemigo: yo creo que Osorio trata de hacer una tentativa sobre esa capital por medio de un desembarco: de hoy a mañana creo saldremos de duda.

El Cuartel general lo pienso establecer en Rancagua: de este modo cubro la capital, esta provincia y estoy en estado de poder obrar con toda la masa.

Adiós mi amigo, lo será de V. siempre su

San Martín

Una vez al tanto de la ruta seguida por los realistas, volvía a reiterar su preocupación por la escasez y el mal estado de las caballadas, convencido del papel esencialísimo que cumplían éstas en el enfrentamiento.

Curicó, febrero 25/818

Señor don Tomás Guido
Mi amigo amado:
El caballo es nuestra arma, y sin ellos no hay defensa. Admiraría V. el ver cómo se halla este ejército en esta parte; puedo asegurar que no tiene seis caballos medio regulares: a nuestro Cruz pido cuantos haya en ésa: junte V. a cuantos hombres buenos conoce, y metan el hombro para recolectar el mayor número.

No hay duda que el enemigo nos visita por el Maule: según noticias últimas él se halla en Linares. Creo que luego tendremos un buen día, pero vengan caballos.

No ocurre más novedad. Diviértase V. y disponga de su

Sⁿ Martín

Señor don Tomás Guido

Curicó, febrero 26/818

Mi amigo muy apreciable:
Remito a V. esos papeles para que haciendo una traducción de ellos, se sirva darme una razón por mayor de su contenido.

Hasta la fecha sigue el enemigo continuando sus marchas, de lo que estará V. impuesto por medio de nuestro amigo Cruz e igualmente lo será de lo que en lo presente le oficio.

Muchas cosas a los amigos: no hay tiempo para más pero sí para repetirle es siempre su íntimo amigo su

Sⁿ Martín

A fines de ese mes el llamado Ejército del Oeste convergió con la División del Sur, malogrando el plan del adversario de batirlos por separado. De tal suerte que, con sus 8.000 hombres y 43 piezas de artillería, la superioridad de los patriotas resultaba realmente aplastante, razón por la cual San Martín decidió pasar a la ofensiva. Pero antes procuraría entrevistarse con Guido.

Cuando decidió pasar al ataque, iniciándose las primeras escaramuzas, se corroboraron sus inquietudes relativas al estado de la caballería. Un avance de esa arma comandado por Freire se malogró por la inacción de Brayer, encargado de sostenerlo. Otro rechazo tuvo lugar el aciago día 19 de marzo, cuando los cuerpos de granaderos a caballo y cazadores, dirigidos por Antonio González Balcarce, pretendieron cortar la retirada al enemigo y obligarlo a dar batalla, cargando sobre ellos en el dificultoso terreno de Cancha Rayada que, quebrado por barrancos y pantanos, tornó infructuoso el ataque. Esas dos cargas consecutivas desafortunadas debieron rebajar la moral de los cuerpos de caballería, antes de que pudiera emprenderse la batalla final por estar oscureciendo, por lo que se pasó a descanso en posición de combate.

Entre tanto, los realistas que ocupaban Talca, pese a la ventaja conseguida esa tarde, no pudieron dejar de ponderar su situación francamente desfavorable por la inferioridad numérica en que se hallaban con respecto a los independientes, que les hacía vaticinar una segura derrota. Tal convencimiento explica que hicieran salir hacia Concepción su parque, su hospital y el resto de sus bagajes. Pero cuando todo indicaba que estaban dispuestos a eludir el encuentro bélico, Ordóñez –uno de los jefes realistas más hábiles y audaces– obtuvo autorización para realizar en forma inmediata e imprevisible un ataque nocturno al campamento patriota. Éste se produjo cuando San Martín, informado por un espía del planeado asalto realista, decidió cambiar la posición de sus tropas contando con la protección de la oscuridad de la noche para revertir el efecto de la sorpresa. Pero la marcha subrepticia del enemigo no fue sentida a tiempo como para poder organizar la defensa. Y la embestida de éstos se produjo en momentos en que la conversión se estaba haciendo, frustrando la arriesgada maniobra del general, que resultó contraproducente por demasiado tardía. Las más sangrientas escenas de confusión y pánico coronaron la fatal derrota de Cancha Rayada. Resultó imposible reunir la caballería, la artillería se perdió por completo y los efectivos se dispersaron en medio del fuego. Sólo pudieron retirarse ordenadamente las fuerzas que habían alcanzado a variar su posición puestas bajo el mando provisional de Las Heras. Se salvaron así de la debacle unos 3.500 hombres sobre cuya base podría rearmarse posteriormente el ejército independiente.

Al llegar la noticia de la derrota, cundió el pánico en la capital chilena. El desaliento se apoderó de los patriotas. No se tenía ninguna noticia de la suerte corrida por San Martín, hasta que Guido recibió el 21 el mensaje del general, que respondió en términos conmovedores que dan cuenta de las horas de intensa aflicción vividas, pero también de la decisión de sobreponerse al descalabro, en contraposición a la actitud de otros como Brayer y Monteagudo que no hicieron más que sembrar el pánico dándolo todo por perdido y huir: "Mi más tierno amigo: ¡De cuánta angustia me ha sacado la carta de usted de ayer! Nada sabía de su existencia y esta idea consumía mi corazón. Anoche se reunieron las corporaciones para tratar de un plan de defensa y prestar a cualquiera que se hiciera cargo de ella cuantos auxilios tiene el país, y yo hablé con todo el fuego que me inspiraba el dolor de ver perdida en un momento la obra de tantos trabajos; quedó convenido que oficiase a V. pidiese cuanto quisiera y todo, todo irá. No hay que desmayar, amigo querido, porque no hay uno solo que no fije con ansia sus ojos sobre V. Todos le hacen justicia y el vulgo inocente corre de día y noche por estas calles aclamándolo a V. por la única ancla de su esperanza. Vamos a trabajar de nuevo, vamos a hacer la guerra sin acordarnos de los indignos cobardes que le han abandonado y dejemos si es necesario nuestro cadáver en estos campos antes de abandonarlos por ceder a un contraste tan común en la carrera. En fin esa filosofía y el alma bien templada es preciso que se sobreponga a la amargura de todo lo pasado".[60] Pero a esta nota consoladora del amigo siguió otra del día siguiente, 23 de marzo, en que le daba cuenta del estado de desorientación en que tanto él como los oficiales que habían llegado a Santiago se encontraban.

Fue el bravo chileno Manuel Rodríguez quien se convirtió en la figura descollante en esas jornadas de incertidumbre, galvanizando los ánimos de los independientes y pidiendo a gritos una asamblea para salvar a la patria. Por decisión popular fue asociado en el gobierno al coronel De la Cruz y se convirtió en árbitro de la situación, ordenando la prisión de los sospechosos, el reparto de armas y la creación de un escuadrón de 200 milicianos denominado "Húsares de la muerte". Pero su bulliciosa autoridad no duró más que un día, ya que el 24 O'Higgins entró en la ciudad y a pesar de la herida

---

[60] *DHLGSM*, cit., tomo VII, pág. 117. Santiago de Chile, 22 de marzo de 1818.

recibida en la acción retomó el mando. En tanto, San Martín atravesaba el llano de Maipú en dirección a la capital cuando se cruzó con Guido, quien sin poder contener la ansiedad y la turbación en que se hallaba, había salido en su búsqueda. Ya anciano, don Tomás relataba así ese encuentro: "Apenas recibió mi saludo acercó su caballo al mío, me echó los brazos y dominado de un pesar profundo me dijo con voz conmovida: «¡Mis amigos me han abandonado, correspondiendo así a mis afanes!». «No, general», le respondí interrumpiéndole, bajo la penosísima impresión de que me sentí poseído al escucharlo; «rechace Vd. con su genial coraje todo pensamiento que lo apesadumbre. Sé bien lo que ha pasado; y si algunos hay que sobrecogidos después de la sorpresa le hubiesen vuelto la espalda, muy pronto estarán a su lado. A Vd. se le aguarda en Santiago como a su anhelado salvador»".[61]

Guido se adelantó a volver a la capital chilena, para activar el cumplimiento de las instrucciones dadas por el general, quien ya había recobrado su ánimo dispuesto a tomarse la revancha contra los godos. La siguiente nota de San Martín da cuenta del acelerado funcionamiento de su cerebro organizador en esos días cruciales, al que nada se le escapaba:

Señor don Tomás Guido

Llano de Maipú, marzo 30 de 1818

Mi amigo amado:

Consecuente a la de V. he mandado avisar verbalmente a Zapiola se detenga hoy en ésa para acabar de errar sus caballos y alistarse de todo lo que le falte: los cazadores deberán permanecer en Santiago hasta nueva providencia.

Diga V. a Necochea establezca la mejor disciplina y que procure mantener siempre por lo menos la mitad de su fuerza dentro del cuartel y siempre pronta.

No hay la menor noticia de enemigos. Hágame V. el gusto de escribir a Pueyrredón que yo lo verificaré mañana.

[61] Estos apuntes de Guido fueron publicados en el tomo III de la *Revista de Buenos Aires*; luego reunidos con otros correspondientes a los tomos IV y VII fueron publicados en TOMÁS GUIDO, *San Martín y la gran epopeya*, Buenos Aires, El Ateneo, 1928, perteneciente a la Colección Grandes Escritores Argentinos. Asimismo se reprodujo en JOSÉ LUIS BUSANICHE, *San Martín visto por sus contemporáneos*, Buenos Aires, Ediciones Argentinas Solar, 1942, pág. 102, de donde lo tomamos.

Me parece bien se levante el batallón en Coquimbo que V. me dice: dígaselo V. a Fontesilla que no dude lo aprobará.[62]

Mucho nos interesa el armamento del navío que está en Valparaíso: hágase un esfuerzo extraordinario pues las circunstancias lo exigen.

Esto se va poniendo en orden y creo que en 4 o 5 días todo se metodizará.

Es como siempre su amigo verdadero

Sⁿ Martín

Como puede observarse, en tan críticas circunstancias San Martín no sólo se ocupaba de aprontar lo relativo a la guerra terrestre sino que sobre el final de la misiva ponía especial énfasis en no desperdiciar la ocasión para dar el primer paso de importancia en orden al armamento naval. Para entonces ya se había desvanecido por la demora la esperanza puesta en los buenos resultados de la comisión encomendada a Aguirre. En vez de las naves norteamericanas que aquél debía remitir, había recalado en las costas chilenas –en virtud de las gestiones realizadas por Álvarez Condarco en Inglaterra– la fragata mercante *Windham*, perteneciente a la Compañía de Indias Orientales, que la ofrecía en venta al gobierno chileno. O'Higgins atendió las indicaciones de San Martín y se decidió a su compra, sólo que no disponía de la totalidad de la suma requerida. Para allanar la cuestión, San Martín dispuso que Guido, como representante de las Provincias Unidas, garantizase a nombre de su gobierno el pago de la cifra restante. Era ésta una nueva decisión inconsulta fundada en la situación de emergencia, que ponía en evidencia su obrar independiente del Directorio porteño. Sin pérdida de momento, el 31 de marzo el gobierno chileno autorizó a Guido para que diese impulso y dirigiese el plan de corso a que debía sujetarse el comandante de la *Windham* y los otros buques del Estado que le acompañasen. El diligente colaborador de San Martín marchó seguidamente a Valparaíso y se encargó personalmente de contratar, tripular, armar y enviar al mar fuerzas capaces de levantar el bloqueo realista de ese puerto, logrando así dos días antes de la nueva y definitoria batalla habilitar la fragata recién adquirida, rebautizada *Lautaro*, pa-

[62] El personaje citado en este párrafo era Francisco Fontesilla, encargado de la Secretaría de Estado de Gobierno de Chile.

ra realizar la primera operación de la naciente marina chilena que arrojó el resultado de liberar dicha bahía.

A diferencia de la febril actividad de los patriotas, el avance de los realistas fue lento: recién el 3 de abril vadeaban el río Maipo, situándose finalmente en la hacienda de Espejo, movimientos atentamente vigilados por la vanguardia patriota destacada por San Martín. Al amanecer del 5 de abril el ejército enemigo en masa avanzó en marcha de flanco en dirección oeste. El jefe patriota hizo correr su hueste en el mismo sentido, e inclinó su línea sobre la derecha del enemigo presentando un orden oblicuo sobre este flanco, acertada disposición a la que puede atribuirse en gran parte el contundente triunfo obtenido en la batalla de esa jornada. Cuando dos o tres días después el general mandó llamar a Las Heras para que leyera el borrador del parte detallado de la acción y le diera su parecer, éste reparó en que no se desarrollaba convenientemente aquella disposición a que atribuía "«todo el mérito de la victoria; y puesto como aquí está nadie lo va a entender sino yo que estaba en la idea de usted». El general se sonrió y me dijo: «Pero con esto basta y sobra. Si digo algo más, han de gritar por ahí que quiero compararme con Bonaparte o con Epaminondas. ¡Al grano, Las Heras, al grano! ¡Hemos amolado a los godos para siempre y vamos al Perú! ¿El orden oblicuo nos salió bien?, pues basta, amigo, aunque nadie sepa cómo fue…» y refregándose las manos agregaba: «mejor es que no sepan; pues aun así mismo habrá muchos que no nos perdonarán haber vencido»".[63]

Maipú no sólo dejó definitivamente consolidada la libertad de Chile, sino que señaló el inexorable principio del fin del dominio realista en Sudamérica.

El 11 de abril desde su cuartel general en Santiago, San Martín se dirigía al Supremo Director de las Provincias Unidas del Río de la Plata en nota separada al pasarle el parte de la batalla con el fin de que tomara en cuenta la distinguida actuación por la que se había caracterizado en las más apuradas circunstancias, su amigo, el representante de ese gobierno: "Faltaría a la justicia, a la razón y a la equidad si dejara en silencio los relevantes méritos de nuestro diputado cerca de este Estado el señor don Tomás Guido; pues sus fatigas y trabajos emprendidos en tales circunstancias son inimaginables, ya acompañando al ejército en su marcha a Talca, ya concurriendo al mismo tiempo al orden de él, y lo que es más la actividad con que se condujo en Valparaíso en momentos tan críticos para realizar un proyecto digno de

---

[63] V. F. LÓPEZ, *op. cit.,* tomo VII, págs. 194-195.

su genio, como lo verificó con notables ventajas".[64] Tales servicios le valieron el despacho de coronel graduado firmado por Pueyrredón. También el gobierno de Chile le hizo extender el diploma de coronel de infantería.

A raíz de la victoria, la esposa de Juan José Carrera le solicitó a San Martín el indulto de los hermanos, quienes permanecían prisioneros en Mendoza. El Libertador intercedió ante el gobierno chileno para conseguirlo. O'Higgins accedió de modo reticente y no sin manifestar sus reparos en oficio del 10 de abril. Para entonces ya hacía dos días que los hermanos habían sido fusilados en la capital cuyana. Lo que había ocurrido era que Luis había concebido la descabellada idea no sólo de fugarse, contando con la connivencia de los milicianos que los custodiaban, sino de levantarse contra el gobernador Luzuriaga deponiéndolo del mando; pero su intento fue delatado el 25 de febrero por uno de los implicados, lo que motivó que se abriera a ambos hermanos un nuevo proceso por perturbadores del orden público. Así estaban las cosas cuando a fines de marzo llegó la infausta noticia de Cancha Rayada. Junto con ella había arribado a la capital cuyana con un grupo de dispersos Bernardo Monteagudo, quien en 1818 había retornado de Europa a donde había marchado a la caída del alvearismo, procurando con éxito reinsertarse en la Logia, a tal punto que marchó a Chile, donde fue designado auditor del ejército. Previendo que se reprodujesen los desórdenes introducidos por la emigración chilena luego de Rancagua, el Cabildo instó al gobernador a que se diese término a la causa de los Carrera. Monteagudo, actuando como asesor letrado, se pronunció a favor de la pena capital y aconsejó que se procediese a ejecutar la sentencia sin previa consulta a la superioridad en función de la situación de peligro. El 8 de abril se procedió a la ejecución, conociéndose poco después la noticia de Maipú. El episodio no pudo menos que empañar la euforia generada por el triunfo en la población chilena y llevó al colmo de la ira a José Miguel Carrera, quien lanzó una violenta proclama desde Montevideo culpando del asesinato político de sus hermanos a San Martín, a Pueyrredón y a O'Higgins, que terminaba exhortando a los chilenos: "¡Venganza, compatriotas! ¡Odio eterno a los déspotas de Sudamérica!".[65]

Luego de entregar el mando del Ejército Unido a Balcarce, el 13 de abril San Martín se puso en marcha, como después de Chacabuco, hacia Buenos Aires. En forma inmediata a su partida, el luctuoso hecho de Mendoza desa-

---

[64] Cit. en: *El centenario…, op. cit.*, pág. 24.
[65] Cit. en: JOSÉ PACÍFICO OTERO, *Historia del Libertador Don José de San Martín*, Bruselas, 1932, tomo II, pág. 384.

tó la agitación opositora del partido carrerino en Santiago, de la que el Cabildo se hizo eco. Manuel Rodríguez encabezó una pueblada reclamando que el poder pasase al ayuntamiento hasta tanto se reuniese un Congreso. O'Higgins reprimió enérgicamente el movimiento y el 17 de abril el caudillo chileno fue puesto en prisión. Un mes más tarde el Director accedió a flexibilizar un tanto el régimen, admitiendo que las funciones legislativas fueran ejercidas por un senado de cinco miembros designados por el titular del Ejecutivo, que continuaba manteniendo sus amplias facultades de gobierno. Pero la suerte de quien había sido el indirecto promotor de ese tenue cambio había quedado sellada presumiblemente por disposición de la Logia Lautarina. Manuel Rodríguez estaba detenido en el cuartel de Cazadores de los Andes bajo el mando de Rudecindo Alvarado. Cuando el batallón salió hacia Quillota, la custodia del prisionero fue confiada al teniente Manuel Navarro, previamente instruido por su jefe y por Monteagudo para deshacerse del conflictivo personaje. El 24 de mayo, Rodríguez fue asesinado de un pistoletazo en la quebrada de Til Til. El oficial alegó que había actuado en defensa propia y fue sobreseído. Fue sin duda otra mancha sangrienta que tiñó la independencia consolidada en los campos de Maipú. Al serle transmitida la noticia a Buenos Aires, San Martín se referiría sucintamente al hecho, en la carta a Guido que más adelante se transcribe, con el mismo tono de aceptación resignada y similares palabras con que antes lo había hecho –según se ha visto– para referirse al destierro de Dorrego. Otras eran las preocupaciones de San Martín que le hicieron minimizar lo acontecido con Rodríguez. Bien sabía que en tiempos de revolución hechos como ésos eran moneda corriente. El Libertador le había avisado al Director Pueyrredón que viajaría a Buenos Aires, pero previniéndole que no quería "bullas ni fandangos". Así que el 11 de mayo entró silenciosamente a la ciudad al romper el alba. En verdad, San Martín estaba impaciente por acelerar la formación de la escuadra, pero no encontraría un ambiente favorable al suministro de nuevos recursos. Había recibido carta de Guido en que le decía: "Quisiera que volasen los buques de Norteamérica, o que ese gobierno hiciera un esfuerzo para remitir acá de su cuenta aunque sea una corbeta de guerra [...] también nos faltan oficiales de marina y si V. pudiese adquirir algunos de confianza, sería muy importante [...] No hay un solo hombre que no clame por fuerzas marítimas: ellas solas nos darán la victoria y la paz y ambas cosas por cualquier precio son baratas".[66] Bien lo sabía el general, pero no se pensaba lo mismo en Buenos Aires: al alejarse las acciones bélicas del escenario riopla-

---

[66] *DHLGSM*, cit., tomo VII, págs. 354-357. Santiago, 21 de mayo de 1818.

tense, parecía haberse olvidado el compromiso de solidaridad sudamericana asumido solemnemente en 1816.

En una nueva misiva, Guido le comentaba a San Martín: "En este correo digo a Pueyrredón, en carta familiar, lo siguiente: «Es un dolor perdamos con la demora el fruto de la victoria de Maipo. Todavía no ha recibido Pezuela comunicaciones oficiales de Osorio. Las únicas que hasta la fecha han salido de Talcahuano iban en el bergantín *San Miguel* apresado por el *Lautaro*. Debemos suponer a Pezuela en la más horrible confusión y éstos son los preciosos momentos que era necesario aprovechar. Ya nada nos falta sino dinero. Con éste allanaríamos todo antes de dos meses, y sin él vamos a inutilizarnos por consunción. Vea usted, por Dios, si ocurre algún sacrificio para adquirirlo, seguro que por acá no dejaremos piedra por mover»".[67] Y convencido de que no debía perderse la oportunidad de apurar la expedición al Perú cuando la noticia de Maipú había dejado atónitos a los realistas, insistía en otra carta a su amigo en la que parecía querer persuadir a un convencido: "He hablado largamente con el americano Prévost sobre el actual estado de Lima militar y político; nada, nada ha hecho Pezuela después de la noticia de la derrota de Osorio. La sorpresa fue espantosa y muy notable la efervescencia de los patriotas, a pesar de la severidad de la Inquisición para no permitir leer un papel [...] Todo está en desconcierto y la falta de oficiales y de armas es para ellos irreparable. En una palabra: por cuantas relaciones he tomado puede demostrarse que tres mil hombres tomaban en el día aquella capital. ¡Cuánto extraño en estos preciosos momentos la presencia de V.! Tal vez en un siglo no se presente ocasión más bella para coronar nuestra obra".[68] San Martín contestaría en forma conjunta a la correspondencia enviada por su amigo desde Chile, luego de las largas conversaciones sostenidas con el Director y otros miembros de la Logia porteña durante su estadía en San Isidro, donde reinó la cordialidad, a juzgar por los comentarios de Pueyrredón: "Hemos pasado algunos días buenos con San Martín y otros amigos en mi chacra; a bien que no serán malos los que V. pasará con la llegada del cachumbo mayor y la presencia de la manada de cachumbillos. He procurado con instancia persuadir a San Martín abandone el uso del opio; pero infructuosamente, porque me dice que está seguro de morir si lo deja: sin embargo, me protesta que sólo lo tomará en los accesos de su fatiga".[69] Y en otra posterior confirmaba la afabilidad de aquel trato, que

---

[67] *Ibídem*, págs. 389-390. Santiago, 26 de mayo de 1818.
[68] *Ibídem*, págs. 422-424. Santiago, 2 de junio de 1818.
[69] C. GUIDO Y SPANO, *op. cit.,* pág. 117. Pueyrredón a Guido, Buenos Aires, 16 de junio de 1818.

no estuvo exento de bromas por parte del Libertador: "San Martín ha sido fiel en lo ajeno y en lo propio; y me ha hecho confesiones en la historia de toda su vida capaces de hacer reír a un muerto".[70] Allí finalmente el general consiguió que el gobierno porteño ordenase levantar –accediendo el ministro Tagle de mala gana– un empréstito de 500.000 pesos para atender a los gastos de la expedición al Perú. También había obtenido que saliera hacia las costas chilenas el bergantín de guerra *Maipú* y la marinería que su amigo le venía requiriendo. De todo ello daba cuenta en la carta que sigue, en la que además instaba a que el gobierno chileno hiciera similar sacrificio al que él ya daba por descontado con demasiado optimismo de parte de Buenos Aires.

Señor don Tomás Guido

Buenos Aires, junio 23/818

Mi amado amigo:

Las de V. de 26 del pasado y 2 del presente se han recibido con diferencia de horas.

Dentro de ocho días saldrá el famoso bergantín Maipú *armado en guerra sin más objeto que conducir 150 marineros excelentes para tripular el* Cumberland.[71]

Bien me ha parecido el golpe dado por Cajaraville, yo opino abandonará Talcahuano.[72]

[70] *Ibídem*, pág. 129. Pueyrredón a Guido, Buenos Aires, 16 de julio de 1818.

[71] El poderoso navío *Cumberland* había zarpado de Inglaterra, gracias a las gestiones de Álvarez Condarco, con destino a Valparaíso a comienzos de año y en su carta del 26 de mayo Guido le confirmaba su arribo con estas palabras pletóricas de entusiasmo: "Su porte es de mil cuatrocientas toneladas y admite, según me aseguran, setenta y cuatro piezas de artillería, de manera que si se arbitran recursos para armar y tripular este buque, somos dueños absolutos del mar Pacífico y podemos emprender la expedición a Lima cuando nos parezca". Condarco también le informaría que había conseguido que lord Cochrane aceptase ponerse a la cabeza de la marina chilena. (DALGSM, *op. cit.,* tomo VII, págs. 389-390.)

[72] Con esta referencia, San Martín correspondía a lo expresado por Guido en su carta del 2 de junio relativa a los sucesos de la guerra contra la resistencia realista en el sur de Chile, donde todavía se mantenía Osorio: "No está malo el frote que ha dado Cajaraville a los facinerosos que se habían reunido al sur del Maule. Lo mejor de este suceso es la pérdida de los caudillos más acreditados que podrían revolver la provincia de Concepción". (*Ibídem*, págs. 422-424.)

Se ha nombrado una comisión para hacer exequibles quinientos mil pesos, en toda la presente semana quedará este asunto concluido; dicha cantidad es en auxilio de gastos que se originen en las expediciones ulteriores del Ejército Unido.

No en Mendoza y sí en ésa hablé con el teniente coronel prisionero D. Bernardo de la Torre, éste es un charlatán completo y no digno de llamar la atención para nada.

Creo sería muy conveniente el buscar arbitrios aunque fuese creando un papel moneda para subvenir a las urgencias del Ejército, de lo contrario ese Estado debe disolverse. Búsquese arbitrios, haya el principio 1° de la economía que es economizar los fondos del Estado y todo se podrá hacer bien.

Me ha sido muy sensible la muerte de Manuel Rodríguez, su carácter anunciaba un fin trágico: sus talentos pudieron haber sido muy útiles a su Patria, con un poco de más juicio.

Creo que mi marcha será a fines de este mes, pues el Director no quiere la verifique hasta saber el resultado del empréstito.

Soy de la opinión de V. en cuanto a mantener incomunicados a los individuos que han venido de Lima para el canje y que no regresen hasta que estén decididos los planes que se deben adoptar.

Por ésta reina tranquilidad y todo sigue su marcha uniforme.

Nada particular de Europa, sólo el interés que todas las naciones manifiestan por los sucesos de esta parte del mundo.

Magnil me escribe se esperaba en Europa un próximo rompimiento, pero sin indicarme qué potencias.

Nada más ocurre sino desear a V. felicidad como que soy un amigo suyo muy verdadero

S^n Martín

P.D. El empréstito de los 500 mil pesos está realizado: hágase por ese Estado otro esfuerzo y la cosa es hecha, sobre todo auméntese la fuerza lo menos hasta 9 mil hombres pues de lo contrario nada se podrá hacer.

Prevengo que en los 500 mil pesos va inclusa la cantidad del valor de 4.500 vestuarios destinados para el Ejército de los Andes.

Póngase V. en zancos y dé una impulsión a todo para que haya menos que trabajar; de lo contrario, yo me tiro a muerto. Vale.

Así pues, todo parecía ir viento en popa y confiado en que contaría con esa suma, el 4 de julio el general partió de Buenos Aires, esta vez acompañado por su esposa y su pequeña hija. Sin embargo, entre tantas buenas noticias, había recibido una que lo inquietaba. Por su comisionado en Londres, Álvarez Condarco, sabía que en Cádiz se aprontaba con actividad una expedición para sumar nuevas fuerzas a la represión de los revolucionarios, por lo que el mencionado agente lo instaba a que se pusiera término a todo trance a la resistencia que seguían manteniendo los realistas en Talcahuano, antes de que pudiera ser reforzada por esa nueva remesa de tropas. En ese sentido le escribiría a Guido, al llegar a Mendoza, donde debió detenerse por encontrar cerrada la cordillera.

Señor don Tomás Guido

Mendoza, 31 de julio de 1818

Mi amado amigo:

Las de V. de 20 y 29 de junio y 5 y 13 de éste las he recibido a mi arribo a ésta.

Veo que será indispensable adelantar el Ejército antes de la primavera; es decir, en el momento que lleguen los buques de Norte América es menester que se halle preparado todo para atacar a Talcahuano. Tomado éste como lo espero con un bloqueo vigoroso, las tropas del Ejército pueden embarcarse en este punto para reunirse en Valparaíso o por mejor decir en Las Tablas para formar un campo de instrucción que es necesario a lo menos por dos meses.

Paso a V. en copia el estado de la artillería que a esta fecha habrá salido ya de Buenos Aires en el hermoso bergantín de guerra Maypo, *así como el de 150 marineros excelentes para la tripulación de esos buques y todos los paños y demás aprestos para 4.500 hombres del Ejército de los Andes.*

Pienso pasar 8 o 10 días en el campo y luego hacer una tentativa a la cordillera, para esto estoy esperando a mi Justo Estay[73] para lo que he escrito al teniente gobernador de Santa Rosa me lo remita.

---

[73] Justo Estay era un famoso vaqueano en quien confiaba ciegamente el general.

Incluyo copia de la última carta que he recibido de Pueyrredón: por ella verá V. que los enemigos han bajado la cerviz y conformádose con las críticas situaciones en que se hallan.

Memorias a los amigos y crea V. lo es suyo su

Sⁿ Martín

P. D. Dígame V. la conducta del teniente coronel prisionero Latorre pues ésta se halla dudosa, unos a favor y otros en contra.

Otro

Envío a V. los papeles que me había recomendado; la clave no la remito porque aún no ha llegado la tropa de carretas en que viene pero ésta debe verificarlo de un día a otro y entonces marcharán con seguridad.

Va la adjunta copia del anónimo que he recibido de ésa; esto prueba que los díscolos quieren defender sus ideas por todas partes.

[Con su letra temblorosa agrega:] *Dígame Vd. con franqueza si hay algo con O'Higgins y en este caso ruego a V. por nuestra amistad corte toda disensión pues de lo contrario todo se lo lleva el Diablo. Vale.*

DEMORAS Y OBSTÁCULOS

Durante su permanencia en la capital cuyana comenzarían a llegarle al general malas noticias. A una de ellas se refería en último párrafo de la carta antecedente. Lo que sucedía es que había recibido un anónimo que lo prevenía sobre serias desavenencias surgidas entre el Director chileno y el Diputado de las Provincias Unidas, lo que en breve le fue confirmado por el propio O'Higgins, en carta reservada de 15 de julio, cuyos términos demostraba el grado de indignación que lo embargaba, a tal punto de confesarse impotente para cumplir con los requerimientos que San Martín le había hecho a favor de su amigo. Así le decía: "A pesar de cuantos esfuerzos he hecho para atender a la recomendación de V. por Guido, no me ha sido posible impedir que este joven me pusiese en el término de mi paciencia. O usted no lo conocía a fondo cuando me lo recomendó o él ha mudado de carácter desde la separación de V. Como quiera que sea, yo no le habría sufrido sus altanerías, sus insultos y sus maquinaciones, si no por la consideración a V. [...] En la compra de la *Lautaro* no procedió con la delicadeza que convenía, ni su manejo fue el mejor como generalmente se vocifera. Como yo no he accedido a varias medidas que él privadamente y por motivos privados me ha propuesto, se ha declarado mi enemigo capital y ha procurado desacreditarme con el público de todos modos, ya haciendo entender que el gobierno de Chile depende del de Buenos Aires, ya vociferando que no soy yo el hombre que conviene en este gobierno en las actuales circunstancias. Ha tenido la bajeza de tantear a algunos jefes militares para atraerlos a sus miras contra mí y nada hay más común que yo pendo de la voluntad de Guido, porque él mismo ha querido darse esta importancia, mezclándose en todo lo que no debía por la decencia pública. […] V. conoce a Chile y podrá inferir el espíritu que engendrará en estas gentes el ascendiente que Guido ha querido tomar. Lo cierto es que nos ha puesto a todos en el precipicio y yo estoy resuelto a no sufrirle ningún insulto. Si V. quiere darme el gusto, véngase pronto y tome sus medidas para que en lugar de Guido venga aquí otro que no me saque de mis casillas".[74] Pocos días más tarde el Director le vuelve a escribir al Libertador ratificando la necesidad de su remoción: "vuelvo a repetir que ya no es conciliable su permanencia de diputado con mi empleo de Director".[75]

Por entonces San Martín recibía carta de Guido en contestación a la suya de 23 de junio, en la que con respecto a la recomendación de terminar la guerra en el sur le decía: "Por mis cartas anteriores habrá V. visto que en lo que menos piensan los enemigos es en abandonar a Talcahuano, y aunque después de las noticias que le di nada se adelanta de nuevo repito lo que dije a V. en el correo pasado; que si pasan tres meses sin que emprendamos contra aquel punto debemos prepararnos para otra batalla en el reino, antes de pasar a Lima. Cuando V. llegue aquí se convencerá de esta verdad".[76] Por eso San Martín insistirá en la carta siguiente en la necesidad de tomar la fortificación cuanto antes, a fin de quedar con las manos libres para operar en el Perú; pero lo que más lo intranquilizaba era la continuación del grave entredicho entre Guido y O'Higgins, por eso al notificarle que ha recibido un segundo anónimo al respecto le instará a que concluya el pleito cuanto antes, hablando francamente con el Director.

[74] *DHLGSM*, cit., tomo VIII, págs. 33-34. O'Higgins a San Martín, Santiago, 15 de julio de 1818.

[75] *Ibídem*, págs. 56-57. Santiago, 22 de julio de 1818.

[76] *Ibídem*, págs. 58-60. Guido a San Martín, Santiago, 22 de julio de 1818.

Señor don Tomás Guido

Mendoza, 2 de agosto de 1818

Mi amado amigo:

La de V. del 22 del pasado la he recibido. Si son necesarios más marineros avíseme V. el número que se necesita para prevenir a Buenos Aires se remitan sin pérdida.[77]

Para mediados de éste pasaré la cordillera y espero en Dios que todo se hará felizmente.

Yo escribo a V. por conducto de Lavalle y repito que es necesario concluyamos con Talcahuano para que quedemos acéfalos para emprender nuevas operaciones.

La carta de recomendación de V. para Elía marchará firmada por el Director en el correo de pasado mañana.

Nada más ocurre por ahora sino asegurarle que es su amigo verdadero

S^n Martín

[Agrega con su mano temblorosa:] *Me repiten por 2ª vez el anónimo anterior, si hay algo ruego a V. por nuestra amistad se corte todo con O'Higgins: háblele V. con franqueza, no sea le hayan metido algún chisme: sobre todo no tome V. parte alguna en nada que tenga intervención con Chile: O'Higgins es honrado y estoy seguro que todo se transará. Vale.*

Con esa comunicación San Martín le adjuntaba la nota suscripta por "El Amante del Bien", en que se reiteraban las mismas denuncias ya expuestas por el otro anónimo y por el mismo Director chileno. Seguramente, al general lo tranquilizó recibir la contestación de Guido en la que éste desmentía rotundamente tales acusaciones: "Protesto a V. por lo más sagrado de nuestra amistad que lejos de haber tenido con O'Higgins la más mínima diferencia he conservado con él una inalterable y estrecha armonía [...]. No es el

---

[77] En la referida carta Guido le decía al general: "Es un bálsamo la venida del bergantín *Maipú* con los 150 marineros; ya se han dado órdenes para principiar a pagar el *Cumberland* y nos veremos negros para completar su tripulación". De allí la respuesta de San Martín.

puro bien, amigo querido, el que se propone el autor del papelucho en dar a V. tales avisos. Su objeto real es prevenir la opinión de V. para alejarle cuanto sea posible de la intervención en los negocios de Chile. No es a mí sino a V. a quien temen los díscolos […] Yo he seguido inalterablemente la senda que marcó la conducta de V. y no sólo no me he injerido en los negocios nacionales de Chile sino que he hecho estudio de una pública prescindencia, sacrificando mil veces los deseos de mi corazón por la prosperidad de América".[78] A su vez el general en jefe sustituto del Ejército, Antonio González Balcarce, ratificaba lo expuesto por Guido en cuanto a que su conducta no ha dado motivo al más mínimo disgusto y agregaba significativamente: "También sé de positivo que ha ocurrido haber venido por el último correo de Buenos Aires otro anónimo a varios sujetos de esta ciudad, en que se les recomiendan tengan con Vd. mucho cuidado porque se le ha oído en una tertulia asegurar que venía resuelto a tratar a los chilenos de un modo muy distinto del que había observado anteriormente porque estaba convencido de que eran unos malvados".[79] Curiosamente, tanto las comunicaciones de Guido como las de González Balcarce trasuntan cierto disconformismo, aunque no expuesto abiertamente sobre la desatención o la demora de que son objetos sus pedidos por parte de las autoridades chilenas.

Simultáneamente, San Martín le había escrito a O'Higgins haciéndole notar cuánto lo habían mortificado los términos tan acres con que se había referido a Guido e intercedió firmemente a su favor, con lo que logró morigerar al chileno: "Hubiera moderado más mi informe acerca de Guido si por la ilusión siquiera me hubiese pasado le había de afectar tanto como V. me significa. Antes bien me persuadía que un aviso previo de esta naturaleza le dispondría a precaverse y descubrir a un joven que arrastra contra sí la opinión de este pueblo y ejército […] No obstante la insinuación de V. es bastante para disimular este negocio en cuanto esté a mis alcances".[80]

Pero lo cierto era que el Director no sólo había expuesto sus quejas contra Guido y pedido su remoción del cargo a San Martín, sino que simultáneamente le había escrito en el mismo sentido a su par de las Provincias Unidas, quien había cedido a sus instancias y así se lo comunicaba al Libertador: "O'Higgins me dice que en la misma fecha que a mí comunicaba a V. la desgraciadísima ocurrencia con Guido: tomando este negocio en consideración

[78] *DHLGSM*, cit., tomo VIII, págs. 127-129. Santa Rosa de los Andes, 17 de agosto de 1818.

[79] *Ibídem*, págs. 132-134. Santiago, 17 de agosto de 1818.

[80] *DHLGSM,* cit., tomo VIII, págs. 125-126. Santiago, 17 de agosto de 1818.

con la seriedad que él exige, se ha resuelto que inmediatamente se separe de Chile el objeto de su disgusto porque hemos recelado ulterioridades fatales".[81] De tal suerte que Guido recibió simultáneamente esta noticia desde Buenos Aires, junto con la recriminación de San Martín por haberle ocultado el entredicho sostenido con el Director chileno. La respuesta acongojada de su amigo no tardó en llegarle: "Jamás he sentido una pesadumbre igual a la que me han dado los pliegos de la 0-0 y la carta de V. de 16 del corriente. ¿Cómo ha creído V., amigo, que si hubiese penetrado el más leve indicio de la disposición de O'Higgins se lo habría ocultado? [...] vivía contento y tranquilo en la buena fe y en la amistad cuando recibí la orden de mi regreso a Buenos Aires y las cartas de la 0-0 que anunciaban el motivo".[82]

Mientras este entredicho se desarrollaba, continuaba pendiente la cuestión de Talcahuano, agravada por el cada vez más confirmado anuncio de la llegada de nuevos e importantes refuerzos, por lo que San Martín pareció decidido a arriesgarse a cruzar la cordillera pese al invierno y a su endeble salud.

Señor don Tomás Guido

Mendoza, 7 de agosto de 1818

Mi amado amigo:

Van todos los papeles que me incluyen para V. así como los que he recibido. Por ellos verá V. que los maturrangos envían su expedición de 2.500 hombres; y así es que ya no cuento con descansar y reponer mi salud quebrantada: de todos modos meto el diente a la cordillera para que pronto salgamos de estos apuros y hagamos los aprestos que son necesarios.

Diga V. al padre Bauzá apronte mi casa para breves días. Adiós, mi amigo, lo es de V. con toda sinceridad su

Sⁿ Martín

P.D. Al amigo Balcarce que tenga ésta por suya y que me active el aumento de los reclutas, así como la conclusión del campo de instrucción y fortificación de Valparaíso: dígale V. igualmente haga todo esfuerzo para restablecer la maestranza: en fin, que active todo lo perteneciente al ejército.

[81] *Ibídem*, págs. 103-104. Buenos Aires, 7 de agosto de 1818.
[82] *Ibídem*, págs. 185-186. Santiago, 26 de agosto de 1818.

La inquietud del general aumentó cuando Balcarce le notificó que los enemigos estaban perfeccionando las fortificaciones de Talcahuano y levantando nuevas en Quiriquina, lo que confirmaba que en el transcurso del mes de agosto esperaban ser reforzados, por lo que concluía que no debía perderse tiempo en atacarlos, pero a la vez le advertía que ello no sería posible sin su venida, dada la apatía demostrada por las autoridades chilenas, lo que obviamente se entrelazaba con el disgusto con Guido. Pero para fines de agosto y con la intervención tanto de la Lautaro de Buenos Aires como de la Lautarina de Chile el conflicto quedó definitivamente transado. Así se lo comunicaba O'Higgins al general: "en mi última dije a V. había transado con G nuestras diferencias. Ahora con los antecedentes y cartas de Buenos Aires revisado todo en 0-0 se acordó por el bien de la paz se cortasen dichas diferencias. Yo admití gustoso la reconciliación sellando este negocio con un eterno olvido, para ello escribo ahora a Pueyrredón y a 0-0 de Buenos Aires por extraordinario a fin que tranquilicen sus espíritus como deberá quedar el de V. sin recelo de que por esto se vuelva a alterar la buena armonía entre los amigos ::".[83]

Consolidó la restablecida concordia la presentación de sus credenciales ante el gobierno de las Provincias Unidas del enviado chileno Miguel Zañartú, con el fin de estrechar la unión y cooperación de ambos Estados en pro de la continuación de la empresa libertadora. Sin embargo, pronto se presentarían nuevas dificultades para su concreción y esta vez mucho más graves.

En efecto, San Martín recibió un oficio reservado de Pueyrredón fechado el 22 de agosto por el que le comunicaba que "el empréstito de los 500.000 pesos sancionado, apenas se hará asequible a una tercera parte y con la lentitud a que da mérito la escasez de numerario. Entre tranto, habiendo acrecido las atenciones de este gobierno de un modo extraordinario, sin que le fuese dado dejar de acudir a ellas por su gravedad y consecuencia" había tenido que disponer de lo colectado, por lo que le prevenía que no contase por el momento con esos recursos para atender al ejército unido.[84] Tal resolución

[83] *DHLGSM*, tomo VIII, págs. 195-196. Santiago de Chile, 27 de agosto de 1818.

[84] Cit. en: C. GUIDO Y SPANO, *op. cit.*, págs. 147-148. Las nuevas urgencias que le habían obligado a distraer esos fondos a que aludía el Director estaban relacionadas con la nueva campaña a Santa Fe, enviando una columna de tropas al mando de Juan Ramón Balcarce a invadir la provincia desde el sur, mientras se ordenaba a Belgrano atacar simultáneamente con el Ejército del Norte desde Córdoba. Había primado así la línea política que propiciaba el ministro Gregorio Tagle, quien a nombre de la seguridad interior se oponía a continuar solventando la realización del plan continental sanmartiniano.

cayó como un balde de agua helada sobre el entusiasmo de San Martín, que nunca como entonces había creído más factible la concreción de su proyecto. En la parte reservada de la siguiente carta, le comunicaba a Guido la mala nueva, como así también la drástica determinación que había tomado en función de la misma.

Señor don Tomás Guido

Mendoza, 7 de setiembre de 1818

Mi amado amigo:

Las de V. del 26 y 29 del pasado están en mi poder. No ha sido poca mi sorpresa al ver el desenlace que ha tenido la incomodidad de O'Higgins, pero al fin yo estoy lleno de gusto por haberse transado todo amistosamente.[85]

---

[85] En verdad, no le había engañado el olfato al Libertador cuando sospechó desde un principio que le habían "metido algún chisme" al Director del Estado trasandino. Pasado el desagradable incidente Guido alertó a San Martín sobre el trasfondo de la cuestión acerca del cual éste permanecía en ascuas: "Ya supongo a usted tranquilizado con cuanto le he dicho en mis cartas de 26 y 29. Nadie ha vuelto a recordar el suceso, yo menos que nadie; pero usted se admirará de saber que estamos convencidos que el agente principal de la maniobra secreta jugada contra mí ha sido Monteagudo. Este pícaro desagradecido no perdona medio para atacar a V., a mí y a cuantos cree capaces de embarazarle las ideas que ha dejado transpirar y contando con la docilidad de O'Higgins se introduce como una culebra en un círculo que él cree diferente del nuestro, y ha chocado hasta con Peña por un acaso increíble. Yo temo entrar en detalles porque a todo resisto menos a la ingratitud de los hombres, y me deslizaré en medio del resentimiento que me causa el ver a un Monteagudo empeñado en destruir la opinión de los que la han grangeado a costa de incesantes fatigas. V. vendrá y escuchará a nuestros amigos imparciales la historia y se asombrará del punto a que llega la bajeza de ciertos corazones". (*DHLGSM*, cit., tomo VIII, págs. 236-238. Santiago, 2 de setiembre de 1818.) Mirado con cierta desconfianza por la Logia reorganizada en 1816, Monteagudo había buscado sin duda recuperar su injerencia en el poder por la vía alternativa de congraciarse con el Director chileno. Como parte de esa estrategia, a la táctica sangrienta de las ejecuciones innecesarias ya señaladas, siguió la de la insidia, fomentando la malquerencia hacia Guido, por la que se dejó ganar aquel mandatario. Advertido de la trama, San Martín se movilizó rápidamente para sacar a O'Higgins del influjo del intrigante. Cuando en octubre el general pudo regresar a Santiago, una de sus primeras acciones fue denunciar en sesión de la Logia las maquinaciones urdidas por el tucumano, lo que determinó que se dispusiese el destierro de éste a San Luis.

Muy reservado

Incluyo a V. copia del oficio de nuestro Pueyrredón que recibí hace tres días; juzgue V. la impresión que habrá causado en mi corazón su contenido. Él, como jefe de Estado y como amigo y a presencia de sus secretarios, sancionó el auxilio de los 500 mil pesos para el ejército: en esta confianza yo marchaba a hacer el último sacrificio, volviendo a encargarme de un mando que me es odioso; pero habiendo recibido avisos de un amigo de Buenos Aires en que se me aseguraba este resultado, suspendí mi marcha a ésa.

Ayer he hecho al Director la renuncia del mando del ejército, del que no me volveré a encargar jamás: yo no quiero ser el juguete de nadie y sobre todo quiero cubrir mi honor.

Creo sería muy conveniente el que influyese V. que ese ejército marchase sobre Talcahuano antes que recogiese la cosecha de granos pues si la verifican pueden demorar mucho la toma de dicha plaza.

Adiós amigo, sea V. feliz y crea lo será suyo eternamente su

S^n Martín

Alarmado Guido, con las noticias que le transmitía su amigo desde el otro lado de los Andes, aunque sin reprocharle su determinación y aun justificándola por el indigno proceder del gobierno de Buenos Aires que la había causado, trató de persuadirlo de que no podía abandonar la obra esterilizando los grandes esfuerzos hechos hasta el momento. Así le decía, procurando comprometerlo moralmente: "Me entregó Justo Estay la carta de usted con la copia que me acompaña y ha sido una puñalada para mí la noticia de su renuncia. Usted tiene muchísima razón en quejarse y procurar evadirse de compromisos tan serios, después que se le ha faltado tan bruscamente, pero yo no puedo menos que decirle que renunciar el mando de los ejércitos y no pasar los Andes es como conformarse en ver desgraciados a unos pueblos que han costado a usted tantas fatigas; es, en una palabra, como convenir que el fruto de tanta sangre y tantas glorias se aniquile por consunción. V. ha observado este país, sabe su moral y de lo que es capaz con una mano diestra que lo conduzca. V. mismo, sobreponiéndose a su amor propio, tiene que confesar que nadie, nadie sino V. lo arregla y lo conserva. Enhorabuena que no se pudiera emprender sobre Lima: el honor de usted quedaría en su brillo si lograba fijar en este reino un baluarte seguro de la libertad. Es preciso convencerse que si Chile queda libre de enemigos y asegurado de sus incursiones, el tiempo sólo basta para conquistar el Perú. Nadie sino usted puede proporcionar este consuelo a su patria y a sus amigos".[86] El 2 de octubre volvió a escribirle, ya en tono resignado: "Después de mis clamores por la venida de V., aunque sea luego que pasen las nieves, nada me queda que decir en este particular [...] Si usted nos abandona yo también dejaré pronto a Chile, porque mis debilísimas fuerzas nada pueden".[87]

Lo cierto es que San Martín con su renuncia del 6 de setiembre logró el efecto que en verdad se había propuesto. El gobierno, presionado por la Logia, reaccionó de inmediato y haciendo honor a lo convenido, autorizó al general para que librase a cuenta de la suma estipulada contra el tesoro porteño. Pueyrredón, comprendiendo su estratagema, le escribió confidencialmente: "dejémonos ahora de renuncias"; y el general, ni lerdo ni perezoso, inmediatamente sacó partido de la facultad que se le confería: alegando el riesgo a que estaban expuestos de caer en manos de las montoneras santafesinas los caudales que el comercio de Chile enviaba por correo a Buenos Aires, se incautó de ellos prescribiendo a las autoridades de Mendoza que girasen a cambio del efectivo letras pagaderas en la capital de las Provincias Unidas. Con el otorgamiento de tales libranzas dejó a Pueyrredón en graves aprietos, pero era la única forma de asegurarse los fondos que necesitaba. De todo ello daba cuenta a su amigo:

Señor don Tomás Guido

Barriales, 7 de octubre de 1818

Mi amado amigo:
Las de V. de 9 y 15 del pasado están en mi poder.
Al fin consecuente a mi renuncia se ha vuelto a decretar el auxilio de los 500 mil pesos para el Ejército de los Andes: ya tengo en mi poder algunas libranzas contra individuos de ésa que remitiré a Lemos en el correo entrante. También han salido de Buenos Aires en la fragata inglesa Lord Lindoch *los vestuarios necesarios para 4.000 hombres y la artillería de batir que había pedido: todo esto ha mejorado mi salud y sólo espero un poco de más tiempo para que venga todo el dinero y marcharme a ésa aunque sea muriéndome: ahora tal*

[86] Comisión Nacional del Centenario, *Documentos del Archivo de San Martín (DASM)*, Buenos Aires, Coni, 1910, tomo VI, págs. 311-312. Santiago, 15 de setiembre de 1818.
[87] *DHLGSM*, cit., tomo IX, pág. 3.

cual se puede trabajar, de lo contrario sería ir a ser víctima de la necesidad.

¡Qué le parece a V. el Manifiesto del cobarde Brayer! Este malvado remitió copias bajo su firma a todas las autoridades de Buenos Aires al tiempo de embarcarse: felizmente Manuel Escalada tuvo noticia de ello y se presentó con todos los oficiales del Ejército Unido que se hallaban en Buenos Aires a nombre del mismo para que se suspendiese su marcha ínterin O'Higgins y demás Jefes del Ejército pudiesen tener conocimiento de dicho manifiesto, así se ha verificado. Mi contestación la verá V. ceñida a la verdad, aunque algo dura: pero un pícaro de ese calibre no merece menos: yo espero que los jefes y oficiales del Ejército Unido contesten a ella con aquella imparcialidad que les caracteriza; hasta entonces yo no quedaré satisfecho: ruego a V. por nuestra amistad agite V. este asunto lo más breve que le sea posible para poner a cubierto mi honor, el de O'Higgins y el del Ejército Unido. El otro manifiesto como mi contestación lo he remitido por extraordinario a Buenos Aires para que se imprima sin pérdida de momentos.[88] *Confesemos, amigo mío, que no hay filosofía sufi-*

---

[88] Miguel Brayer era uno de los tantos oficiales franceses emigrados a América luego de la caída de Napoleón que se integraron al ejército revolucionario como Beauchef, Viel, Brandsen, Bruix, Raulet, Soulanges, Soyer, entre otros. Ostentaba nada menos que el grado de general del Imperio y gozaba de gran reputación por su valor. Pero pese a sus antecedentes estaba destinado a ejercer una influencia francamente negativa. A él se debió el desacertado plan de ataque a la fortaleza de Talcahuano que costó tantas pérdidas a los patriotas a principios de diciembre de 1817. Posteriormente su indecisión cuando debía secundar el avance de la caballería al mando de Freire malogró la primera escaramuza realizada en vísperas de Cancha Rayada. Finalmente, cuando el ejército independiente estaba en disposición de ataque en la mañana del 5 de abril, día de la batalla decisiva de Maipú, el francés coronó la serie de desaciertos y flaquezas por la que se había venido singularizando con su solicitud de permiso del general en jefe para pasar a los baños de la Colina por motivos de salud. "El último de mis tambores tiene más honor que usted, general", fue la indignada respuesta de San Martín a quien tan desvergonzadamente trataba de eludir el peligro en ese momento crucial en que era preciso jugarse el todo por el todo. Inmediatamente después de la batalla, el Libertador ordenaría que se le instruyera al francés una sumaria indagatoria sobre su conducta militar y política y se lo separara del mando del ejército. Su resentimiento fue el que le inspiró la difamatoria proclama a la que se refiere San Martín en este párrafo.

ciente para ser atacado cuando uno sólo trata del bien público: maldito sea una y mil veces el hombre que desea mandar.

Wouls me escribe reservadamente sabe con evidencia por un conducto muy respetable de Inglaterra que los españoles reconocen la independencia de Chile y Provincias Unidas, con tal que no se metan en nada con Lima: que esta negociación la seguía con actividad Rivadavia y que él cree que todo el año entrante estaremos constituidos y tranquilos. Dios lo haga así por el bien de la América.

Diga V. a Balcarce después de conceder la licencia para Mendoza al mayor Arellano que yo se la daré para Buenos Aires.

Adiós, mi amigo querido. Sea V. tan feliz como le desea su invariable

San Martín.

NUEVA CONDENA A LA INACCIÓN

Por entonces había arribado a Buenos Aires el coronel Le Moyne, enviado del marqués d'Osmond, quien durante el reinado de Luis XVIII trabajaba por el establecimiento en América de monarquías que respondieran a la influencia francesa, proyecto que interesó sobremanera al Director. Pletórico de euforia francófila, Pueyrredón escribió a San Martín al respecto que el gobierno de las Provincias Unidas enviaría al canónigo doctor Valentín Gómez en misión diplomática ante el congreso de Aix-la-Chapelle para exponer la intención de organizarse bajo la forma monárquica constitucional y tramitar la coronación de un príncipe de alguna dinastía europea, agregando que ante las nuevas y amplias perspectivas que con ello se abrían convenía postergar la expedición a Lima. Fue así como con el objeto aparente de dar satisfacciones al general a nombre de la Logia sobre el tema del empréstito, pero con el real de interiorizarlo de ese proyecto que ocupaba por entonces la atención del Congreso, llegó el 10 de octubre a Mendoza don Julián Álvarez, tras un agitado viaje en el que, acosado por las montoneras santafesinas, tuvo que quemar presurosamente "la prueba del delito", esto es, los papeles que delataban la gestión monárquica. Para reforzar la posición de Gómez se le encargó a San Martín que interpusiera su influencia ante O'Higgins con el fin de que se lo autorizase a gestionar en el mismo sentido en nombre de su Chile. Si bien dicho mandatario accedió a las instancias del Libertador, no delegó la representación de su país en el enviado porteño, sino que nombró a a José Antonio de Irisarri como agente diplomático para que actuase de consuno con aquél. A esto se refiere, sin dar detalles, la siguiente misiva.[89]

Señor don Tomás Guido

Mendoza, 12 de octubre de 1818

Mi amado amigo:

Al fin llegó el doctor don Julián Álvarez, su principal objeto ha sido el de venir de parte de los amigos a satisfacernos sobre la suspensión de los 500 mil pesos y la realización de los nuevamente decretados, así como a otros asuntos que a nuestra vista diré a V.: el horizonte se nos despeja por todas partes y yo creo que debemos aprovechar esta coyuntura de la racha favorable que se nos presenta para dejar tranquilo el país y constituirnos.

Bauzá ha llegado felizmente y es regular regrese lo más pronto que sea posible.

Álvarez no tiene ninguna comisión para ese gobierno pues solamente se reducía a mí solo.

Mil cosas a Peña y demás amigos y V. crea lo es suyo con todas las veras su

San Martín

Cuando el 29 de octubre de 1818 San Martín por fin pudo llegar a Santiago, la escuadra en formación al mando del teniente coronel de artillería Manuel Blanco Encalada se hallaba desarrollando importantes acciones navales, que en breve le permitirían dominar el sur del Pacífico. Cuando el 28 de noviembre llegó a Valparaíso el esperado lord Tomás Alejandro Cochrane, junto con otros marinos británicos como Wilkinson, Guise, O'Brien, Forster dispuestos a prestar sus servicios a la causa de la independencia de América, reemplazó a aquél en la conducción de dicha marina, que en breve iniciaría sus operaciones contra la flota realista del Callao.

Al ponderar que el giro favorable de los acontecimientos presagiaba el inminente inicio de la campaña a Lima, el 13 de noviembre de 1818 San Mar-

---

[89] Esta carta no figura en el legajo conservado en el Archivo General de la Nación, pero fue transcripta en la obra de C. GUIDO Y SPANO, ya citada, pág. 157.

tín había dirigido una importante proclama al pueblo peruano anunciando su próxima campaña que sellaría el compromiso asumido por los dos gobiernos: "Los Estados independientes de Chile y de las Provincias Unidas de Sudamérica me dirigen para entrar en vuestro territorio para defender la causa de la libertad". "La fuerza de las cosas ha preparado este gran día de vuestra emancipación política y yo no quiero ser sino un instrumento accidental de la justicia y un agente del destino". A la par anticipaba su proyecto integracionista: "La unión de los tres Estados independientes convencerán a la España de su impotencia, y las otras potencias le concederán estima y respeto."[90] Sin embargo, el Libertador apenas cruzó la cordillera pudo comprobar que el dominio del Pacífico en vez de facilitar la realización de sus planes, debilitó la disposición del gobierno chileno para activar la prosecución de la campaña. A nadie se le podía ocultar que esa reticencia se debía en gran parte a que los gastos ocasionados por la compra y armamento de los buques habían vaciado las arcas del tesoro chileno; pero también influía el hecho de que una vez obtenido el dominio del mar su extenso litoral quedaba exento de nuevas incursiones realistas y, sintiéndose a salvo, comenzaron a activarse, al igual que antes había ocurrido en el Río de la Plata, los gérmenes del mezquino localismo de cortas miras contrapuestos a la vocación continental del movimiento independentista. Precisamente el Senado se había convertido en el reducto de la resistencia a la política americana y en el baluarte de la tendencia a la reconcentración nacional. Así fue como a fines de 1818 San Martín denunciaba ante el gobierno de las Provincias Unidas que, debido a la bancarrota en que se encontraba el Estado de Chile, no sólo no se fomentaban los aprestos para la expedición sino que el Ejército de los Andes se hallaba impago y desatendido, advirtiendo sobre la posible eventualidad de su repaso de la cordillera si en ese país subsistía la dificultad para sostenerlo. El 14 de enero de 1819 se volvió a dirigir a él explicando que se había comprometido a dirigir la expedición si se le facilitaban los auxilios necesarios, pero como esto no se había verificado ni por parte de las autoridades argentinas ni de las chilenas y como su precaria salud no le permitía empeñarse en la campaña dilatada que le imponía el disponer de 3.000 hombres con los que sólo se podían hacer desembarcos parciales sobre puertos intermedios, solicitaba licencia para reponerse en Mendoza. Agregaba que si ésta no se le concedía, pediría licencia absoluta. Dos días más tarde emplazaba al gobierno chileno: "Ante la causa de América está mi honor y no tendré patria sin él y no puedo sacrificar don tan precioso por cuanto existe en la tierra. Tengo di-

---

[90] *DASM*, cit., tomo XI, págs. 198-201. Santiago, 13 de noviembre de 1818.

cho que para esperar un suceso favorable de la expedición se necesitan 6.100 hombres. Espero se me diga si el Estado de Chile se halla en disposición de aprontarme los efectos que tengo pedidos y en qué tiempo".[91] El Director se limitó a contestarle que era preciso conseguir 600.000 pesos fuera de su país para llevar a cabo la empresa.

De tal suerte, San Martín volvió a atravesar por una situación muy similar a la experimentada en 1816, sintiéndose comprometido con la empresa libertaria y a la vez impotente para realizarla.

El general volvió a escribir entonces al Directorio porteño que no había voluntad en el gobierno trasandino para llevar adelante la expedición al Perú si no era costeada por las Provincias Unidas y que los auxilios que éstas destinaron a tal fin él había tenido que invertirlos en el sostén del Ejército de los Andes, que desde setiembre no recibía paga de Chile, pues todos los fondos eran destinados a la marina. Y para que aquél no se disolviera el gobierno argentino debía optar urgentemente –pues la cordillera permanecería abierta sólo hasta mediados de abril– entre correr con los gastos de esas tropas manteniéndolas en Chile o bien ordenar que pasasen a Cuyo, con lo que se corría el riesgo de que sufriesen una fuerte deserción, pues la mitad de ella estaba compuesta de chilenos, y de que estallara la anarquía a su partida.

Parece claro entonces que si es cierto que el Libertador no dejó de presionar al gobierno de Chile, sus quejas, en las que siempre se hacía hincapié en el estado ruinoso de sus finanzas, tenían por fin ostensible conseguir auxilios supletorios por parte de las Provincias Unidas. En el mismo sentido orientaba Guido un extenso alegato dirigido a Pueyrredón. Pero esta estrategia combinada entre ambos amigos pronto se complicaría irreversiblemente.

En cuanto a las operaciones terrestres, todavía quedaba pendiente terminar con la resistencia realista en el sur, la que, después de que en setiembre Osorio desguarneciera Talcahuano y se embarcara hacia Lima, había quedado a cargo del general Sánchez. San Martín resolvió constituir entonces el Ejército del Sur, que puso a las órdenes de Balcarce, quien avanzó batiendo las fracciones enemigas hasta Los Ángeles. La acción decisiva de esta campaña tuvo lugar el 19 de enero sobre la costa del Bío Bío. Tras esta derrota, Sánchez con su ejército en esqueleto se recluyó en Valdivia, donde permanecería mal armado, sin artillería y sin posibilidad alguna de recibir refuerzos. Pero lo más importante que contiene la carta que sigue es sin duda la noticia del envío de una nueva expedición naval realista, que sumó un nuevo

---

[91] C. Guido y Spano, op. cit., págs. 140-141.

factor en contra de la concreción de los planes de la expedición al Perú. Los párrafos finales dan cuenta de las penurias económicas por las que continuaba atravesando el erario chileno, que impedía se activasen los preparativos militares.

Curimón y enero 27 de 1819

Mi amado amigo:

No ha sido mal refregón el dado al gallego y del que creo no convalece.

Impóngame V. de los pliegos que remito al Director del Protector de Chile nuevo. No digo él, pero un negro de Guinea me sería indiferente con tal que hiciese la felicidad de Chile.[92] Yo estoy seguro que éstos serán los sentimientos del Sr. Dn. Bernardo.

De Inglaterra me escriben la expedición de Cádiz contra Buenos Aires y me la dan por segura.

Aquí estamos en esta Tebaida aunque tranquilos y sin aparecer los hospitales ni un solo medio.

Mil cosas a Peña y éste que se las dé a O'Higgins. Dichoso él y V. que se aprovechan del tiempo.

Conque sigue la pobreza: Dios tenga misericordia de nosotros.

Ayer dije a V. se diese una vuelta por ésta, suspenda V. que yo lo haré.

Como siempre su amigo

Sn. Martín

---

[92] Por esos momentos y luego de las enormes erogaciones de guerra realizadas para formar la escuadra chilena, la administración de Chile atravesaba por un momento crítico, paralizada por falta de recursos y en medio de un descontento generalizado, alimentado por la creciente oposición carrerista, que presentaba al país expoliado por el mandatario personero del general argentino. Entre los fenómenos emergentes de ese malestar se encontró el protagonizado por Francisco de Paula Prieto y sus hermanos José y Juan Francisco, quienes en octubre de 1818, encabezando una partida se levantaron en armas, titulándose "Protectores de los Pueblos Libres de Chile", tardío remedo transcordillerano del modelo artiguista, aunque jamás alcanzó las dimensiones de éste.

La trabajosa realización de la expedición al Perú (1819-1822)

La enrevesada cuestión del repaso de los Andes

Desde fines de enero de 1819 el Libertador se estableció con el Ejército de los Andes en Curimón, sobre la ruta de Uspallata. A la vez ordenaba a Balcarce que retirase a Talca el resto de esta fuerza que operaba en el sur, pues después de la campaña al Bío Bío, ambos dieron por terminada la guerra en esa zona, dejando a cargo de Freire liquidar las últimas resistencias. En la siguiente carta explicaba el objeto que lo había determinado a esto último: la aproximación de las tropas a la cordillera tenía relación con las noticias que –según se ha visto– le confirmaban el aprestamiento en Cádiz de una expedición de 20.000 hombres puestos al mando de José O'Donell, conde de la Bisbal. que se dirigiría a Buenos Aires. Esto fue lo que le hizo considerar como posible y hasta necesario lo que hasta entonces no había sido más que un elemento de presión: el repaso de los Andes por el Ejército.

> *Señor don Tomás Guido*
>
> *Curimón, febrero 1º de 1819*
>
> *Mi amado amigo:*
>
> *La de V. del 30 me la ha entregado Arcos: él dirá a V. las razones que le he dado para no mezclarme en el asunto que propone sobre el armamento de la Fragata Rosa, pero lo creo conveniente y útil. Yo espero que los jefes me hagan la propuesta para concederla.*
>
> *Hilarión llegó ayer, y marcha esta tarde.*
>
> *Incluyo a V. el adjunto plan, el que espero me diga V. si es de su aprobación en el supuesto que con igual data lo dirijo a O'Higgins;*

para esta operación no se necesita más que un hombre que se avenga con el carácter de Cochrane, que tenga intrepidez pero al mismo tiempo calma y reflexión.

Me ha sido imposible pasar a ésa, tales han sido los apuros en que me he hallado para despachar lo que me ha caído entre manos.

Incluyo la adjunta para Peña. Mariano Escalada marchó a Mendoza a ver si puede reducir a Remedios a partir a Buenos Aires si su salud se lo permite: si no lo consigue debe marchar con los pliegos que ha llevado para el gobierno, si puede reducirla debe quedarse para acompañarla y remitir los pliegos que lleva por una persona segura.

El pliego que incluí para Balcarce contenía la orden de que siempre que con las fuerzas de Chile que tiene en aquel Ejército pudiese quedar tranquila y segura la provincia de Concepción, retire a Talca toda la de los Andes.

Veremos lo que me contesta, pues mi principal objeto es de reencontrar las fuerzas de nuestro Ejército bien sea para obrar ofensivamente contra el enemigo o bien el que repase los Andes si viene orden para ello consecuente a las noticias recibidas de la Expedición de España sobre Buenos Aires.

Jamás dudé de que el padre Bauzá era el arrendatario de la hacienda.[93]

Adiós, mi amigo, sea V. tan feliz como le desea su

Sⁿ Martín

---

[93] Fray Juan Antonio Bauzá era capellán del Ejército de los Andes y se ocupaba asimismo del cuidado y acondicionamiento de la residencia de San Martín en Santiago de Chile, como así también de la chacra de Beltrán, ubicada en Nuñoa, a las puertas de la capital, que había sido propiedad de un realista prófugo a quien el gobierno chileno se la había confiscado para donársela posteriormente a San Martín. La referencia que éste hace de ella en esta carta se relaciona con lo que le había escrito Guido desde Santiago, el 24 de enero: "Ayer correteamos la chacra y Peña tomó noticia de cuanto había en ella; por el candor del buen viejo que la administraba acabamos de persuadirnos que el padre Bauzá era el arrendatario: hoy sabremos si éste se aviene a dejarla desde el día aceptando la propuesta del arrendamiento de un año y si quiere quedarse hasta la vendimia". (*DHLGSM*, cit., tomo X, pág. 274.) Sucedía que Nicolás Rodríguez Peña estaba interesado en arrendarla o comprarla y así lo hizo cuando el Libertador partió hacia el Perú, entregando una parte de su valor, lo que a la postre le traería algunos dolores de cabeza al general, que finalmente terminaría recuperándola.

En cuanto a su intención de que su esposa volviera con su niña a Buenos Aires acompañada por su hermano Mariano, con el fin de que pudiera reponer su salud, resultó incumplida, no precisamente por la voluntad de Remedios de permanecer en Mendoza, sino porque las montoneras mantenían bloqueado el camino a la capital y para contrarrestar su accionar y abrir la línea de comunicaciones, el Directorio porteño había tomado las medidas que San Martín anoticiaba a Guido en la siguiente:

Señor don Tomás Guido
Chacabuco, febrero 5 de 1819
Mi amigo querido:
Tengo noticias que la montonera tiene interceptada la comunicación y caminos para Mendoza: es indispensable que V. se ponga en marcha para ésta en el momento que V. reciba la presente, que tenemos que hablar sobre el particular.
Balcarce está situado en el Rosario y a Belgrano se le ha mandado bajar con el Ejército: Véngase V. Su San Martín.[94]

Poco después el general se enteró de los extraños y luctuosos sucesos ocurridos en San Luis. El 8 de febrero los oficiales prisioneros tomados en Chacabuco y Maipú se sublevaron y atacaron sin éxito el cuartel y la cárcel; otro grupo que intentó apresar al teniente gobernador Dupuy fue detenido en su intento por el pueblo puntano al grito de "mueran los godos". Monteagudo, quien –como se recordará– se hallaba confinado en el lugar fue encargado de instruir el proceso, lo que redundó en el fusilamiento de los complotados. Lo ocurrido alarmó a San Martín porque creyó que la intentona realista estaba en combinación con los anarquistas del litoral y con los carreristas

[94] El documento que figura en el legajo del Archivo General de la Nación es una copia de la misiva original que contiene la siguiente anotación de puño de Carlos Guido y Spano: *El autógrafo de esta carta fue regalado por mí al Sr. Lagomggiore, editor de Autógrafo Americano. Buenos Aires, 1884.* Con respecto al contenido de la carta, queda claro que mientras Belgrano con el Ejército del Norte avanzaba sobre Santa Fe, dejando la defensa de la frontera con el realista a cargo de los gauchos de Güemes, fuerzas de Buenos Aires al mando de Juan Ramón Balcarce ya la habían invadido encontrándose entonces en Rosario, poblado que muy luego tuvieron que abandonar no sin incendiar su rancherío previamente.

chilenos, como lo expresa en la carta que sigue. Esto reforzó la decisión que ya había tomado de cruzar la cordillera para impedir la invasión de la montonera en Cuyo y sobre todo para tomar una parte activa por medio de su intercesión conciliadora para cortar la guerra civil en el litoral en el momento en que estaba pendiente la amenaza de la invasión realista. Con todo ello en mente se puso en marcha el 13 de febrero hacia Mendoza, no sin antes aconsejar a O'Higgins que obrase drásticamente con sus enemigos internos, enviándolos precautoriamente a la isla de San Fernando. Además de tomar tales medidas de seguridad, el Director preparó una división de 1.500 hombres para repasar los Andes en el momento que se lo requiriese. En tanto Guido le informaba que en sesión de la Logia se había acordado enviar una diputación de Chile, compuesta por el coronel Luis de la Cruz y el regidor Salvador de la Cavareda para mediar las diferencias entre Artigas y Buenos Aires. En tanto, San Martín llegó a la capital cuyana donde volvería a reunirse con su esposa y persistió en su intención de enviarla a Buenos Aires, aunque todavía los caminos permanecían interceptados. Por entonces responde a unas cinco cartas remitidas por Guido en el ínterin de su llegada.

En ellas les hacía algunas recomendaciones al general y en una era particularmente insistente: "Un temor racional [...] debe a usted retraerlo de entregarse de buena fe en medio de los anarquistas. Al lado de las fuerzas de Belgrano puede usted proponer lo que guste. Si no hay una intención dañada en el caudillo o caudillos de los disidentes se abrazará la paz de cualquier parte en que usted la proponga [...] no hay que aventurarse a un sacrificio estéril". Esto tenía que ver con las prevenciones que por entonces despertaba el accionar de Artigas.[95] Tres días más tarde le reiteraba: "Cuidado con internarse mucho: la persona de Vd. es de la Patria y de sus amigos".[96] Y no tranquilo aún le repetía: "No vaya V. por Jesucristo a meterse en Santa Fe, sin

---

[95] Al respecto Guido se extendía: "Acaba de estar a visitarnos el americano Robinson que vino de Lima, sujeto de confianza, y me dice que en una conversación privada que tuvo con Pezuela le aseguró éste que la España haría esfuerzos para recobrar a Montevideo por medio de las armas o de una negociación y que entonces sería *premiado Artigas con la banda de mariscal de campo y la cruz de Isabel que le estaba acordada*. Ya hemos hablado muchas veces de esto; los pasos de Artigas son de verdad los más peligrosos a la libertad general de la América; las circunstancias en que actualmente nos hostiliza, el movimiento de los prisioneros de San Luis, las amenazas de Carrera, y sobre todo, esa constante negativa de Artigas a todo avenimiento racional, da lugar a creer una combinación misteriorsa en que bajo el velo del liberalismo se trabaja por la causa de España" (*DHLGSM, op. cit.,* tomo XI, págs. 118-121. Santiago de Chile, 16 de febrero de 1819).

[96] *Ibídem*, págs. 140-142. Santiago de Chile, 19 de febrero de 1819.

tentar mucho el vado: tenga presente que en una sociedad desordenada no es la voluntad del jefe la que siempre se cumple".[97] La otra sugerencia era la siguiente: "Interesa se dé un manifiesto sobre los sucesos de San Luis. Si vienen los detalles se trabajará aquí y se publicará para hacer frente a las imposturas con que la Gaceta de Lima dibujará el procedimiento de Dupuy".[98]

Señor don Tomás Guido

Mendoza, 23 de febrero de 1819

Mi amigo amado:

La de V. del 18 la he recibido.

Mañana salgo y según las noticias que adquiera de Belgrano y montoneros procederé: en el ínterin hasta ahora hemos adelantado en cuanto a estos últimos pues la interrupción de comunicaciones aún sigue.

Mucho me ha gustado el paso de la comisión mediadora nombrada por ese Estado; ésta puede contribuir mucho al objeto de paz que nos proponemos.

Muy bien tomada la medida sobre prisioneros, éstos no son de tanto cuidado como los perturbadores del orden con los que es menester tener la mayor vigilancia.

Haga V. lo posible para que sin perder momento marche don Nicomedes Martínez: éste es un mal oficial e indigno de toda consideración. Oficie V. sobre él a Cochrane y sobre el mismo si a V. le parece hágalo a Pezuela.

He encontrado a Remedios muy aliviada pero estoy resuelto a que marche a Buenos Aires en el momento que los montoneros lo permitan, pues estoy seguro que si permanece en ésta no vivirá muchos días.

No creo sea necesario sacar un solo soldado de ésa a lo más con los escuadrones de Mariano Necochea y 50 artilleros que he mandado venir podremos poner la provincia a cubierto de todo incidente.

Mañana salen varios oficiales para la instrucción de Milicias de San Luis; los pedidos que tengo hechos active V. cuanto sea posible por la falta que nos hacen.

---

[97] *Ibídem,* págs. 216-218. Santiago de Chile, 1° de marzo de 1819.
[98] *Ibídem.*

Nuestro Luzuriaga se halla bueno y le he dado las expresiones que
V. me encarga para él.

No ha venido el detalle sobre el suceso de San Luis, pero debo de-
cir a V. que pasan de 40 los muertos que hubo en la rebujina: hasta
ahora lo que sabemos es que su objeto era unirse a la montonera y
que Ordóñez, Alvear y Carrera estaban en comunicación íntima.

Dios me dé suerte en este viaje, pues si puedo contribuir a una pa-
cificación sólida tendré más satisfacción que ganar veinte batallas.

Adiós mi amigo, memorias a todos y crea lo será eternamente su

Sn. Martín

El general estaba en vísperas de salir hacia San Luis, donde esperaría el envío de la comisión mediadora, idea que mucho celebraba. Precisamente, porque confiaba sinceramente cortar las desavenencias por ese medio no vaciló en escribir a Pueyrredón suplicándole que aceptase tal oficiosidad amistosa. Más tarde recibiría una respuesta absolutamente contraria a esa iniciativa de tono admonitorio. San Martín también se dirigiría a los caudillos José Artigas y Estanislao López, confiando especialmente en la buena voluntad de este último; los invitaba a la conciliación ante la amenaza externa que se cernía sobre todos los revolucionarios de uno u otro bando. Pero estos dos últimos oficios no llegaron a sus destinatarios, pues Belgrano le explicó que no se había considerado oportuno remitirlos. El Libertador, por su parte, se mostraba escéptico con respecto a que se pudiera concluir la disidencia interior por medio de las armas.

Señor don Tomás Guido

San Luis, marzo 6 de 1819

Mi amado amigo:

Por las adjuntas copias verá V. el golpe dado a los montoneros
pero para mí eso vale lo mismo que un durazno en Chile.

Por la que incluyo de Belgrano se impondrá V. de la confianza que
tengo del resultado de esta campaña: en mi opinión será el mismo que
han tenido las demás de esta especie: el último golpe de Bustos da a
nuestro Belgrano mucha más confianza en mi concepto que la que de-
bía tener, por lo que veo esta guerra nos va a concluir, y sólo tengo es-
peranzas en que la Comisión de Chile y mis buenos deseos puedan
apagarla, pues de lo contrario, aunque salgamos victoriosos el resul-

tado será perder los bravos, aniquilar todo género de recursos, aumentar mutuamente la odiosidad, de devastar la campaña y al fin si viene la expedición española ser presa de nuestras desavenencias: dígame V. su opinión sobre ese particular que creo será el mío.[99]

Aún no tengo noticias de Cruz ni Cavadera y V. puede calcular con la impaciencia que me tendrá este retardo.

Mil cosas a Peña y demás amigos y lo es de V. con todas veras su
José de San Martín.

P.D. Respecto la comisión nombrada por ese Estado calcule V. si será o no conveniente el que estas noticias de montoneros se inserten o no en los papeles públicos de Chile.

En tanto, en Buenos Aires cundía la alarma por la confirmación del próximo arribo de la temida expedición naval realista, que se asociaba arbitrariamente a la política pro portuguesa del Directorio, cuando en verdad en parte gracias a las buenas relaciones cultivadas por el emisario Manuel José García en la corte de Río de Janeiro, el Imperio había asumido una actitud neutral en virtud de la que negaba autorización para recalar en sus puertos a los navíos que debían partir desde Cádiz, obstaculizando así su arribo al Plata.

En consecuencia, el 27 de febrero de 1819 el ministro de Guerra extendía orden a San Martín para que el Ejército de los Andes repasase la cordillera y se situase en Mendoza, con el fin de repeler la inminente invasión exterior a la capital. Ésta le llegó cuando el general se encontraba en San Luis, donde a raíz de su enérgica actuación contra los prisioneros realistas complotados se había reconciliado con Monteagudo, a la par que había ordenado que se pusiera en libertad a Facundo Quiroga, que se hallaba preso en el cuartel cuando los conjurados habían intentado tomarlo y se había opuesto

---

[99] En efecto, Guido concordaba plenamente con el general: "No varió un punto mi opinión respecto a la necesidad de una prontísima transacción con los disidentes. Convengo con V. en que cualquiera que sea el resultado de la campaña que se ha abierto contra ellos será funesto a los intereses generales si deciden las armas cuando nos vemos amagados de la expedición española. Si V. y la comisión consiguen que ambos partidos se den la mano para defender la Patria, será más glorioso que el triunfo de Chacabuco y Maipú. Éstos son los momentos en que es preciso sacrificarlo todo a la libertad de la tierra. Si de una parte está la razón y de la otra la obcecación debe buscarse en el peligro el arbitrio de unir ambos extremos" (*Ibídem,* tomo XII, págs. 60-67. Santiago de Chile, 18 de marzo de 1819).

valientemente a ello. Desde allí impartió instrucciones a Balcarce para que evitase en lo posible la deserción al efectuar el cruce, mientras él se disponía a retornar a Mendoza para recibir la primera división de 1.200 hombres que debían arribar del otro lado de la cordillera. Todo ello lo refiere en la siguiente carta a Guido, por la que se puede comprobar que en ningún momento intentó resistir las mencionadas órdenes.

Señor don Tomás Guido

San Luis, 9 de marzo de 1819

Mi amado amigo:

Por las noticias que tengo de Buenos Aires no queda duda alguna de que los maturrangos visitan nuestra capital. Consecuente a esto ha venido la orden para la marcha del Ejército a Mendoza, la que incluyo en copia.

Remito las instrucciones que doy a Balcarce: veo que la operación es algo espinosa, y que es cuasi imposible poderla ocultar pues el objeto de los preparativos se lo indicarían al soldado: por lo tanto me inclino a que se haga pública aumentando el riesgo para comprometerlos a que sigan especialmente los chilenos. En fin antes de que se trasluzca nada, sería bueno se pusiese V. de acuerdo con O'Higgins y Balcarce sobre este interesante particular.

Reforme V. como le parezca las adjuntas proclamas y hágalas circular tanto en los papeles públicos como sueltos.

En fin tome V. todas aquellas medidas que le dicte su talento y buen deseo en beneficio de la causa pública.

Diga V. a Peña me remita con el Comisario del Ejército la plata labrada que está en su poder.

Adiós amigo amado, lo es de V. y será siempre su

Sn. Martín

P.D. Hoy mismo regreso a Mendoza para hacer los preparativos necesarios al Ejército.

Otra:

Cuatro piezas de batalla de a 4 nos hacen una falta inmensa: vea V. de vencer las dificultades que se opongan a cuyo efecto quede en ésa un oficial de artillería de los Andes para su conducción.

Hasta esta fecha aún no aparecen Cruz, ni Cavareda.

Va original la nota que se pasa a O'Higgins para que se entere de ella.

Si al completo de los 5 mil hombres que pide Pueyrredón de Chile pudiesen ser de reclutas, sería más ventajoso que no cuerpos formados.

Ya desde Mendoza, alegando el inminente peligro exterior, el general insistió en su iniciativa antes frustrada por el gobierno porteño de cortar las desavenencias internas, enviando de nuevo sendas cartas a López y Artigas. En ellas reiteraba un principio que mantendría imperturbable durante toda su carrera pública: "mi sable jamás se sacará de la vaina por opiniones políticas; como éstas no sean en favor de los españoles y su dependencia".[100] Esa formal declaración de prescindencia en la lucha interna hecha por San Martín a los caudillos disgustó profundamente al gobierno directorial, que consideró que no podía menos que redundar en detrimento de la fuerza moral de la autoridad de la que teóricamente aquél dependía. Así se agravó la mala impresión que ya había causado la iniciativa de la mediación chilena, que fue rechazada rotundamente. Tal vez ello contribuyó a que el Libertador volviera a reconsiderar el tema del repaso del Ejército de los Andes, que sin duda trastocaba tal vez ya definitivamente el cumplimiento de la última y fundamental fase de su plan continental. Así parece indicarlo la inquietud que manifiesta por conocer lo resuelto al tratarse esa crucial cuestión en el seno de la logia de Chile, como lo evidencia la siguiente misiva, en la que vuelve a resaltar la buena voluntad del pueblo cuyano para facilitar los aprestos militares.

Señor don Tomás Guido
Mendoza, 23 de marzo de 1819
Mi amado amigo:
Está en mi poder la de V. del 15.
Estoy con la mayor curiosidad por saber el resultado de la entrevista que iba V. a tener con los amigos la noche misma que me escribió V. su última: lo cierto es que necesitamos indispensablemente decidirnos antes que la Cordillera se cierre.[101]

---

[100] *DHLGSM*, cit., tomo XII, págs. 14-16. Mendoza, 13 de marzo de 1819.
[101] Ya Guido en carta del 8 de marzo había invitado al general a realizar esta reflexión: "Si la expedición de España viene a Buenos Aires entonces más que nunca debemos empeñarnos en abrirnos paso en el Perú. Nada importaría perder aquella capital si

Nada sé de Buenos Aires desde las últimas comunicaciones que remití a V.; pero las noticias más positivas que tenemos son de que el camino hasta aquella capital está enteramente franco: esto me ha decidido a que Remeditos marche mañana por la mañana a unirse con su familia, pues según los facultativos si permanece en Mendoza su vida será bien corta.

Todos los aprestos para recibir el Ejército están listos en ésta: todo se facilita en el momento de pedirse: la voluntad y deseos de servir es la misma que hubo cuando salió de ésta el Ejército.

Nada más ocurre por ahora.

Me alegraré infinito que la aflicción que le ha atacado haya desaparecido enteramente y lo haya dejado en estado de poder trabajar.

Memorias a Peña y queda como siempre de V. su eterno amigo

Sn. Martín

Apenas se enteró el general –como lo consignaba en la carta antecedente– que había quedado expedito el camino a la capital, el 25 de marzo envió a Remedios con Merceditas para que la primera se restableciera en el seno de la familia de los Escalada. Ya nunca más volvería a ver a su "esposa y amiga".

Donde más fuerte conmoción produjo la orden del repaso del Ejército fue en Chile, donde el gobierno temeroso de las consecuencias que podría acarrear la sustracción de las tropas argentinas se mostró dispuesto a retomar la línea política americanista, a la que pocos meses antes se había mostrado renuente. De allí que la Lautarina con seria preocupación comenzase a tratar la cuestión a instancias de Guido. Y si bien por un lado el general se mostraba expectante ante las decisiones que tomaran al respecto los hermanos, por otro tenía todo listo para aprestarse a recibir al ejército al otro lado de la cordillera. La institución secreta envió ante el Libertador al sargento mayor José Manuel Borgoño para convenir verbalmente lo que debía hacerse, asegu-

---

lográsemos dar un golpe a Lima. El influjo de este suceso disolvería las fuerzas españolas y vigorizaría nuestros pueblos para una guerra sostenida. Piense V. sobre estas ideas y déme su opinión. (*Ibídem*, tomo XI, págs. 271-274.) Y en la aludida por San Martín del 15 le decía: "Esta noche se reunirán los amigos (0-0) a tratar sobre el paso del Ejército de los Andes. Veremos el resultado; si esto se ha de verificar (para desgracia de este país y de toda América) costará doble no estando V. aquí". (*Ibídem*, tomo XII, págs. 24-25.)

rándole la decisión en que estaban los cofrades de secundarlo firmemente en sus miras. El emisario portaba una extensa carta de Guido en la que sostenía la necesidad de transar a toda costa con los disidentes del litoral y fundamentaba larga y concienzudamente la consigna de que la salida del ejército de Chile importaba la ruina de América.[102] También le fueron entregados a San

[102] Razonaba Guido con claridad meridiana: "Es demostrable que en el momento de saber Pezuela la retirada de nuestro ejército y el motivo porque lo verifica, libre ya de temores reforzará al Ejército de La Serna que asciende a 7.000 hombres, elevándolo al número de 10.000 para que dejando guarnecidos los pueblos baje a Tucumán con una masa de 6.500 a 7.000 hombres y de allí a Córdoba sin oposición: entonces si los 5.000 hombres existen en Mendoza, son cortados y perecen por consunción; y si en la de Buenos Aires, perdemos también la provincia de Cuyo. Buenos Aires queda aislado a su propio territorio, sin que pueda rechazar la fuerza que acomete por el corazón de los pueblos por no distraer su atención de sus costas, ni puede evitar la comunicación de La Serna con los españoles por Santa Fe apenas entren en el Río de la Plata. De manera que aun cuando Buenos Aires aumente cinco mil guerreros para defenderse, franquea por esta medida el pase a siete y ocho mil enemigos más con quienes combatir. No es éste un cálculo imaginario por comparación entre las posiciones que ambos beligerantes van a tomar. Este plan fue de Abascal en el año 814 cuando los españoles conservaban la plaza de Montevideo y es casi evidente que lo practicará Pezuela como el único movimiento militar que está indicado si no quiere atacar a este reino. Dígame V. ahora [...] si aún cuando lográsemos derrotar a los españoles en las playas del Río de la Plata, quedaríamos en aptitud de arrojar a La Serna de nuestras provincias después de los desastres consiguientes a una invasión tan formidable y si no vamos a hacer interminable la guerra que nos consume y que al cabo causaría nuestra disolución por la miseria. Por el contrario, si el Ejército de los Andes existe en Chile amenazando como está las costas del Perú llamará la atención de Pezuela y La Serna; y ni uno ni otro abandonarán las posiciones que actualmente ocupan, porque ni Pezuela debilitará sus tropas con riesgo inminente de ser atacado, ni La Serna dilatará sus líneas dejándose flanquear por nuestro ejército. [...] Además, recuerdo a V. amigo que la expectación de la Europa está pendiente de estos sucesos, los ánimos de los peruanos electrizados con la confianza de nuestras promesas y el interés del país, nuestra libertad y nuestra fama interesada en el cumplimiento de los votos". Por otra parte, le recordaba que la guerra en el sur de Chile estaba lejos de terminar: Sánchez contaba con 500 veteranos, todas las tribus de indios se habían sublevado embistiendo la frontera luego de la retirada de Balcarce y las guerrillas de Zapata y Pincheyra amagaban por San Carlos. "¿Es esto amigo querido haberse acabado la guerra en el país? ¿Es esto estar afianzada la libertad de Chile de los enemigos exteriores?". Y finalizaba: "Perdidos Chile y el Perú, la experiencia nos ha acreditado que una consunción lenta basta para concluirnos. [...] Piense V. por Dios en la situación de ambos territorios y decida. Un paso retrógrado puede llevarnos al sepulcro y si después de todo se suspende la expedición de España o se dirige a otro punto que es más probable, no hay otro recurso que resignarse a los resultados de nuestra imprevisión". (*Ibídem,* tomo XII, págs. 60-67. Santiago de Chile, 18 de marzo de 1819.)

Martín los oficios de O'Higgins y el Senado del país trasandino en los que asimismo se procuraba hacerlo desistir del repaso del Ejército y se argumentaba a favor de la expedición a Lima. En función de las convincentes razones esgrimidas en esos documentos, que remitió a Buenos Aires, y el anuncio que circuló por entonces de la sublevación de Madrid y la muerte o fuga de Fernando VII, que libraría a las Provincias Unidas del anunciado ataque, San Martín notificó a Pueyrredón el 25 de marzo que había hecho suspender la venida del ejército a Mendoza por considerar que los planes debían variarse en función de las cambiantes circunstancias, pero de todos modos advertía que Balcarce estaría pronto a traspasar con sus tropas la cordillera si el Directorio ratificaba la orden. Así pues, tampoco esta resolución implicó una desobediencia al mandato del gobierno rioplatense. Toda esta correspondencia es la que sería interceptada por las montoneras santafesinas de López, quien impuesto de la importancia de su contenido la remitió a Viamonte y éste a su vez a las autoridades de Buenos Aires. Su conocimiento tuvo un doble y contrapuesto efecto en uno y otro sector. Predispuso a los primeros a negociar con los directoriales, por lo que el 5 de abril se convino el armisticio de San Lorenzo, tregua que no pudo resultar más oportuna, pues La Serna había avanzado hacia el sur, aprovechando el desguarnecimiento en que habían quedado las poblaciones norteñas por la bajada del ejército de Belgrano. La contracara de este aspecto positivo fue el de agriar más las relaciones entre el Directorio porteño y San Martín, quien al escribir la siguiente carta se mantenía a la espera de la determinación que tomara el poder central, aunque paralelamente también aguardaba la disposición final de la Logia para marchar él a Chile, aun a cordillera cerrada. Y de todos modos, poniéndose tanto en uno como en otro caso, no descuidó mientras tanto la preparación de fuerzas para atender las necesidades bélicas de las Provincias Unidas: se proponía formar un cuerpo de caballería de 800 a 1.000 plazas munido de un tren de artillería volante para acudir prontamente donde se lo requiriera.

Señor don Tomás Guido

Mendoza, 9 de abril de 1819

Mi amado amigo:

Contesto a la de V. del 3.

De un momento a otro espero la resolución de nuestro gobierno sobre el pase o no del Ejército de los Andes: yo opino que será la de que se quede en ese Estado por las poderosas razones que se han indicado.

Las últimas noticias de que Balcarce habrá comunicado a V. me han movido a que vengan a ésta los Cazadores a Caballo, con esta base pondremos en un par de meses 800 o mil caballos excelentes, que con algún aumento de artilleros volantes, podremos estar prontos para ocurrir a las atenciones que afligen a estas provincias.

Veo lo que V. me dice sobre la deliberación de nuestros amigos acerca de la expedición: la creo sumamente necesaria, pero los aprestos deben hacerse inmediatamente en términos que no se quede en deliberaciones: si así se verifica marcho al instante no digo a Cordillera cerrada, pero con mil más que tuviese que pasar.

Creo no debe reputarse prisionero el bergantín Trinidad*: él ha venido bajo la garantía de nuestra buena fe y de consiguiente se nos criticaría cualquier paso que se diese para su aprehensión.*

Adiós mi amigo, dé V. mis afectos a Peña y V. crea lo quiere como siempre su

S^n *Martín*

P.D. Por las últimas noticias recibidas de la Rioja, parece que el enemigo avanza sobre Salta, ignorándose si continuaría sus marchas sobre Tucumán o más adelante; en este último caso que lo dificulto el enemigo quedaría cortado enteramente por las fuerzas de esta provincia marchando por la Rioja y Catamarca a Tucumán: mi plan es poner aquí los escuadrones de Mariano aumentados con otros dos hasta 800 o mil plazas: y un tren de 8 piezas volantes con 150 artilleros: dos mil mulas de silla prontas y cuatro mil caballos para poderse uno transportar al puesto que sea necesario con la rapidez que lo exijan las circunstancias. Vale.

Pues bien, en función de lo acordado por Borgoño con el general, la Logia Lautarina había decidido el 2 de abril que el Ejército de los Andes no repasase la cordillera porque debía emplearse en la próxima realización de la expedición al Perú, la que según se estipuló se compondría de 5.000 hombres y se realizaría a más tardar en dos meses y medio; que a tal efecto el gobierno chileno trabajaría (como ya lo estaba haciendo) en los preparativos expedicionarios, entre los que se encontraban la recaudación de 300.000 pesos en dinero, completar las fuerzas de los cuerpos (que habían sufrido una gran deserción), promover la construcción de útiles de guerra, acopiar víveres, etc.; contándose con la absoluta aquiescencia del general y con 200.000 pesos que éste aseguró que allegaría de parte del gobierno de Buenos Aires.

Inmediatamente, ello le fue comunicado a San Martín tanto por O'Higgins como por Guido, urgiéndolo ambos a que pasase a ocuparse con celeridad y munido de plenos poderes de toda la organización militar, pues su presencia y cooperación eran la base sobre la que pendía la factibilidad del proyecto.

Su amigo Tomás, contestando a la misiva del 9, trataba de convencer al Libertador de que si él seguía pendiente de la resolución que tomase Buenos Aires nada se adelantaría, aunque el gobierno chileno ya se estaba ocupando de recolectar la contribución impuesta a la población, pues "el pueblo no se convencerá de la tal expedición si V. no toma mano en ella". En cuanto al avance realista por el norte, lo consideraba "una consecuencia infalible del movimiento retrógrado de nuestro Ejército desde Tucumán", pero confiaba en que podrían ser batidos fácilmente con 4.000 hombres que preparasen en Chile, dejándolos cortados y sin recursos de retirada. Pero lo que preocupaba a Guido, y así lo comunicaba en forma reservada al general, era que "se urgía mi relevo", por lo cual le pedía que intercediera a su favor ante Pueyrredón, a la par que no dejaba de llamarle la atención que se hubiesen firmado tratados para afrontar los gastos de la expedición a Lima entre los gobiernos chileno y argentino: "Es muy singular que ni a V. ni a mí nos hayan instruido de esto nuestros amigos de Buenos Aires; yo he conseguido la copia de la Secretaría de Gobierno".[103]

Simultáneamente, el general, luego de lo resuelto que se había mostrado ante Borgoño, se manifestó desconcertantemente reticente: lejos de mostrar demasiado entusiasmo y precaviéndose de no aventurarse en vano, manifestaba en carta a su amigo toda la acritud de su escepticismo, bien justificado por cierto dadas las veces que habían sido burladas sus esperanzas.

Señor don Tomás Guido

Mendoza y 13 de abril de 1819

Mi amado amigo:

Veo que en su última me confirma decretada una expedición de cinco mil hombres: esta voz decreto no quisiera oírla; he visto tantos y no cumplidos que desconfío de todos ellos: pero hablemos claro, amigo mío, ¿V. ha visto cumplir ningún acuerdo de los amigos de ésa?;¿y de buena fe cree V. que los hombres varíen de carácter? V. sa-

---

[103] *DHLGSM, op. cit.,* tomo XII, págs. 201-203. Santiago de Chile, 13 de abril de 1819.

be cuál ha sido el interés que he tomado en la suerte de la América, pero amigo es doloroso que V., yo y otros pocos son los que meten el hombro: nada de esto importaba como nuestros trabajos tuviesen buenos resultados, aunque con sacrificio de nuestras vidas, pero el resultado es el que también perderemos el honor y tanto más desconsolador cuanto son por culpas ajenas.[104]

Es imposible realizar una Expedición de 5.000 hombres con la fuerza que existe en Chile: V. sabe que un Ejército de 6.000 hombres apenas formará 4.600, cuente V. con lo que debe quedar en Concepción, capital, Valparaíso y demás necesario para mantener el orden y con muchos trabajos contará V. para embarcarse con 3.000.

Los escuadrones de Mariano se aumentarán lo más que se pueda que con esta fuerza y ocho piezas volantes se podrá acudir a la mayor necesidad: en todo este mes llegarán 250 reclutas pedidos a la provincia.

Aún no llega la contestación de Buenos Aires sobre la marcha del Ejército: de todas suertes es imposible que pase tanto por la falta de auxilios que me dice Balcarce, como lo avanzado de la estación.

Estamos sin noticias de Buenos Aires.

Diga V. a Peña que en ésta no hay ni una libra de salitre pero que lo encargo a La Rioja.

Mil cosas a los Amigos y lo es de V. como siempre su

Sⁿ Martín

Como se ve, todavía permanecía esperando la resolución del gobierno, aunque ya prácticamente daba por descontado que éste desecharía el repaso del ejército. Al respecto, Guido le insinuaba que, aun cuando llegara dicha

---

[104] Esta carta le llegaría a Guido por conducto de Cruz tardíamente, es decir, cuando ya hubiese llegado la orden del repaso del ejército de parte de Buenos Aires, pero respecto a la desconfianza demostrada por San Martín acerca de los decretos de los hermanos, le diría: "V. tiene razón de quejarse de la falta de cumplimiento de los acuerdos, y de temer sucediera lo mismo con el de la Expedición al Perú, pero cuando insistí entre los amigos sobre este proyecto, propuse como preliminar que se delegasen en V. las facultades del Directorio para disponer ampliamente y sin el rodeo de los Ministerios cuanto fuese necesario al intento. Así se aprobó pero ya sobre esto no hay que hablar". (*DHLGSM, op. cit.*, tomo XIII, págs. 62-63. Santiago de Chile, 27 de abril de 1819.)

orden, no debería cumplirse por lo difícil y peligroso que a esa altura de la estación resultaría el tránsito de la cordillera y por las funestas consecuencias que ello aparejaría; por lo tanto, le informaba que el ejército reunido en Curimón –donde por los fríos no era posible mantenerlo– pasaría a acantonarse lo más próximo posible a Valparaíso. A la par, le daba noticias del feliz resultado arrojado por la tentativa de Cochrane, que con la escuadra chilena había logrado atemorizar a Lima y encerrar a la marina enemiga en el Callao, estrechando cada vez más el bloqueo. De todos modos, San Martín continuó solicitando el envío desde Chile de material bélico con la mayor prontitud posible para que pudiera pasar antes del cierre de la cordillera:

Señor don Tomás Guido

Mendoza, 15 de abril de 1819

Mi amado amigo:

Acaba de llegar Las Heras y no tengo más lugar que comunicarle que con fecha 23 del pasado he remitido a nuestro O'Higgins una relación en que solicitaba varios artículos para esta Maestranza y que se me remitiesen a la posible brevedad en razón de lo avanzado de la cordillera.

La contestación que con fecha 31 del mismo he recibido de Centeno me dice que no pueden remitirse con la celeración que lo exijo en razón de no hallarse todos en esa capital y [tachado].

Hágame V. el gusto de verse con O'Higgins sobre estos particulares y que me remita inmediatamente cuando no el todo al menos aquellos que se puedan y se hallen en ésa y después que me manden el resto, pues de lo contrario queda esta provincia indefensa y todo quedará en nada.[105]

Por este correo escribo lo mismo a nuestro O'Higgins sobre el capítulo anterior.

Adiós amigo amado, lo es y será eternamente suyo su

Sn Martín

---

[105] En la carta ya citada del 27 de abril, Guido le respondía: "Cuando V. me encargue acelere la remesa de algunas cosas que haya pedido es necesario me remita la relación de lo que fuere. He visto al Director O'Higgins sobre lo que V. necesitaba y me ha contestado: han salido mil sables, quinientas tercerolas, fierro de varias clases y que otros artículos que faltan se buscan con empeño para enviarlo a V."

Apenas le llegó al general la notificación de Belgrano de haberse firmado el 5 de abril de 1819 el armisticio de San Lorenzo, el 16 de abril le escribió a González Balcarce para que suspendiera el cruce del Ejército de los Andes al lado oriental de la cordillera en razón de que las circunstancias habían variado favorablemente en el litoral, además de que ya hacía tiempo que venía desvaneciéndose el peligro de la expedición española. Sin embargo, pocos días más tarde le llegó por fin la respuesta del gobierno porteño a sus últimas comunicaciones, las que contrariaban sus previsiones y los deseos de los chilenos ya que se le ordenaba que hiciera repasar el ejército, dejando sólo 2.000 efectivos en Chile. Entre indignado y dolorido, le comentaba a su amigo esta inesperada disposición:

Señor don Tomás Guido
Reservada

Mendoza, abril 21 de 1819

Mi amigo:

Ya verá V. la orden para que sólo queden en ese estado 2.000 hombres del Ejército yo me lo tenía ya tragado, por el antecedente de haber sabido que don Marcos Balcarce debía pasar a Mendoza, por esto no extrañaré el que V. sea relevado de su destino y aquél pase a Chile.[106]

Pedriel y demás de [tachado con posterioridad para que no pueda leerse] *están empleados.*

La sabia carta de V. [se refiere a la del 18 de marzo de 1819] *que le incluyo por si acaso no ha sacado V. copia de ella pero con la precisa obligación de que me la devuelva: ésta se la remitía con los ofi-*

---

[106] Al recibir esta carta, Guido acusaría el golpe de manera semejante a su general: "yo me he quedado frío con la marcha de los dos mil hombres cuando me había tragado alguna tentativa sobre las costas del Perú. Confieso que soy un animal: yo no entiendo estas cosas, ni espero entenderlas jamás por este orden. Todavía no se ha generalizado aquí la noticia del paso de las tropas: yo me temo deserte la mitad y sobre todo que pille un temporal a los pobres soldados que pasan desprovistos de lo necesario y con la estación tan avanzada. No pierda V. ocasión de avisarme cuál es el destino del coronel Dn. Marcos Balcarce: si este hombre no está en relaciones con nuestros amigos, no sé qué comisión desempeñará. Por lo que hace a mí, cumpliré como siempre con mi obligación y venga lo que viniere". (*DHLGSM, op. cit.*, tomo XIII, págs. 51-52. Santiago de Chile, 26 de abril de 1819.)

cios del Senado y O'Higgins y mis reflexiones a Pueyrredón, pero el oficial que las conducía cayó en manos de los de Santa Fe, los que viendo el interés de su contexto las remitieron a Viamonte y éste al gobierno. Parece que no ha gustado mucho. Se hallan impuestos todos de los sentimientos que nos animan y esto está manifiesto en la seca carta con que me acompañan la de V. como V. verá.

Por el contexto de la presente carta parece disipada la Expedición española, sólo va refuerzo a Lima ¡y por eso se sacan las tropas de Chile! ¡Ay, amigo, mucho he ocultado a V. de mis padecimientos! Día llegará en que le hable con franqueza.

Mil cosas a Peña y queda suyo su eterno

Sⁿ Martín

No acabarían allí los sinsabores que tuvo que soportar por entonces el general: no sólo se desmembraba su fuerza, sino que además se la sustraía a su conducción y se obraba a sus espaldas, excluyendo su participación en cuestiones de su principal incumbencia. En efecto, con fecha 15 de abril el gobierno porteño le ordenaba terminantemente y con urgencia que la parte del Ejército de los Andes que se hallaba en territorio argentino, engrosada con 2.000 reclutas chilenos –que O'Higgins se había comprometido a enviar en reemplazo de los otros tantos soldados de línea que se le había autorizado a que permaneciesen en su país– marchase a Tucumán para ponerse a las órdenes del general Cruz, quien al mando del Ejército del Norte debía hacer frente a la invasión realista de La Serna. Por más que la nota la remitía el ministro de Guerra, Matías Yrigoyen, San Martín no se engañaba acerca del verdadero promotor de esa medida –quien venía contrariando sus planes desde un año atrás–, que implicaba lisa y llanamente su desplazamiento en la natural jefatura que desde siempre había ejercido sobre esa hueste. Por eso se desahogaba con Guido:

Señor don Tomás Guido
Reservada para V. solo

Mendoza y abril 24 de 1819

Mi amigo amado:
Va el adjunto en copia que acabo de recibir: el Tagle ha tenido un modo sumamente político de separarme del mando del Ejército: Dios se lo pague por el beneficio que me hace.

Lo que tiene V. que notar es la fecha, tanto de Belgrano como de la última orden de Buenos Aires. Las comunicaciones del gobierno tan exigentes y apuradas son fecha 15 y se refieren a las de Belgrano del 7 y 9 del mismo, siendo así que este general en las suyas de oficio y confidencial del 12, como V. ve no me habla una sola palabra de la bajada del enemigo, pero aun siendo esto así ¿habría tiempo para que las fuerzas del Exto. de los Andes pasasen la cordillera y llegasen a Tucumán para que el nuevo jefe nombrado de encargarse de ellas pudiese contener al enemigo y organizar su ejército?: sea lo que fuere yo no haré más que obedecer, lavar mis manos y tomar mi partido el que ya está resuelto.

Dije a V. en mi anterior que mi espíritu había padecido lo que V. no puede calcular, algún día lo pondré al alcance de ciertas cosas y estoy seguro dirá V. nací para ser un verdadero cornudo, pero mi existencia misma la sacrificaría antes que echar una mancha sobre mi vida pública, que se pudiera interpretar por ambición.

Adiós, mi amigo, lo es y será siempre suyo su

Sⁿ Martín

Es lo más célebre la copia de los tratados celebrados sobre la expedición al Perú, sin que el general en jefe haya tenido el menor conocimiento ni V. Dios los ayude.[107]

El general tenía, pues, más de un motivo para sentirse traicionado una vez más; de allí que usara la más que elocuente expresión "nací para ser un verdadero cornudo", la que, sacada del contexto político que le da sentido, ha sido burdamente malinterpretada dando pábulo a la tan difundida como infundada versión del marido engañado.

Cargado de amargura y harto de dobleces, San Martín decidió cumplir a rajatabla con lo que se le indicaba, por más injusto y desacertado que lo creyera. Por lo tanto el 21 de abril ordenó a Balcarce, quien recién por en-

---

[107] En este último párrafo San Martín hacía alusión al pacto firmado en Buenos Aires el 5 de febrero entre el representante chileno Antonio José de Irisarri y el ministro Gregorio Tagle para costear conjuntamente la incursión a Lima, en la que no se le había dado al Libertador ninguna participación, y del que ya le había dado cuenta Guido, igualmente asombrado, en carta del 13 de abril.

tonces llegaba a Curimón con las tropas que habían hecho la campaña al sur de Chile, que repasara la cordillera. Cuatro días más tarde presentaba su renuncia como comandante en jefe del Ejército de los Andes.

Pese a todo, Guido, con admirable obstinación, creía que no debían perder de vista el proyecto de expedición para la primavera siguiente. Y cuando le llegó la aflictiva carta del general transcripta más arriba, le escribió una misiva "reservada para V. solo", que envió por conducto del irlandés O'Brien, cuyos términos no pueden dejar de conmover y que buscaban sacar a su amigo del abandónico sopor en que se encontraba a fuerza de haber apurado tantos desengaños: "Mi querido amigo: No sé qué contestar a la reservada del 24. V. dice que está resuelto el partido que ha de tomar: yo lo presiento y no puedo persuadirme que si da lugar a la reflexión nos abandone entre los males que vienen sobre el país. Hasta aquí no es el interés personal que ha guiado a V.: es la libertad de la patria y el bien de nuestros hijos, esto mismo debe siempre reglar su conducta y acordarse de que no todos sus amigos le han sido infieles. Si V. busca la tranquilidad de su espíritu, no la encontrará en ningún punto de la tierra mientras se aumenten los peligros de la América o por nuestros errores o por los esfuerzos de los enemigos. V. no puede desconocer que en cierto modo está en la obligación de responder de la seguridad del país, y que los medios de conseguirla no son tan espinosos. V. me dice que algún día me pondrá al alcance de cosas que han acrisolado su paciencia, pero entonces me oirá V. repetir las reconvenciones que tantas veces he hecho a su amistad. Quisiera que estuviéramos de silla a silla para desahogarme. Mire V. por sí, por su Patria y por sus amigos, y decida con la filosofía de un hombre honrado".[108] Y aunque en la siguiente contestación San Martín no evidenciaba signo alguno de haberse dejado influir por las afectuosas recriminaciones de su amigo, lo cierto es que no dejaría de reflexionar sobre ellas, como lo probaría su conducta posterior.

En tanto, ya habían arribado desde Chile el batallón de cazadores de infantería de Rudecindo Alvarado, en quien San Martín delegó el mando de la división; posteriormente llegaron los dos escuadrones de cazadores de caballería de Mariano Necochea y tres escuadrones de granaderos a caballo al mando de Manuel Escalada. Estos jefes se solidarizaron con su comandante y manifestaron su disconformidad con la orden de marchar a Tucumán, manteniéndose firmes en su propósito de continuar la campaña al Perú. Se mostraron dispuestos a separarse de sus puestos si el gobierno persistía en su posición.

---

[108] *DHLGSM, op. cit.,* tomo XIII, pág. 89. Santiago de Chile, 1º de mayo de 1819.

Señor Don Tomás Guido

Mendoza, 12 de mayo de 1819

Mi amigo querido:

La de V. del 1º está en mi poder. Aquí me tiene V. separado de todo el mando, pues el de la División de tropas que existe en ésta se lo he entregado a Rudecindo: yo pienso marchar en breves días por un mes o mes y medio al campo y sólo espero la llegada de nuestro Balcarce para verificarlo.

Todos los Jefes de esta división me han representado particularmente la imposibilidad de poder marchar al Perú: veremos cómo se recibe esto en Buenos Aires: por lo que sé extrajudicialmente todos ellos están resueltos a dejar sus empleos antes que separarse del Ejército de los Andes: yo los he apaciguado todo lo que ha estado en mis alcances para que no se dé una campanada que nos pueda traer consecuencias fatales.

Las Heras marchará en breves días a encargarse del mando de esa División. Lemos lo verificará a ver si puede realizarse en dinero el crédito que ha dejado en ésa en papel.

No he tenido carta alguna hace tres correos de Buenos Aires excepto de Pueyrredón. Mi correspondencia está visto que anda endiablada por aquella administración principal pero buen chasco se lleva.

Mil cosas a Peña y V. crea es su amigo verdadero

Sⁿ Martín

Pese a lo manifestado en esta carta, lo cierto fue que el 11 de mayo el general se había dirigido al gobierno de las Provincias Unidas respaldando plenamente la posición de dichos oficiales.

Después de haberle llegado a Pueyrredón la comunicación del Libertador del 16 de abril, por el cual le notificaba que había mandado suspender el cruce de las tropas a raíz de la firma del armisticio de San Lorenzo y desconociendo el Director que posteriormente San Martín había ordenado su cumplimiento, se le respondió oficial y confidencialmente el 1º de mayo que se daba por revocada la orden del repaso parcial del ejército y por consiguiente su marcha a Tucumán, aunque se dejaba debidamente aclarado que ninguna relación había tenido dicha orden con la guerra contra la montonera, sino con el peligro realista que amenazaba por el norte y con la confesada imposibilidad en que Chile se encontraba de realizar la empresa al Perú, según las propias e insistentes afirmaciones de San Martín. Estas poco gratas comunicaciones cruzadas a destiempo no podían menos que redundar en un disgusto creciente entre San Martín y Pueyrredón.

En tanto, a Guido lo devoraba la impaciencia por el silencio del general, y por eso le había vuelto a escribir: "No me cansaré de repetir a V. no se abandone a la influencia de los sucesos: que mire V. por sí, por sus amigos y por su Patria, y que medite que el único modo de evitar *una mancha sobre su vida pública que pueda interpretarse por ambición*, es no abandonar el campo al enemigo ni dar lugar a que a espaldas de V. triunfe la impostura y esa misma *interpretación* de que huye".[109] Finalmente, cuando le llegó la respuesta de San Martín que antecede, no dudó en escribirle en tono más enérgico: "Veo por la de V. de 12 de mayo que en lugar de tomar su camino para acá, se va al campo por mes y medio. Permítame que le diga que tal desvío en la crisis presente abre una herida tal vez incurable contra V., contra su Patria y contra sus amigos. [...] nada hay que deba embarazarnos una expedición al Perú, atropellando cuanto se oponga a esta idea". Le informaba que se había presentado un proyecto perfectamente realizable para celebrar un contrato con una compañía expedicionaria que se comprometía a transportar y mantener por cuatro meses hasta 6.000 hombres, estando la misma dispuesta a discutir los costos, y que el Director chileno "todo lo acepta con las modificaciones que se acordarán con los interesados *siempre que V. lo apruebe y mande la expedición*. Amigo, si desperdiciamos esta coyuntura, somos mejores para cantar misa que para Patriotas". Y angustiado y molesto por el desconfiado hermetismo en que San Martín había vuelto a recluirse, agregaba: "Al ver ciertas cosas y lo que V. me dice de su correspondencia privada, me desespero por hablarle. ¿Por qué se retira V. tanto de sus buenos amigos? Nada importan los errores cuando hay medios honestos de enmendarlos. V. ha entrado en el camino de la gloria para colocar en ella su Patria ¡¡¡y es una debilidad detener la marcha por no atravesar algunas espinas!!!".[110]

San Martín no permanecería indiferente a estas palabras: desengañado de la política del gobierno bonaerense, fijó su mirada en el país trasandino, único refugio que le quedaba a su esperanza de marchar a Lima. Por eso le decía a O'Higgins: "estoy viendo y palpando que sólo en Chile se puede formar la ciudadela de la América, siempre que todos los amigos tengan la ener-

---

[109] *DHLGSM, op. cit.,* tomo XIII, págs. 116-117. Santiago de Chile, 3 de mayo de 1819.

[110] *Ibídem*, págs. 166-167. Santiago de Chile, 18 de mayo de 1819.

gía suficiente para verificarlo".[111] En este último requisito residía la clave de la actitud que adoptaría San Martín. La gran cuestión a dilucidar previamente era si esos amigos de la Logia Lautarina tendrían el coraje y la firmeza necesaria para sostener los planes del Libertador como para justificar que él se sustrajera de la sujeción a las autoridades porteñas, pues era plenamente consciente de todo lo que estaba en juego en esa decisión: perdería hasta su honra si daba un paso en falso. No es de extrañar entonces que continuara mostrándose muy cauto al respecto, como lo demuestra la siguiente carta en la que se manifiesta dispuesto a marchar a Chile siempre que antes se le demuestre efectivamente que la expedición se concretaría. Pero tal vez lo más significativo de su exposición era la propuesta de que el general O'Higgins asumiera el mando de la campaña al Perú, acompañándolo él como Jefe de Estado Mayor, para terminar así de decidir al gobierno chileno y poner fin a las dilaciones y dudas que suscitaba dicha empresa. Sin duda, su proverbial perspicacia le hacía percibir que el origen de los escollos que todavía ésta podía encontrar entre los chilenos era precisamente el que no fuera un jefe de su nacionalidad a la cabeza de la misma, cuando ese país era en definitiva quien la solventaría. Con ello adoptaba San Martín idéntica actitud a la asumida en 1816, cuando al comprender que estaba a punto de zozobrar la cruzada trasandina por el malestar y las sospechas que su personal conducción podría provocar, no hesitó en sugerir que se nombrase por comandante en jefe al general Marcos Balcarce en su reemplazo, comprometiéndose él a secundarlo. De esta manera anteponía nuevamente el cumplimiento de la misión a su propia elevación personal. Y esa misma postura –que era la más elocuente prueba de su conducta coherente– llevada al extremo sería la que terminaría determinando su autoexclusión en 1822.También se podrá comprobar que el general no se engañaba con respecto a los alegres cálculos de los hermanos: bien sabía que sólo se podría disponer de 4.000 hombres para la realización de la campaña, como efectivamente ocurrió.

Señor Don Tomás Guido

Mendoza, 26 de mayo de 1819

Mi querido amigo:

Contesto a la de V. del 18. He visto el plan y propuesta hecha a O'Higgins y a la verdad se ve en él visiblemente la concienzuda ma-

---

[111] ARCHIVO NACIONAL, *Archivo de don Bernardo O'Higgins*, Santiago, Imprenta Universitaria, 1949/1951, tomo VIII, págs. 188-189. Mendoza, 31 de abril de 1819.

no de Arcos pero en fin yo veo que hay casos en que es necesario entrar por todo.

Yo no lo entenderé, pero creo que si el gobierno de Chile tuviese buenas manos auxiliares toda la propuesta que se hace se podía verificar cómodamente por 250.000 pesos.

En este correo escribo a O'Higgins. Oficialmente estoy pronto a marchar, pero antes de verificarlo quiero ver algo, es decir, que hay expedición: aunque sea de mil hombres; en este caso, habré cumplido con sacrificarme, pero no perderé mi honor y le consta cuántas veces he sido el ridículo juguete y cuántas veces me han comprometido, ya sería debilidad en mí el permitir se repitiesen estas escenas.

Pero vaya otra propuesta que me parece puede llenar todos los objetos, ¿no sería mejor fuese O'Higgins mandando la Expedición y yo de Jefe de Estado Mayor?; por este medio se activaría todo y todo se conciliaba.

Nada me escribe O'Higgins sobre el Plan presentado por la compañía Expedicionaria; si me lo pregunta me veré en mil conflictos, no por él sino por aquellos malvados que tal vez creerían tenía una parte muy activa en su aprobación.

Pasado mañana salen los cazadores de Rudecindo para San Juan y Escalada para San Luis. Balcarce lo verificará a Buenos Aires mañana.

Nada sé de Buenos Aires.

No sé si tendré lugar de escribir a Peña, en este caso dígale V. mil cosas y que lo verificaré en el correo entrante.

Se me olvidaba: ¿cree V. de buena fe que pueda salir de Chile una expedición de 6.000 hombres? me contentaría con 4.000 y es haciendo el mayor esfuerzo lo que puede marchar: el tiempo por testigo.

Adiós, mi querido amigo, eternamente lo será suyo su

S^n *Martín*

Guido terminaría por rebajar sus optimistas cálculos en cuanto al número de tropas, reduciéndolas a 5.000, pero seguiría insistiendo en la factibilidad de la propuesta de la compañía que afrontaría los gastos, integrada por Solar, Peña y Sarratea. Y adelantándose al escepticismo del general, decía: "Tal vez yo me lisonjeo con sueños alegres, pero en mi juicio yo no hallo otra alternativa que perecer en anarquía o buscar un baluarte de nuestra independencia en el Perú". Pero a continuación razonaba con irrefutable contundencia: "La situación de las Provincias Unidas y Chile es virtualmente la misma en que nos hallamos antes de restaurar este país. O atravesar los Andes o perecer oprimidos de la miseria y de los enemigos. La fortuna nos auxilia y salvamos del precipicio. Digo ahora lo mismo. O conquistar a Lima o prepararnos para luchar con los enemigos exteriores y envolvernos en guerras civiles resultado necesario de nuestra debilidad, de nuestra pobreza y de nuestras pasiones".[112] Efectivamente, se atravesaba por un momento crucial equiparable al de 1816, aunque no todos se dieran cuenta de ello, enredados como estaban los más en sus pequeñas disputas domésticas.

A todo esto, el director Pueyrredón, por su parte, realizó un postrer intento de allanar los malentendidos surgidos con el Libertador, instándolo a que viajara a conferenciar con él a Buenos Aires, pero éste no concurrió al llamado por cuestiones de salud, según lo relataba en la siguiente misiva:

Señor Don Tomás Guido

Mendoza, 9 de junio de 1819

Mi amado amigo:

15 días hace que me hallo postrado en cama de resultas de una fístula producida por unas almorranas agangrenadas: en el día sigo con alivio y los facultativos me aseguran que en breves días estaré enteramente curado.

Con fecha del 29 del pasado me escribe Pueyrredón diciéndome podía pasar a Buenos Aires a fin de conferenciar y allanar lo necesario al sostén, elevación de fuerza y mejor éxito de la división que se halla en ésta, pero V. conocerá me es imposible verificar semejante viaje en tiempo de invierno pues el temperamento húmedo de Buenos Aires atrasa mi salud extraordinariamente: hágame V. el gusto de dar mis afectos a los amigos y de decir a O'Higgins no le escribo tanto por no haber materia, como por el estado de mi salud.

Diga V. a Peña que el encargo que me recomienda marcha en este correo.

Sea V. tan feliz como le desea su amigo

Sⁿ Martín

---

[112] *DHLGSM, op. cit.*, págs. 168-170. Santiago de Chile, 22 de mayo de 1819.

P.D. Hágame V. el gusto de ver si se ha quedado en la despensa un cajoncito con herramientas de armería.

Sin duda, el Director debió considerar la razón aducida por San Martín para faltar a la cita como una excusa y, más que esto, como un nuevo desaire a su autoridad. No parece casual, entonces, que el 9 de junio presentara por tercera vez su renuncia al mando, la que esta vez le fue aceptada por el Congreso. Pueyrredón fue reemplazado por José Rondeau.

Por carta dirigida a Guido el 21 de junio, que no hemos localizado, el general le informaba sobre la mejoría de su salud a la par que le manifestaba su deseo de saber si se realizaría o no la expedición, lo que sacó de quicio a don Tomás, quien le reprochó: "yo creo que mucho ha debido V. decidir este punto y obrar en consecuencia, pero la desgracia de la América ha querido que la voz de algunos amigos dignos de completa confianza haya sido débil para fijar una resolución de V.". Y al dar a entender que se lo quería reemplazar por Cochrane o Las Heras, Guido volvía a sacudirlo con su prédica: "Yo quisiera poseer unción divina para imprimir en V. la elasticidad que requiere la gran causa de la revolución y superioridad a incidentes indignos de influir en sus resoluciones. Dispénseme amigo querido este lenguaje. ¿Ha creído V. que una prescindencia misántropa de todas las cosas de este mundo pueda conquistar el corazón de los que maldicen por especulación? ¿Ha visto V. a algún hombre memorable por sus acciones libre de rivales y de perseguidores? ¿Se persuade V. extinguir la murmuración renunciando ahora las preeminencias de V., rangos y emolumentos del empleo? No, amigo mío, no es éste el momento para V. de vindicarse ante los malos cuya opinión tampoco interesa: marche V. con paso firme entre sus amigos por una sola senda, dé un impulso firme al golpe que debe consolidar la libertad de su país, removamos los obstáculos que contradigan ésta y emancipando el Perú bajo su influencia, deje V. el campo a sus enemigos personales [...]".[113]

Al enterarse del cambio en el gobierno de Buenos Aires, el Libertador le comentó su parecer a su amigo, a la par que lo hacía partícipe de su sospecha de que la expedición española se dirigiría a Chile, por lo que consideraba conveniente la inmediata fortificación de Valparaíso.

[113] *DHLGSM, op. cit.,* tomo XIII, págs. 298-300. Santiago, 8 de julio de 1819.

Señor Don Tomás Guido

Mendoza, julio 11 de 1819

Mi amado amigo:

Ya habrá V. visto las novedades de la capital con respecto a Gobierno, pero todos opinan que a la reunión de las Cámaras (para las que han venido las convocatorias) se deshará el cambio que se acaba de hacer volviendo a ser elegido nuestro amigo Pueyrredón.

¿Qué opina V. de la expedición? Yo creo que a donde amenaza el nublado es a Chile: no esperemos al último momento y convenzámonos que si el Puerto de Valparaíso no se pone en un estado de defensa capaz de sostener un sitio por 20 días la existencia de ese estado peligra mucho. Si los amigos se convencen de esta verdad puede marchar Dable, el que en compañía de Arcos y con actividad pueden concluir los trabajos en tres meses.

En ésta se están haciendo todos los preparativos necesarios para obrar en caso de que los españoles quisieran atacarnos, no sé los que se hacen en Córdoba ni Buenos Aires.

Me hallo muy restablecido y con un apetito que hacía mucho tiempo desconocía.

No se me pega la camisa al cuerpo por Cochrane: Dios nos ayude.[114]

Memorias a Peña y demás amigos quedándolo de V. como siempre su

Sⁿ Martín

Además de conocer la buena nueva del regreso de la escuadra chilena, que había hecho un lucido papel aunque no hubiera logrado el cometido de que la adversaria aceptara su reto a combatir, el general disipaba en la siguiente carta las dudas que había suscitado en el gobierno chileno el no ha-

---

[114] La expresión utilizada por San Martín "no se me pega la camisa al cuerpo" era bastante común en la época y se utilizaba para indicar un estado de expectativa temerosa. Al general lo mantenía asustado y en sobresalto la riesgosa primera tentativa acometida por el marino británico al frente de la escuadra chilena de atacar a la española surta en el puerto del Callao. Se trataba de una maniobra audaz y la demora en recibir noticias parecía preanunciar un mal resultado.

ber recibido de parte del Directorio de las Provincias Unidas notificación alguna de la contraorden dada a San Martín con respecto al repaso de la cordillera. Interpretaba sin dubitar que la división de los Andes al mando de Las Heras debía permanecer en Chile.

Señor Don Tomás Guido

Mendoza, 21 de julio de 1819

Mi amado amigo:

La de V. de 27 del pasado la he recibido ayer.

He salido del susto en que me hallaba con respecto a Cochrane y en proporción ha sido nuestra alegría al saber su llegada.[115]

Con motivo de la mutación de Director, creo no será tan urgente la venida de Dn. Juan José Sarratea y máxime en el estado en que se halla la Cordillera: esperemos a ver qué dicen de Buenos Aires sobre este particular.

Veo lo que V. me dice sobre las dificultades que se tocan por la falta de comunicación de este gobierno a ése, sobre la última orden para que se suspendiese la venida a esta parte de la División de Rudecindo, la que no comunicó a ese Estado como debía, de consiguiente V. debe persuadirse que aunque yo la transcribiese a ese gobierno no sería un documento suficiente para alterar la orden 1ª que fue para que esa división quedase a sus órdenes, por otra parte no habiéndose podido verificar la reunión de todo el Ejército en Chile y al mismo tiempo sancionado posteriormente el mando de esa división a Las Heras, no admite la menor duda de que el objeto del gobierno es el de que esa división permanezca a las órdenes del Director de Chile: por lo tanto soy de opinión el que hablando V. a Las Heras y a Lemos les haga conocer esta verdad, persuadiéndoles al mismo tiempo a que hagan todo género de sacrificios para mantener la paz y tranquilidad.

Nada se adelanta por el último correo de Buenos Aires con respecto a expedición de España: repito lo que en mi anterior de que el

---

[115] Cochrane regresó en junio sin haber podido lograr que los marinos realistas, amedrentados, se atrevieran a salir al frente de sus naves a combatir, pero con la flamante escuadra chilena a salvo, lo que lo habilitaba para nuevas acometidas.

chubasco más bien amenaza a Chile que a ninguna de nuestras provincias.

Belgrano me escribe asegurándome positivamente la retirada de La Serna y su Ejército: no concibo las razones que tenga para ello.[116]

Esta división se aumenta rápidamente; todo se saca de la provincia, pues Buenos Aires nada remite.

Dígame V. si entre sus libros se me ha quedado la Historia de Garcilaso pues no la he encontrado entre todos mis libros.

Nada sé de Urra ni de su destino: hoy le hablaré a Luzuriaga para que si está en la provincia lo alivie de sus prisiones.

Mil cosas a los amigos y V. crea lo es todo suyo su

José de Sⁿ Martín

Por entonces nuevas y desalentadoras noticias con respecto a la oscilante expedición procedente de la península provocarían un giro significativo en la conducta de San Martín. Éste, decidido a desligarse del gobierno de las Provincias Unidas, pues el mantenimiento de su dependencia no hacía más que obstaculizar su marcha, el 21 de junio había solicitado formalmente al gobierno argentino autorización para pasar a servir en Chile con el grado de brigadier que ese Estado le había conferido y que él había aceptado en marzo de ese año, con el objeto de proseguir su campaña de liberación continental. Renunciaba, en consecuencia, a todos los empleos que tenía en las Provincias Unidas. Pero bien pronto, el general desistió de ese propósito apenas el nuevo Director Rondeau le comunicó que la expedición a Cádiz, suspendida meses antes, se hallaría lista para zarpar en agosto, por lo que se podía calcular que arribaría al Plata en octubre. Así pues, a fines de julio le participaba a Guido la noticia y la disposición en que se hallaba de marchar a Buenos Aires, desde donde se lo llamaba con urgencia para tratar los medios de organizar la defensa de la amenazada capital rioplatense.

---

[116] Sin duda fue la presencia intimidatoria de la escuadra realista comandada por el lord de intrépida fama en las costas del virreinato peruano la que había provocado el repliegue de La Serna, desistiendo de su avance hacia Tucumán, que le había comunicado Belgrano a San Martín, sin que éste pudiera descubrir el motivo del movimiento retrógrado del jefe realista.

Señor Don Tomás Guido

Mendoza y julio 27 de 1819

Mi amado amigo:

La pronta marcha de Maiteng no me da lugar para extenderme en contestar a su última lo que haré por el correo entrante.

Parece no cabe duda sobre la venida de los españoles a Buenos Aires. ¿Será o no en combinación de los portugueses? Se me llama con exigencia a Buenos Aires: ya estuviera en marcha si mi salud me lo permitiese; lo haré luego que ésta se reponga un poco.

Va la original de Pinto. ¿Quién será la buena alma que haya hecho concebir a los amigos de Buenos Aires desconfío de ellos? no es tiempo de estas averiguaciones y sí sólo de tratar de los medios de defendernos.[117]

Esta provincia está desplegando su energía. Cuando hay buena voluntad y manos auxiliares todo se hace.

Diga Vd. a Lemos que no le escribo pero que lo haré el correo primero.

Mil cosas a Peña y demás amigos y lo queda de Vd. suyo su

San Martín[118]

Se disponía a emprender su marcha a la capital lo antes posible, cuando su quebrantada salud le hizo suspender el viaje. Y esta vez no se trataba de ninguna excusa, pues la inminencia de la concreción de la amenaza externa había logrado desasosegar al general, aumentando su honda y sincera preocupación la imprevisión de los porteños que parecían no haber advertido la magnitud del peligro.

[117] Éste sería un claro indicio de cierto distanciamiento entre los miembros de la Logia porteña y San Martín, anticipo de una progresiva actitud recelosa recíproca destinada a concluir en una inevitable ruptura.

[118] En la copia de esta carta inserta en el legajo obrante en el Archivo General de la Nación, Carlos Guido y Spano dejó consignado que el original se hallaba en poder del Dr. César A. Campos.

Señor Don Tomás Guido

Mendoza, 12 de agosto de 1819

Mi amado amigo:

Ya estaría en Buenos Aires a no haber sido un diabólico ataque de reumatismo inflamatorio que me ha tenido once días postrado de pies y manos y sufriendo los dolores más agudos: ayer me levanté algo más aliviado y si continúo con alguna mejoría emprenderé mi marcha sin perder momentos.

No queda ya la menor duda sobre la expedición española a nuestras costas; esto no es lo sensible sino la general apatía que reina en Buenos Aires: en fin veremos si algo se hace de provecho.

No puede figurarse el ansia con que espero su contestación sobre el extraordinario que le remití.

Memorias a Peña y demás amigos, y lo queda de V. como siempre su

Sⁿ Martín

Diga V. a Jonte que me es imposible contestar a su carta porque mi cabeza no se halla para ello. Dele V. mis expresiones como igualmente a Las Heras a quien tampoco escribo.

La referencia que hacía a la ansiedad extrema en que se encontraba a la espera de la respuesta al correo extraordinario que había remitido a Chile con sendas comunicaciones estrictamente reservadas dirigidas a O'Higgins y a Guido guardaba precisamente relación con la incursión realista que daba por descontada. En ellas se apresuraba a transmitir a sus dos amigos, con mal disimulada angustia, el plan que había lucubrado en sus interminables noches de insomnio para destruir la expedición del enemigo antes de que arribase a destino.

En efecto, San Martín pretendía que la escuadra chilena doblara el Cabo de Hornos y atacara por sorpresa a la española en el Atlántico; ofrecía adelantar 50.000 pesos para su apresto mientras ordenaba hacer salir de Buenos Aires los víveres y demás pertrechos necesarios para la operación. Para desorientar al enemigo debía esparcirse la voz de que el objeto de la salida de la flota era atacar Lima, a la par que el más estricto hermetismo debía guardarse acerca del proyecto, cuyo conocimiento debía circunscribirse únicamente al Director chileno, al diputado de las Provincias Unidas y al marino británico encargado de llevar a cabo tan osada empresa.

Señor Don Tomás Guido

Mendoza, 28 de julio de 1819

Mi amigo:

El 11 del corriente llegó a Buenos Aires un buque procedente de Gibraltar; éste por las comunicaciones que trae, asegura de un modo indudable la venida de la expedición a Buenos Aires, sus crecidas fuerzas lo indican de un modo positivo; si como todos afirman la expedición es de 18.000 hombres yo le encuentro muy feo semblante: entre mis reflexiones de esta noche se me han ocurrrido las reflexiones siguientes, únicas en mi concepto capaces de salvar el país: por no perder tiempo que ahora debe ser tan precioso no se las copio, pero véalas V. en el oficio a O'Higgins. El amor a la Patria me hace echar sobre mí toda responsabilidad, si contribuyo a salvarla, aunque después me ahorquen. V. como verá por el oficio, va facultado por mí para esta negociación, en ella nada perdemos y todo se va a ganar: los 50.000 pesos los tengo prontos, y por el poder que le incluyo puede tomarlos de los amigos.

No hay que perder un momento si nuestro O'Higgins y Cochrane conviene salga la escuadra sin perder un solo momento [sic]. Si este paso no le parece a V. bien suspenda todo: de todas suertes, Chile con las fuerzas que tiene y la división de Mendoza, puede desafiar a Lima: si destruimos la expedición española la América es libre.

Creo que en el sigilo pende el buen éxito de todo. O'Higgins, V. y Cochrane son los únicos que deben saber y estar en el arcano: sólo después que haya salido la escuadra lo haré presente a Rondeau.

Actividad mi amigo y el país es libre.

Si el plan se verifica, va la adjunta libranza de los 50.000 pesos.

Cuando salga la escuadra sería muy conveniente echar la voz de que marchaba a destruir Lima.[119]

A O'Higgins le escribía para persuadirlo: "Es la ocasión en que V. sea el Libertador de la América del Sur. La expedición española no saldrá de Cá-

[119] *DHLGSM, op. cit.*, tomo XIII, págs. 349-350. No figura en el legajo del Archivo General de la Nación.

diz sino en todo agosto, de consiguiente da tiempo suficiente para que nuestra escuadra pueda batirlos; si, como es de esperar, Cochrane lo verifica, terminamos la guerra de un golpe".[120] En cambio, no hubo forma de que el almirante se aviniera a ejecutar la propuesta, al menos en forma inmediata, pues luego de su primera incursión sobre el Callao se había empecinado en la realización de un segundo intento, convencido de que lograría destruir a la escuadra realista empleando cohetes a la Congrève para incendiarla. No obstante, le aseguró a San Martín que una vez conseguido ese objetivo, que consideraba prioritario, aún quedaría tiempo para atacar a los invasores. Necesariamente tuvo que prevalecer su criterio pues de su exclusiva pericia dependía la exitosa realización de la empresa, sin embargo era previsible que la realización de sus miras resultaría cronológicamente impracticable.

Al tanto Guido de la marcha de San Martín hacia la capital rioplatense, le escribía insistiendo en lo que ya era su monomanía, para que el general no se desalentase por los reparos que seguramente le pondrían los porteños: "Es muy natural que amenazado Buenos Aires de la expedición española encuentre V. alguna oposición en los que miran sólo el peligro del día, pero no habrá uno que echando una ojeada sobre la situación de todo el país no convenga que una constante defensiva basta para concluirnos, que debemos abrirnos paso en el territorio enemigo; y que sin el auxilio de las provincias del Perú no se divisa medio de conservar por mucho tiempo nuestro ejército y preservarnos de la anarquía".[121]

Pero San Martín seguía debatiéndose entre la impotencia a que lo condenaban sus afecciones físicas y la irresponsable indiferencia imperante en la capital porteña, a pesar de que le habían llegado nuevas comunicaciones de Rondeau que parecían variar favorablemente el semblante de la situación. En efecto, el Director había recibido noticias sumamente alentadoras enviadas por los agentes del gobierno que, por iniciativa del ex mandatario Pueyrredón, operaban en Cádiz infiltrados en las logias secretas donde se preparaba la revolución liberal española en la que se hallaba comprometida la mayor parte de los jefes y oficiales del ejército expedicionario. Así se lo transmitía San Martín a su amigo desde la ciudad puntana hasta donde penosamente había logrado llegar:

---

[120] AN, AO'H, *op. cit.,* vol. VIII, pág. 190. Mendoza, 28 de julio de 1819.
[121] *DHLGSM, op. cit.,* tomo XIV, págs. 71-73. Santiago de Chile, 3 de setiembre de 1819.

Señor Don Tomás Guido

San Luis, 21 de setiembre de 1819

Mi amado amigo:

Son en mi poder las de V. del 22 del pasado y 3 de éste.

Al fin me resolví poner en marcha para Buenos Aires pero no pude pasar de ésta en razón de lo postrado que llegué: en el día me encuentro muy aliviado y pienso ponerme en marcha dentro de 5 o 6 días permaneciendo sólo en la capital 8 o 12 días a lo sumo.

¿Qué me dice V. de las noticias que le incluyo? A pesar de la probabilidad que tienen he mandado que sigan los aprestos pues no creo prudente se exponga la suerte del país por unas meras noticias: lo sensible es, como verá V. por la carta de Rondeau, que en Buenos Aires ya nada temen y de consiguiente que han suspendido los trabajos de ellos.

He visto la contrata celebrada por la expedición: me parece arreglada.

Si se confirman las noticias recibidas de España me parece prudente el que la fuerza de la expedición sea aumentada si es posible a más de 6 mil hombres pues como verá V. por la carta de Rondeau éste está resuelto a que se verifique y de consiguiente algunos auxilios deben dar para ello; en la entrevista que yo tenga con él, veré sacar todo el partido que sea posible en el entretanto es menester calcular los hospitales y tren para los dichos 6 mil hombres en la inteligencia de que por capítulo preliminar debe entrar el que Borgoño vaya de comandante de artillería, que en el momento sea nombrado para que pueda empezar a preparar lo que sea necesario.

Yo estaré brevemente en Mendoza a más tardar para el 1° de noviembre.

La división de los Andes que se halla en esta provincia pasa en el día su fuerza de 2.300 hombres: V. no puede calcular la energía que han desplegado los pueblos de ella principalmente San Luis.

Incluyo la adjunta que me remite Rondeau para V.

Tenga V. la bondad de decir a los amigos Peña, Solar y Lemos que no les contesto porque no tengo tiempo para ello ni mi salud me lo permite, lo mismo dirá V. a Jonte, al que he extrañado no verlo de Auditor de Guerra del Ejército de los Andes, siendo así que su despacho expire en la Secretaría de dicho ejército.

Memorias a todos y lo es de V. con todas veras su

Sⁿ Martín

P. S. Nada sé de Las Heras ni V. tampoco me dice nada como igualmente de Enrique Martínez. Dígame V. qué es de la vida de estos calaveras.

Las comunicaciones adjuntas a las que aludía en esa misiva eran las siguientes:

Señor Don José de San Martín

Buenos Aires, 9 de setiembre de 1819

Compañero muy amado:

Cuando estábamos en la firme persuasión de que debíamos ser invadidos por los españoles según los datos que referí a V. en mi anterior y que con concepto a esto empecé a poner en movimiento todos los elementos que deben servir a nuestra defensa, reservando lo más esencial al plan que se ha adoptado para consultarlo con V. a su llegada, que a no ser nuevos quebrantos ya habría tenido el gusto de verlo por acá; han aparecido aquí varias cartas y en particular un buque inglés procedente de Gibraltar que ponen nuevamente en duda el ataque con que somos amagados, fundándolo en que se han despedido transportes de los que se habían contratado en el descontento de las tropas expedicionarias a venir a América y más que todo en la oposición de los portugueses, cuyos preparativos en el Brasil son demasiado públicos con el fin de no sufrir un desaire si aquéllos intentasen tomar algunos de sus puertos; no estando tampoco conformes con la entrega de la plaza de Montevideo: esta porción de cosas y otras que se agregan han decidido a este pueblo en lo general a no creer en tal invasión, de suerte que me veo en trabajos para continuar la ejecución de algunas de las medidas mandadas practicar en particular las que son algo gravosas como la instrucción de cívicos y esclavatura tanto de la ciudad como su campaña y en las que con incesantes gastos como sucede en los parques, fábricas, y arsenal de Marina, me voy con pulso hasta tener mejores noticias que no pasará de este mes pues se esperan otros buques de Gibraltar = Amigo: aquí había dejado mi carta, esto es, de continuarla a medio día cuando por la tarde entra

157

don Ambrosio Lezica con comunicaciones recibidas de aquel punto permaneciendo el Buque que las ha traído en la ensenada donde ha fondeado. El artículo de la del 24 es la moderna y de la del 8 de abril es al que el anterior hace referencia y que conservaba Lezica reservado. El sujeto que las dirige es un agente oculto de este gobierno que se halla en Cádiz, y de quien se hace la más alta confianza. Parece que ya sin cuestión sobre esta materia debemos decidirnos a pensar en la Expedición a Lima sobre cuyo proyecto dará V. las ideas que crea conveniente = los negocios de Santa Fe no se presentan nada favorables: la morosidad estudiosa con que los naturales de allí se manejan me dan móvil de creer que están de acuerdo con Artigas sobre el plan de no entrar en tratados de paz si no declaramos la guerra a los portugueses: este último no quiere persuadirse que teniendo nosotros atenciones por el Perú y tan escasos recursos no podemos atender a todas partes = El enviado de que habla la copia de 8 de abril parece que ha llegado y está aún en la ensenada según Lezica que así lo cree: si fuese verdad luego que se me presente y exponga lo que trae lo diré a V. por otro extraordinario, entretanto deseo su restablecimiento y que mande a su affmo. Compañero

José Rondeau

Gibraltar, 24 de junio de 1819: en 8 de abril próximo indiqué a V. desde aquí lo que había: en mayo escribí desde Cádiz al paisano don Juan Martín y le encargué lo ratificase a V. Hoy añado que el asunto se ha formalizado ya y que dentro de muy pocos días el Ejército que iba a embarcarse para ésa marchará sobre la capital y una de las principales providencias del gobierno que se instale será la suspensión de hostilidades con los independientes de América, despachándose buques a ésa y demás puertos convenientes pues así se ha capitulado. Muy de antemano así las cosas: deben Vds. estar preparados y meditar con tiempo lo que han de hacer en el supuesto de ser reconocida su Independencia por Capítulo preliminar.

[Copia de la carta que hace referencia la de 24 de junio:]
Gibraltar 8 de abril de 1819 = En mi última no me atreví a indicar a V. cosas que estaban ya preparadas y hoy han tomado un carác-

ter muy recio. El resultado será una reacción en el Reino y que la gran expedición cuyos preparativos siguen con actividad no tendrá efecto. Esto que parecerá enigma a quien no lo toque como yo será explicado menudamente por una persona que se presentará en ésa por el primer buque que salga de aquí autorizada en la forma que permitan las circunstancias y estoy seguro que para cuando marche habrá hechos positivos que comprobarán aquel anuncio: una operación tan importante exige una reserva sin ejemplo. No extrañe pues que ningún otro sepa de ella en algún tiempo, para hacerlo yo he venido aquí y mi carta la dirige el amigo V.B. por correo marítimo. Me lisonjeo que mi embajador será atendido cual corresponde a las importantes nuevas que llevará y que no se divulgue el objeto de su misión.

Al enterarse Guido de estas novedades, encontró en ellas nuevos argumentos para avalar la posición que tan tenazmente venía sosteniendo y que ahora su general amigo parecía por fin dispuesto a sustentar ya que contaba con el aval del gobierno porteño: "La de V. del 21 del pasado con la copia de la carta del Director Rondeau me dio un buen rato, no tanto por las noticias de España, como por el interés que parece tomar V. en la ejecución del proyecto sobre las costas del Perú. Por mucha probabilidad que se supongan en los sucesos anunciados de la península; yo creo que todo quedará reducido a suspender la expedición al Río de la Plata por falta de medios y por la necesidad de acción con preferencia a sostener el orden interior de la Nación. Es indudable que existe un partido que trabaja constantemente contra Fernando, y que acaso éste se haya concentrado especialmente en los jefes y oficiales de la expedición, pero yo no puedo olvidar que ya han abortado en España cuatro conspiraciones por la masa inmensa de oposición que era necesario destruir para triunfar: el pueblo estúpido, el clero, la nobleza y la corte ha sido hasta aquí la barrera que ha defendido a Fernando VII y en mi opinión no es tan fácil derribarla como algunos creen. El mejor partido que debemos sacar de estas novedades es aprovechar los momentos, organizar la fuerza y abrirnos paso en el Perú, si la escuadra triunfa. Basta de la inacción que nos va dejando en esqueleto".[122]

[122] *DHLGSM, op. cit.,* tomo XIV, págs. 181-182. Santiago de Chile, 10 de octubre de 1819.

Ya no con el objeto de conferenciar con el Director sobre la expedición realista sino sobre la prosecución de la campaña libertadora en el Perú –tal como se lo había propuesto el mismo Rondeau–, recién el 4 de octubre San Martín estuvo en condiciones de tomar la galera hacia Buenos Aires, pero al acercarse a la frontera de Córdoba, en la posta del Sauce le avisaron que era imposible proseguir pues el camino estaba cerrado por las montoneras que el 7 de ese mes, sin previo aviso y pese a lo convenido en el armisticio de abril, rompieron las hostilidades procediendo a capturar a varios oficiales procedentes de Buenos Aires, entre ellos a Marcos Balcarce, quien se dirigía a Chile, tal vez para reemplazar a su hermano el recientemente desaparecido Antonio González Balcarce como jefe de Estado Mayor; pero más presumiblemente con la intención de suplantar al Libertador en el mando del ejército.[123] Es que nuevamente rondaba la intriga política en su torno y esta vez más que la Logia porteña –que iría desconfiando crecientemente de poder contar con el apoyo del general dadas las reiteradas postergaciones de su viaje a la capital–, aquélla tenía por eje al representante chileno ante el gobierno de las Provincias Unidas, don Miguel Zañartú. Éste, luego de criticar la desacertada conducción de los cofrades de la Lautaro, a los que consideraba "sujetos muy miserables", le decía al Director de Chile: "San Martín no tiene en este cónclave secuaces. Unos lo envidian, otros lo temen y ninguno lo ama. Él bien conoce y ha recelado que la orden para empeñarlo en una guerra con los montoneros tiene por objeto hacerle perder su opinión. Yo entiendo que no se engaña, porque aquí hay unos cubileteos primorosos y es lo único para que les da el naipe. ¿Y será posible que hombres tan miserables se lleven las glorias sobre Lima, después que no son más que fríos espectadores de los sacrificios de Chile? ¿Será posible que el vencedor de Chacabuco [se refiere a O'Higgins] quede tan obscurecido en esta nueva expedición como no quedó en aquélla debido sólo a su valor? Desengañémonos, las glorias son del general aun cuando nada haga. Yo conozco que a V. le falta un segundo y veo que no lo hay en Chile". Llegado a este punto de su argumentación, el representante manifestaba sin ambages cuánto le agradaría que fue-

[123] Al respecto Guido le escribía al general: "En el último correo nos hemos hallado con la novedad de la venida de Dn. Marcos Balcarce, y como V. nada nos dice acerca de esto seguimos con la misma incertidumbre en que mil veces nos ha puesto su silencio. Entiendo que este Gobierno le previene se detenga en Mendoza y le remita desde allí sus despachos para comprobar si es o no Brigadier de este Estado, sobre lo que se duda". (*DHLGSM, op. cit.,* tomo XIV, págs. 219-221. Santiago de Chile, 20 de octubre de 1819.)

se Marcos Balcarce, considerado como un ciudadano chileno, quien cubriera ese vacío (recuérdese que pese a haber nacido en las Provincias Unidas, prácticamente toda su carrera militar se había desarrollado del otro lado de los Andes). Zañartú proseguía: "Me dice V. que la 00 [la Lautarina de Santiago] no lo admitirá. Yo me temo que en esto influya mucho el partido de San Martín. Pero V. se debe hacer una reflexión: Balcarce servirá a ese Estado sin robarle las glorias y San Martín apagará a V. y en los grandes resultados sucederá siempre lo que en Maipú. No sonará un chileno aunque ellos sean los que todo hagan. Por otra parte, los rumores de la expedición española vuelven con mayor fuerza que antes […] De manera que el mando le viene a V. naturalmente porque a San Martín lo han de necesitar aquí o bien para hacer la guerra a los españoles o a los portugueses, con quienes están coligados según diré después. ¿Qué derecho tienen ellos para poner jefe a las fuerzas de Chile, cuando no quieren contribuir a la expedición ni firmar los tratados celebrados a este fin?".[124] Como se ve, no en vano San Martín se había anticipado a estos manejos de trastienda proponiendo al mandatario chileno para que se pusiera al frente de la expedición, secundándolo desde el puesto de jefe de Estado Mayor, como una alternativa que garantizaría su realización sin correr el riesgo de malograrla por incapacidad conductiva.

LA SILENCIOSA DESOBEDIENCIA

Tal como lo aseveraba el diputado chileno, a principios de octubre volvió a renacer la alarma en Buenos Aires al conocerse que el general O'Donnell había logrado abortar el levantamiento militar próximo a estallar; aunque más tarde se supo que ello se había conseguido a cambio de exceptuar a las tropas de marchar a América. Así pues, a un mismo tiempo habrían quedado desbaratadas la conjura y la expedición. Lo cierto es que el ministro de Guerra, Matías Yrigoyen, en sucesivas comunicaciones del 8, 13 y 16 de ese mes le ordenó a San Martín que se trasladara a la capital con toda la caballería, abriéndose camino como fuese si el enemigo interno procuraba trabar su marcha. De hecho, su primer y tácito objetivo sería batir a las montoneras santafesinas y entrerrianas de López y Ramírez y al núcleo de chilenos en-

---

[124] AN, AO'H, *op. cit.,* tomo VI, págs. 183-184. Transcripción del original incompleto de Zañartú dirigido a O'Higgins, s/f.

cabezados por José Miguel Carrera, quien se había asociado al último caudillo. Tales oficios fueron recibidos por el general en Mendoza, adonde había arribado el 17 de octubre. El 24 contestó que su fuerza se dirigiría hacia Córdoba tan luego se recolectaran las caballadas y muladas que necesitaba, las que fueron solicitadas al mandatario de esa provincia, el doctor Manuel Antonio Castro, como así también al teniente gobernador de San Luis, Dupuy. Pero por entonces se tuvo noticias de que una epidemia de fiebre amarilla había hecho presa del ejército expedicionario de Cádiz. Otra vez quedaba diluido el peligro sobre la capital. Ese recurrente "corsi e ricorsi" de las noticias sobre la invasión realista terminó por hacer descreer a todos de su factibilidad.

En cambio, subsistía la guerra contra las montoneras. Según las informaciones de Zañartú la guerra contra Santa Fe, a la que él se había opuesto por las consecuencias que preveía, había sido decretada en el seno de la Logia porteña presidida por el comandante de artillería Manuel Guillermo Pinto, aunque Guido le confesaba a San Martín que estaba a ciegas con respecto a ese conflicto porque "nuestros amigos se han olvidado de los puntos de contacto que tiene nuestro círculo", es decir, que se había roto la comunicación con los miembros de la Lautaro. En tren de darle al general su opinión sobre la línea de conducta a seguir, le decía: "En medio de esta oscuridad no puedo concertar medios aparentes de indicar a V., pero sí puedo recordarle que van para siete años que nuestras armas no han bastado a garantir nuestra paz interior; que toda vez que hemos empeñado la guerra contra los disidentes por último recurso hemos perdido hombres, opinión y dinero sin otro fruto que aumentar el encono de los enemigos del orden [...] Al mismo tiempo es necesario no olvidar un momento que vamos marchando hacia el término que debe fijar nuestro destino, *la expedición al Perú*, que no puede hacerse ésta si la guerra interior absorbe nuestra atención, y que ningún objeto más grande ni más importante debe interesar nuestros cuidados que la realización de esa empresa". Y terminaba conminándolo: "Sobre todo yo concluyo con decir a V. que sea cual fuere el partido que tome, debe ser con firmeza y dejando la situación vacilante de V. que ha aumentado nuestra incertidumbre y dificultado nuestras resoluciones".[125]

Sucedía que durante meses y meses los amigos de la Lautariana de Chile y Guido en especial hasta el hartazgo –según se ha visto– venían reclamando del Libertador su presencia en Chile, como único medio capaz de ac-

---

[125] *DHLGSM, op. cit.,* tomo XIV, págs. 251-253. Santiago de Chile, 29 de octubre de 1819.

tivar definitivamente los preparativos de la expedición a Lima, a la que ya todos estaban dispuestos. Pero no había resultado nada sencillo convencerlo, hasta su impertérrito amigo comenzaba a flaquear en sus esperanzas al respecto, por eso le decía: "es más urgente que nunca la necesidad de la persona de V. en ésta, pero ya está visto que reflexionar en este asunto es como hablar de las caravanas de Egipto".[126]

En verdad, mientras el general creyó verificable la amenaza externa, no dudó ni por un segundo en posponer la realización de la última fase de su plan continental, debido a la meridiana claridad que siempre lo caracterizó para distinguir el orden de prioridades, sin dejarse llevar por arrebatos, empecinamientos o entusiasmos. Recién en este momento, cuando le constaba que aquélla quedaba definitivamente diluida, el 9 de noviembre de 1819, San Martín se resolvió a incurrir en su famosa "desobediencia histórica", que no por reservada y silenciosa fue menos real. En esa fecha le escribió a O'Higgins: "Tengo la orden de marchar a la capital con toda la caballería e infantería que pueda montar, pero me parece imposible poderlo realizar tanto por la flacura de los animales como por la falta de numerario". Eran pretextos; renglones más abajo afirmaba en forma confidencial: "Tengo reunidos en ésta 2.600 caballos sobresalientes, los que marcharán a ésa con la división". Y agregaba, con plena conciencia de la trascendencia de su resolución: "Se va a cargar sobre mí una responsabilidad terrible, pero si no se emprende la expedición al Perú todo se lo lleva el diablo".[127] Y aun cuando en la misma comunicación daba precisiones a su amigo chileno sobre el próximo ataque de los montoneros a las fuerzas directoriales, optaba de todos modos por sustraer a su fuerza de esa lucha y dirigirla en sentido contrario al ordenado por el gobierno argentino. Culminaba así ese largo proceso de reflexión personal, que tanto había exasperado a su amigo Guido, anteponiendo la causa de la independencia continental a todo interés localista, lo que era tanto más fundamentado si este último era de carácter faccioso. Tal había sido, era y sería la raíz de sus divergencias con todas y cada una de las dirigencias de los países que sirvieron de escenario de su actuación, esto es, la proclividad de éstas a pensar en "peruano", "chileno" o "rioplatense", cuando San Martín discurría en "americano".

Cuando se iniciaba en ese mismo mes de noviembre el estallido autonomista en Tucumán, que se extendería por doquier generando la fragmenta-

---

[126] *Ibídem, op. cit.,* tomo XIV, págs. 347-348. Santiago de Chile, 13 de noviembre de 1819.

[127] AN, AO'H, *op. cit.*, tomo VIII, pág. 193.

ción generalizada de las antiguas gobernaciones intendencias, el 7 de diciembre comunicaba al Directorio que había decidido suspender la marcha de sus fuerzas hacia la capital en prevención de un posible alzamiento subversivo en Cuyo, a la par que a raíz de un nuevo ataque de reumatismo que acababa de sufrir, partiría a reponerse en los baños de Cauquenes. Rondeau, que ya se encontraba sobre el Arroyo del Medio para hacer frente a la invasión montonera, le ordenó el 18 de ese mes que igualmente se le incorporasen sus fuerzas conducidas por Alvarado o Necochea. Finalmente, el 26 San Martín renunció al mando del ejército alegando su estado de postración, que por cierto no era ficticio, ya que debió cruzar a Chile transportado en camilla por sus soldados. El Director –tal vez con la intención de obligarlo moralmente al envío de sus tropas– le concedió el 8 de enero de 1820 licencia para pasar a la mencionada localidad trasandina, pero conservando la investidura de capitán general y la jefatura de su hueste. Al día siguiente se amotinaba el batallón Nº 1 de Cazadores, acantonado en San Juan y Rudecindo Alvarado sin poder reducirlo, apenas si pudo lograr que menos de la mitad de sus soldados traspasasen la cordillera. Simultáneamente se produjo en la posta de Arequito la sublevación del Ejército del Norte, cuando marchaba desde Córdoba a la capital, sustrayéndose así de intervenir en la guerra civil. En consecuencia, el Directorio, sin contar ya con el sostén de esas dos huestes que constituían sus pilares militares, sucumbió instantáneamente el 1º de febrero de 1820 en Cepeda ante la arremetida de un puñado de montoneros conducidos por López y Ramírez. La anarquía federal provinciana vencía a la oligarquía centralista porteña, se disolvían los poderes nacionales y surgía la provincia de Buenos Aires que pactaría la paz en pie de igualdad con Santa Fe y Entre Ríos, las que simultáneamente se sustraían a la dependencia del Protector de los Pueblos Libres. Desde entonces, para la facción vencida San Martín se convirtió en un abominable traidor contra el que jamás dejaron de albergar un profundo resentimiento.

HACIA LA POSTERGADA META FINAL

La segunda campaña de Cochrane al Callao, por la que había inquirido San Martín a O'Higgins, no había arrojado los resultados esperados por el marino, pues los cohetes a la Congrève con los que pensaba incendiar la escuadra realista no surtieron efecto. Malogrado ese intento a fines de 1819 y luego de llegar hasta Guayaquil en busca de la fragata *Prueba*, mientras el capitán Guise ocupaba Pisco durante algunos días, el almirante concibió la casi imposible empresa de atacar Valdivia, primer puerto de costa firme luego de doblar el Cabo de Hornos que, por sus fortificaciones, su nutrida guarnición y sus defensas naturales se consideraba una plaza militar realista inexpugnable. En enero, el coronel Freire, que mandaba en Talcahuano, se sumó a su plan, suministrándole las tropas necesarias para emprender el ataque, que se efectuó con inesperado éxito el 4 de febrero. Así los realistas perdieron su base de operaciones en el sur de Chile.

La reciente proeza dio vuelo a la ambición del británico, quien no tardó en aspirar a suplantar a San Martín en el mando de la expedición. En contraposición a las exigentes demandas de tropas y recursos del general, quejoso por la lentitud de los preparativos, el marino presentó al gobierno de Chile sucesivos contraproyectos de excursiones marítimas con menos de la mitad de los efectivos que se estaban alistando y reduciendo al mínimo los costos que se proponía suplir con las contribuciones que se impondrían al país invadido. Si bien esas ofertas no dejaron de tentar al Senado, se terminó imponiendo el criterio de la Logia y fueron rechazadas unas tras otras.

A fines de febrero, el Libertador se hallaba ya en los valles de Cauquenes, donde permanecería un mes en procura de hallar en las propiedades curativas de sus aguas algún alivio a sus dolores.

Señor Don Tomás Guido
                Baños de Cauquenes, febrero 28 de 1820
Mi querido amigo:
Hoy he dado principio a los baños, veremos qué tal me prueban.

Hoy hace 8 días que ignoro absolutamente lo que pasa por ésa: en esta Tebaida han corrido varias noticias de Lima, deposición de Pezuela, salida de la escuadra española y otras que no he querido dar ascenso, pues si fueran ciertas O'Higgins o V. me las hubieran comunicado.

Extrajudicialmente he sabido la llegada de Alvarado, dele V. mis memorias y dígame si ha tenido alguna novedad en su marcha.

Jonte me tiene con cuidado, avíseme V. el estado de su salud.

Nada sé si habrá salido el Ejército para el cantón y si todo a esta fecha estaría facilitado para su marcha.

Dígame V. si se ha transado enteramente la deuda de este Estado a la Caja militar del Ejército pues este descubierto me aflige como V. no puede pensar.

Memorias a Las Heras, Martínez y demás amigos y se repite a V. como siempre su invariable

                                  S^n Martín

Diga V. a Peña que no me acuerdo de él sino para molestarlo: por lo tanto que vea de mandarme un par de docenas de botellas de vino de Madeira y encajonados de manera que no se rompan.

Allí recibió noticias de los mudables sucesos de las Provincias Unidas, por la vía de Cuyo, a la par que él no descuidaba entrar en comunicaciones con los personajes que, sobreviviendo a la debacle política reciente, consideraba como potenciales colaboradores para su inminente empresa: particularmente, Güemes y Bustos.[128] También le escribió a Artigas, sin saber que el conflictivo jefe del federalismo rioplatense había caído en desgracia, siendo perseguido y derrotado por su subordinado de otrora, el comandante de Arroyo de la China, Francisco Ramírez, autotitulado después de Cepeda gobernador de Entre Ríos y poco después devenido en "Supremo" de la efímera "República de Entre Ríos".

Señor don Tomás Guido
Baños de Cauquenes, 3 de marzo de 1820
Mi querido amigo:
Son en mi poder las de V. de 29 y 1° de éste.
Va el oficio para que pueda V. proceder a la venta de los azogues remitidos a Mendoza.
Incluyo a V. en copia las comunicaciones que he recibido de Torres: veremos qué me dicen Bustos y el jefe de los orientales.

[128] El interés de San Martín en la reconstrucción de una autoridad nacional en las Provincias Unidas y su intención de que no se diluyese la planeada cooperación de una fuerza armada por el Alto Perú, que debía operar de manera combinada a su ofensiva por la costa peruana, fue lo que lo motivó a entrar en contacto con Bustos, quien al frente de la gobernación de Córdoba apuntalado por los remanentes del Ejército del Norte comenzaría a despuntar como la figura eje de una nueva hegemonía mediterránea, encontraría en él buena predisposición para tomar la iniciativa de reunir un nuevo Congreso que condujera a la organización nacional. Idéntica actitud encontró en Güemes, a quien el Libertador designó a mediados de 1820 general en jefe de un fantasmagórico Ejército de Operaciones sobre el Perú, con el objeto de que oportunamente avanzara por el altiplano, operación ofensiva secundaria que se malograría con la muerte del caudillo salteño el 7 de junio de 1821, dejando un vacío que ni Bustos, ni Pérez de Urdinenea podrían llenar, a pesar de su intento, en orden al cumplimiento del plan sanmartiniano.

Va el adjunto papel para que se sirva V. pasarlo a O'Higgins que es comunicación igualmente a Torres.

No sea V. tan perezoso en escribirme, pues yo lo haré a V. de todas las noticias que reciba del otro lado.

He recibido comunicaciones del cabildo de Mendoza y San Luis que me comunican haber sido invitados por Buenos Aires para la remisión de un diputado facultado para tratar sobre la federación y gobierno de las Provincias: me piden su parecer para resolver sobre este particular: hoy quedarán aceptados.

Se repite suyo su

S^n *Martín*

Asociadas a la copia de un oficio de Ramírez sobre haberse disuelto el Directorio y el Congreso que se adjuntaba, sin duda estas últimas noticias transmitidas al general sobre las que el pueblo cuyano, acostumbrado a su mandato paternalista, le pedía su parecer tenían su origen en el artículo 1° del tratado del Pilar, celebrado el 23 de febrero de 1810 para restablecer la paz entre las provincias de Buenos Aires, Entre Ríos y Santa Fe, por el que se reconocía que el voto general de la Nación se inclinaba por el sistema de federación, y para que éste fuera consagrado formalmente se convocaba a cada provincia a elegir popularmente su representante a un Congreso general que se reuniría en el Convento de San Lorenzo de la provincia de Santa Fe, donde podrían acordar todo cuanto pudiera convenir al bien común general.

Pocos días más tarde, San Martín acabaría de enterarse de la adopción de esa forma de Estado que él consideraba nefasta para los pueblos rioplatenses y no dudaría en manifestárselo a sus compatriotas en estos términos lapidarios: "El genio del mal os ha inspirado el delirio de la federación. Esta palabra está llena de muertes y no significa sino ruina y devastación. [...] Pensar establecer el sistema federativo en un país casi desierto, lleno de celos y de antipatías locales, escaso de saber y de experiencia en los negocios públicos, desprovisto de rentas para hacer frente a los gastos del gobierno general fuera de los que demande la lista civil de cada Estado, es un plan cuyos peligros no permiten infatuarse ni aun con el placer efímero que causan siempre las ilusiones de la novedad".[129] Pero por el momento, con la resignación de un espectador impotente, se limitaba a informárselo a Guido:

---

[129] *DASM, op. cit.*, tomo VII, pág. 214. Proclama del General San Martín a los habitantes de las Provincias Unidas del Río de la Plata, Valparaíso, 22 de julio de 1820.

Señor don Tomás Guido

Baños de Cauquenes, marzo 7 de 1820

Mi amado amigo:

Incluyo a V. las comunicaciones que he tenido de Mendoza: por ellas verá V. que todo el teatro está mudado y que Buenos Aires entraba en la federación: en fin veremos lo que sale de esta tortilla.

Sigo regularmente a pesar de que el brazo derecho me tiene sumamente incomodado: Paroissien asegura que los buenos efectos los deberé sentir a los 15 días después de tomar los baños.

El sábado me retiro para Rancagua en donde permaneceré lo preciso para pasar una revista al Ejército y en seguida pasar a ésa a ver si se pueden activar los aprestos de la expedición, o que me desengañen cuanto antes, pues según oficio que se me pasa con fecha del 3 se me avisa haberse mandado suspender los trabajos de maestranza por toda la presente semana; esto me aburre como V. no puede calcular.

Diga V. a Peña que he recibido el vino que me ha remitido a lo que le doy mil gracias.

Adiós mi amigo, lo es de V. con todas veras su

Sⁿ Martín

En verdad, en la localidad de Rancagua el general no sólo se limitaría a la anunciada revista de las tropas, sino que allí tendría lugar un acto de mucha mayor trascendencia. San Martín era plenamente consciente de la precaria y anómala posición en que había quedado a partir del derrumbe del gobierno nacional rioplatense que le había conferido el mando del Ejército de los Andes, el que había quedado como fuerza autónoma que debía resolver por sí su propia y singular situación. Con esa finalidad y una vez de regreso en la capital chilena luego de la supervisión de sus tropas, le dirigió un pliego a Las Heras ordenándole que procediese a su lectura una vez que hubiese reunido al cuerpo de oficiales. Por ese documento, el general les comunicaba la nulidad jurídica de su autoridad, por la desaparición de la que se la había otorgado y por consiguiente los invitaba a decidir por votación la elección del general en jefe. Por iniciativa de Enrique Martínez, a la que sumaron su concurso Mariano Necochea, Pedro Conde y Rudecindo Alvarado, se rechazó la propuesta de votación, acordándose por unanimidad que debía San Martín continuar en el mando porque "su origen, que es la salud del pueblo, es inmutable", determinación de la que se dejó constancia en el famoso documento conocido como "Acta de Rancagua", suscripta el 2 de abril de 1820. Ahora bien, si con ese episodio por un lado el ejército se solidarizaba con su jefe natural y con su misión libertadora al ratificarlo en el mando; por el otro quedaba implícitamente sentado el principio de que su autoridad dependía de la voluntad de sus compañeros de armas poderdantes, pues de ella emanaba. Y si en ese momento en que el prestigio del Libertador estaba en alza se pudo restar importancia a tales consideraciones, sus consecuencias ulteriores no serían desdeñables, en especial cuando durante los días del protectorado peruano la conducción militar de San Martín fuese seriamente cuestionada precisamente por los oficiales descontentos del Ejército de los Andes. Aunque a éstos les fueron reconocidos sus grados en el ejército de Chile, las fuerzas argentinas conservaron su personalidad distintiva, asumiendo de hecho la representación de las Provincias Unidas y si bien partirían hacia el Perú bajo bandera chilena, al entrar triunfantes en Lima volverían a enarbolar su propio estandarte.

El 6 de mayo San Martín fue designado generalísimo de la expedición, extendiéndose su autoridad no sólo al que se denominó "Ejército Libertador del Perú" sino también de la escuadra, enterándose Cochrane recién en alta mar, cuando abrió el pliego de sus instrucciones, que quedaba subordinado al Libertador. Y O'Higgins, contraponiéndose a la actitud limitatoria del Senado, revistió al general de omnímodas facultades políticas y militares. Asimismo, a su expresa petición le acordó plenos poderes para entrar en negociaciones con el virrey del Perú, anunciándose ya con ello la tendencia a evitar la efusión de sangre que habría de guiar a San Martín durante su actuación en la tierra de los Incas.

A fines de junio continuaban con febril actividad los aprestos, resultando particularmente arduo conseguir el dinero para las cajas del ejército, como lo demuestran las tratativas continuadas hasta último momento con el fin de escoger la propuesta más provechosa sobre el cambio de los billetes o vales del Estado, de las que se dejaba constancia en las siguientes cartas.

Señor don Tomás Guido

Valparaíso, junio 28 de 1820

Mi estimado amigo:

Devuelvo a V. su oficio fecha 20 porque no comprendo por más que leo si el acuse que debe V. hacer y la orden al Gobierno para que se forme el cargo es de 723 pesos 5 1/4 n^s o bien de 1.037 pesos 2 1/4 n^s que V. dice le entregó: hágame V. el favor de explicármelo para salvar esta dificultad y devolverme el oficio.

Recibí el manifiesto que V. me remite.

Veo lo que V. me dice sobre Medina: V. conoce que darle el despacho de su grado y a un hombre enteramente demente y que no ha hecho servicios en este Estado sino para comer sueldos, hará mirar esta medida como ridícula.

Va despachada la solicitud que V. me remite.

La representación de V. sobre la deuda de Bernales la he pasado al Ministerio de la Guerra.

Nada se ha hecho sobre los billetes y quisiera que hablase V. con Linch, para que se decidiese sobre este particular.

No sé cuál es la solicitud de Erescano pues aún no la ha presentado.

La imprenta es preciso que venga para no vernos apurados en los últimos días y poderla embarcar con reposo.

El Norte no ha permitido trabajar en estos días pero ahora parece que va aflojando alguna cosa.

Memorias a todos los amigos y se repite de V. como siempre suyo su

José de Sⁿ Martín

Señor Don Tomás Guido

Valparaíso, julio 1° de 1820

Mi querido amigo:

Es en mi poder la de V. del 26: González llegó y me entregó el sello. A nuestra vista trataremos sobre escribir a Bolívar.

Para el 15 por parte de la escuadra y Ejército estaremos listos y Solar me asegura que con los 30 mil pesos que se les han librado estarán igualmente prontos los transportes: todo está tomando mucha actividad y yo estoy resuelto a dejarlo todo con tal de marchar.

Nada se ha hecho sobre los billetes: la expedición se acerca y nos vamos a ver en la necesidad de hacernos unos verdaderos salteadores: Vea V. a Linch: venga su decisión terminante sobre este interesante particular, en inteligencia que yo no puedo moverme sin realizar esta cantidad aunque sea a costa de sacrificios: sobre este particular escribo a Lemos con igual data para que se ponga de acuerdo con V:

si para dar más autorización a los billetes se necesita la intervención del senado y más garantía de este gobierno apúntemelos V. por extraordinario para que se hagan inmediatamente: en fin trabaje V. sobre este particular, y puesto de acuerdo con Lemos venga por extraordinario lo que se haya hecho para salir de este cuidado que es el que más me abruma.

Diga V. a Las Heras que el Nº 7 esté pronto para marchar a primera orden y que al efecto tengan pedidas las cabalgaduras de carga y silla.

V. debe estar aquí a más tardar para el 12: a cuyo efecto tomará V. sus medidas en inteligencia que para el 19 todos debemos estar listos para poner el pie a bordo.

Diga V. a García que se venga con V. en inteligencia de marchar.

Avíseme V. por extraordinario el resultado de los billetes.

Como siempre se repite su amigo

San Martín

Señor Don Tomás Guido

Valparaíso, 4 de julio de 1820

Mi querido amigo:

Devuelvo a V. la contestación sobre el asunto de Bernales; ésta podrá mejorarse si somos felices en el Perú.

Acabo de recibir la de V. del 28; y he devuelto al cónsul americano las copias de los contratos con Linch ya firmadas.

Contesto a Castillo sobre su carta y creo justa su solicitud.

Sirva de gobierno que para el 26 sin falta marcho: arregle V. sus cosas y véngase cuanto antes.

Respóndame V. por extraordinario sobre los billetes.

Sarratea está haciendo una notable falta y sin él todo se paraliza.

Diga V. a Lemos que remita todo lo que tiene del Ejército para hacer el embarque sin confusión.

Irá el nombramiento de García, pero será hecho por mí, pues verificado por el gobierno sería una cosa no bien mirada: sin embargo hablaré hoy al amigo O'Higgins, el que está ya conmigo de acuerdo sobre el particular y García no tiene que hacer más que venirse para extenderle su despacho y quedar corriente.

Acaban de presentárseme algunos comerciantes ingleses con pro-
posiciones sobre los billetes: les he contestado que dentro de 6 días
les daré mi resolución sobre sus propuestas. Me he tomado este tiem-
po por ver la resolución de Linch.

Adiós, mi amigo, lo es de V. suyo su

José de S^n Martín

Desde mediados de mayo comenzaron a concentrarse las tropas en Quillota adelantando en su instrucción militar bajo la dirección del jefe de Estado Mayor, Juan Gregorio de Las Heras, ascendido a general de brigada. Se
incorporaron al Ejército dos jefes de alta graduación: Toribio Luzuriaga y José Antonio Álvarez de Arenales. Tomás Guido iría en calidad de primer ayudante de campo del Libertador y tendría a su cargo el "ramo secreto". Paroissien correría a cargo del rubro sanitario. Monteagudo reemplazaría en el
cargo de auditor de Ejército y Marina a Álvarez Jonte, quien moribundo casi se aprestaba a rendir su postrer servicio a la causa de la Patria. A este sincero amigo, que moriría en Pisco apenas arribada la expedición al Perú, se
refería San Martín en esta misiva:

Señor don Tomás Guido

Valparaíso, julio 7 de 1820

Mi querido amigo:
Contesto a la de V. del 4.

Veo con sentimiento lo que V. me dice de la salud de Jonte y yo no
sería un verdadero amigo suyo si permitiese el sacrificio de su vida:
como su salud está tan delicada, no le quiero escribir directamente so-
bre este particular, y V. lo puede verificar en una coyuntura que se le
presentase favorable haciéndole presente mis sentimientos con respec-
to a él: dígame V. sobre el particular lo que haya y si él se decide a
quedarse entréguese V. al ramo secreto que está a su cargo y véngase
sin perder momentos para que podamos despachar a los individuos
que se hallan en ésta que después tendrá V. lugar a volver, aunque no
sea más que por un par de días. Contésteme V. sobre este interesante
asunto sin perder un solo momento pues la demora de estos hombres
perjudica infinito los buenos resultados de la expedición.

Admítame V. las propuestas sobre los billetes pero no cierre del todo trato alguno hasta avisarme pues se lo espera a Sarratea para ver otras proposiciones que se hacen en esta.

Repito mi encargo de la imprenta y que venga rabiando.

Sarratea hace notabilísima falta para los transportes y por lo que respecta a escuadra estaba toda lista para fines de la semana entrante.

Adiós, mi querido amigo, mil cosas a Jonte y demás, y se repite suyo su

José de S^n Martín

P.D. No es cierto la entrada de Bolívar en Quito.

En total unos 300 jefes a cargo de 4.100 soldados se hallaban listos ya para zarpar en 16 transportes protegidos por 8 naves de guerra y 11 lanchas cañoneras, servidas por otros 2.500 hombres y que portaban además 800 caballos, municiones y armamentos de todo género, entre los que se contaban 35 cañones, 15.000 fusiles y 2.000 sables de repuesto, junto con víveres y forrajes para varios meses. Poco antes de zarpar, San Martín promovió a Guido al grado de coronel efectivo, quien por entonces le escribe unas conmovedoras líneas a Pilar Spano, hija del defensor de Chillán y de Talca, el coronel Carlos Spano, de noble origen español, con quien había contraído matrimonio el 22 de diciembre de 1818 y que ya le había dado dos hijos chilenos: "Valparaíso presenta hoy un espectáculo magnífico, pero muy tocante. Por una parte se oyen aclamaciones de alegría de toda la tropa y por otra se ven correr por la playa a las madres y esposas de los pobres soldados bañadas en lágrimas, devorando con sus ojos las lanchas que conducen a sus hijos y esposos. El estruendo repetido de la artillería, la armonía de las músicas y el ruido de los tambores es el objeto de espectación a un inmenso pueblo que corona los balcones y cimas de los cerros. La historia recordará ciertamente este día como uno de los más memorables desde el descubrimiento del nuevo mundo".[130]

El 20 de agosto de 1820, al levar anclas la escuadra, le fueron entregados a San Martín los despachos de capitán general. Se embarcó acompañado por su Estado Mayor en una vistosa falúa y antes de dirigirse a la nave bautizada con su nombre recorrió toda la bahía saludado desde los buques con el grito de "¡Viva la Patria!". Se había demorado dos años y medio lo

---

[130] Cit. en: *El centenario…, op. cit.*, pág. 26.

que inicialmente el Libertador había confiado realizar a los tres meses de Chacabuco; pero por fin llegaba la hora de completar la misión que dio sentido a su vida: "Se acerca el momento en que yo voy a seguir la grande obra de dar la libertad al Perú. Voy a abrir la campaña más memorable de nuestra revolución y cuyo resultado aguarda el mundo para declararnos rebeldes si somos vencidos o reconocer nuestros derechos si triunfamos".[131]

SAN MARTÍN Y GUIDO EN EL PERÚ

La correspondencia particular que se conserva entre San Martín y Guido se interrumpe a partir de julio de 1820 y recién se vuelve a retomar tres años más tarde. En gran parte ello se explica por la proximidad en que permanecieron el general y su inseparable primer edecán durante la campaña en el Perú, pero también porque el infatigable colaborador continuó en ese destino cuando en setiembre de 1822 el Libertador decidió separarse del mando. Algunas pocas cartas se preservaron de la etapa inmediata anterior a ese hecho y son las que se transcriben a continuación, hasta que el contacto epistolar se reinicia para no cortarse más a partir de 1826, cuando Guido retornase a su país después de haber cumplido su empeño de no abandonar el escenario de la lucha, fuera cual fuese su puesto, hasta ver concluida con éxito la guerra de la Independencia; y San Martín contara ya con dos años de ostracismo en Europa. Esa laguna documental bien puede atribuirse además a que una gran parte de las piezas que componían el valiosísimo archivo de don Tomás se perdieron en el naufragio de la fragata *Isabel* que lo conducía a su patria después de nueve años de ausencia. Al tomar conocimiento de ese irreparable accidente, San Martín se lamentaría: "No me conformo, ni me conformaré jamás con la pérdida de sus papeles: ella lo es para la América y particularmente para la Historia. Lo más sensible es que no se puede reparar porque nadie podrá hallarse en el caso ni con la proporción que V. ha tenido para reunir documentos tan preciosos como interesantes y originales".[132]

---

[131] Cit. en: BARTOLOMÉ MITRE, *Historia de San Martín y de la independencia sudamericana*, Buenos Aires, Eudeba, 1977, tomo II, pág. 257.

[132] Párrafo de la carta de San Martín a Guido escrita desde Bruselas el 21 de junio de 1827, transcripta más adelante.

Una apretada síntesis servirá para cubrir el indicado hiato que presenta el epistolario que publicamos.

San Martín debía con sus escasos 4.000 hombres enfrentar una fuerza enemiga compuesta de más de 23.000 efectivos, pavorosa desproporción que es preciso tener muy presente para entender su conducción de la guerra en el Perú, que necesariamente debía fundarse en evitar el contacto inmediato con los realistas para que éstos no pudieran sacar ventaja de su superioridad numérica, llamar su atención por diversos puntos para provocar la dispersión de sus fuerzas y revolucionar todo el país como único medio de sostenerse en él. El 7 de setiembre de 1820 la escuadra arribó a la bahía de Paracas, situado 250 kilómetros al sur de Lima. El bergantín *Dardo* que conducía la caballada había quedado rezagado, impidiendo la movilidad de los patriotas. Al día siguiente desembarcó una avanzada al mando del general Las Heras que, cargando sus monturas al hombro –pues debían procurarse caballos– se dirigió 15 kilómetros al norte para apoderarse de Pisco y hacer del lugar cabeza de playa, donde efectivamente el 11 pudo desembarcar todo el ejército sin oposición.

El vuelco político operado en la península a raíz de la exitosa sublevación de Riego el 1º de enero de 1820 que inauguró el llamado "trienio liberal" español favoreció los intentos de avenimientos pacíficos con los insurgentes americanos, sobre la base del acatamiento de la restablecida constitución gaditana de 1812. Fue precisamente en cumplimiento de la R.O. del 11 de abril destinada a lograr la pacificación de Hispanoamérica que el virrey Pezuela envió un emisario ante San Martín para entablar negociaciones. San Martín aceptó de inmediato y despachó a Tomás·Guido acompañado por Juan García del Río en dirección a Lima, quienes conferenciaron con los delegados del virrey en el pueblo de Miraflores el 26 de setiembre. Allí se concertó el canje de prisioneros y un armisticio que establecía el cese de hostilidades hasta el 4 de octubre, lapso durante el cual se discutirían las bases de un arreglo, que no pudieron fructificar por la irreductible condición previa del reconocimiento de la independencia impuesta por los patriotas, los que de todos modos dejaron deslizar que "no sería difícil encontrar en los principios de equidad y justicia la coronación en América de un príncipe de la casa reinante de España". Fue ésa la primera insinuación de instaurar una monarquía independiente, progresivamente explicitada en tratativas posteriores. Mientras tanto, se había ganado el tiempo necesario para que llegara la caballada procedente de Valparaíso. El mismo día que expiraba el armisticio, San Martín despachó el 5 de octubre una división al mando de Arenales para operar en la Sierra y, luego de haber cumplido los objetivos que se había propuesto en Pisco (aprovisionamiento, propaganda política, incorporación de hombres), el 23 de octubre hizo reembarcar el grueso de su ejército para proseguir rumbo al norte hasta el puerto de Huacho, donde el 9 de noviembre volvieron a apearse sus fuerzas quedando establecido en Huaura el cuartel general del ejército; mientras parte de la escuadra quedó bloqueando el Callao, donde lord Cochrane lograría tomar por abordaje, en un inusitado gesto de audacia, la fragata de guerra española *Esmeralda*.

El cambio de posición del ejército repercutió favorablemente en Guayaquil, donde fueron derribadas las autoridades españolas y organizada una Junta de gobierno de tres miembros, presidida por don José Joaquín Olmedo, la que solicitó el amparo de San Martín, cuando los patriotas guayaquileños se habían precipitado a atacar las fuerzas de Quito al mando del general Aymerich sin tener chance de éxito. Respondiendo a ese requerimiento el Libertador envió a Guido y Luzuriaga. Tenían instrucciones para negociar un empréstito y pedir auxilios, ofreciéndole en trueque los que el ejército expedicionario pudiera a su turno brindarles para defenderse de las armas realistas. Los comisionados contribuyeron a la organización de una vigorosa defensa que impidió que el enemigo se posesionara de esa localidad. Pudieron regresar al Perú habiendo conseguido, en medio de las dificultades más arduas, el auxilio de buques, dinero, municiones y otros artículos de guerra.

Simultáneamente, la columna volante de 1.000 hombres al mando de Arenales cumplía exitosamente su marcha de circunvalación en reconocimiento del interior del país, encendiendo el espíritu insurgente y coronaba las acciones victoriosas de Nazca, Acarí y Jauja con la batalla del Cerro de Pasco el 6 de diciembre, que dejó abiertas las comunicaciones con San Martín, situado en la costa. El parte de esa victoria le llegó al general cuando acababa de pasarse a sus filas el batallón realista Numancia, integrado por 650 venezolanos y neogranadinos al mando de Tomás Heres.

Por otro lado, el 20 de diciembre la intendencia de Trujillo también se plegó a los libertadores, encabezada por el marqués de Torre Tagle, quien estaba en contacto con San Martín desde su desembarco en Pisco; a lo que siguió la declaración de independencia de Piura el 4 de enero. Así pues al principiar 1821 todo el norte del Perú, desde Chancay a Guayaquil, quedó pronunciado por la emancipación, contando desde entonces el ejército expedicionario con una base segura de operaciones y un rico territorio capaz de atender a su aprovisionamiento.

Por el contrario, todo era confusión y desaliento en Lima, donde se empezaban a sentir los efectos del bloqueo marítimo y terrestre, a lo que se agregaría el accionar de las guerrillas organizadas por San Martín. Allí los vecinos principales habían venido presionando a Pezuela para llegar a un acuerdo amistoso con los independientes, evitando el enfrentamiento armado, a la par que los jefes militares del bando liberal lo culpaban de la mala conducción de la guerra; el 29 de enero triunfó en el campamento realista de Aznapuquio un complot urdido por la logia constitucionalista que, encabezado por Valdés y Canterac, depuso a Pezuela y transfirió el mando militar y político a La Serna. El nuevo virrey invitó a San Martín a iniciar un nuevo intento de negociación y éste aceptó, depositando su confianza en la ya probada capacidad diplomática de Guido, esta vez acompañado por Rudecindo Alvarado. Ambos delegados se reunieron con los comisionados del virrey en la hacienda de Torre Blanca, sin arribar a ninguna solución.

Pero la situación favorable que los libertadores habían conseguido no tardaría en revertirse. El 8 de enero, cumpliendo órdenes del Libertador y a pesar de haber manifestado Arenales su disidencia, la gloriosa división que acababa de realizar una operación modelo de guerra de montaña, se reunía con el grueso del ejército. Con su retirada de la sierra, el éxito conseguido quedó inmediatamente neutralizado y los realistas lograron recuperar rápidamente ese territorio, después de ejecutar las más sangrientas represalias contra los pueblos indígenas que se habían plegado a la causa revolucionaria.

Luego de transcurrir los primeros meses de 1821 en una total inacción, agravada por las epidemias propias de la insalubridad de los valles de la costa, San Martín inició operaciones en el sur del Perú destacando la primera expedición a Puertos Intermedios, a cargo de Miller y Cochrane. Paralelamente partió de Huaura una segunda campaña a la Sierra nuevamente confiada a Arenales, que con el triple de fuerza tenía que recorrer el camino inverso al anterior. Ambas operaciones iniciadas con éxito debieron paralizarse ante la firma de otro armisticio pactado el 23 de mayo. Éste fue el resultado de la apertura de nuevas negociaciones a raíz de la llegada del comisionado del gobierno constitucional de la península, el capitán de fragata Manuel de Abreu, quien fue confraternalmente recibido en el campamento libertador y muy poco hospitalariamente, en cambio, por la camarilla liberal española. Las tratativas se iniciaron en la hacienda de Punchauca el 14 de mayo y esta vez acompañaron a Guido, García·del Río y José Ignacio de la Rosa, omnímodamente facultados para negociar pero siempre sobre la base de la independencia política de Chile, Río de la Plata y Perú, lo que era imposible de aceptar por los adversarios; pero si se determinó aquel cese de hostilidades fue por el propósito manifestado por San Martín de mantener una entrevista personal con el virrey, la que tuvo lugar el 2 de junio. En ella el Libertador instó a La Serna a obrar en concordancia con los principios liberales que los hermanaban: "General, considero este día como uno de los más felices de mi vida. He venido al Perú desde las lejanas márgenes del Plata, no a derramar sangre, sino a fundar la libertad y los derechos de que la misma metrópoli ha hecho alarde al proclamar la constitución del año 12, que V.E. y sus generales defendieron. Los liberales del mundo son hermanos en todas partes".[133] Esgrimió luego lo que ya se había sugerido en Miraflores, esto es, la posibilidad de conciliar los intereses de España y América, evitando la prosecución de una guerra tan injusta como estéril, dada la inevitabilidad de la independencia. Finalmente concretaba su proposición: si el virrey se prestaba a la cesación de la lucha y a la proclamación de la independencia del Perú, se constituiría un gobierno provisional, presidido por La Serna y compuesto de dos miembros más, uno por cada bando contrincante; y se ofrecía el propio San Martín a marchar a la península si fuese necesario para dejar a salvo la honra militar de los jefes pactantes y demostrar los beneficios que aparejaría a la misma España el establecimiento en el Perú de una monarquía constitucional independiente en armonía con los intereses dinásticos de la casa reinante, lo que a su vez garantizaría la estabilidad del nuevo Estado evitando que imperase en él la anarquía que traía aparejada la revolución. Esta proposición fue apoyada por Abreu y La Serna también se mostró proclive a ella. Pero cuando el general, exultante de contento, daba por conseguido su cometido le llegó la respuesta negativa del virrey: se había impuesto la enérgica posición contraria del general Valdés que logró arrastrar en el mismo sentido la voluntad de sus compañeros de armas.

Tan súbito e incomprensible cambio no podía menos que resultar desconcertante: San Martín confiaba sinceramente en la posibilidad de arribar a un acuerdo con los peninsulares de ideología liberal valiéndose del nexo masónico. Creía que cabía esperar de ellos que antepusieran los principios universales de la justicia a los irracionales privilegios metropolitanos. La experiencia peruana terminaría demostrándole que la coherencia entre ideas y conductas era un bien esquivo aun entre los esclarecidos cofrades. Pero además de esto había otro motivo relacionado con mezquinos intereses particulares que contribuye a explicitar la tozuda intransigencia de la camarilla militar española del Perú. Lo hallamos en la carta que Tomás Guido dirige desde Lima el 11 de setiembre de 1823 a Bernardino Rivadavia, a la sazón ministro de Gobierno y Relaciones Exteriores durante la gestión provincial bonaerense de Martín Rodríguez, relativa a las negociaciones de Punchauca. Allí dice: "Existe además un principio para calificar la guerra que Valdés y Canterac sostienen a nombre de la España, como una especulación independiente de la causa que produjo esta lucha. Una compañía mercantil presidida en

---

[133] TOMÁS GUIDO, *"Negociaciones de Punchauca"*, en *Revista de Buenos Aires*, Buenos Aires, 1865, tomo VII, págs. 420-421.

Arequipa por el comerciante Cotera, guarnecida por las armas de los principales caudillos del ejército enemigo, socios de aquélla, ha monopolizado hasta ahora el vasto comercio de contrabando por Puertos Intermedios: el navío americano *Franklin* patrocina la extracción de retornos y a su bordo se depositan los caudales. Mientras dura la guerra el tráfico no cesa y la lejanía y el aislamiento en que se ve La Serna autoriza también la prodigalidad de los grados, por lo que avanzan rápidamente en su carrera todos los jefes españoles pertenecientes al primer círculo: considero que el influjo de la corte de Madrid es tan débil sobre ellos, cuanto el gobierno metropolitano dista de su memoria".[134]

El fracaso de las negociaciones apresuró la puesta en práctica del plan realista de evacuación de Lima, lo que se efectuó el 6 de julio, quedando 2.000 efectivos bajo el mando del mariscal La Mar protegiendo el Callao, donde también se habían refugiado los civiles favorables a la causa del rey. El resto de las tropas al mando de Canterac y La Serna (unos 3.400 hombres) marcharon a establecerse en la sierra, región que fue tomada sin esfuerzo por los realistas, ya que Arenales dispuesto a combatirlos recibió orden de San Martín de no arriesgar una operación y replegarse. El 10 de julio de 1821 en las primeras horas de la noche comenzaba la entrada de las fuerzas patriotas en la capital peruana. Cuatro días más tarde su jefe se instalaba con su séquito civil y militar en el palacio de los virreyes. Ese mismo día fue convocado el Cabildo abierto para consultar a la población, suscribiéndose por aclamación el acta de independencia de la metrópoli y de toda dominación extranjera, la que fue proclamada solemnemente el 28 de julio por el Libertador en la plaza mayor de Lima. Guido fue uno de los que pasearon ese día el estandarte del Perú independiente, con indecible emoción. La contrapartida de estos felices acontecimientos fue la paralización de las acciones militares. Considerando erróneamente que bastaba la toma de Lima para decidir la suerte

---

[134] Cit. en: *"El centenario…"*, *op. cit.*, pág. 158. También da cuenta de la conducta acomodaticia de dichos jefes, tan poco atenidos a los principios a los que decían adherir, un testimonio posterior de Guido al referirse al viraje político sobrevenido en España con el fin del trienio liberal y el restablecimiento del absolutismo fernandino: "Algunos imbéciles de aquí se atrevieron a confiar que el cambio en la península trastornaría las miras de La Serna y comparsa, que jurarían la independencia […] En julio del año anterior era blasfemo quien nombraba al Rey delante de las tropas de Canterac y hoy se maldice al que no victorea al Fernandito. ¿Qué hay que esperar amigo de esta conducta? Nada, sino una ciega obstinación de parte de los enemigos y una larga guerra si la fortuna nos abandona en la campaña próxima". (*Ibídem*, págs. 166-167. Guido a Las Heras, 11 de agosto de 1824.)

del Perú, San Martín desaprovechó la oportunidad para perseguir vigorosamente y aniquilar al enemigo, que se rehizo más tarde en el interior del país, con lo que la guerra se prolongó cuatro años más y sólo pudo concluir con la intervención de las fuerzas de Bolívar.

El 3 de agosto el Libertador asumió el Protectorado, reuniendo en su persona el mando supremo político y militar, puesto que aún eran considerables los enemigos que había que combatir. A diferencia de lo que había ocurrido en Chile, así lo había decidido la Logia que, desde el seno del Ejército Libertador, ya se había establecido en el Perú.

En medio de una grave divergencia surgida entre San Martín y Cochrane –quien desconoció el derecho del Protector a impartirle órdenes, fundándose en que había faltado a la fidelidad y subordinación debidas al Estado de Chile y que terminó retirándole la colaboración de las fuerzas navales a su mando–, una columna de 3.400 al mando de Canterac se aproximaba en actitud ofensiva a la capital peruana con el objeto de recuperarla, cuando sólo habían pasado dos meses de su evacuación. El Libertador, convencido de que no debía arriesgar en una jornada todo cuanto hasta el momento había logrado, optó por la defensiva, ocupando una posición inexpugnable. Varios días pasaron los ejércitos a la vista hasta que Canterac pasó a encerrarse en el Callao, agravando la situación de la plaza que vio disminuir así dramáticamente sus elementos de subsistencia y retirándose cuatro días más tarde. El jefe patriota, persistiendo hasta las últimas consecuencias en su sistema de guerra *sine sanguine* ni siquiera perturbó la retirada del enemigo y sólo tardíamente ordenó su persecución. A los pocos días lograba la rendición de la fortaleza ofreciendo una honrosa capitulación a su jefe, el general La Mar, que Tomás Guido estipuló y firmó el 19 de setiembre de 1821, pasando a desempeñarse como gobernador de la plaza tomada durante cinco meses. Pero lo cierto fue que esa "batalla blanca" ganada por San Martín sólo contribuyó a desprestigiarlo entre sus ya descontentos oficiales. En forma concordante con su creciente impopularidad, a mediados de octubre de 1821 fue denunciada una conspiración para atentar contra la vida de San Martín preparada por los jefes del Ejército de los Andes. La tendencia contestataria de sus viejos compañeros de armas continuó en ascenso hasta el punto que algunos de los más encumbrados solicitaron su retiro del ejército. En cambio, Tomás Guido continuaba fiel a su jefe y amigo, lealtad que fue premiada cuando el 22 de diciembre se le confirió el grado de general de brigada y cuatro días más tarde el Protector lo nombró secretario de Estado en el departamento de Gobierno, pasando a desempeñar en poco tiempo el cargo de ministro de Guerra y Marina, a la par de ser miembro del Consejo de Estado.

Luego de haber sido rechazada por los realistas la propuesta de San Martín de concertar un nuevo armisticio para abrir negociaciones siguiendo el ejemplo de lo sucedido en México entre Iturbide y O'Donojú, además de tomar represalias por la intransigencia enemiga deportando centenares de godos, a los que se confiscaron la mitad de sus bienes, decidió a principios de 1822 destacar una expedición al valle de Ica, que puso bajo el mando de los militares nativos general Domingo Tristán y coronel Agustín Gamarra, la que fue completamente derrotada el 7 de abril en la Hacienda de la Macacona. El suceso reforzó las críticas al Libertador acusado de haber puesto las armas americanas en manos de "pasados" ineptos. Ya para entonces Las Heras había hecho efectivo su abandono del mando delegado del Ejército y pasó con licencia a Chile, siendo designado en su reemplazo Rudecindo Alvarado, bajo cuya inhábil jefatura siguió cobrando vuelo la indisciplina.

Lo cierto era que esa derrota había puesto de manifiesto la insuficiencia militar de las armas sanmartinianas para emprender la campaña final. La guerra se prolongaba por la inacción que imponía el equilibrio de fuerzas establecido entre los independientes (dueños del norte, la capital y parte de la zona central del país) y los realistas (que ocupaban toda la sierra, el sur y el Alto Perú). Si bien estos últimos contaban con el doble de efectivos, su dispersión contribuía también a balancear la situación. Para que los patriotas pudieran pasar a una ofensiva que asegurara de antemano el triunfo final se imponía conseguir importantes refuerzos. Consciente de ello, San Martín procuraría infructuosamente obtenerlos en sus antiguas bases de suministro, Chile y las Provincias Unidas, que ya no estaban dispuestas a secundarlo. A la par preparó la obtención de la indispensable colaboración del ejército al mando del Libertador del Norte, única opción que le quedaba, adelantándose a enviarle una importante división de 1.300 hombres en auxilio de las tropas colombianas que al mando de Sucre operaban en Quito, gracias a la cual las armas independientes consiguieron un rotundo triunfo después del combate de Río Bamba y la batalla de Pichincha.

Mientras tanto, crecía el descontento contra el Protector en la sociedad limeña resentida por la pesada carga de una guerra que parecía no tener solución de continuidad, pero que además comenzaba a manifestarse contraria al proyecto del Protector de instaurar una monarquía constitucional en el Perú, a pesar de que, paradójicamente, había venido aceptando de muy buen grado otras de sus medidas que claramente se orientaban a crear las condiciones que hicieran posible la implantación de esa forma de gobierno, tales como la creación de un Consejo de Estado de carácter consultivo que, por su composición era una corporación eminentemente jerárquica y aristocrática, o el mantenimiento del andamiaje de la nobleza tradicional (los títulos de Castilla, que pasaron a denominarse del Perú), o la institución de la Orden del Sol, distinción que tendía a fomentar la formación de una nueva aristocracia fundada sobre la base de los grandes servicios rendidos a la Patria, o la fundación de la Sociedad Patriótica que más allá de su índole académica había sido concebida como un vehículo de difusión o propaganda de las ventajas del régimen monárquico, etc. El clima adverso de desconfianza e incertidumbre respecto de las miras del Protector, sospechado de abrigar la intención de coronarse rey o emperador del Perú, se fue generando en forma tardía y paralela a la determinación de San Martín de concretar la alianza con la Gran Colombia, que parece en verdad el motivo central de la oposición de los peruanos súbitamente convertidos en republicanos acérrimos.

Es posible que haya obrado como causa aparente del malestar público la misteriosa comisión encargada a fines de 1821 a los comisionados peruanos García del Río y Diego Paroissien, cuyo objeto ostensible era la negociación de un empréstito en Europa, mientras que su oculto designio era la obtención de la protección de una de las grandes potencias, preferentemente de Gran Bretaña, por medio de la coronación de un miembro de la dinastía reinante, bajo las condiciones de aceptar quedar sujeto a las limitaciones de una constitución de signo confesional católico. Dichos emisarios deberían procurar obtener además la adhesión al proyecto de los gobiernos de Chile y del Río de la Plata, intentos en los que como era más que previsible fracasaron. Por sus comunicaciones supo San Martín cuán adversa y hostil le era la opinión de la mayoría de la dirigencia dominante en ambos países.

Sin embargo, parece que debió producir un malestar mucho más profundo la abierta negociación que duró más de dos meses entre el ministro Monteagudo y el plenipotenciario colombiano Joaquín Mosquera, concluida con la firma de los tratados de alianza confederal del 6 de julio de 1822, e incluía el mutuo auxilio militar y financiero. Lo cierto era que, mientras el poder político y militar del Protector presentaba indisimulables e irreversibles síntomas de debilitamiento, brillaba cada vez con más fuerza la estrella de Bolívar, cuyas fuerzas al promediar 1822 acababan de concluir la guerra emancipadora en el norte del subcontinente, cuyo corolario fue la incorporación de Quito –con Guayaquil incluida– a la Gran Colombia, sumándose así a Venezuela y Nueva Granada. Si comparaban, pues, las posiciones relativas de ambos Libertadores, no debía quedarles ninguna duda a los peruanos que aquella alianza en los hechos traía implícitamente aparejada la hegemonía colombiana, dejándolos en una posición desventajosa que debía resultar intolerable para quienes habían detentado por siglos un predominio indiscutido en Sudamérica. Y en este sentido, esas previsiones fueron más realistas que las del propio San Martín, quien por entonces se embarcó en la goleta *Macedonia* para entrevistarse con Bolívar, plenamente confiado en que encontraría en él a su natural, sincero y desinteresado compañero de causa. Tenía dos fundados motivos para creerlo así: los reiterados y espontáneos ofrecimientos de auxilio del venezolano y los compromisos derivados de los tratados de confederación que acababan de firmarse. Pero estas lógicas expectativas fueron defraudadas cuando se halló finalmente frente al Libertador del Norte en la entrevista de Guayaquil y le propuso francamente unir sus fuerzas para culminar con rapidez y seguridad la guerra por la independencia en el Perú, ya fuera bajo un mando conjunto o bien subordinándose San Martín a su conducción. Debió ser una desalentadora sorpresa comprobar que su interlocutor sólo estaba dispuesto a devolverle la cooperación militar prestada en la última campaña a Ecuador por el Protector, quien regresó al Perú irreductiblemente convencido de que su presencia era el único obstáculo para una colaboración más decisiva de aquel jefe que no estaba dispuesto a compartir innecesariamente sus laureles.

Otras malas nuevas lo esperaban al regresar a Lima: durante su ausencia, el 25 de julio se produjo el estallido de un movimiento opositor dirigido por Riva Agüero, presidente del distrito y de la municipalidad capitalina, que se impuso al mandatario delegado Torre Tagle y logró la exoneración del ministro Monteagudo, quien además fue puesto en prisión para ser luego deportado a Panamá; mientras el ejército se había abstenido de toda intervención, convalidando así el triunfo de esta intriga que era un verdadero tiro por elevación al propio San Martín. Este acontecimiento terminó de persuadirlo de la necesidad de autoexcluirse. Reasumió el mando el 20 de agosto y apresuró los preparativos institucionales conducentes a la instauración de la organización política que debía subrogar su personal conducción, ya no sólo en lo político sino también en lo militar. Tal era su irrevocable decisión.

RETIRO DE LA VIDA PÚBLICA
E INICIO DEL OSTRACISMO
(1822-1828)

EL RENUNCIAMIENTO

Con su acostumbrada precisión matemática se dieron los pasos necesarios para reunir el primer Congreso Constituyente de San Marcos y ante él, el 20 de setiembre de 1822, el Protector se despojó de la banda bicolor, símbolo de su autoridad, y presentó su renuncia irrevocable a todo mando futuro. De inmediato se retiró a su hacienda de la Magdalena, pidiéndole a su leal compañero Tomás Guido que lo acompañara. Le confesó en el trayecto el alivio que sentía por haberse desembarazado de una carga que ya no podía sobrellevar. Luego de lograr resistir las recurrentes solicitudes que a nombre de aquella asamblea se le hicieron para que continuase en el mando, sólo aceptó el título de "Fundador de la Libertad del Perú" y la asignación de una pensión anual vitalicia de 9.000 pesos.

El ministro de Guerra y Marina venía asistiendo perplejo a aquellas alternativas y vio colmado su asombro cuando San Martín le anunció que esa misma noche partiría hacia Chile, declaración que repercutió en él como "el estallido de un trueno", ya que el Libertador había silenciado aun ante su habitual confidente tal designio, sólo comunicado hasta entonces reservadamente a Bolívar y a O'Higgins.

En vano esgrimió Guido las argumentaciones de mayor peso para disuadirlo de su determinación, las que se estrellaron contra el categórico discurrir del general: "No desconozco los intereses de América ni mis imperiosos deberes y me devora pensar de abandonar camaradas que quiero como a hijos y a los generosos patriotas que me han ayudado en mis afanes; pero no podría demorarme un solo día sin complicar mi situación; me marcho. Nadie, amigo, me apeará de la convicción en que estoy de que mi presencia en el Perú le acarreará peores desgracias que mi separación [...] Tenga usted presente que por muchos motivos no puedo ya mantenerme en mi puesto sino bajo condiciones contrarias a mis sentimientos y a mis convicciones más firmes. Voy a decirlo: una de ellas es la inexcusable necesidad a que me han estrechado, si he de sostener el honor del ejército y su disciplina, de fusilar algunos jefes, y me falta el valor para hacerlo con compañeros que me han seguido en los días prósperos y adversos". Esta argumentación esgrimida por San Martín distaba de ser una excusa. Su natural rechazo a ejercer un poder tan fuerte como necesario coadyuvó en grado sumo a su separación. Su postura era "legalista"; sin embargo, la disyuntiva de 1822 parecía ser la pérdida del Alto Perú o el establecimiento de una dictadura efectiva. Poco tiempo después, Mrs. Graham, luego de observar detenidamente al general, anotaría esta aguda observación: "Parece haber en él cierta timidez intelectual que le impide atreverse a dar libertad, a la vez que atreverse a ser un déspota".[135]

Volviendo a la escena final de la quinta de la Magdalena, como Guido, sin conformarse con esas explicaciones, insistiera en su réplica, San Martín se vio constreñido a darle una última y concluyente justificación de su conducta: "Le diré a usted sin doblez. Bolívar y yo no cabemos en el Perú".[136] En verdad, la ambición de poderío del venezolano se le manifestaba al general como un factor ambivalente: si por un lado concluía de determinar su exclusión; por otro, la actitud de su émulo del norte llevaba implícita la resolución de arrollar todos los obstáculos sin cuidarse de las formas, con lo cual se salvaría la común meta independentista.

Así pues, lo que para los demás sería una retirada inmadura e incomprensible, para San Martín era la actitud que exigía la exacta ponderación de los factores en juego.

Confundido en la oscuridad de la noche, el 20 de setiembre de 1822, el ex Protector salió presurosamente hacia Ancón, donde se hallaba al ancla, listo para zarpar, el bergantín *Belgrano*. Ya en viaje, dirigió a su entrañable amigo y leal colaborador la siguiente nota:

---

[135] Cit. en: J. L. BUSANICHE, *op. cit.*, pág. 247.

[136] TOMÁS GUIDO, *"El general San Martín. Su retirada del Perú"*, *Revista de Buenos Aires*, Buenos Aires, 1864, tomo IV, pág. 10.

Señor General don Tomás Guido

A bordo del Belgrano *a la vela.*
21 de setiembre de 1822, a las dos de la mañana
Mi amigo:
Usted me acompañó de Buenos Aires, uniendo su fortuna a la mía; hemos trabajado en este largo período en beneficio del país lo que se ha podido; me separo de usted, pero con agradecimiento, no sólo a la ayuda que me ha dado en las difíciles comisiones que le he confiado, sino que con su amistad y cariño personal ha suavizado mis amarguras y me ha hecho más llevadera mi vida pública. Gracias y gracias, y mi reconocimiento. Recomiendo a usted mi compadre Brandzen, Raulet y Eugenio Necochea.
Adiós. Abrace usted a mi tía y Merceditas. Su .

San Martín[137]

DE REGRESO

El 12 de octubre el Libertador desembarcó en Valparaíso, donde fue recibido por el gobernador de la plaza, su antiguo secretario del Ejército de los Andes, el chileno José Ignacio Zenteno. La afectuosa consideración que éste le deparó no pudo disimular la perfidia de lord Cochrane, quien pretendió que se le formara proceso por haber usurpado por la fuerza la autoridad del Perú, violando los mandatos recibidos del gobierno chileno. Poco después, Guido le informaría que había llegado al Congreso una manifestación remitida por el almirante recriminando su conducta, agregando con un leve tono de reproche: "Usted no debe extrañar ninguna de estas cosas, porque desde el momento que colgó usted sus armas y abandonó el teatro de su fama quedó de punto en blanco de ingratos y ambiciosos. No es éste el menor mal de los que amenazan la ausencia de usted, pero así lo ha querido".[138] La campaña difamatoria que presentaba a San Martín como venido en fuga y trayen-

---

[137] Cit. en: *"El centenario..."*, *op. cit.*, pág. 39. No figura en el legajo del Archivo General de la Nación.

[138] *DASM*, *op. cit.*, tomo VI, págs. 450-454. Lima, 11 de enero de 1823.

do cuantiosos caudales sustraídos de las arcas del Estado peruano, encontró terreno propicio no sólo en el tremendo encono del marino británico, sino también en el partido opositor a O'Higgins y entre los mismos oficiales del Ejército de los Andes que se habían retirado descontentos de sus filas.

El Director, su siempre leal amigo, se esforzó por brindarle una esmerada acogida oficial. El general fue trasladado a Santiago en un lujoso coche y acompañado por una escolta de honor. Se hospedó en la quinta del Conventillo, donde pudo contar con los más que necesarios cuidados de la madre y la hermana de O'Higgins ya que por entonces cedieron todas sus defensas orgánicas: el agobio físico y moral causado por el abrumador peso de la decisión tomada hizo eclosión somática. El reumatismo y los vómitos de sangre no tardaron en complicarse con una intensa fiebre tifoidea, presentando un desesperante cuadro que se prolongó por dos meses interminables en los que se temió un fatal desenlace, a tal punto que el enfermo llegó a testar nombrando por albacea a su anfitrión. Sin embargo, finalmente se produjo una nueva remisión de sus crónicos ataques, a lo que contribuyó su estadía en los valles de Cauquenes.

En la capital chilena recibió las primeras comunicaciones del Perú. Guido le daba cuenta de la difícil situación en que se encontraba; su persistencia en el ministerio se había tornado una carga insoportable y acababa de repetir por tercera vez su renuncia a la secretaría. Sin saber el duro trance de salud por el que estaba atravesando el general, le manifestaba francamente: "ninguna cosa de lo que ha pertenecido a la administración anterior está excluida de la censura; yo uno en mi individuo no sólo ese principio sino la especial amistad con que todos saben he amado a usted, y a los ojos de los demagogos no puedo dejar de ser un objeto de celos y de persecución". Y más adelante agregaba: "Los enemigos han hecho saber la ida de usted como el triunfo de la causa española en el Perú; la han exornado con mil ribetes difamantes y los patriotas del interior que miraban en el nombre de usted un prestigio irresistible contra los españoles han caído en el mayor desaliento".[139]

---

[139] Más tarde Guido se disculparía, sinceramente dolido, por la forma cruda en que había hablado al general en momentos en que su salud estaba atravesando por tan crítico estado: "El pesar de saber el mal estado de la salud de usted sólo me faltaba para hacerme más insoportable mi situación en este país; mi persona en nada podría servir para aliviar sus males, pero yo me alegraría mucho poder acompañarle. Ignoraba la situación de usted cuando le dirigí la anterior por el mismo conducto que ésta y por eso fui menos prudente". (*Ibídem*, tomo VI, págs. 462-463. Lima, 15 de febrero de 1823.)

Por otro lado, le describía un cuadro de situación del país verdaderamente alarmante por la lucha de facciones, el descrédito del gobierno, la falta de unidad en el ejército, etc. "Un mes de ausencia de usted ha bastado para desengañarse que si en estos pueblos es necesario un hombre de opinión y de fibra para hacer la revolución, aquí es tan urgente que sin él todo se dilacera." Le informaba que ya había salido la expedición de Alvarado y le manifestaba su temor al respecto: "si sufre un revés, el Perú vuelve a ser esclavo por muchos años y no hay espíritu que resista una desgracia que hemos fácilmente podido evitar". Por eso terminaba con esta exhortación: "Entre tanto haya o no perdido el derecho de ser escuchado por usted sobre asuntos públicos con relación a su persona, permítame que aunque sea de visita el interés común reclama que usted asome a puertos intermedios. Sepan los enemigos que usted presencia de cerca los sucesos y aunque haga el papel de mero espectador, su fantasía temerá combinaciones misteriosas y el resultado será favorable a nosotros".[140]

Que San Martín no pudiera responder a estas expectativas no significaba que no siguiera atentamente el curso de los sucesos bélicos, y no podía ser de otra manera porque él los había pergeñado durante los últimos meses de su protectorado. En efecto, luego de la derrota sufrida por los independientes en La Macacona y para contrarrestar sus efectos desmoralizadores, San Martín anunció la realización de operaciones decisivas que pondrían fin a la guerra en 1822. Así, en una enérgica proclama fechada el 11 de abril afirmaba: "afilad bien vuestras bayonetas y sables; la campaña del Perú debe concluirse este año; vuestro antiguo general os lo asegura: preparaos para vencer".[141] Entonces fue cuando planeó realizar dos nuevas expediciones que debían obrar combinada y simultáneamente: una a la sierra al mando de Arenales y otra a puertos intermedios, a cargo de Alvarado. Esta última debía ser reforzada por una división chilena, mientras que por el Alto Perú debía marchar una expedición auxiliar formada por los contingentes de las provincias argentinas y financiada por el gobierno porteño, que se pondría bajo la jefatura de Bustos o, en su defecto, del gobernador de San Juan, Pérez de Urdinenea. Al dejar el mando, el Libertador sabía que quedaba pendiente la realización de esas operaciones y pese a haberlas dejado concertadas, su éxito era dudoso porque el eco que encontraron sus pedidos de auxilios fue muy relativo en el país trasandino y completamente nulo en el Río de la Plata. No

---

[140] *DASM, op. cit.*, tomo VI, págs. 448-450. Lima, 22 de octubre de 1822.
[141] INSTITUTO NACIONAL SANMARTINIANO, *La conducta política del general San Martín durante el Protectorado del Perú*, Buenos Aires, 1982, tomo I, págs. 17-18.

obstante, una vez que se hubo retirado del Perú, lejos de despreocuparse del curso de esas acciones de guerra, desde Chile y Mendoza seguiría movilizando los recursos a su alcance para contribuir a su éxito, aunque sin lograr demasiados resultados efectivos.

Apenas los pasos de la cordillera se hicieron practicables, San Martín se puso en marcha hacia Mendoza. Se encontraba en la finca de Francisco Delgado en el Totoral, cuando un chasque de Chile le trajo la noticia de la renuncia de O'Higgins presentada a fines de enero de 1823, con lo que quedaba cortada toda su influencia en el país trasandino y se malograban definitivamente sus esfuerzos por coadyuvar a la campaña de Alvarado, contribuyendo a formar la columna auxiliar que debía marchar por el Alto Perú al mando de Pérez de Urdinenea, cuyos preparativos militares habían mantenido alerta la desconfianza del gobierno porteño, que recelaba de los pasos dados por el ex Protector.

San Martín se había hospedado provisoriamente en la casa de doña Josefa Ruiz Huidobro, y ya en el mes de febrero de 1823 manifestó sus deseos de seguir viaje a Buenos Aires. Sin embargo, una vez instalado en su chacra de los Barriales pareció desistir de su proyecto inicial y, pese al llamado de su esposa moribunda, el general demoró por un año su permanencia en Mendoza. Sin duda ello debe relacionarse con el desarrollo de los sucesos del Perú. Su anuncio de partir a la ciudad porteña había sido formulado antes de conocer el fracaso de la expedición de Alvarado a puertos intermedios. Las noticias de las tremendas derrotas de Torata y Moqueguá, con la consiguiente anulación de la salida de Arenales a la sierra, no pudieron menos que torcer sus planes. Le preocupaba asimismo la notoria falta de colaboración de la división de auxiliares colombianos –según le transmitía Guido– que con su jefe Paz del Castillo terminaron retirándose del Perú, exacerbando aún más con esta actitud el sentimiento nacionalista contrario a las huestes enviadas por Bolívar, cuyo ofrecimiento de auxilio luego de culminar su campaña a Ecuador fue rechazado por el gobierno peruano, con una arrogancia suicida.

Pese a lo curtido que estaban en los lances de la guerra, San Martín no pudo evitar la fuerte impresión que le causaron esas malas nuevas –tal vez porque se sintiera en parte responsable de ellas–, como se lo confesaba a su amigo que permanecía en el Perú y no se cansaba todavía de instarlo a que retornara. Pero si bien San Martín no podía menos que inquietarse ante la posibilidad de ver destruida su obra, el respeto que debía a su propia persona le hacía descartar el regreso a Lima. Era una cuestión de dignidad.

Señor don Tomás Guido

Mendoza, marzo 11 de 1823

Mi amigo amado:

[…] El largo período de diez años de revolución y el conocimiento de los hombres que éste suministra me había hecho adquirir un estoicismo ajeno a mi carácter; pero su carta del nueve me ha hecho conocer que mi alma es la misma con que empecé la revolución: tal ha sido la impresión que me ha causado el contraste de Moqueguá y la idea de la muerte de mis antiguos compañeros. Conozco los males que pueden sobrevenir al Perú; conozco como V. dice la influencia que debe haber causado en Lima un contraste de esta naturaleza, pero no está a mis alcances el que yo los pueda remediar. Por otra parte, ¿cómo y de qué modo me presentaría en ésa sin ser llamado por el gobierno? Y aun en este caso el estado de mi salud no me lo permitiría sin exponerme a un peligro próximo; pero seamos claros, mi amigo, ¿podría el general San Martín presentarse en un país donde ha sido tratado con menos consideración que lo han hecho los mismos enemigos y sin que haya habido un solo habitante capaz de dar la cara en su defensa? En este momento no soy dueño de mí y no puedo conformarme con la idea de que un hombre que ha dispuesto de la suerte de Estados opulentos se vea reducido a 31.000 pesos de capital... ¡tachado de ladrón*!*

¡Cuánto siento le tome de lleno esta trinquetada! Hubiera deseado verlo tranquilo y establecido en ésta, lugar donde se goza de paz; así es que hace cinco días había contratado tomar sesenta cuadras muy cerca de mis terrenos con el objeto de que le sirvieran a V. o a otro cualquier amigo: sobre esto puede V. avisarme para adjudicársela en la inteligencia de que ya están labradas.

Adiós, amigo querido; lo es y será siempre su

J. de San Martín[142]

---

[142] Esta carta que aparece fragmentariamente publicada en *"El centenario..."*, *cit.*, pág. 150, no figura en el legajo del AGN. También se reproduce en: RICARDO LEVENE, *El genio político de San Martín*, Buenos Aires, Depalma, 1970, pág. 282.

La irritación que la derrota provocó en Perú terminó con la Junta Gubernativa. La guarnición de Lima, insurreccionada, impuso al Congreso el nombramiento de José de la Riva Agüero como Presidente y Gran Mariscal. Ante la crítica situación Bolívar se había decidido a intervenir. Al respecto, Guido –quien por fin ya se había librado de su ministerio y se encontraba reponiendo su salud en Chorrillos– le informaba: "Es indudable que la venida de los colombianos debe ser para este Estado una inmensa carga y que va a hacer sentir el peso de la guerra pero sin ese auxilio la libertad del Perú está pendiente de un cabello".[143]

Por su parte, San Martín, dejando de lado la irritabilidad causada por la cadena de infamias que tenía que sorportar, se sintió tocado en su responsabilidad de "Fundador de la Libertad" del Perú y superando la desconfianza que le inspiraba el nuevo mandatario de ese país, el 7 de mayo de 1823 le dirigió una carta en la que le expresaba que "si usted cree útiles mis servicios en estas circunstancias, avísemelo y partiré"; sólo ponía una única e indispensable condición: actuar "bajo las órdenes de otro general".[144] Pero Riva Agüero ni siquiera se dignó contestar al generoso ofrecimiento del Libertador, tanto más admirable cuanto lo hacía a quien fuera su enemigo. Recién recibió contestación cuatro meses después, el 22 de agosto, cuando ya había tenido lugar una lamentable cadena de acontecimientos: la ocupación y saqueo de Lima por los realistas, la entrega del poder a Sucre por resolución del Congreso, la disolución de este organismo decretada por Riva Agüero, que desconocía su destitución, y su enfrentamiento con Torre Tagle, colocado en el gobierno por el enviado de Bolívar. En esa tardía misiva el político peruano reclamaba nada menos que la intervención de San Martín en esa lucha de facciones, provocando con ello una de las más indignadas reacciones del general en la carta del 23 de octubre de 1823, que fue por entonces ampliamente difundida en el Perú. En ella decía: "Sin duda se olvidó usted que escribía a un general que lleva el título de Fundador de la Libertad del país […] ¡Es incomprensible su grosera osadía al hacerme la propuesta de emplear mi sable en una guerra civil! ¡Malvado! ¿Sabe usted si éste se ha teñido jamás en sangre americana?". Terminaba acusándolo de ser el causante de todos los males que padecía su nación.[145]

En tanto, Guido había recibido por fin la comunicación del general del 11 de marzo y le había entusiasmado la idea de éste de procurarle 60 cuadras

---

[143] *DASM, op. cit.*, tomo VI, págs. 463-465. Chorrillos, 26 de marzo de 1823.
[144] Cit. en: R. LEVENE, *op. cit.*, pág. 285.
[145] MHN, *San Martín. Su correspondencia, op. cit.*, pág. 416.

de terrenos de labranza y le encarecía se ocupase de comprárselas librándole el importe correspondiente, como asimismo que se encargara de contratar su labranza. "La idea de que tengo hijos, de que pertenezco a la revolución y de que estoy cansado de incertidumbres son los títulos que interpongo para empeñar a usted, unidos a los de la amistad".[146] El general hizo mucho más que lo que le solicitaba su amigo, como puede comprobarse por la transcripción de la copia de letra de Carlos Guido y Spano del siguiente

Testimonio de donación hecha por el general San Martín al general Guido.

En la ciudad de Mendoza a 31 días del mes de julio de mil ochocientos veinte y tres, ante mí el escribano público y testigos, el Excelentísimo Señor General Dn. José de San Martín residente en ésta a quien doy fe conozco y digo que por el mucho afecto que le profesa al general de Brigada don Tomás Guido, como asimismo la buena armonía con que se ha conducido en todo el tiempo que han sido compañeros de armas y deseando manifestarle en algún modo el buen afecto que le profesa de su libre y espontánea voluntad sin apremio, dolo, ni fuerza alguna, cierto y sabedor de lo que en este caso le pertenece; otorga en forma que mejor haya lugar en derecho; que hace gracia y donación pura, mera, perfecta e irrevocable de las que el derecho llama intervivos y partes presentes al referido don Tomás Guido sus descendientes y sucesores de cincuenta cuadras de tierras de la propiedad del otorgante, las que sitan en la Villa Nueva de San Martín, contadas sus entradas y salidas, aguas, usos, costumbres, derechos y servidumbre tengan y hallen o deban así de hecho como de derecho, libre de censo, hipoteca, tributo, memoria, capellanía, vínculo, patronato, señorío, ni otra obligación especial ni general; y por la misma razón desde hoy en adelante y para siempre se desapodera el otorgante, desiste y aparta de sí el derecho de propiedad y señorío que a dichas tierras tiene y le pertenece porque todo transfiere en el mencionado general don Tomás Guido para que como suyos propios los posea, venda, cambie y enajene a su voluntad como dueño absoluto

---

[146] *DASM, op. cit.*, tomo VI, págs. 465-466. Chorrillos, 7 de abril de 1823.

de ellas (previniéndose que si por algún acontecimiento el referido don Tomás Guido o sus descendientes tratasen de enajenar las mencionadas tierras de que se compone esta donación sea preferido en la compra de ellas el otorgante por su justo valor). Declara al mismo tiempo el otorgante que en su poder reserva cuatriplicados bienes de los que ahora forma esta donación cuyo valor no exceden del que dispone el derecho y caso de exceder, en poca o mucha suma, da el competente poder para que en cualesquiera tiempo y motivo se insinúe ante las justicias, haciendo aprobar e interponer la autoridad competente al exceso que resulte, que el otorgante desde ahora lo da por insinuado y aprobado en toda forma de derecho y para que todo lo expuesto en esta escritura tenga su puntual cumplimiento, obliga el otorgante su persona y bienes habidos y por haber con poderío o sumisión a las Justicias que puedan y deban en esta causa conocer; para que a su cumplimiento lo compelan y apremien por todo vigor de derecho, sobre que renuncio todas leyes, fueros y privilegios de su favor y defensa y general que lo prohíbe y derechos a ella y el otorgante a quien yo, el presente escriba doy fe conozco así lo dijo, otorgó y firmó ante los testigos que lo fueron presentes don José Santander y Dn. Alejandro Castillo de que doy fe

José de San Martín
Justo Moreno, escribano público

[Agregado con letra de Guido y Spano:] *La propiedad a que se refiere el documento anterior ha sido hasta la fecha conservada por la familia del general Guido.*

Gozando en Chorrillos de la tranquilidad que durante mucho tiempo no había tenido, se le ocurrió por entonces a Guido que su general amigo aprovechara su retiro en una tarea de suma utilidad para la historia: "Es muy penoso para los verdaderos amigos de usted –le decía– conformarse con el retiro que ha buscado, pero ya que el país carece por ahora de sus servicios, no niegue usted a la historia los sucesos más importantes de su vida pública desde que resolvió trasladarse a su patria. Algunos ratos de ocio pueden consagrarse a este importante trabajo. Basta que usted refiera los hechos, lugares y tiempo. Deje usted a otro el trabajo de criticar los acontecimientos y reflexionarlos; si sus apuntes pasan a mis manos los uniré a los míos, los conservaré como un tesoro y algún día si un hado infeliz no trastorna mis miras presentaré aunque con pluma débil la vida de un «Americano del Sur». Escribiendo a usted no me es permitido otro nombre. Talentos superiores se emplearán en pulir mis tareas y la posteridad recibirá lecciones importantes. Ofrezca usted, amigo mío, este último tributo a su patria".[147] En verdad, el general no dejaría de ocuparse en los largos años que le esperaban de su ostracismo, al menos de poner en orden sus papeles y de relatar a quienes lo solicitasen, como Guillermo Miller y Gabriel Lafond, su versión de los principales acontecimientos que lo tuvieron por protagonista.

A juzgar por la respuesta de San Martín, que seguidamente se transcribe, a una carta que no se conoce de Guido de fecha 21 de mayo, éste le habría pedido explicaciones acerca de la versión según la cual el general habría responsabilizado de haber tenido parte en el movimiento encabezado por Riva Agüero que depuso en julio de 1822 a Monteagudo del ministerio, lo que es desmentido categóricamente del siguiente modo, al menos en lo que a Guido se refiere:

Señor don Tomás Guido

Mendoza y julio 31 de 1823

Mi amado amigo:

Contesto a su carta del 21 de mayo con el acuse de recibo de Valdivieso y copia de la contestación de Luna Pizarro (presidente del Congreso del Perú) a quien escribo en este correo dándole las gracias por los favores que me ha dispensado. Ha hecho V. muy bien en haber abierto el pliego que iba para Iglesias, para V. no puedo tener nada reservado [...] Ignorando el paso que V. había dado en mi favor sobre la casa de la Magdalena, di orden a Iglesias para que la pusiese a disposición del Gobierno. V. se entenderá con él sobre este particular [...] Es una negra impostura la de haber yo asegurado que V. y Alvarado (el general) habían tenido parte en la deposición de Monteagudo. En los primeros días de mi convalecencia me habló O'Higgins sobre este particular, diciéndome se había escrito que Alvarado tenía la principal parte en aquel suceso. Le contesté que no me constaba, pero que sí creía podía haberlo evitado (no por consideración a Mon-

---

[147] *Ibídem*, tomo VI, págs. 466-467. Chorrillos, 11 de abril de 1823.

*teagudo, pero por las consecuencias) respecto tenía la fuerza en su
mano. Nada se habló de V. ni yo he estado en Chile en ninguna reunión, pues a los tres días de mi llegada me atacó la enfermedad y no
salí del conventillo después* [más] *que para venir a ésta. Arcos me habló en aquel tiempo sobre esto mismo añadiéndome se escribía de Lima que V. era uno de los que se aseguraba había tenido parte en el suceso; le contesté no era cierto, y que a pesar de la fuerte enemistad de
ambos había sabido con placer la conducta que había observado* [...]
*No veo a Chile en disposición de que V. permanezca en él. Si V. quie-
re venirse mi casa en la Villa Nueva es bastante cómoda para la familia, pues en esta vivo de prestado* [...]

Adiós, mi querido amigo, siempre lo será de V. su reconocido

San Martín[148]

Por entonces recibió San Martín noticias de que su esposa quedaba sin
esperanza de vida. Resolvió en consecuencia que, apenas falleciese, pasaría
a Buenos Aires a buscar a su niña. Efectivamente, el deceso de Remedios ocurrió el 3 de agosto. Su amigo Guido se apresuró a aconsejarle que "demorase
su viaje porque no habiendo partido a la capital inmediatamente de su arribo
a Mendoza, creo sería prudente dar algún tiempo más, sin perjuicio de que vi-
niera Merceditas, acompañada de Madama Ruiz".[149] La pertinencia de esta
recomendación debe atribuirse a la mala impresión que naturalmente debió
causar en los Escalada la no concurrencia del Libertador al llamado de su esposa y éste, reconociéndola así, la aceptaría de buen grado: "he tomado su
consejo de no ir a Buenos Aires pronto y sólo pasaré y me detendré lo más
preciso para ir a Europa".[150] Y cuando le confirmó el deceso de su esposa, Gui-

---

[148] Cit. en: *"El centenario..."*, *op. cit.*, págs. 155-156. No figura en el legajo correspondiente del AGN. Guido le contestaría al general en carta fechada en Lima el 1º de octubre de 1823 acerca de esta cuestión: "Sin contar con la seguridad del conducto de las
que escribo sería muy aventurado explicar a usted la especie, a que me referí en el capítulo de carta de 21 de mayo, que me transcribe ahora: no pierdo la esperanza de hablarle silla a silla y entonces diré francamente el motivo de la queja que le signifiqué; pero
todas estas cosas debe usted recibirlas, como desahogos amistosos de un hombre que conoce bien cuánto trabaja la calumnia en revolución y que entre nosotros nadie más que
usted ha sido perseguido de esta indigna arma". (*Ibídem*, págs. 476-483.)
[149] *DASM*, *op. cit.*, tomo VI, pág. 471. Lima, 17 de agosto de 1823.
[150] Cit. en: R. LEVENE, *op. cit.*, pág. 297.

do le diría: "¿Qué diré a usted de la desgraciada Remedios? Creo que si hubiera sido esa joven más metódica en sus curaciones habría excusado a usted el disgusto de perder una amiga: la vista de mi tía Tomasa va a aumentar los malos ratos de usted, porque con ella se renuevan las llagas".[151]

En verdad, no era sólo el seguimiento de las acciones de guerra en el Perú lo que motivó la resistencia del general a marchar a Buenos Aires, la que sólo cedió ante esa situación límite que le impuso asumir en plenitud sus deberes de padre. Su persistente voluntad de mantenerse alejado de esa ciudad respondía más a su frustrado plan de desvanecer los rumores maliciosos que lo acusaban de tener intenciones de derrocar al gobierno porteño: hasta su retiro de Mendoza llegaron los hilos de los planes urdidos por los descontentos con la administración Rodríguez-Rivadavia. Se lo instigaba para que encabezara la reacción, enviándole a tal fin diputaciones y una nutrida correspondencia. En realidad, nadie menos indicado que el general para prestarse a esos planes, hastiado como estaba del bajo accionar de guerreros y políticos. Precisamente por ello se había recluido en su chacra para dedicarse a las tareas agrícolas y a la educación de su hija, con lo que creía disipar toda duda acerca de sus intenciones de no figurar más en la vida pública. Pero de nada le valió ese confinamiento: había figurado demasiado en la revolución para que lo dejasen vivir en paz.

Mientras tanto, a través de la correspondencia que le enviaba Guido, San Martín seguía paso a paso el curso de los sucesos políticos y militares del Perú, que presentaba un estado caótico en ambos aspectos; lo que le hizo opinar que sólo Bolívar actuando con suma drasticidad podría cortar la guerra civil e imponerse al enemigo externo. Es particularmente interesante la reflexión que hace el general al final de la carta sobre la inoportunidad de la implantación de las instituciones liberales en Buenos Aires durante ese período, que tuvieron como principal propulsor a Rivadavia. Se mantiene en el Libertador el temor a las consecuencias negativas que puede tener el proporcionar excesivas libertades a un pueblo incapaz de hacer un uso conveniente de ellas, y ya la última frase es de franco tono autoritario. Si dicha opinión llegó a trascender, como es muy probable, entre el sector liberal civilista opuesto al predominio castrense, hasta cierto punto podrían justificarse sus recelos para con San Martín y explicarse la aviesa denuncia de *El Centinela* que comenzó a hostilizarlo, denunciando que "un brazo fuerte militar movía los pueblos al desorden".[152]

---

[151] *DASM, op. cit.,* tomo VI, pág. 480. Lima, 1º de octubre de 1823.
[152] Museo Histórico Nacional, *San Martín. Su correspondencia. 1823-1850.* Madrid, 1910, pág. 177. Manuel Corvalán a San Martín, Mendoza, 29 de diciembre de 1823.

Señor don Tomás Guido

Mendoza, setiembre 17 de 1823

Mi querido amigo:

Contesto a sus cartas del 24 de junio y 19 de julio: nada me ha sorprendido la entrada del enemigo en la capital, ni su evacuación; lo que sí me ha llenado de admiración es el nombramiento de Torre Tagle: Dios proteja al Perú con todo su poder, pues en manos de este hombre no lo aseguro a un 90.

Estando escribiendo ésta, llega la noticia de la disolución del Congreso por Riva Agüero. Éste y Tagle, ¡cómo se avendrán! Yo creo que todo el poder del ser Supremo no es suficiente a libertar ese desgraciado país; sólo Bolívar, apoyado en la fuerza, puede remediarlo.

Santa Cruz se hallaba en el Desaguadero según me escriben de Chile; dificulto pueda unirse a Sucre, y aunque pueda, ¿querrá éste abandonar la costa y meterse en el saco? No comprendo este plan de campaña, ni quién lo ha dirigido. Yo no pronostico más que males. Tal vez seré melancólico... Nada digo a V. de Buenos Aires: temo un trastorno en aquella administración; nuestros pueblos, amigo mío, no están en sazón para darles demasiadas libertades: un mando puramente militar es el solo capaz de sacarnos del pantano.

Adiós, mi amigo: salude a mi tía y Merceditas, y no deje de hacer algún recuerdo a su siempre y por siempre amigo

José de San Martín[153]

Al quejarse el Libertador en carta a su amigo, que no disponemos, sobre el acoso de que era objeto tanto de parte del gobierno de Buenos Aires (llegaron a cercarlo de espías y a intentar interceptarlo en su tránsito) como de sus enemigos, Guido le contestaría: "Mucho tiempo ha que conozco la situación crítica de usted porque es el blanco en que van a estrellarse todos los intereses; acaso se habría evitado mucho si usted hubiese marchado a Buenos Aires luego que llegó a Cuyo, porque yo no puedo creer que una entrevista de usted con Rivadavia, dejase de disipar todas las nubes que levanta

---

[153] Cit. en *"El Centenario..."*, *op. cit.*, págs. 159-160. No figura en el legajo del AGN.

el calor de las pasiones, y que se ven más negras a la distancia: sin embargo, mucho se avanzará para su sosiego si usted sigue a aquella capital: esto es, con el designio de marchar a Europa". Así pues, Guido no trepidaba en opinar que "dos años en el viejo continente le proporcionarían un reposo que por mucho tiempo no se podría encontrar en América".[154]

Así fue como a fines de 1823 decidió marchar de una vez por todas hacia Buenos Aires, pese al aviso que había recibido del gobernador santafesino Estanislao López de que a su llegada sería aprehendido y mandado juzgar por el gobierno en un consejo de guerra por haber desobedecido sus órdenes, quien terminaba manifestándole: "Para evitar este escándalo inaudito y en manifestación de mi gratitud y del pueblo que presido por haberse negado V.E. tan patrióticamente en 1820 a concurrir a derramar sangre de hermanos, con los cuerpos del Ejército de los Andes que se hallaban en la provincia de Cuyo, siento el honor de asegurar a V.E. que a su solo aviso estaré con la provincia en masa a esperar a V.E. en el Desmochado, para llevarlo en triunfo hasta la plaza de la Victoria".[155] A pesar de que el general se reunió con López en Rosario, no aceptó su ofrecimiento y siguió camino a Buenos Aires, sin que se cumpliesen esas amenazas.

ESCALA PORTEÑA, PARTIDA A EUROPA Y AFINCAMIENTO EN BRUSELAS

San Martín arribó a Buenos Aires el 4 de diciembre de 1823. Su presencia pasó prácticamente inadvertida en la ciudad. Su estadía fue muy breve: sólo permaneció el tiempo necesario (apenas un mes) para arreglar algunas cuestiones de índole pecuniaria relativas a la toma de posesión de la parte de la herencia que había correspondido a Remedios por el fallecimiento de su padre, además de rescatar a Merceditas de los cuidados sobreprotectores de la abuela Tomasa. El único que se mantuvo en contacto de los Escalada con el general fue Manuel, quien quedó encargado de la administración de sus bienes. Se alojó en una quinta en las afueras de la ciudad mientras llegaba el momento de la partida. Hasta allí fue a visitarlo Rivadavia en compañía de

[154] *DASM, op. cit.*, tomo VI, págs. 476-483. Lima, 1° de octubre de 1823.
[155] MANUEL DE OLAZÁBAL, *Episodios de la guerra de la Independencia*, Buenos Aires, Instituto Nacional Sanmartiniano, 1974, pág. 67.

Tomás de Iriarte, pero no lo encontraron. Posteriormente sí tuvo lugar la entrevista entre el Libertador y el ministro. Aquel memorialista consigna al respecto: "Se creía que el general San Martín era protector del Perú y hombre de hábitos y tendencias absolutistas, miraba con seño la administración liberal de Rivadavia, que ridiculizaba a éste por su ultraliberalismo, esto se sabía de cierto. Sin embargo, San Martín hizo un regalo a Rivadavia: el retrato de Francisco Pizarro, conquistador del Perú, en un pequeño cuadro al óleo y la campanilla de plata de la Inquisición de Lima. San Martín conservó para sí el estandarte de Pizarrro. Las otras dos piezas las he visto después; me las mostró el señor Rivadavia".[156] También el Libertador, atizado por la curiosidad de enterarse de las últimas novedades del Perú, decidió ir a saludar a su ex oficial Juan Lavalle, verdadera encarnación del coraje, que acababa de regresar de Lima. Éste realizó una pintura socarrona e irreverente de la entrevista en carta a Enrique Martínez, que sirve para demostrar hasta qué punto había cundido el desprestigio de su otrora venerado superior: "¿Qué le diré a V. del ex Rey José? Luego que llegué, me visitó, vestido de negro [...] Cuando le pagué la visita al ex Rey: ¿qué conversación? *Ese pobre de Mariano* [por Necochea] *se ha perdido por su mala cabeza, tenía 15 o 20 mil pesos y se los ha comido sin trabajar: esa pobre niña Mariquita abandonada ahí en Mendoza, es un territorio de su abandono...* ésta fue su introducción, iba a empezar a hacer la apología de V. pero tuve la inadvertencia de indicarle que soy su amigo y cortó la narración de las virtudes de Enrique que había empezado, siento haber tenido esta torpeza porque le divertiría a V. al ver su imparcial retrato: siguió después haciendo de Rudecindo [Alvarado], de Correa [José Cirilo] y de ese Martínez, por Juan Apóstol. Habla pestes del Perú y dice que el sistema representativo no puede permanecer ni en Buenos Aires ni en otra parte de América; aquí está muy desopinado; pero quiere V. reírse, pues, oiga V., remitió a Inglaterra un libramiento de cien mil pesos contra Álvarez Condarco, íntimo del general San Martín, con este motivo se va dentro de algunos días a Inglaterra con el pretexto de poner a su hijita en el colegio. ¡Qué tal! ¡Cómo abrirá la boca la Rosa! Y cómo desagradará la noticia del más fino amigo, el señor Dupuy".[157]

Luego de ocuparse de erigir sobre el sepulcro de quien por muy breve tiempo compartió su vida una lápida en la que gravó: "Aquí yace Remedios

---

[156] T. DE IRIARTE, *Memorias*, Buenos Aires, Ediciones Argentinas, 1944, tomo III, págs. 80-81.

[157] *"Cartas de los generales Martínez, Lavalle y Correa en 1824"*, en *Revista Nacional,* Buenos Aires, Imprenta europea, 1890, tomo XII, págs. 365-368.

de Escalada, esposa y amiga del general San Martín", el general se embarcó con su niña de siete años en el navío francés *Le Bayonnais* el 10 de febrero de 1824. El panorama que presentaban en ese momento los sucesos de la guerra en el Perú no podía ser más desalentador. Sin embargo, dos esperanzas se abrían en el horizonte: una, la que San Martín había venido previendo como la única medida salvadora, esto es, la instauración de la dictadura bolivariana; y otra, la división imperante entre los enemigos por la caída del régimen constitucional en España: los liberales Canterac, La Serna y Valdés vieron desertar de sus filas al absolutista Olañeta, que dominaba en el Alto Perú. Fue ante esta última feliz circunstancia cuando Guido hizo un último intento por retener al Libertador en América, alegando que había llegado "el momento de la gran crisis".[158] Pero era tarde: para San Martín la suerte ya estaba echada.

El 23 de abril llegaron al Havre en tiempos poco propicios para la hospitalidad francesa. En tanto militar sudamericano, despertó la alarma de la Francia borbónica ligada a la Santa Alianza, fue sometido a interrogatorios y su equipaje requisado. Finalmente se ordenó su reembarque inmediato hacia Inglaterra en el *Lady Wellington* partiendo hacia Southampton y más tarde llegaron a Londres. Desde que se instaló allí el general intensificó su contacto epistolar o personal con sus viejos amigos, empezando por lord Fife, pero destacándose también Bowles, Heywood, Parish Robertson, O'Briend, Miller, Paroissien, Spencer. Se encontró asimismo con sus antiguos colaboradores García del Río y Álvarez Condarco. Con todos ellos compartió banquetes y brindis, aunque no faltaron los disgustos. La presencia de Carlos de Alvear en la capital británica determinó la continuación de la campaña difamatoria: no tardó en informar al gobierno de Buenos Aires que San Martín conspiraba con el general mexicano Agustín Iturbide para imponer el sistema monárquico en América. Tomás de Iriarte dejó un muy interesante testi-

---

[158] *DASM, op. cit.*, tomo VI, pág. 493. Lima, 22 de enero de 1824. Unos meses después, el mismo Guido escribía al general Las Heras: "No recuerdo que en el curso de la revolución haya sobrevenido a alguno de los Estados de América ocurrencia más oportuna y feliz que lo ha sido para el Perú la rebelión de Olañeta. Sin este acontecimiento que ha distraído, dividido y desmoralizado la fuerza enemiga, era inevitable la pérdida absoluta de este país, después de la defección del Callao. El general Bolívar ha sabido aprovechar estos momentos con una actividad asombrosa; y Canterac, débil para salir de su recinto, no ha podido conjurar la borrasca que se ha formado en el mismo período que los sucesos señalaban a la esclavitud del Perú. Mientras exista la bendita discordia de Olañeta, las tribus realistas no pueden cargar sobre el norte. Esta confianza debe animarnos". (Cit. en: *"El Centenario..."*, *op. cit.*, págs. 168-169.)

monio del grave enfrentamiento que protagonizaron los antiguos cofrades en un banquete ofrecido en Londres por Mr. Robertson, en el que todos los concurrentes eran americanos de diferentes Estados y entre ellos se encontraba el Libertador: "Cuando empezaron a circular las botellas se habló de política americana; y al hacer mención de los sucesos del Perú durante el mandato del general San Martín, García del Río manifestó su opinión con respecto al sistema de gobierno más conveniente para consolidar el orden de los nuevos Estados: sostenía que ningún otro que el arbitrario, el militar podría obtener un tal objeto; que la América necesitaba gobiernos fuertes, vigorosos, temibles, que todo lo demás eran teorías pueriles, utopías; que si el general San Martín hubiera dado fuertes palos no se habría visto precisado a salir del Perú. Entonces San Martín dijo: «es verdad, tuve que descender del gobierno, el palo se me cayó de las manos por no haberlo sabido manejar». Los argentinos que estábamos presentes oíamos con disgusto tan antisocial doctrina: en nuestro país dominaba entonces la manía del sistema representativo y estábamos impregnados de ideas liberales, fanatizados. Así cuando San Martín concluyó apoyando a García del Río, Alvear dirigiéndole la palabra le dijo con tono muy animado: «¿Con que, general, se le cayó a Ud. el palo de la mano por no saberlo manejar?». Sí, señor, contestó San Martín y trabó una acalorada discusión con Alvear que empezó a hacerse tan seria que yo creí que algunos iban a levantarse con las cabezas rotas. Todos tomamos más o menos parte en la disputa. Alvear detestaba a San Martín y este odio era recíproco. En Alvear obraba un sentimiento de envidia por el nombre glorioso de su adversario. En San Martín tenía otro origen el encono que profesaba a Alvear: era el conocimiento que de él tenía".[159]

También en esa ciudad el general estudió en conjunto con otros partidarios de la causa americana las posibilidades de comprar dos barcos de guerra para enviar a Perú, pero el proyecto terminó frustrándose, a la par que llegaban noticias tergiversadas a Lima que le atribuían al ex Protector la intención de trasladarse en aquellas fragatas al Pacífico para interferir con los planes bolivarianos, lo que terminó de persuadir a San Martín de que no podía hacer ningún movimiento sin que se lo malinterpretase. Reconcentrándose en sí mismo comenzó a pensar en un lugar que le sirviera de residencia estable en Europa. En julio pasaron con Álvarez Condarco a Bruselas y esa visita de reconocimiento resultó favorable, por lo cual el Libertador decidió establecer allí su morada, lo que se concretó dos meses más tarde. En tanto, su hermano Justo Rufino, que residía en París, intentó conseguir autoriza-

---

[159] T. DE IRIARTE, *op. cit.*, tomo III, págs. 125-126.

ción para que el general pudiera ingresar a la ciudad por una temporada, pero su solicitud fue denegada. En consecuencia, fue él quien se trasladó a Bruselas. Las razones que lo indujeron a la elección de esa ciudad fue el bajo costo de vida y la libertad que en ella se gozaba. En verdad, era un punto de convergencia de proscriptos de diversas nacionalidades. Buscó pasar desapercibido en medio de esa gente laboriosa y discreta, adoptando una actitud retraída; aunque no pudo sustraerse al homenaje que le tributó la masonería a través de la logia La Parfaite Amitié, que encargó el grabado de una medalla al artista Jean Henri Simon que constituye una notable pieza no sólo por su calidad estética sino por haber posado el mismo San Martín para ella y ser el único retrato de perfil que le haya sido tomado del natural. Por lo demás, el general vivía entregado a los quehaceres cotidianos en su casa de campo ubicada a tres cuadras de la ciudad. Allí gozaba de tranquilidad, aunque todavía su correspondencia no quedase exenta de fiscalización. Mientras la educación de Mercedes, internada en un instituto en Inglaterra, progresaba a pasos agigantados, aunque sabía que no todo cabía esperarlo de las instituciones educativas. De allí que en 1825 escribiera sus famosas "Máximas para mi hija", claras y profundas a un tiempo, fundadas en los principios que habían regido siempre su conducta: humanitarismo, verdad, filantropía, tolerancia, patriotismo, libertad.

Hasta el nuevo hogar bruselense lo alcanzó la correspondencia de su amigo Tomás Guido, reanudada ya desde Buenos Aires.[160] Le contaba que el

---

[160] La carrera de Guido en el Perú había continuado con oscilaciones después del retiro del Protector. Continuó ejerciendo el cargo de ministro de Guerra y Marina durante el período inmediato posterior en el que el mando fue asumido por una Junta Gubernativa presidida por el general La Mar, el que finalmente se avino a aceptar su renuncia que había presentado durante tres veces consecutivas, antes del vuelco político que llevó a la presidencia a Riva Agüero. Restablecida su salud en Chorrillos y sabiendo que el enemigo se movía por segunda vez sobre Lima, que no tardaría en ocupar, Guido salió en el cuartel general del Ejército de los Andes en su clase de coronel mayor al campo de San Borja: de allí se dirigió a la plaza del Callao, sitiada por el general colombiano Salom, a cuyo servicio estuvo hasta que la fortaleza se rindió, suceso que obligó a los españoles a abandonar por segunda vez la capital. Fue entonces nombrado el general Guido por Sucre, quien comandaba a la sazón el ejército, gobernador interino de la ciudad. Las medidas enérgicas que tomó terminaron en Lima con los desórdenes consiguientes al conflicto por el que acababa de pasar. En julio depuso su autoridad provisoria en manos del mariscal Bernardo José de Tagle. En octubre de ese año Guido es nombrado conjuez del Tribunal Militar de 2ª instancia y a mediados del mismo mes Jefe de Estado Mayor del Ejército del Centro, cargo al que renunció. Cuando en 1824 el general Necochea quedó encargado del gobierno de Lima, nombró a Guido en carácter de

22 de febrero de ese año había salido de Lima después de haber presenciado la rendición del Callao, "último asilo de los españoles en Lima", agregando sin poder disimular el indirecto reproche: "Por mi voluntad no habría dejado aquel país en toda mi vida, si durante ella no se hubiese concluido la guerra del Perú: tal fue mi propósito desde el año 20 y felizmente pude ver el principio y término de la obra". Le pasaba a relatar luego las vicisitudes por las que tuvo que atravesar por mantenerse fiel a su amistad: "las acechanzas contra mí por partidario de usted durante el mando de Riva Agüero no pasaron de murmuraciones y sospechas; el general Bolívar fue menos generoso a fines del año 24. En aquel tiempo se supo en Lima que usted trataba de negociar en Inglaterra dos fragatas para trasladarse al Pacífico para prestar sus servicios al Perú y esta noticia fue suficiente para que el general Bolívar me mandase salir del país en el término de 15 días". La acritud concentrada en las palabras de su gran amigo debió sentirlas el general como afilados navajazos, tanto más porque era excepcional y ajena al temperamento conciliador y benevolente de Guido. No obviaba la confrontación de sus respectivas situaciones: él había venido siendo en los últimos cuatro años objeto de sospechas y persecuciones, primero en Perú y luego en Chile (aquí los periódicos lo acusaron de complicidad con San Martín en la muerte de Manuel Rodríguez). "¡Qué diferencia terrible entre los que corren esta suerte y los que gozan la vida de usted!" Terminaba por reparar en el saldo que había resultado del balance de su participación en las campañas por la independencia: "Después de diez años de ausencia de mi patria y de haber figurado sobre un teatro en que algunos hicieron su fortuna a la sombra de usted, la mía ha que-

---

Secretario general de Gobierno, en un momento sumamente azaroso de la guerra. Al ser nuevamente ocupada Lima, Guido se une a Bolívar en Trujillo, pero no consigue que se lo emplee en el ejército (mediados de 1824), de tal suerte que no pudo ser partícipe de los laureles obtenidos en Junín y Ayacucho. Por el contrario no tardó en sufrir un fuerte contraste. El general don Tomás Heres, ministro de Bolívar en toda la plenitud de su poder dictatorial, dirigió a Guido el 4 de diciembre de ese año el siguiente oficio: "Señor general: No hallándose satisfecho el gobierno de la conducta que V.S. ha seguido en el país, ni creyendo conveniente su permanencia por más tiempo en él, se ha servido resolver que V.S. lo deje en el perentorio término de quince días contados desde la fecha de esta orden, lo cual comunico para su inteligencia y cumplimiento". Su grave falta era su amistad con San Martín. Guido se limitó a dirigirle una carta a Bolívar en la que con la simple reseña de sus servicios quedaba en evidencia la injusticia del agravio que se le infería. Volviendo el venezolano sobre sus pasos, aplazó primero la orden de destierro y luego la suspendió. En octubre de 1825 es condecorado con la medalla del Libertador Bolívar y el 2 de febrero de 1826 solicitó la licencia del gobierno peruano para volver a su patria, la que le fue concedida al día siguiente.

dado reducida a las lecciones de una triste experiencia que, más que todo, me ha hecho conocer a los hombres. Mis pocos recursos, frutos únicos de mis ahorros, fueron administrados por comerciantes que los envolvieron en su cálculo infeliz, y apenas he salvado lo necesario para trasladarme a este pueblo. Esta circunstancia, más insoportable hoy para mí que nunca, me obliga a conservarme en el servicio, y no sé todavía cuál será mi destino. Mientras tanto, usted vive tranquilo; sea, pues, feliz y quédeme la satisfacción de llamarme su amigo".[161]

Esta fortísima carta de Guido conmocionó el ánimo del Libertador pues no podía permanecer indiferente frente a la suerte corrida por sus compañeros. Se transcribe a continuación su extensa y sincera respuesta, que gira fundamentalmente en torno a Bolívar, quedando claramente puntualizado el concepto que el general había formado acerca de su persona y actuación, a la par que prometía ponerlo al tanto de ciertos secretos que echarían luz sobre su incomprendida conducta al retirarse del Perú y que Guido aducía no perdonarle. Como era habitual en él, confiaba en el juicio de las generaciones futuras, no preocupándole el de las contemporáneas condicionado por sus intereses afectados. Asimismo, relativizaba la importancia del fallo de la historia. Mientras sembraba la curiosidad en Guido por las futuras revelaciones que le haría y que no dejarían de asombrarlo, terminaba la carta con un dejo de buen humor, aunque no exento de escepticismo.

Señor don Tomás Guido

Bruselas, diciembre 18 de 1826

Mi querido amigo:

Con no poca satisfacción he recibido su apreciable del 30 de agosto que voy a contestar; pero antes permítame le diga la admiración que me causa el que nada me insinúe de si ha recibido alguna de las cinco o seis que le tengo a V. escritas desde mi llegada a Europa; sin dudar un solo momento de que mis cartas habrán sido muchas de ellas sacrificadas a la curiosidad y desconfianza no puedo persuadirme el que todas hayan sido interceptadas; por lo tanto creo habrá sido un olvido de V. el acusarme su recibo.

Hace tres meses me escribió el coronel Soyer avisándome había dejado a V. en Chile con dirección para Buenos Aires, noticia que me

---

[161] *DASM, op. cit.,* tomo VI, págs. 499-502. Buenos Aires, 30 de agosto de 1826.

fue satisfactoria por cuanto hacía cerca de dos años que ignoraba de la existencia de V. pues su última es datada de 11 de diciembre [roto]

Al fin es preciso creerlo (y sólo porque V. me lo asegura) el que todos los que no han empuñado el clarín para desacreditar al general San Martín han sido perseguidos por el general Bolívar: digo que es preciso creer, porque como he visto tanto, tanto y tanto de la sucia chismografía que por desgracia abunda en América no había querido dar asenso a varias cartas que se me habían escrito sobre este particular; por otra parte, como yo no podía ni aún en el día puedo concebir el motivo de tan extraña conducta, confieso que no sé a qué atribuirlo; la emulación no puede entrar en parte, pues los sucesos que yo he obtenido en la guerra de la Independencia son bien subalternos en comparación a los que dicho general ha prestado a la causa de América en general más sus mismas cartas que originales existen en mi poder hasta mi salida para Europa me manifiestan una amistad sincera. Yo no encuentro pueda ser otro el motivo de su queja que el de no haberle vuelto a escribir desde mi vuelta de América y francamente diré a V. que el no haberlo hecho ha sido por un exceso de delicadeza, o llámele V. orgullo, pues teniendo señalada una pensión por el Congreso del Perú y hallándose él a la cabeza del Estado, creí que continuar escribiéndole se atribuiría a miras de interés; con tanto más motivo si lo hubiera hecho después de sus últimos triunfos; si ésta es la causa, digo que es una pequeñez de alma no propia del nombre que se ha adquirido.

Por lo que respecta a las advertencias que me dice le han asegurado hice a Bolívar de los secretarios del delegado, sólo diré a V. que esto no puede ser otra cosa que un grosero chisme inventado por algunos de los que lo cercan. Los secretarios del delegado eran los míos, los mismos que yo había elegido; desacreditarlos hubiera sido hacerme cómplice de su mala conducta o manifestar una debilidad vergonzosa en mantenerlos si no eran propios para el desempeño de sus encargos. V. tendrá presente que a mi regreso de Guayaquil le dije la opinión que había formado del general Bolívar, es decir, una ligereza extrema, inconsecuencia en sus principios y una vanidad pueril; pero nunca me ha merecido la de impostor, defecto no propio de un hombre constituido en su rango y elevación. Basta, pues es demasiado extenderme en chisme tan asqueroso.

Los estrechos límites de una carta no me permiten contestar con la extensión que el caso requiere al párrafo de la de V. Él dice= "mi crimen único había sido una franca declaración al general Bolívar de que yo jamás me abanderizaría entre los enemigos de V. porque la decencia y la gratitud me lo prohibían, y porque mis opiniones políticas que alguna vez habían distado mucho de las de V. eran independientes de mi amistad: sí amigo, distado mucho, porque jamás perdonaré a V. su retirada del Perú y la Historia se verá en trabajos para cohonestar este paso". Cuando deje de existir V. encontrará entre mis papeles (pues en mi última disposición hay una cláusula le sean a V. entregados) documentos sumamente interesantes y la mayor parte originales; ellos y mis apuntes (que V. hallará perfectamente bien ordenados) manifiestan mi conducta pública y las razones que me asistieron para mi retirada del Perú. V. me dirá que la opinión pública, y la mía particular están interesadas en que estos documentos vean la luz en mis días; varias razones me acompañan para no seguir este dictamen, pero sólo le citaré una que para mí es concluyente, a saber: la de que lo general de los hombres juzgan de lo pasado según la verdadera justicia y lo presente según sus intereses. Por lo que respecta a la opinión pública, ¿ignora V. por ventura que de los tres tercios de habitantes de que se compone el mundo dos y medio son necios y el resto pícaros con muy poca excepción de hombres de bien? Sentado este axioma de eterna verdad, V. debe saber que yo no me apresuraré a satisfacer semejante clase de gentes: pues yo estoy seguro que los honrados me harán la justicia a que yo me creo merecedor. En cuanto a que la Historia se verá en trabajos para cohonestar mi separación del Perú yo diré a V. con Lebrun:

En vain par vos travaux vous courez a la gloire,
Vouz mourrez: c'en est fait, tout sentiment s'eteint.
Vouz n'est ni cheri, ni respecté, ni plaint.
La morte ensevelit jusqu'a votre memoire.

Sin embargo de estos principios y del desprecio que yo puedo tener por la Historia porque conozco que las pasiones, el espíritu de partido, la adulación y el sórdido interés son en general los agentes que mueven a los escritores, yo no puedo prescindir de que tengo una hija y amigos (aunque pocos) a quien debo satisfacer por estos objetos y no por lo que se llama gloria, es que he trabajado dos años consecutivos en hacer extractos y arreglar documentos que acrediten no mi justificación pero sí los hechos y motivos sobre que se ha fundado mi conducta en el tiempo que he tenido la desgracia de ser hombre público; sí amigo mío, la desgracia, porque estoy convencido de que serás lo que hay que ser si no eres nada. En fin, si como V. me dice no me perdonará jamás mi separación del Perú, espere al paquete venidero para rectificar tan terrible sentencia, pues por el presente me es imposible entrar en los detalles necesarios sobre este particular, en razón de marchar esta tarde el Correo para Inglaterra y debo aprovecharlo para que llegue a tiempo de alcanzar el Paquete que sale para Buenos Aires este mes: V. conocerá que teniendo que fiar la prometida exposición a las contingencias del correo, tendré que usar de ciertas precauciones y no me será posible expresarme con la claridad necesaria; no obstante, yo diré a V. lo suficiente para que pueda formar una idea de mi situación al dejar a Lima y sabrá cosas que ha ignorado y que le admirarán a pesar de lo mucho que ha visto en la Revolución.

Confieso que mi bilis se ha exaltado al escribir estos largos y tediosos párrafos, afortunadamente los nubarrones de malhumor se han disipado con la exposición que me hace del recibimiento que le hicieron a su llegada a Chile el célebre y nunca bien ponderado Padilla y consortes, sin que les moviere a compasión el llegar (como V. dice) con la conciencia de la honradez y con el orgullo de no haber hecho en el país sino los bienes que le permitieron su situación. ¡El seráfico San Francisco sea con nosotros! V. en poder del sensible Padilla y compañía ¿y ha escapado el bulto sin mas lesión que algunas tarascadas de Imprenta? Digo que es V. el hombre más afortunado que existe. Pero permítame V. señor don Tomás le manifieste mi sorpresa al ver la candorosa sencillez con que V. dice que toda su confianza estaba fijada en su conciencia, inexpugnable salvaguarda para tales pichones. ¿Ignora V. que conciencia, honradez, honor, && son voces que no han entrado jamás en el diccionario de estos caballeros y de muchos otros tantos que V. y yo conocemos? La conciencia es el mejor y más imparcial juez que tiene el hombre de bien, ella sirve para corregirlo; pero no para depositar una confianza que nos puede ser funesta.

Estoy viendo que dice al leer ésta que estoy hecho un misántropo, sí mi amigo lo soy porque para un hombre de virtud he encontrado dos mil malvados.

Nada me dice V. del estado del país: por las noticias que se han recibido últimamente su situación no es nada favorable, desgraciadamente yo no espero mejoría ínterin las pasiones dominen a los hombres que mandan y no se echen en olvido las oposiciones que ha hecho nacer la revolución.

En este momento me entregan su apreciable de setiembre 22 ¡Hola! parece que V. se resiente igualmente de la ingratitud de los hombres, es imposible que así deje de ser después que se les ha tratado.

Siento (repito) no poder contestar por falta de tiempo al contenido de la suya última. Cuente V. que lo haré por el entrante paquete.

Mil cosas a mi señora su esposa y muchos besos a sus niños.

Adiós, hasta dentro de pocos días. Su

J. de S^n Martín

Dos cosas tengo que encargar a V. 1ª que no me remita ningún papel público cerrado y sí con un faja. 2ª que procure meter su letra todo lo posible y cerrar la carta en el mismo pliego como va ésta, sin poner sobre escrito separado, pues si se pone se paga doble, también será conveniente el que el papel sea delgado, en fin, Miguel Riglos enterará a V. de la manera de remitir las cartas pues cada una sencilla puesta en Bruselas cuesta 11 chelines y tres peniques, a saber, sacar la carta en Londres y pagarla, ponerle nuevo sobre y franquearla hasta ésta y aquí volver a pagar como carta venida del extranjero; si en una carta sencilla se incluye un pedacito de papel como el de un cigarro se paga el doble tanto en Inglaterra como aquí. Adiós.

En la carta aludida por el general de fecha 22 de setiembre, Guido parecía poseído en efecto del mismo espíritu misántropo que dominaba en el Libertador: "Me han cansado tanto los desaciertos de unos y las ingratitudes de los otros que quisiera poder transportarme al otro lado del océano decidido a no hablar más de la revolución". Le explicaba que cuando cualquier hombre sensato hubiera esperado que después de consolidada la independencia en Ayacucho, los nuevos Estados sudamericanos se abocarían a constituirse establemente y preservar la paz, sucedía todo lo contrario. "Por cualquier parte adonde se tienda la vista sobre la parte meridional de este continente, no se ven sino combustibles acumulados para grandes incendios." Y trazaba luego el conflictivo cuadro que presentaban Colombia, Venezuela, Perú, Bo-

211

livia y Chile, deteniéndose especialmente en las Provincias Unidas, divididas internamente y teniendo que enfrentar la contienda contra el Imperio del Brasil por la Banda Oriental, cuya conducción encargada a Alvear "no promete sino un encadenamiento de dificultades".[162]

En su contestación, San Martín se explayó extensamente sobre las consideraciones que le merecía el futuro político de las naciones hispanoamericanas. Su situación lo contristaba, pero no lo sorprendía: conociéndola a fondo, podía calcular lo que acontecería sin demasiado margen de error. Siguiendo su razonamiento, el general se adelantaba a plantear lo que constituiría la cuestión central que se impondría por misión desentrañar la generación del 37, esto es, cómo trabajar por conseguir la libertad, luego que sus mayores habían conquistado la independencia. Sumergido en la reflexión política, el general ratificaba a Guido su ideario republicano de carácter austero, pero a la par insistía en su acendrada convicción de las dificultades emanadas de la realidad social americana que hacían casi imposible su concreción exitosa en los nuevos Estados. Su penetrante mirada le hacía profetizar el derrotero político que seguirían las naciones emancipadas en el período posbélico, con sus resabios de caudillismo y militarismo, conducentes a la anarquía, antesala –a su vez– de la dictadura.

Asimismo, los conceptos vertidos por San Martín sobre la contienda con el Brasil no pueden menos que asombrar por la precisión con que se anticipa a los hechos. Y empezaba por explicar que no debía haber incurrido el gobierno en la debilidad de haberse dejado arrastrar a una guerra que por más justa que fuese era tan inoportuna como insostenible, y cuyos resultados necesariamente deberían ser funestos, aun en el supuesto de conceder el triunfo a las armas republicanas, aunque sus conceptos sobre Alvear fuesen lapidarios. Descendiendo a lo particular, explicaba por qué se había abstenido de presentar sus servicios al gobierno, creyéndose víctima de un desaire. Pero llegado a ese punto, decidía dejar de hablar de "la maldita política" en torno a la cual predominantemente giraban sus cartas para exaltación de su "bilis". Y más distendido comenzaba a solazarse narrándole al amigo sus ocupaciones cotidianas y los inmensos progresos que hacía Merceditas en su educación, por lo que se felicitaba de haberla arrancado de los brazos de su abuela que con su actitud sobreprotectora se la había "resabiado". Le participaba asimismo de su plan de retornar a la patria que añoraba a pesar de que en ella lo habían tildado de "ambicioso, tirano y ladrón" en el plazo de dos años, siempre que lo dejasen vivir en paz, sin reclamar él nada por su parte, pues

[162] *DASM, op. cit.,* tomo VI, págs. 507-509. Buenos Aires, 22 de setiembre de 1826.

le sobraba para vivir holgadamente, dadas sus costumbres frugales, la renta que le redituaba su casa de Buenos Aires. Terminaba recordándole a su amigo las instrucciones que debía seguir sobre el modo de cerrar las cartas que le dirigiese con el fin de economizar, lo que le dio oportunidad para terminar la carta con una humorada muy propia de su talante.

Señor don Tomás Guido

Bruselas y enero 6 de 1827

Mi querido amigo:

Por el paquete anterior dije a V. que la premura del tiempo no me premitía contestar a la suya del 22 de setiembre que recibí al tiempo de cerrar mi carta; ahora lo verifico a aquélla como igualmente a la suya de 23 de octubre que he recibido hace dos días.

Con razón dice V. no me hará buena sangre el contenido de sus dos últimas. Confieso que el bosquejo que V. me hace me contrista, aunque no me sorprende: digo que no me sorprende porque conociendo como V. debe persuadirse conozco bien a fondo el estado de nuestra América no se necesita una gran previsión para haber calculado todo lo que actualmente sucede y sin incurrir en mucho error, cuál serán los desenlaces, aunque dificultosísimo calcular la época de su duración. V. no debe haberse olvidado de las infinitas veces que hemos hablado sobre que la gran crisis se experimentaría al concluirse la guerra de la Independencia; ella era indispensable visto el atraso y elementos de que se compone la masa de nuestra población, huérfanos de leyes fundamentales y por agregado las pasiones individuales y locales que la revolución ha hecho nacer. Estos males hubiéranse remediado en mucha parte si los hombres que han podido influir hubieran tenido: 1° un poco menos de ambición y moderación, y 2° conocido que para defender la causa de la independencia no se necesita otra cosa que un orgullo nacional (que lo poseen hasta los más estúpidos salvajes) pero que para defender la libertad se necesitan ciudadanos, no de café, sino de instrucción y elevación de alma, capaces de sentir el intrínseco (y no arbitrario) valor de los bienes que proporciona un gobierno representativo. Cinco años ha estado V. a mi lado: V. más que nadie debe haber conocido mi odio a todo lo que es lujo y distinciones; en fin, a todo lo que es aristocracia, por inclinación y principios amo el gobierno republicano y nadie, nadie lo es más que yo: pero mi afección particular no me ha impedido el ver que este género de gobierno no era realizable en la antigua América Española porque carece de todos los principios que lo constituyen y porque tendría que sufrir una espantosa anarquía que sería lo de menos, si se consiguiesen los resultados; pero que la experiencia de los siglos nos demuestra que sus consecuencias son las de caer bajo el yugo de un déspota… traslado al tiempo.

Veo lo que V. me dice de la disidencia de algunas provincias con el gobierno general y Congreso. Sin más antecedente que la cooperación prestada por el Ejecutivo (sin duda con anuencia del legislativo) a los orientales, juzgué que estas dos autoridades no estaban sólidamente cimentadas. Me explicaré. Yo no puedo hacer la injusticia, tanto a los hombres que se hallan al frente de la administración como a los que componen el congreso, en suponerles una falta de previsión o cálculo, para ignorar que la cooperación que se prestaba a los orientales (cooperación justa, justísima, si V. quiere, pero que no era llegado el tiempo de darla y que estaba en contradicción con una sana política) habría necesariamente de empeñar una guerra con el Brasil y cuyos resultados no podían menos que sernos funestos por cualquier punto de vista que se mire; que el bloqueo del río sería la primera consecuencia de esta guerra y que obstruido el único canal de nuestra existencia y sin medios para impedirlo no nos podía quedar otra alternativa que la de una paz vergonzosa, aun suponiendo que quiero conceder el triunfo de nuestras fuerzas terrestres. Supuesto este conocimiento yo no he podido atribuir a otra causa el rompimiento que al temor de los gritones de la capital. Manifestada la debilidad de la autoridad, puede asegurarse su ninguna consideración y respeto, base sobre la cual reposa el gobierno republicano.

¿Conque la política de don Carlos es la misma, mismísima que desplegó en el tiempo de su directorio y ainda mais se le ha confiado el mando de todas las fuerzas disponibles del Estado? ¡Gran Dios! Echad una mirada de misericordia sobre las Provincias Unidas. Sí amigo mío, toda la protección del Ser Supremo se necesita para que ellas no se arrepientan de tal elección. Él lo dirá.

Me sorprende lo que le ha dicho Manuel Escalada de haberse extraviado la solicitud que hice a mediados de abril de 825 y si este extravío ha sido en la Secretaría del Gobierno o en su poder. Ésta es la

primera noticia que tengo después de las repetidas veces que le he su-
plicado me dijese cuál había sido la contestación dada por el gobier-
no pues él no me ha escrito. Confieso que el inesperado silencio de mi
hermano, tanto más sorprendente cuanto le había recomendado este
encargo muy particularmente, no sólo me ha causado una fuerte ad-
miración, sino que creía que el no contestar el gobierno a mi solici-
tud de licencia, era con el objeto de hacerme un grosero desaire y es-
tando en esta persuasión es que, cuando se declaró la guerra, no me
pareció regular ofrecer mis servicios por temor de exponerme a un
nuevo insulto. En fin ya es demasiado tarde para ofrecer mis servi-
cios,[163] *por otra parte yo estoy seguro que si diese este paso se cree-*
ría sospechoso, tanto más cuanto sé el empeño que se ha puesto en ha-
cer creer que el general San Martín no ha tenido otro objeto en su
viaje a Europa que el de intrigar a fin de establecer monarquías en
América. Los miserables que han hecho circular tan indignas impos-
turas no conocen que los sentimientos que francamente he manifesta-
do sobre este particular nada tienen que ver con los respetos que se
deben a la mayoría de la nación, por la cual me sacrificaría gusto-
so a pesar de la divergencia de mis opiniones con las que profesa es-
ta mayoría. Alto aquí, mi bilis se iba exaltando y esto no entra en
el plan de tranquilidad que me he propuesto.[164]

[163] Con respecto a esta cuestión, Guido le decía: "Hoy he hablado con Manuel Escalada acerca de la representación que usted hizo para que se le prorrogase el término
de su licencia para permanecer en Europa. Ya le dirá a usted que el escrito se perdió y
en estas circunstancias sería imprudentísimo que Manuel hiciese otro a nombre de usted, pidiendo secamente la prórroga. Soy, pues, de opinión, por honor de usted, por el
de este país y por el de sus amigos, que aunque no se le pase por la imaginación el venir a América, renueve usted su solicitud al gobierno, pero ofreciendo en ella sus servicios para la actual guerra, y que si no fueren necesarios, se le prorrogue por el período
que usted designara. Así opina Manuel y opinará todo verdadero amigo suyo". (*DASM,
op. cit.,* tomo VI, págs. 511-512. Buenos Aires, 23 de octubre de 1826.)

[164] Además de la ya señalada versión que al respecto hizo correr Alvear desde Londres en 1824, otras infamias del mismo género encontraron eco en el periodismo porteño, lo que desazonaba al Libertador, quien permitiéndose "un desahogo a 2.500 millas
del suelo que he servido con los mejores deseos", le explicaba a Vicente Chilavert: "Ven-
go a Europa y al mes de mi llegada un agente del gobierno de Buenos Aires en París (que
sin duda alguna concurre a los consejos privados del ministro francés) escribe que uno
u otro americano residente en Londres tratan de llevar (metido en un bolsillo) a un re-

Ya se ve cómo el contenido de mis interminables cartas rolan so-
bre la maldita política, cosa que tenía olvidada desde mi salida de
América, nada le he dicho de lo que me pertenece. Comenzaré por mi
chiquilla: cada día me felicito más y más de mi determinación de con-
ducirla a Europa y haberla arrancado del lado de doña Tomasa: esta
Sra. con un excesivo cariño me la había resabiado (como dicen los pai-
sanos) en términos que era un diablotín. La mutación que se ha ope-
rado en su carácter es tan sorprendente como sus progresos en el di-
bujo. El inglés y el francés le son tan familiares como el castellano; en
fin, yo espero que ella será una regular joven. En cuanto a mí sólo di-
ré a V. que paso en la opinión de estas buenas gentes por un hombre
raro y oscuro y en parte con razón pues no trato con persona viviente
porque, hablándole la verdad, de resultas de la revolución he tomado
un tedio al trato de los hombres que yo conozco toca en ridículo. Vivo
en una casita de campo a tres cuadras de la ciudad en compañía de
un hermano mío (pues la niña está en un colegio). Las mañanas son
ocupadas en la cultura de un pequeño jardín y en mi taller de carpin-
tería; a la tarde en paseo y las noches en hacer apuntes y leer libros
alegres y papeles públicos. He aquí mi vida. Y dirá que es feliz, así de-
bía ser, pero mi alma siente un vacío, ausente de mi patria. Yo estoy
seguro dudará V. si le aseguro que prefiero mi chacra de Mendoza a
todas las comodidades y ventajas que proporciona la culta Europa y
sobre todo este país que por la liberalidad de su gobierno y seguridad
que en él se goza lo hace el punto de reunión de un inmenso número
de extranjeros como igualmente por lo barato de él, en prueba de ello
basta decir a V. que [por] mi casa compuesta de nueve piezas perfec-
tamente tapizadas todas ellas y un jardín lindísimo de más de una cua-
dra, pago anualmente mil francos, es decir, 200 pesos y en proporción
todo lo demás. En cuanto a mis planes futuros son los siguientes. Den-
tro de dos años (tiempo que creo suficiente para que los proyectos que

---

yecito para con él formar un gobierno militar en América. He aquí indicado al general
San Martín que, como educado en los cuarteles, debe haberle alejado la oportunidad de
estudiar otro sistema más adecuado a la verdadera voluntad y a las necesidades positivas de los pueblos" (MHN, *San Martín. Su correspondencia, op. cit.*, pág. 148. Bruselas, 1° de enero de 1825).

me suponen se hayan disipado y el necesario para el que se complete la educación de mi hija) pienso ponerme en marcha para Buenos Aires en compañía de mi chiquilla: si me dejan gozar de la vida con tranquilidad, sentaré mi cuartel general un año en la costa del Paraná porque me gusta mucho y otro año en Mendoza, y hasta que la edad me impida el viajar seguiré este plan. Ahora bien, si no quieren dejarme gozar del sosiego que apetezco pues yo no pido ni sueldo ni recompensa en premio de los servicios que he prestado a la América sino el que no se acuerden de mi persona para nada. Sí mi amigo, yo no apetezco otra cosa porque un hombre como yo que no tiene ni caprichos ni lujo, y que come muy frugalmente es muy poderoso con los 5.000 pesos que me reditúa mi casa de Buenos Aires pues como iba diciendo si no quieren dejarme tranquilo en mi país en este caso venderé lo que tengo en él y me vendré a morir en un rincón de ésta; quedándoles el consuelo a mis enemigos de haber acibarado los últimos días de mi vejez. He aquí fija e irrevocablemente el plan que he adoptado y que deseo merezca la aprobación del Sr. Dn. Tomás.

Me dice V. que si sus recursos se lo permitiesen se transportaría por estas regiones decidido a no hablar más de revolución; V. debe saber que en toda situación en que me halle, mi cuarto y puchero serán partidos con V. con placer, sirva de gobierno.

Dígame V. con franqueza cuál es la situación de nuestro país. ¿Creerá V. que a pesar de haberme tratado como a un Ecce Homo, y saludado con los honorables títulos de ambicioso, tirano y ladrón, lo amo y me intereso en su felicidad? No me oculte V. tampoco las ausencias que se hagan de este viejo pecador, seguro de que 12 años de revolución me han curtido en términos que nada me hace impresión.

Después de este protocolo en folio me persuado no aguardará por este paquete la exposición que le ofrecí en mi anterior, pero esto no quita el que mi palabra esté comprometida y sea exactamente cumplida.

V. que conoce mi aborrecimiento por todo lo que es tinta, pluma y papel, puede calcular por la extensión de este cartapacio cuál será el grado de amistad que le profesa su

Sⁿ Martín

P.D. No se olvide V. de mi encargo sobre el modo de cerrar las cartas por cualquiera de las suyas pagaría mil veces más, pero ¿por qué desperdiciar los realitos sin necesidad? Tenga V. presente lo de la monja que estuvo 500 años en el purgatorio por cinco lentejas que desperdició al tiempo de limpiarlas. Ya se ve, como V. es un poco incrédulo, se reirá de este hecho pues es cierto, ciertísimo y porque yo le aseguro Palabra de honor que está en letra de molde y cuyo libro con las licencias necesarias de reverendos padres definidores en sagrada teología, cánones && y ainda mais la licencia de Yo el Rey para imprimirlo, existe en Mendoza entre otras preciosidades de este jaez, destinadas a la lectura de las largas noches de invierno que me esperan en mi vejez.

Reservado
¡Han metido al pobre de Hilarión en la Casa de Orates! Dígame V. algo de este buen loco.
¡No puedo concebir el que O'Higgins sea capaz de obrar contra su patria! ¿Qué hay de esto?[165]

Guido, que seguía sin recibir ninguna contestación a las numerosas cartas que le había enviado al general desde su regreso a Buenos Aires, le vol-

---

[165] Esta angustiosa inquietud de San Martín tenía su origen en lo que le había informado Guido: "Chile, acometido de facciones interiores y armas para contener y repeler la agresión amenazada desde Lima por el general O'Higgins, apenas cuenta con los medios para hacer frente a la mitad de sus precisos gastos interiores" (*DASM, op. cit.,* tomo VI, págs. 507-509. Buenos Aires, 22 de setiembre de 1826). Al llegarle el rumor de que el ex Director se preparaba para volver a su Chile, San Martín se puso de malísimo humor: consideraba una "verdadera locura", "porque jamás hay razón para emplear la fuerza contra la propia patria" (MHN, *San Martín. Su correspondencia, cit.,* pág. 68. San Martín a Miller, Bruselas, 27 de enero de 1827). Pero luego se tranquilizó al recibir carta de su compañero de infortunio a la distancia, en la que le comunicaba que sufriendo una degradante escasez pecuniaria se había dedicado al cultivo en su hacienda de Montalván, único refugio con que contaba gracias a la generosidad del entonces Protector del Perú, en aquellos tiempos que su estado actual le hacía añorar. No era para menos: la correspondencia entre ambos había sido interceptada, "el traidor Freire ha consumido sumas considerables en estas pesquisas", abundaban "los ingratos, envidiosos y falsos calumniantes", herencia del carácter español. Afirmaba, pues, que "Chile ha tocado ya el último grado de la humillación nacional" (*Ibídem,* págs. 4-6. Lima, 12 de enero de 1827).

vía a escribir el 7 de noviembre para comunicarle que el gobierno rioplatense parecía inclinado a negociar la paz con el emperador, por mediación de Lord Ponsomby sobre la base de la independencia de la Banda Oriental. Sin embargo, le advertía que para ello había que "vencer un grande escollo que la imprevisión de nuestro gobierno ha levantado confiando la dirección del ejército al general Alvear. Ya se sabe, apenas se ha traslucido en la Banda Oriental la tendencia de nuestro gobierno a la paz, Alvear ha manifestado su opinión decidida por la guerra, ya sea porque libra su gloria a alguna empresa militar o porque su corazón está seducido de las esperanzas que alimentó en otro tiempo al abrigo de la fuerza armada". En su respuesta, San Martín se mostraría escéptico en cuanto al primer tópico, y en cuanto al personaje mencionado, volvía a reiterar el concepto más que negativo que le merecía. En el ínterin había intentado cumplir la promesa que le había hecho de revelarle el secreto que lo había obligado a retirarse del Perú, pero finalmente se confesaba impotente para hacerlo por vía epistolar.

Señor don Tomás Guido

Bruselas, febrero 13 de 1827

Mi querido amigo:

Tengo el gusto de contestar a su apreciable del 7 de noviembre pasado.

Dos veces he arremetido a hacer la exposición que le tengo prometida de los motivos que impulsaron mi separación del Perú, y después de indecibles trabajos para ponerlo al alcance de todos los antecedentes, pero de un modo que no pudiese peligrar el secreto en el caso de ser interceptada la carta he tenido que renunciar a una empresa superior a mis fuerzas por más que he querido embozar los hechos me ha sido imposible hacerlo sin manifestar lo que deseo se ignore en el día: en fin, pensando con la madurez que requiere he resuelto esperar hasta tanto se presente una persona de confianza a quien poder encargar tan sagrado depósito.

Veo por la de V. se habían hecho por ese gobierno proposiciones de paz bajo la base de la independencia de la Banda Oriental, si ella es aceptada, aliviará por el pronto la crítica situación de ese pueblo mas el porvenir no se le presenta nada favorable. No nos hagamos ilusiones: la independencia de la Banda Oriental es en mi opinión quimérica, sin más razón que porque carece de bases para serlo; por su aproximación al Brasil y porque sus mismos desórdenes le harán buscar un apoyo y que está en el orden sea en el más fuerte y en este caso se presentan dificultades inmensas para la organización de esa República ya débil por las más ricas y pobladas provincias que se le han separado como por su localidad que la condena a ser obstruido el día menos pensado el único canal de su prosperidad por el bloqueo de su río.

Con que Don Carlos parece no entra por las vías pacíficas. Dejémosle seguir la marcha en que lo han colocado las circunstancias, o más bien la imprevisión y él repetirá los días de luto que ha dado a Buenos Aires; y seguro de que el niño no economizará tampoco a los que han olvidado la máxima de que genio y figura hasta la sepultura.

Me dice V. que después de su llegada le han propuesto el nombramiento de ministro para la Asamblea de Panamá o el de ministro plenipotenciario a los Estados Unidos, si esto se deja a su elección yo le aconsejo se marche a este último destino, pues el primero sin que sea hacer agravio a los que lo componen es mi pobre opinión (cuidado que yo no digo que se acabará a capazos) que terminará por consunción. Respeto como debo los talentos (aunque poco sólidos) del abate de Pradt como su panfleto sobre las ventajas que van a resultar del citado Congreso de Panamá pero yo me atengo a que más sabe el loco en su casa que el cuerdo en la ajena.

Por sus cartas veo en V. cierto abatimiento, no propio de su carácter; por ventura será efecto de la situación de nuestro país, o bien sentimiento de la injusticia con que me dice lo han tratado. Confesemos mi buen amigo que nada suministra una idea para conocer a los hombres como una revolución, ella nos presenta ejemplos para medir la inmensidad de su perversidad. Dichosamente si en los tres años que disfruto de una vida tranquila y reflexiva no he aprendido a estimar a los hombres, por lo menos me han enseñado a perdonarlos.

La tormenta que amenazaba a la Europa con motivo de las ocurrencias del Portugal y España parece se disipa y todo toma una tendencia a mantener la paz y tranquilidad continental; qué no daría por que V. me escribiese en iguales términos de nuestra patria, pero desgraciadamente por ella y por sus hijos veo aun distante esta feliz época.

Creo que Epicuro daba una justa definición de la felicidad. Cuerpo sin dolores y alma tranquila, he aquí los bienes que le desea un eterno amigo

J. de Sⁿ Martín

El 11 de marzo de 1827, Guido le volvería a escribir, pero esta vez para asegurarse de que sus cartas le llegaran al general –ya que dudaba de ello por no haber todavía recibido contestación alguna–: se las enviaría por medio de Hilarión de la Quintana –el tío político, pero más que todo amigo de San Martín– que se embarcaba para Europa. Le mencionaba la grave pérdida que había experimentado a su regreso a la patria: "no traje del Perú sino desengaños y de Chile una familia que va creciendo todos los días. Mis libros, mis colecciones curiosas y cuanto tenía que valiese algo se ha perdido en la fragata *Isabel*, donde el demonio me tentó embarcar en Valparaíso la mayor parte de mi equipaje". En la misma le daba la buena nueva de la victoria de Ituzaingó, que no alcanzaba para contrastar la penosa situación interior de las Provincias Unidas en las que la guerra civil había tomado un carácter devastador. Por otro lado se mostraba receloso de los efectos que la victoria podría producir en el comandante en jefe del Ejército Republicano: "Un porvenir más complicado se teme todavía de los progresos del ejército del general Alvear: este caballero no ha podido aún inspirar bastante confianza para tranquilizar a los hombres pensadores sobre el uso que tarde o temprano haga de la fuerza que se le ha confiado. Afortunadamente pasaron las ilusiones del año 15 y no es muy fácil encontrar instrumentos hábiles para destruir la obra del sentimiento público, pero después de lo que vemos con el general Bolívar no deben sorprendernos las debilidades humanas". Esto último era el punto central de la carta. Acerca del venezolano decía que "sin él quererlo y bien a pesar de sus santos deseos, ha colocado el nombre de usted en el Perú en la elevación más eminente. El fanático desprendimiento de usted (aunque muy prematuro y ruinoso, permítaseme este desahogo) al lado de la más desembozada ambición de mandar, las consideraciones de usted con el Perú y el tratamiento que ha recibido del general Bolívar, forman un contraste tan vivo que ha arrancado aunque tarde confesiones de arrepentimiento a los más encarnizados enemigos del general San Martín. [...] Los que como yo han seguido de cerca los pasos del general Bolívar hasta la terminación de la guerra del Perú, era imposible que calculasen hubiese de tomar tanto empeño en perder su gloria como lo ha tenido en conseguirla. En efecto, todos los actos después de la disolución del congreso del Perú, forman una serie de errores que lo conducen a su ruina, si no se detiene en la carrera que ha emprendido. Alucinado con la aparente adhesión de los dos Perú a la constitución que les ha dado y sin prever que la vida de esta constitución es tan pasajera como la de un insecto, se empeña en forzar la voluntad de Colombia a admitirla, causando con la aberración de sus principios un trastorno aun más funesto que el del general Páez. Ya usted habrá observado en los papeles de Europa la resistencia que para este cambio ha encontrado en Colombia el general Bolívar pero esta resistencia que toma cada día más cuerpo no sólo producirá una reacción contra este jefe, sino que de contado da lugar a fuertes sacudimientos que tal vez comprometan por muchos años la tranquilidad de Colombia". Hacia el final de la carta y volviendo al tema de la guerra dudaba de la contundencia que asignaba Alvear a la batalla del 20 de febrero y al fin se animaba y le manifestaba a su querido amigo su íntimo deseo de que regresase a su patria: "yo no quisiera ver a usted consumir sus años fuera de la América: pasó la efervescencia de los partidos que pudieran comprometer el sosiego de usted en estas provincias y a decirlo todo de una vez, he sentido tanto que usted no haya dirigido la presente guerra contra el Imperio como sentí su repentina despedida de Lima".[166]

San Martín muestra en su contestación una actitud muy mesurada, exenta de todo arrebato triunfalista al conocer las victorias de las armas argentinas, pues no los considera decisivos como efecto no lo fueron. Ni siquiera creía que ellos pudieran apresurar la firma de la paz, si el gobierno enemigo está al tanto de la falta de recursos del país y de la convulsión interna de las provincias que harían insostenible la continuación de la guerra. En cuanto a Bolívar, que es en el otro punto en el que se centra su carta, a pesar de su sibilina manifestación de las revelaciones que sólo guarda para Guido y para la posteridad, lo expresado con respecto al venezolano es bien elocuente.

Señor don Tomás Guido

Bruselas, junio 21 de 1827

Mi querido amigo:

Al tiempo de remitir mis cartas al correo recibo la de V. remitida por Hilarión que habiendo llegado a Londres a principios de éste me había prometido sería el portador de las que traía para mí; él se ha demorado hasta esperar el paquete de Buenos Aires que me dice debe de llegar de un momento a otro.

La pronta salida del correo no me da lugar a extenderme para contestar a la suya de 11 de marzo, en la que me comunica nuestros triunfos de Ituzaingó y Uruguay: ambas victorias pueden contribuir a acelerar la conclusión de la deseada paz: sin embargo diré a V. fran-

---

[166] *DASM, op. cit.*, tomo VI, págs. 523-527. Buenos Aires, 11 de marzo de 1827.

camente que no viendo en ninguna de las dos el carácter de decisivas, temo y mucho que si el emperador conoce (como debe) el estado de nuestros recursos pecuniarios y más que todo el de nuestras provincias se resista a concluirla y sin más que prolongar un año más la guerra nos ponga en situación muy crítica, 1° por la falta de recursos y anarquía de los pueblos que deben cooperar a sostener la guerra, 2° porque las operaciones de nuestro ejército serán paralizadas en el momento que tengan que operar en un país quebrado, en cuyo intervalo no se descuidarán los enemigos en reponer con aumento las pérdidas que han sufrido, 3° porque todo ejército que como el nuestro se ve en la necesidad de vivir a costa del país multiplica sus enemigos por mucha que sea la disciplina que se les haga guardar, que lo dificulto mandando Alvear, 4° porque separándose cada día más del centro de sus recursos y no reemplazándose las pérdidas que nuestro ejército ha sufrido como el armamento y enseres que ha inutilizado se verá en la necesidad de hacer (si puede) una peligrosísima retirada y en este caso para que los contingentes de las provincias en disidencia que están en el Ejército tomen el partido (como es natural) del que las domina y todo concluya en tragedia. No nos hagamos ilusiones que pueden perjudicar los intereses más sagrados del país. Los que han contado con el espíritu republicano de los brasileños creo que se han equivocado: no hay duda que existe en una gran parte de la juventud del Río Grande, Bahía, Pernambuco y algunos en Santa Catalina, pero el resto de sus provincias es aun más ignorante y estúpido que en las nuestras, y por carácter y educación más humillados y esclavos. En lo que podía fundarse alguna esperanza es en los oficiales subalternos del Ejército Brasilero, donde me consta hay un fuerte partido republicano pero para explotar esta disposición, debía haberse trabajado antes de romper las hostilidades y seguir este negocio con mucho tino, habilidad y sobre todo reserva. En conclusión, si la influencia del gabinete británico, unida a la precaria situación en que se encuentra el Portugal, no deciden al emperador a la paz, mis cortas luces no alcanzan a ver remedio a nuestra situación a menos que no venga en nuestro auxilio una de aquellas caprichosas vicisitudes de la suerte que tanto han contribuido en la guerra de la independencia a sacarnos del abismo. V. dirá Sr. Dn. Tomás que el telescopio con que miro los sucesos está sumamente empañado; ojalá sea así pero en el ínterin confieso a V. que la camisa no se me pega al cuerpo, como dice el adagio.

No me ha tomado de sorpresa el movimiento de Lima y la aboli-
ción de la Constitución Boliviana, como tampoco la conducta que el
general Bolívar ha tenido en el Perú. Tenga V. presente la opinión (que
a mi regreso de Guayaquil) le dije había formado de este general. Des-
graciadamente para la América no he tenido que rectificarla. He ofre-
cido a V. a la primera oportunidad segura escribirle cosas que le
asombrarán: esta expresión parece aventurada el decirla a un hom-
bre que como V. ha visto tanto en nuestra revolución. En fin, yo estoy
firmemente persuadido que la pasión de mandar es la más dominan-
te que tiene el hombre y que se necesita una filosofía cuasi sobrena-
tural para resistir a sus alicientes.

No puedo dudar de las sanas intenciones del General Bolívar en
perjudicar mi memoria, pero yo sería un mal caballero si abusase de
la situación en que se halla (y que estoy seguro empeorará aun por su
carácter) para publicar secretos que V. solo sabrá y sólo verán la luz
después que deje de existir.[167]

Por los papeles públicos había visto la tragicomedia de Chile.
Con un actor tal que Dn. Enrique Campino y consortes era muy na-
tural el desenlace que ha tenido. ¡Pobre y desgraciado país! Que,
lejos de mantenerse siquiera estacionario, va hacia atrás como el
cangrejo.

Muy sensible me ha sido la muerte de Brandzen, con dificultad se
podrá reemplazar su pérdida: hágame V. el gusto de decirme dónde
existe su señora esposa y qué familia le ha quedado.

No me conformo ni me conformaré jamás con la pérdida de sus
papeles: ella lo es para la América y particularmente para la Histo-
ria. Lo más sensible es que no se puede reparar porque nadie podrá

---

[167] De la experiencia bolivariana,que llevó al venezolano abruptamente de la gloria al abismo, sacaría unas importantes conclusiones que no sabemos hasta qué punto
podrían haber sido compartidas por su corresponsal. Para don Tomás, su caída revelaba
que "nuestra América no obstante la suma de imperfección de su ser político y el influjo vertiginoso de las habitudes de tres siglos, resiste todo sistema de asociación que no
se apoye en las bases del régimen representativo montado sobre principios de una libertad racional; en una palabra que no prevalecerá en este continente el absolutismo bajo
cualquier forma que se modifique" (*DASM, op. cit.,* tomo VI, págs. 518-521. Buenos Aires, 11 de abril de 1827).

hallarse en el caso ni con la proporción que V. ha tenido para reunir documentos tan preciosos como interesantes y originales.

Adiós, hasta otra vez y como siempre su amigo invariable

J. de Sⁿ Martín

No tardaría Guido en informarle al general el inicuo tratado de paz celebrado por Manuel José García en abierta oposición a las instrucciones recibidas del gobierno, que entregaba la Banda Oriental al Imperio del Brasil, y que fue enérgicamente rechazado por Rivadavia, quien inmediatamente renunció a la Presidencia "alegando la necesidad de esta resignación para remover todo embarazo que retardase la concentración de las provincias y su cooperación a la guerra". Le anunciaba que había sido elegido en forma provisoria en su reemplazo don Vicente López. Tampoco dejaba esta vez de cargar las tintas contra Alvear: "Este mozo ha tenido el arte de inutilizar las ventajas que la inhabilidad de los amigos y el coraje de los jefes de nuestros regimientos le habían proporcionado. Abrumado de una empresa muy superior a sus tristes conocimientos parece que hubiese perdido la cabeza". En contraposición terminaba la carta con una ya reiterada manifestación de su más íntimo anhelo: "¡Qué oportunidad ésta mi amigo para que usted se presente en su patria para dar lustre a sus armas en la guerra con el Brasil! Pero como usted se ha epicureado adoptando el quietismo, se reirá de mis deseos".[168]

Dejamos constancia que el documento original que contiene la respuesta a esta carta, publicada en el tomo VI de los *Documentos del Archivo de San Martín*, que venimos citando, actualmente no figura ni en el Museo Mitre, de donde debió ser extraído el manuscrito del general, ni menos aún en el legajo del Archivo General de la Nación.

Bruselas, 22 de octubre de 1827

Señor don Tomás Guido
Mi querido amigo:
Voy a contestar a su última de 8 de julio.
Ni la renuncia de Rivadavia, ni el mal resultado de la negociación entablada en el Brasil me ha causado la menor sorpresa. El carácter ridículo y eminentemente orgulloso del primero no podía menos que

---

[168] *DASM, op. cit.,* tomo VI, págs. 530-533. Buenos Aires, 8 de julio de 1827.

*hacerse de un crecido número de enemigos. En cuanto a la rota nego-
ciación era consecuente no rebajase el emperador nada a sus antiguas
pretensiones sobre la Banda Oriental. Vista la desunión de las demás
provincias y por consiguiente debiendo soportar todo el peso de la
guerra la sola de Buenos Aires, partido bien desigual y del que necesariamente debe sacar las ventajas que se propone, a menos que separada la manzana de discordia con la renuncia del antiguo presidente, no cooperen todas las demás muy eficazmente a la continuación de
la guerra pues en solo este caso la paz podrá conseguirse con honor,
esto es si hay dinero o crédito, pues de lo contrario quedaremos en el
mismo caso, pues ya sé a qué atenerme; pero lo que verdaderamente
me ha sorprendido es el tratado celebrado por García y que he visto
en los papeles públicos, tratado vergonzoso y degradante y que ningún pueblo generoso puede menos que desecharlo con indignación,
más chocante cuanto se separa enteramente de las instrucciones pre-
cisas que se le dieron...*

*Veo lo que usted me dice de la situación de nuestro ejército y de
la conducta de su jefe, todo ello está en el orden. Parece que este ato-
londrado y ambicioso joven fuera una mala estrella que gravita sobre
ese país para darle continuos pesares, pues su carácter inquieto no
hará más que continuar en sembrar la discordia, apoyado sobre los
pillos que lo rodean. No sé si será chisme, pero se me escribe de ésa,
consecuente con carta de uno de los allegados de Alvear, que este joven ha declarado odio eterno a todos los jefes y oficiales que han pertenecido al Ejército de los Andes; esto no lo extrañaré, pues como él
debe conocer que su ignorancia en la profesión no la puede ocultar a
aquéllos, ésta será la razón para no querer tenerlos a su lado.*

*He visto había usted renunciado el Ministerio de la Guerra. Us-
ted habrá tenido motivos poderosos para hacerlo; sin juzgarlos, sólo
le diré, y esto sin lisonjearlo, que no encuentro ningún otro capaz en
este empleo de rendir a la nación los servicios que usted podía prestarle y esto lo hace usted al mismo tiempo que me invita.*

*Quintana para quien me da usted sus recuerdos partió a princi-
pios del pasado. Él marchaba en la creencia, como todos lo estábamos, de la terminación de la guerra, desgraciadamente se habrá encontrado bloqueado y en este caso no sé cuál será el partido que
tomará. Si le permiten desembarcar en Montevideo o el Brasil, temo*

y mucho que usando de la candorosa franqueza de su carácter le jue-
guen una mala mano los brasileros que le hagan como él dice pasar
días de luto y llanto.

El otoño se ha presentado riguroso y mi salud se ha comenzado a
resentir, si no me mejoro pienso pasar lo fuerte del invierno en el me-
diodía de Francia, cuyo temperamento no dudo será más convenien-
te y volver a ésta en la primavera; si esto se verifica, se lo avisaré des-
de el punto en que me halle [...][169]

Guido le notificará en su siguiente comunicación el cambio de la escena política en Buenos Aires, al restablecerse las autoridades provinciales quedando el jefe del partido opositor a Rivadavia, Manuel Dorrego, como gobernador. La anterior administración de López pasó sin ser sentida, sólo había
durado dos meses ya que su consistencia dependía de la obediencia de las
provincias interiores y éstas lo convirtieron en un "negocio de compadres".
El ejército había semidesaparecido después de sus triunfos. Agregaba que
"Se ha generalizado el rumor que usted vuelve muy pronto a su patria; yo lo
deseo y si creyese que usted había abandonado esa filosofía estoica que le
alejó del teatro de su fama, le diría que la fortuna abre a usted un nuevo campo para aumentar sus glorias tomando a su cargo la guerra con el Imperio. A
pesar de la enorme desigualdad de nuestros recursos respecto a los del Brasil, los hechos nos han demostrado que no nos ha faltado sino quien supiese
dirigir la guerra, porque ésta ni es popular entre los enemigos ni han tenido
habilidad para hacerla". Otro punto que toca Guido y sobre el cual el general se explayará en su contestación es el siguiente: "Días pasados me llamó
el doctor Tagle a una entrevista, en que me aseguró también que invitaba a
usted a su regreso, me habló de los planes que existieron cuando usted llegó
a Buenos Aires de su regreso del Perú, para precipitarle y aunque poco más
o menos conozco el alma de algunos personajes que figuraban entonces sobre la escena, la relación del proyecto me pareció tan absurda que no me he
atrevido a creer el todo, mucho menos viniendo por el órgano de un hombre
tan resentido como Tagle contra el partido que ha caído. Pero sea de esto lo
que fuere el drama ya es otro".[170] En dos cartas sucesivas posteriores don To-

---

[169] *DASM, op. cit.,* tomo VI, págs. 533-535. Bruselas, 22 de octubre de 1827.
[170] *DASM, op. cit.,* tomo VI, págs. 535-538. Buenos Aires, 25 de agosto de 1827.

más continuaría tratando de convencer a su amigo para que se ponga al frente del ejército, pues Lavalleja ya ha demostrado su insuficiencia para conducirlo: "Piense usted lo que quiera, yo no puedo menos que lamentar el estoicismo de usted. La guerra con el Brasil la he mirado como un nuevo teatro abierto por el destino a las glorias del general San Martín. Demasiado persuadido estoy de la oposición personal que usted había encontrado en la administración de Rivadavia, pero este hombre no habría podido resistirse a la opinión pública que marcaba a usted como el único capaz de llevar con suceso las armas al corazón del imperio, éste era y es también el voto de nuestros militares".[171] Insistiría poco después: "Por acá corre que usted regresa a su patria. Sobre el particular no diré una palabra, porque sé hará lo que usted quiera y no lo que desea su amigo".[172]

Hasta el momento, San Martín había venido eludiendo el tratamiento de esa obsesiva propuesta de Guido, señal de que la había descartado de plano, pareciéndole inútil discutirla. Contestó conjuntamente a las tres últimas cartas de su amigo. Lo que había sucedido es que si hasta entonces San Martín sólo había venido realizando periódicos viajes a Aix-la-Chapelle, localidad cuyas aguas termales le brindaban el necesario alivio a su reumatismo; a comienzos de 1828 decidió efectuar un viaje por el sur de Francia y llegar por fin a París, antes de embarcarse hacia el Río de la Plata, lo que ya tenía decidido. Durante su periplo recorrió Lille, Tolón, Marsella, Nimes, Montpellier, Toulouse, Burdeos, Tour y finalmente llegó a la "ciudad luz". A principios de abril regresó a Bruselas con su salud bastante quebrantada: "casa vieja todas son goteras", solía decir.

Señor don Tomás Guido

Bruselas, abril 8 de 1828

Mi querido amigo:

V. se quejará de mi silencio pero ruego a V. que antes de excomulgarme me preste un poco de atención.

A fines del año pasado me puse en marcha con el objeto de buscar un temperamento más benigno que el de Bruselas y por este medio evitar los padecimientos que había sufrido en los dos anteriores inviernos, escogiendo el mediodía de la Francia y los resultados han

---

[171] *Ibídem,* págs. 538-541. Buenos Aires, 9 de setiembre de 1827.
[172] *Ibídem,* págs. 541-544. Buenos Aires, 23 de noviembre de 1827.

correspondido a mis esperanzas pues he gozado una salud inaltera-
ble y aquí me tiene V. de regreso que lo verifiqué el 4 de éste habien-
do encontrado a mi chiquilla con salud cumplida: esta relación dirá
V. que no tiene conexión con mi silencio. V. se equivoca. Yo lo he guar-
dado en razón de que teniendo sospechas vehementes de que mi co-
rrespondencia en el territorio francés era pasto de la curiosidad no
me atreví a escribir a V. máxime cuando en nuestra epistolar comuni-
cación rola siempre sobre una no pequeña parte de nuestras locuras,
y esto no es regular que los extraños lo sepan, por lo menos bajo mi
firma –esta razón creo convencerá a V. de la justicia de mi silencio.

No obstante lo mucho que tengo que hacer y que marchar esta no-
che a Amberes –por tres días– contestaré a V. aunque con precipita-
ción a sus estimadas de 25 de agosto, 9 de setiembre y 23 de octubre
–esta última la he recibido a mi llegada a ésta.

No he recibido la carta que me dice V. le ha dicho el Dr. Tagle me
ha escrito, en ella parece duda V. de los planes que él ha dicho a V. ha-
bía formado la pasada administración contra este malhechor y enemigo
de la América. No amigo mío, no debe V. dudar un solo momento, afor-
tunadamente una piadosa alma de la misma administración me avisó a
tiempo (Dios se lo pague) y esto me sirvió para precaverme –más diré a
V. que después de haber pasado el chubasco y a mi regreso a Buenos Ai-
res para embarcarme para Europa, López en el Rosario me conjuró a
que no entrase en la capital argentina ¡más aquí de Dn. Quijote! yo creí
que era de mi honor el no retroceder y al fin esta arriesgona me salió
bien pues no se metieron con este pobre sacristán –todo esto se lo cuen-
to a V. bajo la reserva necesaria, porque como tengo a V. dicho bien a
nuestra vista o bien si muero antes que Vd. (que Dios no lo permita) sa-
brá cosas tan grandes y de tal tamaño que estoy seguro abrirá tamaña
boca; dejemos esto porque mi bilis comienza a ponerse en movimiento.

V. me da en todas las suyas esperanzas de paz, más yo veo que la
guerra se prolonga y que cada día que pasa nuestra situación se agra-
va. Yo ignoro cómo van estas negociaciones más lo que podré decir a
V. es que la conducta del Infantito Dn. Miguel en Portugal es en lo que
fundo mis esperanzas para la conclusión de la guerra, pues si don Pe-
dro no viene y sin perder momentos el nene se las calza y la hija del
Sr. Emperador se quedará sin la corona, como yo me quedé sin ma-
dre. He aquí mis esperanzas y yo creo que V. las encontrará fundadas.
Dios lo permita.

Los Rusos han invadido la Moldavia y Balaquia. Los franceses e ingleses hacen grandes preparativos marítimos y terrestres. Ya está el fandango armado, nadie es capaz de prever ni la duración de la guerra ni los resultados, por otra parte la conducta de la España y Portugual ponen a los ingleses y resto de gabinetes europeos en embarazos de gran magnitud. ¡Qué epoca se presenta a la América si tiene juicio y sabe aprovecharla para consolidar su independencia y ser feliz!

Me ha llenado de sentimiento la desgracia de Mariano. Mas como V. no entra en ningunos detalles sobre ella no puedo formar mi juicio si es por falta de conducta, de cálculo u otro motivo que desearía saber para mi gobierno.

Sin falta ninguna escribiré a V. con mucha extensión por el paquete entrante. En el ínterin tenga paciencia y espere con resignación pero jamás dude de la sincera amistad de su amigo.

Mil cosas a la familia

J. de Sⁿ Martín

En verdad, el rumor de que Guido se había hecho eco sobre el retorno del Libertador al Plata sí era cierto; pero no había tomado esa resolución con miras a venir a dirigir la guerra, sino por motivos personales de índole financiera, como se lo comunica en la siguiente carta a su amigo. Sólo esperaba que concluyese la guerra para embarcarse.

Señor don Tomás Guido

Bruselas, junio 1° de 1828

Mi querido amigo:

Después de mi última de abril mis padecimientos han sido a toda prueba, efecto de un cruel reumatismo, lo que me obligó a tomar los baños de Aix-la-Chapelle con lo que me he restablecido, ayer he regresado de ellos y espero que aun beneficio me dejara descansar algún tiempo tan incómoda enfermedad [sic].

¿Conque al fin parece ya indudable la paz? los papeles públicos habían anunciado las negociaciones entabladas por el Brasil y bajo la mediación de la Inglaterra pero nada decían de las bases sobre la cual se trataba; mas por carta de Riglos del 4 de abril he visto ser la independencia de la Banda Oriental y ninguna indemnización por nuestra parte: en nuestra situación, es decir, sin un gobierno central y tenien-

do que gravitar todo el peso de la guerra sobre Buenos Aires aniqui-
lados ya todos sus recursos y crédito, es en mi opinión ventajosa pues
aunque la independencia de la Banda Oriental sea una pérdida sensi-
ble para las provincias de la unión, resulta una gran ventaja el quitar-
nos del contacto brasilero, contacto que dejaba un germen de guerra
en permanencia. De todos modos demos gracia a la infame conducta
del infante Dn. Miguel, conducta que no dudo ha contribuido podero-
samente a hacer rebajar las exorbitantes pretensiones del Brasil: a
propósito de Dn Miguel acabo de leer se ha hecho declarar soberano
del Portugal el 21 del pasado puede que este paso haga salir a Don
Pedro del Brasil y en este caso no aseguro sus estados a un 8%.

Creo tendré el gusto de ver a V. a fines del presente año a menos
que el cambio de esa plaza no suba en términos de poder permanecer
en Europa hasta la conclusión de la educación de mi niña pues me es
absolutamente imposible poder subsistir por más tiempo no pudiendo
percibir [más] que el tercio de lo que me produce mi finca. Esta cir-
cunstancia me altera todo mi plan pues tendré que separarme de mi
hija, siendo doloroso no concluyese su educación, habiendo ya hecho
el viaje con este objeto: al efecto mi hermano Justo quedará a su cui-
dado y éste la acompañará a ésa dentro de dos años, tiempo que creo
suficiente para finalizar su educación.

O'Brain que pasa a ésa entregará a V. la presente. Él ha estado a
hacerme una visita pero no pude estar con él más de dos días en ra-
zón de haber tenido que partir para los baños. Él lleva el encargo de
hacer a V. una visita a mi nombre.

Aunque hace tres paquetes que no tengo carta de V. esto no quita
el que le asegure es y será siempre su invariable amigo

José de S^n Martín

Así pues, al enterarse de la firma de la paz con el Imperio, hábilmente
gestionada por Guido y a la que consideró ventajosa, San Martín se aprontó
a retornar al país antes de lo previsto a fines de 1828, pues con la deprecia-
ción del papel moneda producida por la guerra ya no podía costear su vida
en Europa con el arrendamiento de su finca de Buenos Aires como lo había
venido haciendo hasta entonces; además, debe poner orden en la administración de sus bienes pues su pariente ha resultado un apoderado ineficiente y
no del todo probo.

EL FRUSTRADO RETORNO

Las dificultades económicas que atravesó por entonces el Libertador lo habían obligado a abandonar su casa de campo. Se instaló en una residencia de la Rue de la Fiancée, con una planta baja y dos pisos superiores, que compartía con otra familia. Desde mediados de 1828 se mantuvo expectante a la espera de la noticia de la firma de la paz o la suspensión del Bloqueo de Buenos Aires.

Finalmente, el 21 de noviembre de ese año se embarcó oculto tras el nombre de José Matorras en Falmauth, luego de haber pasado a saludar a la madre del general Miller en Canterbury, en el *Countess of Chichester*, rumbo al Plata, sin su niña y sin su hermano Justo Rufino; con la sola compañía de su fiel criado Eusebio Soto. El 5 de enero de 1829 arribó a Río de Janeiro, donde se enteró de que un motín militar encabezado por el general Juan Lavalle había derrocado al gobernador porteño coronel Manuel Dorrego.

Cuando arribó el 5 de febrero a Montevideo comprendió que la situación era en verdad mucho más grave: en los campos de Navarro se había fusilado al mandatario depuesto, lo que dio origen a una escalada de violencia en la lucha de facciones. En tales circunstancias su presencia se convertiría en un factor de perturbación, a pesar de que nada ni nadie lograría apearlo de la resolución en que estaba de no intervenir en los asuntos públicos. Pero tirios y troyanos buscarían involucrarlo en las cuestiones políticas. Lo mejor era no llegar a destino. Decidió, pues, bajar en Montevideo y esperar allí el curso de los sucesos. Sin embargo, la demora del bote que debía transportar su equipaje le impidió desembarcar, debiendo seguir hasta Buenos Aires. El 6 llegó a balizas exteriores. Sin pisar suelo argentino, desde el barco solicitó al ministro general de gobierno, Díaz Vélez, los pasaportes para él y su criado con el fin de retornar a la capital oriental.[173] Éstos le llegaron al día siguiente, cuando se hallaban visitando al general sus viejos camaradas de armas Olazábal, Álvarez Condarco, Espora, además por supuesto de Tomás Guido.

El gobierno de facto porteño no pudo ocultar la marcada prevención e inquietud que le despertó la llegada del general en esa forma tan imprevisible, lo que no tardó en convertirse en franca hostilidad a través de la prensa. Era evidente que consideraban su decisión de permanecer a bordo como un gesto desaprobatorio del vuelco político consumado.

Apenas el general San Martín hubo llegado a Montevideo, Guido le comunicaba, luego de darle cuenta de que pronto Lavalle emprendería la guerra contra Santa Fe, que "ya han comenzado a arañar a usted los papeles públicos. Demasiado tardaban. No haga usted caso de la paja. No falta quien defienda a usted".[174] Pero el general no quiso bajo ningún aspecto dar oportunidad a ninguna polémica.

La estadía del Libertador en la margen izquierda del Plata transcurrió placenteramente. Contrastando con lo ocurrido en Buenos Aires, gozó allí de los honores oficiales y de la hospitalidad de los particulares, a los que se sumó también el respetuoso tratamiento que le ofreció la prensa. Se entrevistó con las personalidades más destacadas y participó de varias fiestas de sociedad.

En una nueva misiva su amigo se alegraba de que hubiera llegado felizmente a suelo oriental, quedando así "fuera del contacto de estas pasioncillas que por aquí se agitan". Lo que sí le intrigaba saber era cuál había sido el motivo por el cual no había desembarcado de primera instancia en ese puerto, ya que "éste ha sido asunto de glosas de todo género". También le manifestaría una segunda inquietud: "Hay otro negocio sobre el cual me gustaría saber la resolución de usted prontamente, si no hay sistema en ocul-

---

[173] La explicación que el general dio al ministro fue la siguiente: "A los cinco años justos de mi separación del país he regresado a él con el firme propósito de concluir mis días en el retiro de una vida privada, mas para esto contaba con la tranquilidad completa que suponía debía gozar nuestro país, pues sin este requisito sabía muy bien que todo hombre que ha figurado en la revolución no podía prometérsela, por estricta que sea la neutralidad que quiera seguir en el choque de las opiniones. Así es que en vista del estado en que se encuentra nuestro país y por otra parte, no perteneciendo ni debiendo pertenecer a ninguno de los dos partidos en cuestión, he resuelto para conseguir este objeto pasar a Montevideo, desde cuyo punto dirigiré mis votos por el pronto restablecimiento de la concordia" (*DASM, op. cit.,* tomo X, pág. 69. Buenos Aires, 6 de febrero de 1829).

[174] *DASM, op. cit.,* tomo VI, págs. 547-548. Buenos Aires, 14 de febrero de 1829.

tarlo, tal es: *si usted se resuelve a pasar o no al Perú*. Quizá considere usted impertinente esta pregunta; no lo es si usted se persuade de que el interés de América y simpatías indelebles por usted me mueven a esta averiguación. Estoy informado de que usted ha sido llamado por el general Lamar y que se han acordado a usted sus honores y sueldos; creo también que su presencia en Lima contribuiría decididamente a que se pagasen los haberes vencidos; pero no son esos intereses los que yo quiero saber si a usted lo llevarán a aquel país; es, en una palabra, si usted se decidirá a tomar parte activa en la suerte del Perú, comprometido hoy en una guerra justa y con muy pocos hombres que lo presidan. Clasifique usted esta pregunta de insensata si usted quiere: ni los motivos que he indicado, ni la incertidumbre actual de mi destino personal me permite prescindir de ella: la contestación de usted será mi guía". Por otro lado, al preguntarle su juicio sobre las memorias del general Miller, que no había podido hallar, aprovechaba para invocar un viejo compromiso que el general había asumido ante él: "con este motivo recuerdo la oferta que en repetidas cartas me hizo usted, desde Bruselas, de sus papeles para la historia: ha llegado el tiempo de cumplir esa promesa. Tal vez mi destino me prometa hacer de ellos un uso más feliz para el país y para el nombre del que ha servido bien a la América". En realidad ésta nunca terminaría de verificarla, al menos en la forma en que su amigo esperaba.[175]

El general demoró saciar la curiosidad de su corresponsal por lo que éste le volvería a escribir, reprochándole: "Ya comienza usted a hacerse, como llaman mis paisanos, petaca con las contestaciones: ésta es enfermedad antigua, pero no todos la conocen". Sin seguir su ejemplo, don Tomás continuaba poniéndolo al tanto de los sucesos de la guerra civil: "Tres días hace que marchó el general Lavalle con cuatrocientos hombres de caballería a incorporarse con cerca de igual número que tendrá el coronel Suárez y continuar hasta Santa Fe; otra división marchará a las órdenes del general Paz, ha-

---

[175] *DASM, op. cit.,* tomo VI, págs. 548-550. Buenos Aires, 23 de febrero de 1829. Parte de esas revelaciones San Martín se las fue adelantando a Guido aunque no tan explícitamente en sus cartas. Y su salida a luz en forma contundente ocurrió cuando el capitán Gabriel Lafond se puso en contacto con él en Francia a partir de 1839 para consultarle sus dudas acerca de la guerra en el Perú en la que había participado. El general accedió gustoso al pedido y comenzó a enviarle la documentación requerida, mientras el francés lo mantenía al tanto de su obra. Finalmente, en junio de 1843 le notificaba la publicación del segundo volumen de *Voyages autour du monde et naufrages célèbres*, que llegaba hasta la abdicación del Protectorado y contenía en su página 138 la transcripción de la famosa carta dirigida por el Libertador del Sur al general Bolívar del 22 de agosto de 1822 que revelaba el secreto de la entrevista de Guayaquil.

cia Córdoba, para echar abajo a Bustos y Quiroga. Difícilmente pueden calcularse las consecuencias de esta operación".[176]

Ya impaciente por continuar sin obtener respuesta, Guido le volvió a escribir con visible mal humor: "He llegado a entender que usted regresa a Europa muy pronto: no comprendo la razón de este viaje, ni me toca averiguarla; pero ¿no juzga usted asegurada su independencia y tranquilidad personal permaneciendo en Montevideo? ¿Es usted tan indiferente a la censura del mundo, a que daría lugar volviendo a abandonar a su patria porque la ve en conflictos? ¿Puede usted presumir que aunque adoptara la profesión de anacoreta, le habrían de dejar de perseguir a todas partes las esperanzas de sus amigos y las persecuciones de sus enemigos? Quizá usted dirá que éstas son preguntas excusadas, cuando nada quiere y nada pretende, sino vivir en la suprema holganza, después de haber sacrificado un tercio de vida por la independencia de América. Sea esto en horabuena: yo no puedo excusarme de decir a usted que aun cuando su resolución no variase, sería más prudente, en mi opinión, esperar un poco más, para evitar glosas de charlatanes que están a espías de los hombres de mérito". Y terminaba reprochándose a sí mismo, visiblemente molesto, por lo impotente que resultaba toda su elocuencia frente al impermeable general: "¡Cuándo podré yo convencerme que no debo de ser majadero con usted! ¡Cuándo tomaré por regla los desengaños para no inculcar hasta el fastidio en lo que pertenece a usted! Conozco que me excedo: pero la culpa es siempre del interés del que lo mira como un buen amigo".[177] Al fin cedió el mutismo del Libertador:

Señor don Tomás Guido

Montevideo y marzo 19 de 1829

Mi querido amigo:

Se me queja V. de mi silencio. Ahora bien, qué quiere V. que le diga, que estoy bueno, que estoy aburrido y que siento los males de nuestra patria. Éstos son lugares comunes a los que V. ni yo damos importancia. Hablarle de política, ni las circunstancias del día son para ello ni yo me atrevería a hacerlo en la situación en que V. se halla porque la expresión más inocente podría ser interpretada con perjuicio de V.[178]

---

[176] *Ibídem*, págs. 551-552. Buenos Aires, 4 de marzo de 1829.

[177] *Ibídem*, págs. 552-553. Buenos Aires, 12 de marzo de 1829.

[178] Cuando el Libertador hace alusión a "la situación en que V. se halla", se refiere a que Guido se había desempeñado como ministro del extinto gobernador.

Me dice V. le interesa saber el motivo por qué no desembarqué en Montevideo –cuando el paquete fondeó en este puerto– voy a satisfacerlo. Nuestra llegada a Montevideo fue a la una de la noche, a las cinco de la mañana desembarcó el capitán con dos pasajeros más a uno de ellos le encargué me mandase un bote para desembarcar yo con mi criado y mi equipaje. El español Sánchez a quien le había hecho el encargo del bote me remite uno pero tan pequeño que no podía caber mi equipaje. Pago a los marineros del pequeño bote para que regresen y me remitan otro mayor para poder desembarcar con mis efectos. El capitán del paquete regresa y le suplico suspenda el dar la vela hasta tanto llegue el bote grande que había mandado buscar mas éste no apareció, al fin el capitán me hizo presente que habiendo aguardado cerca de una hora le era imposible hacerlo por más tiempo y mucho más estando a la inmediación del navío inglés el Ganges *cuyo comandante le podía hacer un fuerte cargo. No tuve más arbitrio que seguir mi viaje a Bs. As. &&& ya está V. satisfecho y dejemos que cada uno glose este pasaje de mi vida como lo han hecho con diferentes otros a su antojo. Se me olvidaba decir a V. que hallándonos a la distancia de cerca de una legua del puerto el capitán no podía después de un regreso mandar el bote del paquete con mi equipaje, yo y mi criado pues éste era tan pequeño que no cabían más que tres personas.*

Qué diré a V. de su carta última del 12, sólo el que ella parece dictada por un rico y gotoso viejo, tal es el mal humor con que ella está escrita y todo ello porque dice V. le han dicho que este pecador quiere regresar a Europa: pero figúrese V. por un momento que así sea, cree V. que lo haría sin satisfacerlo, es decir, sin darle las razones que me impulsaban para ello: en cuanto a la objeción que V. me dice de la opinión pública... confesemos mi amigo que hay muy pocos hombres sobre la tierra cuyos sufragios y opinión sean dignos de ser solicitados; en fin, mi querido amigo, yo hablaré a V. con extensión en la próxima semana sobre este particular.

Me sorprende el que V. me diga conteste al señor de Vidaurre cuando a los cuatro o cinco días de recibida su carta lo verifiqué y lo cierto es que yo en persona puse (con otras) la carta en el correo y de alguna de ellas he tenido hace poco tiempo contestación.

No ha habido llamamiento el menor para pasar al Perú, si tal hubiera sucedido se lo hubiera avisado sin la menor demora. También ignoro lo de la pensión.

Que la corte celestial lo saque con toda felicidad de la presente
chamusquina son por ahora los sinceros votos de su invariable amigo
J. de S^n Martín

En medio de la calidez oriental, transcurrieron los días del Libertador tranquilamente. Pero no tenía mayor sentido permanecer allí por más tiempo. Ya había logrado cumplir en parte con el objetivo fundamental de su viaje al Plata, esto es, poner en orden la administración de sus bienes. Capitalizando su experiencia precedente y los momentáneos ahogos económicos que una administración incierta le había ocasionado, concedió el poder general de sus bienes ante escribano público el 28 de febrero de 1829 a su entrañable amigo del alma Goyo Gómez, nombrando en su defecto –por fallecimiento o inhabilitación– albacea de los mismos a don Vicente López y Planes. También durante esa breve estadía se ocupó de rescatar su documentación llevándosela consigo a Europa. Por consiguiente, si aquel viaje había resultado infructuoso en orden a su proyecto de afincarse definitivamente en América, no lo fue del todo en lo referido al ordenamiento de sus pertenencias.

VATICINIOS POLÍTICOS

Guido no era el único interesado en que el general perteneciera en el Plata. El 10 de marzo habían arribado deportados a Montevideo por el gobierno decembrista algunos civiles y militares de nota pertenecientes al partido federal como Juan Ramón Balcarce, Tomás de Iriarte[179] y Enrique Martínez,

---

[179] Iriarte, que tenía una opinión equivocada de San Martín por haberla formado de las informaciones que le suministrara Alvear, quien "lo retrataba siempre con los más oscuros y sucios colores", cambió radicalmente de parecer cuando tuvo oportunidad de tratarlo en Montevideo, e hizo de él el siguiente retrato: "El general San Martín es un hombre de gran peso, de mucho mundo; tiene un gran conocimiento del corazón humano y, cualesquiera que sean sus opiniones, está al nivel de la civilización y de las nuevas ideas del siglo en que vivimos; es un hombre de consejo y aplomo, cualquiera que sea su moralidad como hombre privado. Tuvo el buen tino de prever con tiempo y cuando sus contemporáneos tenían una venda en los ojos que la guerra civil iba a devorar estos países y se separó de la escena para vivir en paz, porque comprendió que sus servicios iban a ser del todo ineficaces". (T. DE IRIARTE, *op. cit.*, tomo IV, pág. 157.)

quienes se esforzaron por convencerlo de que permaneciese hasta que terminara la guerra para después ponerse al frente de los negocios públicos. Por supuesto, chocaron con su infranqueable resistencia. Si con ellos el general no se extendió en consideraciones sobre el tema, en cambio sí lo hizo con Guido, en una dilatada y medulosa carta que sin lugar a dudas es uno de los documentos más importantes que salieron de su pluma. En ella, al explicar los motivos que determinaban su segunda expatriación, hizo una notable pintura del cuadro de situación que presentaba el país, anunciando con minuciosa precisión lo que sobrevendría con el advenimiento de Rosas al poder. Es preciso reparar detenidamente en su texto porque esta misiva ha sido muchas veces erróneamente interpretada. San Martín afirmaba que el desengaño provocado por los ensayos de gobiernos seudoliberales y la inseguridad material y personal generada por la revolución había inclinado a la opinión pública hacia una solución ficticia (pues a su juicio la de fondo radicaba en el cambio de las instituciones) y peligrosa: una dictadura militar que eliminase a uno de los partidos en pugna a fin de establecer el orden. Proseguía luego explicando las causas por las cuales se oponía al desempeño del papel mesiánico que se le pretendía asignar. Llegado a este punto, argumentaba de una manera similar a como lo había hecho en las postrimerías de su protectorado en el Perú. Aun admitiendo, como lo hizo en las dos ocasiones, la necesidad de ejercer un gobierno fuerte para controlar una situación caótica, le repelía la sola idea de ser él quien lo ejerciera. Y en este caso en particular, existía el agravante de que no estaba persuadido realmente de que ésa fuera la solución, además de contradecir su inalterable principio de no intervención en las luchas fratricidas. Al respecto es necesario hacer hincapié en que él señalaba la necesidad de hacer uso de la indulgencia, de la tolerancia para aplacar las pasiones; mientras que lo que requería el espíritu público exaltado era todo lo contrario: el revanchismo y la eliminación del vencido. No ignoraba que llegada a esa situación límite, quien restableciera la paz al precio que fuere, "sin sujetarse a formas" –diría Rosas– contaría con la docilidad del pueblo: "porque el que se ahoga no repara en lo que se agarra". De esta manera San Martín fue prefigurando la situación que más tarde quedaría institucionalizada con el otorgamiento de facultades extraordinarias y la suma del poder público al mandatario. He aquí el singular documento:

Señor don Tomás Guido

Montevideo y abril 6 de 1829

Mi querido amigo:

Dije a V. en mi anterior que en el caso de regresar a Europa no lo verificaría sin exponer las razones que me impulsaban a dar este pa-

241

so y por este medio satisfacer a V. y al corto número de mis amigos: este caso es llegado y paso a cumplir mi promesa.

El estado de mis intereses, es decir, la depresión del papel moneda en Buenos Aires no me permitían por más tiempo vivir en Europa, con los réditos de mi finca, los que aunque alcanzaban a cerca de 6.000 pesos, puestos en el continente, quedaban reducidos a menos de 1.500, así es que me resolví a regresar al país con el objeto de pasar en Mendoza los dos años que juzgo necesario para la conclusión de la educación de mi hija y agitar por la mayor inmediación el cobro de alguna parte de mi pensión del Perú y al mismo tiempo hacer el ensayo de si, con los cinco años de ausencia y una vida retirada, podía desimpresionar a lo general de mis conciudadanos que toda mi ambición estaba reducida a vivir y morir tranquilamente en el seno de mi patria: todos estos planes se los llevó el diablo por las ocurrencias del día. Pasemos ahora al punto capital, es decir, el de mi regreso a Europa.

Las agitaciones de 19 años de ensayos en busca de una libertad que no ha existido y más que todo las difíciles circunstancias en que se halla en el día nuestro país, hacen clamar a lo general de los hombres (que ven sus fortunas al borde del precipicio y su futura suerte cubierta de una funesta incertidumbre), no por un cambio en los principios que nos rigen (y que en mi opinión es donde está el verdadero mal) sino por un gobierno vigoroso: en una palabra, militar, porque el que se ahoga no repara en lo que se agarra; igualmente convienen (y en esto todos) en que para que el país pueda existir es de absoluta necesidad que uno de los dos partidos en cuestión desaparezca; al efecto, se trata de buscar un salvador, que reuniendo al prestigio de la victoria, el concepto de las provincias y más que todo un brazo vigoroso, salve a la patria de los males que la amenazan: la opinión presente este candidato, él es el general San Martín. Para establecer esta aserción yo no me fundo en el número de cartas que he recibido de personas de respeto de ésa y otras que en ésta me han hablado sobre este particular; yo apoyo mi opinión sobre las circunstancias del día. Ahora bien, partiendo del principio de ser absolutamente necesario el que desaparezca uno de los dos partidos contendientes, por ser incompatible la presencia de ambos con la tranquilidad pública, ¿será posible sea yo el escogido para ser el verdugo de mis conciudadanos y cual otro Sila cubra mi patria de proscripciones? No, jamás, jamás, mil veces preferiré envolverme en los males que la amenazan que ser yo el instrumento de tamaños horrores; por otra parte, después del carácter sanguinario con que se han pronunciado los partidos ¿me sería permitido por el que quedase vencedor usar de una clemencia que está en mis principios, en el del interés de nuestro suelo y en la opinión de los gobiernos extranjeros; o se me obligaría a ser el agente del furor de pasiones exaltadas que no consultan otro principio que el de la venganza? Mi amigo, vamos claros, la situación de nuestro país es tal, que el hombre que lo mande no le queda otra alternativa que la de apoyarse sobre una facción, o renunciar al mando; esto último es lo que yo hago: años hace que usted me conoce con inmediación y le consta lo indócil que soy a suscribir a ningún partido y que mis operaciones han sido hijas de mi escasa razón y del consejo amistoso de mis amigos. No faltará algún Catón que afirme tener la Patria un derecho de exigir de sus hijos todo género de sacrificios; yo responderé que esto, como todo, tiene sus límites: que a ella se deben sacrificar sus intereses y vida, pero no su honor y principios.

La historia y más que todo la experiencia de nuestra revolución, me han demostrado que jamás se puede mandar con más seguridad a los pueblos que los dos primeros años después de una gran crisis, tal es la situación en que quedará el de Buenos Aires, que él no exigirá del que lo mande (después de la reciente lucha) que tranquilidad. Si sentimientos menos nobles que los que poseo a favor de nuestro suelo fuesen el norte que me dirigiesen, aprovecharía de esta coyuntura para engañar a ese heroico pero desgraciado pueblo, como lo han hecho unos cuantos demagogos que con sus locas teorías, lo han precipitado en los males que le afligen y dádole el pernicioso ejemplo de calumniar y perseguir a los hombres de bien, con el innoble objeto de inutilizarlos para su país.

Después de lo que llevo expuesto, ¿cuál es el partido que me resta? Mi presencia en el país en estas circunstancias, lejos de ser útil no es más que embarazosa: para los unos, objeto de continuas desconfianzas; para otros, de esperanzas que deben ser frustradas, para mí de disgustos permanentes, por lo tanto he resuelto lo siguiente.

He realizado 5.000 pesos en metálico —y con el sacrificio que puede usted ver con el cambio del día—, con ellos y con lo que me reditúen mis bienes, pienso pasar al lado de mi hija los dos años que juz-

go necesarios para completar su educación –finalizado este tiempo regresaré al país en su compañía, bien resignado a seguir la suerte a que se halle destinado; en este intermedio, no faltarán hombres que aprovechándose de las lecciones que la experiencia les ofrece, pongan la tierra a cubierto de los males que experimenta. Ésta es mi esperanza, sin ella y sin el sueño (como dice un filósofo) los vivientes racionales dejarían de existir.

Yo no dudo que V. encontrará mil razones para rebatir las que dejo expuestas, pero usted convendrá conmigo en que los hombres no están de acuerdo entre sí [más] que sobre las primeras reglas de la aritmética.

No he querido hablarle una sola palabra sobre mi espantosa aversión a todo mando político: ¿qué resultados favorables podían esperarse entrando al ejercicio de un empleo con la misma repugnancia que una joven recibe las caricias de un lascivo y asqueroso anciano? Por otra parte, ¿cree V. que tan fácilmente se haya borrado de mi memoria los horrorosos títulos de ladrón y ambicioso con que tan gratuitamente me han favorecido los pueblos que en unión de mis compañeros de armas hemos libertado? Yo he estado, estoy y estaré en la firme convicción de que toda la gratitud que se debe esperar de los pueblos en revolución es solamente el que no sean ingratos, pero confesemos que es necesario tener toda la filosofía de un Séneca, o la impudencia de un malvado, para ser indiferente a la calumnia; esto último es de la menor importancia para mí, pues si no soy árbitro de olvidar las injurias porque pende de mi memoria, a lo menos he aprendido a perdonarlas, porque este acto depende de mi corazón. Al propósito de filosofía, ¿se ha olvidado V. el efecto que le hizo el papel publicado a su llegada a Chile por el célebre Padilla? No por esto crea V. quiera aplicarle la sentencia del Abate Reynal, él dice "nosotros los filósofos somos fuertes en teoría, pero muy débiles en la práctica".

Si no fuese a V., a Goyo Gómez o a O'Higgins con quienes tengo lo que se llama una sincera amistad y que conocen mi carácter, yo no me aventuraría a escribir con la franqueza que lo he hecho, pues se creería o un exceso de orgullo, suponiéndome absolutamente necesario al país, o una sandez consuma en solo imaginarlo: pero supongamos en que los datos en que me apoyo para persuadirme se piensa en mí para mandar (y el que tengo más seguro es el de haber recibido va-

rias cartas de enemigos declarados míos) no sean más que sueños de mi imaginación, pregunto: mi presencia en el país después del presente sacudimiento ¿no inspiraría desconfianzas al que lo mandare? V. me dirá que tengo dadas repetidas pruebas de que no lo deseo. Ahora bien ¿creerá V. si le aseguro por mi honor que a mi llegada a Mendoza del regreso del Perú se creyó que mi objeto era hacer una revolución para apoderarme del mando de la Provincia de Cuyo y que se me enseñó una carta del gobernador de San Juan Carril en la que aconsejaba se tomasen todas las medidas necesarias para evitar tamaño golpe? Por fortuna del hijo de mi madre que el gobernador de Mendoza en aquella época era un hombre honrado y muy mi amigo, que de lo contrario tal vez me hubieran hecho hacer un acto de fe más? ¿Ignora V. por ventura que en el año 23 cuando por ceder a las instancias de mi mujer de venir a darle el último adiós, resolví en mayo venir a Buenos Aires, se apostaron partidas en el camino para prenderme como a un facineroso, lo que no realizaron por el piadoso aviso que se me dio por un individuo de la misma administración? ¡Y en qué época! En la que ningún gobierno de la revolución ha tenido mayor popularidad y fijeza. Y después de estos datos no quiere V. que ponga a cubierto (no de mi vida porque la sé despreciar) pero sí de un ultraje que echaría un borrón sobre mi vida pública. Convenga V. señor don Tomás el que la ambición es respectiva a la condición y posición en que se encuentran los hombres y que hay Alcalde de lugar que no se cree inferior a un Jorge IV.

Dije a V. en mi anterior que no había sido llamado al Perú y ahora añado que si mi repentina presencia en aquel país no comprometiere la administración actual dando margen a los malvados a miras ambiciosas o planes de monarquía en combinación de algún gobierno extranjero (pues por lo respectivo a La Mar estoy seguro no lo desaprobaría) esté V. seguro que en vez de regresar a Europa iría por dos años a prestarle mis cortos servicios, no para mandar en jefe pero sí como un general subalterno; de todos modos si se me llama marcharé sin detenerme por el cabo y V. será el primero que lo sepa.

Me he extendido más de lo que me había propuesto pero V. tiene la rara y singular habilidad de hacerme escribir largos cartapacios, éste no será el último pues antes de partir lo repetirá su invariable amigo

José de Sⁿ Martín

El dador de ésta lo será el Sr. De Duarte da Ponte Ribeira, minis-
tro del Brasil cerca de la República del Perú, sujeto recomendable a
quien estoy seguro tendrá una satisfacción en tratar. Vale.

RECHAZO DE LAS FACCIONES

Así como antes habían solicitado su permanencia los federales, a mediados de abril, esto es, luego de la malhadada campaña sobre Santa Fe y cuando la ciudad porteña estaba cercada por las milicias de la campaña, su antiguo subordinado y jefe del motín decembrista, Juan Lavalle, enviaba ante
San Martín en misión confidencial al coronel Eduardo Trolé y a Juan Andrés
Gelly, para ofrecerle que se encargase del mando a fin de pacificar la provincia. Como era de esperarse, obtuvieron una respuesta rotundamente negativa: el general se limitó a alegar la falta de concordancia entre las aspiracio-
nes republicanas de la mayoría y sus propias convicciones relativas a la
necesidad de cambiar de sistema, las que sin embargo no estaba dispuesto a
imponer por la fuerza. Calló, en cambio, las otras razones que había expuesto a Guido. Seguramente no creyó necesario hacerlo porque pudo entrever
que las propuestas de sus interlocutores más que propender al bien público
constituían un subterfugio para apuntalar a un gobierno que estaba a punto
de caer. No obstante, dirigió una nota al "León de Río Bamba" en la que le
decía: "Sin otro derecho que el de haber sido su compañero de armas, permítame usted, general, le haga una sola reflexión, a saber, que aunque los
hombres en general juzgan de lo pasado según su verdadera justicia y de lo
presente según sus intereses, en la situación en que usted se halla una sola
víctima que pueda economizar a su país le servirá de un consuelo inalterable sea cual fuere el resultado de la contienda en que se halla usted empeñado, porque esta satisfacción no depende de los demás, sino de uno mismo".[180]
En cuanto al cuestionamiento que Guido le había planteado en su misiva del 12 de marzo, el general le daba la siguiente categórica respuesta.

---

[180] MHN, *San Martín. Su correspondencia, op. cit.,* pág. 153.

Señor don Tomás Guido

Montevideo y abril 19 de 1829

Mi querido amigo:

Dije a V. en mi anterior dirigida por el caballero Duarte da Ponte, ministro del Brasil cerca del Perú, que antes de marchar le escribiría mi última de estos desgraciados países. En aquella fecha 6 me abstuve de decirle algo acerca de mi falsa posición en este Estado. A pesar de lo que V. me decía en la suya del 12 de marzo, que para convencerme de la necesidad de quedarme en el país me decía V. lo siguiente "¿pero no juzga V. asegurada su independencia y tranquilidad personal permaneciendo en Montevideo?". No, mi buen amigo, no lo creí jamás, sobre esto sería entrar en largos detalles, pero baste decir a V. que no se trataba de nada menos que de ponerme a mí de tercero en discordia entre los partidos de Lavalleja y Fructuoso Rivera, por consiguiente aquí me tenía V. metido entre dos fuegos. En fin, sobre este particular impondrá a V. por menor Mariano Escalada e Hilarión. Yo hubiera esperado hasta el Paquete de mayo con el fin de ver los resultados y al mismo tiempo arreglar mis negocios, pero las circunstancias me hacen arrancar dentro de dos días. Confiese V. o por lo menos convenga en que yo soy una planta que no puede vivir en el país si éste no adquiere un grado de tranquilidad capaz de que yo pueda estar tranquilo bajo la protección no de los hombres pero sí de las leyes.

No se olvide V. de escribir cuando tenga un rato desocupado a un viejo amigo. Prométamelo en su primera carta que lo hará.

Adiós, jamás jamás dejará de ser su sincero amigo

José de Sⁿ Martín

El general solicitó y obtuvo del gobernador de la República Oriental, José Rondeau, su pasaporte hacia Bruselas, extendido el 9 de abril. Se había venido sintiendo cada vez más presionado, no sólo por la delicada posición en que lo ubicaban las desavenencias entre unitarios y federales en su patria, sino también –como lo confesaba en la carta antecedente– por la lucha de partidos que comenzaba a desatarse en el Uruguay. San Martín no podía menos que advertir que en torno a Lavalleja y Rivera se desarrollarían las rivalidades facciosas que no tardarían en conformar los partidos históricos blanco y colorado.

En tanto, Guido había contestado a la socarrona carta del general del 19 de marzo con estas palabras: "No extrañe usted que le haya escrito como un rico y gotoso viejo, porque cuanto me cerca contribuye a mi mal humor. Es una especie de castigo vivir en este país mientras no cesen las guerras civiles y los continuados desastres que causan". No le comentaba el curso de los sucesos, ya que "según la vida que usted ha entablado, poco le interesarán las noticias". Pero hasta cierto punto se quedaba tranquilo "puesto que usted me dice que en caso de resolverse a volver a Europa me lo avisará", por lo que decidía no tocar nuevamente ese punto, que tanto dolor le causaba.[181] Pero lo cierto es que la temida partida no tardaría en consumarse.

Por segunda vez había debido tomar la irreversible decisión de marchar a Europa, sabiendo que casi nadie la comprendería y muchos le recriminarían su actitud. Con la breve epístola que sigue se despedía de su confidente, en términos conmovedores que resultaban excepcionales en él. Seguramente el general intuyera que ya nunca más volvería a su patria.

Señor don Tomás Guido

Montevideo y abril 27 de 1829

Mi querido amigo:

Sin contestación a mi última, sólo tomo la pluma para decirle adiós pues el paquete se espera hoy.

Yo no sé si es la incertidumbre en que dejo al país y mis pocos amigos u otros motivos que no penetro, ello es que tengo un peso sobre mi corazón que no sólo me abruma sino que jamás he sentido con tanta violencia.

V. sabe la estrecha amistad que me ha unido y une a Goyo Gómez desde mi llegada a América, creo es excusado recomendárselo conociendo su honradez.

Ruego a V. no se olvide escribirme el desenlace de esta crisis. Dios haga sea feliz y que le sirva a ese pueblo de lección para lo sucesivo.

Adiós mi amigo, que sea feliz es cuanto le desea su invariable

José de S^n Martín

---

[181] *DASM, op. cit.,* tomo VI, págs. 568-560. Buenos Aires, 7 de abril de 1829.

El 1° de mayo, Guido –que había recibido todas sus cartas anteriores con excepción de la que antecede– le daba su propia despedida, haciendo justicia a las argumentaciones que el general le había dado para explicarle la necesidad de alejarse de su patria: "Incierto de si ésta encontrará a usted en Montevideo, la reduzco a acusarle recibo de las últimas suyas, reservándome escribir largo para el próximo paquete. Las razones en que usted apoya su regreso a Europa son, lo confieso, bien sólidas; no tengo que reprocharle sino la falta de paciencia para esperar un poco más". Luego de contarle las últimas novedades políticas, concluía: "He escrito más de lo que quería; pero de algún modo hemos de pagar la bondad con que usted se detuvo a reflexionar en la penúltima carta. Quiera la fortuna guiarlo en su viaje y volverlo a su país más tranquilo. A todas partes le acompañan los votos más sinceros de amistad de Tomás Guido".[182]

[182] *DASM, op. cit.,* tomo VI, págs. 560-561. Buenos Aires, 1° de mayo de 1829.

De Bruselas a París
(1829-1834)

ORDEN Y BUEN HUMOR

Aunque con la elevación del "Restaurador de las leyes" a la gobernación de Buenos Aires parecía restablecerse el orden, San Martín continuaba
desconfiando de que esa supuesta tranquilidad fuese de larga duración.

Acababa de retornar a Bruselas, donde había recuperado la calma interior, lo que se trasuntaba en los rasgos de buen humor cargados de ironía que
mecharía en sus cartas, como en la siguiente cuando se refiere a sus "profun-
dos conocimientos de latín".

Señor don Tomás Guido

Bruselas y diciembre 9 de 1829

Mi querido amigo:

*Partiendo del principio de que en esta carta no encontrará la más
pequeña reconvención sobre el letargo silencioso que V. ha guardado
conmigo, porque he calculado que en la situación en que V. se ha hallado, el humor no estaría dispuesto a escribir: afortunadamente parece que el horizonte de nuestro desgraciado país se ha despejado algún tanto: sin embargo yo desconfío de que la tranquilidad sea de
larga duración tanto por los elementos prontos a inflamarse que se
han quedado en presencia unos de otros, como por el estado lamentable de las fortunas públicas y de particulares; por otra parte, las largas y continuas guerras que ha sostenido el país tanto intestinas como extranjeras han dado al carácter nacional un temple varonil que*

253

no se amortiguará sino por grados y proporción que las leyes vayan adquiriendo vigor.

He visto su nombramiento al ministerio de relaciones exteriores: como amigo de V. lo siento, como individuo del país me alegro.

Recomiendo a V. a nuestro cónsul de Amberes, Mr. Delisle, yo creo que estos funcionarios públicos son muy útiles como no cuesten dinero y que sirvan los empleos ad honorem. Ignoro si este rasgo de latinidad está bien o mal escrito porque ha de saber V. que el general San Martín ha estudiado dos años la gramática latina y según el antiguo adagio de que la letra con sangre entra tengo bien presente los sendos azotes que me costó la siguiente oración: "el muchacho fue a comprar el trompo" puer pueris, emo emis, trocus troqui. El resultado de esta bella máxima y de la sabia educación que se daba en aquellos tiempos (para entre nos, hace 40 años) ello es que yo salí como entré, excepto los consabidos latigazos –basta de broma.

Tendrá V. presente que cuando me vino a ver el paquete le hablé sobre el joven Balcarce hijo de nuestro honrado y bravo amigo el difunto general, es el caso este joven que por su conducta y aplicación puede ser de gran utilidad a la patria se halla agregado a la legación en Londres (creo que con 1.500 pesos). V. conoce lo que cuesta seguir los estudios en Inglaterra, se trata de que se le conceda licencia por dos años para pasar a París pero siempre agregado a la legación a fin de que pueda terminar sus estudios en este último punto. Yo escribo al amigo Viamonte sobre este particular y ruego a V. encarecidamente despache esta solicitud sin demora.

Mi salud es buena a pesar de los fuertes fríos que se experimentan. En fin, amigo mío, es preciso convenir que estas latitudes no pueden convenir a los que estamos acostumbrados a países más meridionales, sin embargo mi hija se halla robustísima y haciendo progresos en su educación.

Muchas cosas a la costilla y niños y V. créame que le desea todo bien su amigo invariable

José de Sⁿ Martín

La contestación venga bajo cubierta de Balcarce y en la valija del gobierno pues por este medio me ahorro el porte que como V. sabe son exorbitantes.

La misma característica de preocupación por las cuestiones institucionales, que resultan particularmente oportunas tratar ahora con su amigo, ya que se encuentra ejerciendo el Ministerio de Relaciones Exteriores, aparece en la siguiente epístola. En ella San Martín reflexionaba con desazón la evolución política de los nuevos Estados hispanoamericanos, dejándole planteado a su constante amigo este dilema de dificilísima resolución: "¿hay previsión humana capaz de calcular aproximadamente cuál será el desenlace de este incendio general?". También permanecía presente la comparación o paralelo entre el nuevo y el viejo continente. Y de pronto, otra vez, asaltaba la memoria del general el episodio jocoso que suscita su comentario indiscreto.

Señor don Tomás Guido

Bruselas, 6 de febrero de 1830

Mi querido amigo:

Su agraciable del 6 de octubre la he recibido y a la verdad que era bien deseada pues es la primera que desde mi salida de Montevideo han visto mis ojos. No crea V. que esto sea una reconvención, pues no se me oscurece que la situación en que V. se ha hallado y en tiempos tan críticos el humor no debía estar dispuesto a escribir cosas desagradables.

Convengo con V. en que ha sido necesario un exceso de patriotismo para poderse resolver a ponerse al frente de los negocios de nuestro país: regenerarlo con los elementos que han quedado es empresa que si Vds. la realizan habrán hecho más que lo que puede expresarse de los esfuerzos humanos: mas yo preveo que los resultados que Vds. se proponen no tendrán efecto sin que se reforme el sistema de elecciones sin lo cual el país no marchará.

Efectivamente, no ha sido incierta la noticia del desgraciado incidente que sufrí en mi viaje desde Falmouth a Londres —el coche del correo en que venía volcó por la noche y con uno de los vidrios me hice una fuerte herida en el brazo izquierdo cerca del sobaco: yo guardé el más completo incógnito por evitar el salir danzando en los papeles públicos y alarmar a mis amigos: los deseos de ver a mi hija me hicieron poner en marcha a los tres días de mi llegada a Londres, de lo que resultó empeorarse la herida en términos de dar cuidado a los facultativos; en el día me encuentro bueno aunque no cicatrizada del todo, mas yo espero que a beneficio de los baños de Aix-la-Chapelle que pienso tomar esta primavera la cosa será concluida.

Por el último paquete he recibido carta de Goyo Gómez en que me dice los horrores acaecidos en Mendoza, por la reacción del partido de los Aldaos; prescindiendo de lo que habrán sufrido mis intereses, yo no puedo menos que lamentar los males que experimenta un país a cuyos habitantes les he profesado un buen afecto y que por su localidad y por la independencia de las fortunas de sus moradores parecía ponerlo a cubierto de los males que experimenta.

He visto con placer las medidas tomadas por la administración para la extinción del papel moneda, único modo en mi opinión de restablecer el crédito del gobierno y la fortuna de los particulares: pero veo con sorpresa que estas medidas que parecían debían mejorar el cambio, ha producido pocos efectos hasta mediados de noviembre pasado, última fecha que he visto de ésa.

Por los papeles públicos me he impuesto de los acaecimientos del Perú y separación de La Mar: también he visto la traslación del gobierno de Chile a Valparaíso por temor de movimientos en la capital. Los últimos papeles franceses traen con referencia a noticias recibidas de Estados Unidos la separación de la provincia de Guadalajara, y otras dos más de la unión mejicana, igualmente que la desmembración de Caracas de Santa Fe: en medio de esto Bolívar con su tema favorito de la presidencia a vida y algo más según cartas que he visto de Bogotá de García del Río. Vamos claros, mi buen amigo, todo tiene un término en esta vida, mas pregunto ¿cree V. de buena fe el que las disensiones de los nuevos estados de América terminen en la presente generación?; pero aún añado más, ¿hay previsión humana capaz de calcular aproximadamente cuál será el desenlace de este incendio general? Por los respetables manes de sus abuelos le suplico emplee el primer cuarto de hora que tenga libre a resolver este problema, si así lo hace Dios lo ayude y si no él se lo demande.

¡Qué podré decir a V. de los horribles fríos que estamos experimentando! Ah, mi buen amigo, qué paralelo puede formarse entre este espantoso clima y el delicioso de nuestro país; pero en compensación, qué diferencia entre ambos con respecto al orden y tranquilidad.

¡Qué es de Hilarión…! Por ventura se ha reconciliado con mi hermano Manuel. Dé V. a ambos mis recuerdos, esto es si se halla V. en *gracia del primero. Qué batallas tan furibundas no me dio en Monte-video. Dios se lo perdone: protesto a V. que le había cobrado tal mie-do que a pesar de la distancia que nos separa aún no ha desapareci-do del todo. Desgraciadamente el amor (que indistintamente ataca a toda edad y profesión) bajo la figura de una rolliza y pelinegra leche-ra se apoderó del corazón de mi tío y lo convirtió en un volcán. ¡Qué escenas no presencié, mi querido amigo! Antes ni después del sitio de Troya no las ha habido comparables. Hubo moquetina de tal tamaño que la diosa espantada se me presentó en mi casa a deshoras de la no-che buscando mi protección. Yo creí que el juicio final había llegado. En conclusión baste decir a V. que protegido de Eolo y Neptuno me hallaba ya en el Ecuador y aún la sombra de Hilarión me perseguía. En fin, Manuel y Mariano podrán dar a V. detalles circunstanciados sobre tan estupendos acontecimientos.*

Mil cosas al Amigo Viamonte, igualmente que a toda la familia de V.

Que Dios lo libre de vivir y morir en pecado mortal son los votos de su viejo amigo

José de Sⁿ Martín

Dígame lo que sepa de O'Higgins y La Mar.

Guido recibió esta carta en Río de Janeiro, a donde había llegado en los primeros días de mayo de 1830 en calidad de comisionado de las provincias argentinas para examinar, de acuerdo con su par del Imperio brasileño, la constitución política del Estado Oriental del Uruguay, de acuerdo a lo esti-pulado en la convención preliminar de paz, que también él mismo había fir-mado dos años antes durante la gobernación de Manuel Dorrego. Sobre esa tarea le comentaba a su amigo: "por cierto que hemos visto que nada tiene que dañe a la seguridad de los dos contratantes", aunque agregaba que "pa-ra no cargar con la nota de visionario ante los hombres ilustrados, pedí al mi-nistro imperial se insertase en el protocolo la idea que ambos formamos de la intolerancia religiosa signada en la constitución citada y de otros defectos vitales de que adolece, para que, ya que no nos cumple remediarlos, no se di-ga que no los conocemos". Con ello su misión quedaba terminada, pero don Tomás le confiaba a su amigo que se resistía a volver a Buenos Aires: "he salido tan aburrido y tan abrumado de inepcias y pretensiones exageradas, que tomo por descanso mi misión en ésta hasta que el gobierno no me diga si me voy o me quedo". En cuanto a los sucesos políticos argentinos, le comentaba al general los pertinentes a la víspera del enfrentamiento entre la Liga del Interior y la Liga Federal del Litoral. Y seguidamente respondía con otro interrogante al cuestionamiento del general: "¿Y se atreve usted a proponerme la resolución sobre el término de las disensiones en América? ¿Quién podrá calcular la elasticidad de la ignominia y de la ambición? Ambas son, mi amigo, las cualidades que parecen geniales desgraciadamente en el continente americano y si el sentimiento de los propios infortunios no crea un espíritu de orden y estabilidad, concluiremos nuestros días entre alborotos y agitaciones populares". Y agregaba con nostalgia: "Penoso y sensible es, por cierto, semejante estado, cuando se recuerdan las hazañas heroicas y los sacrificios de que está llena la historia de nuestro país". Finalmente, pasaba a referirse al párrafo final de la carta de San Martín donde comentaba con su habitual gracejo las andanzas de Hilarión de la Quintana: "¡Cómo usted tiene el arte de hacerme reír, aun en mis pocas horas de mal humor! Me cuenta usted los amores de nuestro buen tío, que han hecho desternillar; pues sepa usted para su gobierno que ya ha entrado de guardia otra rechonchona a quien espero que la deje como una tonta. Sepa usted más, amigo: que yo he reemplazado a usted en hacer de teólogo: consultándome, diariamente lo tenía en mi casa con la mismísima blandura con que usted le conoció. Por supuesto que ya no es sólo con Manuel sino con Mariano la descomunal riña y sólo yo me conservo en paz, porque conociendo que la edad (Dios me favorezca si me dejase hablar de fe de bautismo) y sus pocos recuerdos estiran las fibras, paso por alto en obsequio también a su buena alma". Asimismo, terminaba saciando la curiosidad de San Martín al notificarle que O'Higgins permanecía en Lima y el general La Mar había venido de Chile.[183]

Por entonces el Libertador ratificaba su convicción de que el gobierno de Buenos Aires debía mantener el orden aprovechándose de la ventaja relativa de que gozaba con respecto a las administraciones anteriores, esto es, la de reunir la opinión de la ciudad y de la campaña; precisando que para ello no debían emplearse medios violentos, sino seguir "una línea de justicia severa". Pero a pesar de la marcha regular que parecía caracterizar al nuevo gobierno no pudo el general reprimir su indignación ante la intención de restablecer las comunicaciones con la Santa Sede; aunque inmediatamente se distendía para jugarle una chanza a don Tomás, pletórica de socarrón anticlericalismo. Similar rasgo de humor impregna la anécdota de su encuentro con el político peruano Vidaurre.

---

[183] *DASM, op. cit.,* tomo VI, págs. 561-563. Río de Janeiro, 29 de mayo de 1830.

Señor don Tomás Guido

Bruselas y 6 de abril de 1830

Mi querido amigo:

Escribí a V. cuatro letras desde Amberes en 13 del pasado, en contestación a la suya de 11 de diciembre; después de mi última he visto los papeles públicos de ésa que alcanzan hasta el 14 de enero; y aunque por ellos sé la tendencia de ciertos hombres a excitar medidas violentas contra el partido caído, noto con placer que la marcha del gobierno es firme, y no se separa de los compromisos que tan religiosamente le impone la convención: en mi opinión, el gobierno en las circunstancias difíciles en que se ha encontrado y que en mi concepto no han desaparecido del todo, debe si la ocasión se presenta ser inexorable con el individuo que trate de alterar el orden, pertenezca a cualquiera de los dos partidos en cuestión, pues si no se hace respetar por una justicia firme e imparcial, se lo merendarán como si fuese una empanada, y lo peor del caso es que el país volverá a envolverse en nuevos males. Afortunadamente yo conozco bien a fondo el carácter del Hijo predilecto de nuestro Seráfico Padre San Francisco y estoy convencido que si lo dejan obrar, antes que se lo merienden, él escabechará a los pichones que traten de picotearle los talones. Al propósito de estos pichones, ¿qué es del célebre Alvear? pues nada veo de él en los papeles. Dios y su Santa Madre haga que esta paloma se mantenga en tranquilidad, pues si hay esperanza de alguna bullanga yo no dudo sea de los primeros a hallarse en la fiesta.

Aunque no sea fácil juzgar a la distancia y aunque carezco de un exacto conocimiento del carácter de los hombres más influyentes de Buenos Aires, me atrevo a extender mi juicio (apoyándome solamente en la experiencia de nuestra revolución y en la moral que caracteriza a nuestro bajo pueblo) para opinar que jamás se ha hallado esa provincia en situación más ventajosa para hacer su prosperidad que la presente: me explicaré en pocas palabras. Todos los movimientos acaecidos en Buenos Aires desde el principio de la revolución han sido hechos contando con que su dilatada campaña seguiría la impulsión que daba la capital, como ha sucedido hasta la revolución del 1º de diciembre; la causa de esta ciega obediencia ha

*sido porque ninguno de los anteriores gobernantes depuestos ha te-
nido una influencia en ella más en el día que se halla a la cabeza del
gobierno un hombre que reúne la opinión de un modo inequívoco,
¿quién es el guapo que se atreverá a poner el cascabel al gato? si con
esta base se repite otra revolución en Buenos Aires, digo que el gobernador y sus ministros no tienen perdón: no crea V. por eso soy de
opinión de emplear medios violentos para mantener el orden, no mi
amigo, estoy muy distante de dar tal consejo; lo que deseo es el que
el gobierno siguiendo una línea de justicia severa, haga respetar las
leyes como igualmente asimismo de un modo inexorable, sin más que
esto yo estoy seguro que el orden se mantendrá: yo no conozco al Sr.
Rosas, pero según tengo entendido tiene un carácter firme y buenos
deseos; esto basta, pues la falta de experiencia en el mando la adqui-
rirá (que no es mala escuela la de mandar ese pueblo) bajo la dirección de sus buenos ministros.*

*¡Están en su sana razón los representantes de la provincia para
mandar entablar relaciones con la Corte de Roma en las actuales circunstancias! Yo creía que mi malhadado país no tenía que lidiar más
que con los partidos, pero desgraciadamente veo que existe el del fa-
natismo que no es un mal pequeño. Afortunadamente nuestra campaña y pueblo se compone (en razón de su educación) de verdaderos filósofos y no es fácil empresa moverla por el resorte religioso:
¡Negociación con Roma! Dejen de amortizar el papel moneda y remitan un millón de pesos y conseguirán lo que quieran. He aquí el caso
de reclamar nuestra rancia amistad. Yo soy ya viejo para militar y hasta se me ha olvidado el oficio de destruir a mis semejantes: por otra
parte tengo una pacotilla (y no pequeña) de pecados mortales come-
tidos y por cometer; ainda mais V. sabe mi profundo saber en el Latín, por consiguiente esta ocasión me vendría de perilla para calzar-
me el obispado de Buenos Aires y por este medio no sólo redimiría
todas mis culpas sino que aunque viejo despacharía las penitentas con
la misma caridad cristiana como lo haría el casto y virtuoso canónigo Navarro de feliz memoria. Manos a la obra mi buen amigo, yo su-
ministraré gratis a sus hijos el Santo Sacramento de la confirmación
sin contar mis oraciones por su alma que no escasearán. Yo creo que
la sola objeción que podrá oponerse para esta mamada es la de mi
profesión, pero los Santos más famosos del almanaque ¿no han sido*

militares? Un San Pablo, un San Martín ¿no fueron soldados como yo y repartieron sendas cuchilladas sin que esto fuese un obstáculo para encasquetarse la Mitra? Baste de ejemplos.

Me debe V. un saco de contestaciones. Vengan por el conducto de nuestro cónsul de Amberes pues por este medio se hará un pequeño ahorro, pues los tiempos no están buenos para andar con despilfarros.

Admita V. la santa bendición de su nuevo prelado, con la cual recibirá la gracia de que tanto necesita para libertarse de las pellejerías que le proporcionará su empleo: yo se la doy con la cordialidad de su viejo amigo

José de Sⁿ Martín

¿Qué es de Manuel de Sarratea? Déle V. mis recuerdos como así mismo a mi señora hermana igualmente que al general Balcarce.

En este momento acaba de partir Vidaurre cuya persona ignoraba estuviese en Europa. ¡Dios qué hombre! con dificultad se encontrará una ampolleta comparable en volubilidad de lengua. ¡Qué contradicción momentánea de principios! Crea V. Sr. Dn. Tomás que en este instante me merece la América una opinión bien negativa, al considerar que hombres de tal especie hayan podido figurar en nuestro continente y presidido un Congreso que aunque ridículo para los que conocemos la tierra, no lo era así a la distancia de 2.500 leguas. Dos buenas horas ha durado el solo que me ha pegado; por repetidas veces traté de tomarle la palabra, mas mis tentativas fueron infructuosas pues jamás encontré una coyuntura (ni aun la de que escupiese) para mandar mi estoque: para poder dar a V. un sucinto extracto de lo que desembuchó este hombre extraordinario baste decir a V. que un año de tiempo y una resma de papel no serían suficientes: me habló de V., de Pintos, &&& de mil personas de ésa, de otras tantas de Chile, ídem del Perú, Colombia, && y por fin de fiesta y sin quítame allá esas pajas, me hizo responsable de los males que ha sufrido la América y los que tiene que padecer por haberme retirado de la vida pública. Me invitó a pasar con él al Perú y por su tono de protección daba a entender no me faltaría un empleíto: por lo que veo, él piensa con alguna más seriedad calzarse la Presidencia del Perú que yo el obispado de Buenos Aires. ¡Pobre América…! Él partió ayer mismo para Holanda con el proyecto de formar una companía de mi-

nas, es decir, el de ver si puede sacar dinero; me ha ofrecido volver dentro de 15 días para pasar unos cuantos en mi compañía, pero yo le prometo que la Lanza que le tengo de presentar será muy parecida a la de Lonjinos.

V. tiene la virtud de hacerme escribir más largo de lo que acostumbro pero en cambio V. lo hace con una concisión demosténica. Adiós.

P.D. Dentro de cinco o 6 días voy a París con mi hija con el objeto de ponerla en un colegio a fin de que adquiera una buena pronunciación del francés. Yo regresaré a ésta a fines del presente a más tardar.

Al contestar esta carta, Guido demostraba su concordancia de pensamiento con el general al relatar su propia experiencia cuando ocupó el ministerio de Viamonte luego de las transacciones de agosto de 1829 entre Lavalle y Rosas. "Aseguro a usted que nadie esperó que lográsemos en tres meses lo que todos vieron por sus propios ojos. Las claves de que me valí fueron *firmerza* y *tolerancia*, pero esta última es extranjera para los que alimentan venganzas". Concluida esa administración, continuaba, "se me estrechó a seguir con el señor Rosas y admití el ministerio bajo la precisa condición de no variar de principios: así marchamos por un par de meses, hasta que la derrota de Quiroga rompió los diques que contenían al partido exaltado y ya ni el señor Rosas, cuyo carácter, por otra parte, es bien dispuesto, podía dejar de hacer concesiones, ni yo continuar en el despacho sin torcer el camino que había tomado y que cada día me parecía más recto hacia los intereses vitales de la provincia". Durante el período en que estuvo ausente cumpliendo su misión en Río de Janeiro, se desató "la virulencia y el encono de los partidos" tanto en Buenos Aires como en el interior. Pululaban planes que "parecen de exterminio; sus deseos, de venganza y todos sus actos, sanguinarios". A pesar de sus pocas ganas, "como de pies y manos estoy atado a Buenos Aires a mi llegada no podré excusarme de trabajar por aplacar las pasiones. Existe un deseo general de paz y es un gran principio para conseguirla. Si falla, el demonio cargará con nuestras reliquias". Y como en la anterior contestación, terminaba comentando el buen momento que le había hecho pasar el relato final de San Martín: "En medio de mis cancamurrias, me ha hecho usted reír a carcajadas con la descripción de la visita de Vidaurre; le he escrito, en contestación a varias cartas suyas, y he tenido el atrevimiento de criticarle su disertación sobre la confesión auricular y espero divertirme con la contestación [...] Si yo respirase el aire de Bruselas, tendría también mi sangre almibarada como la de usted; pero aquí se respira catinga, y hasta los pensamientos son negros. Veremos si en otra carta puede escribir a usted más contento su buen amigo".[184]

LA EUROPA DE 1830 Y LA GUERRA CIVIL ARGENTINA

San Martín consideraba de fundamental importancia que integrasen el gobierno hombres alejados de todo espíritu faccioso. Seguía mientras tanto con la mirada atenta el desarrollo de los sucesos americanos y europeos, desentrañando las interrelaciones entre ambos, siempre en orden a velar por la salvaguarda y conservación de la libertad de los Estados hispanoamericanos.

Señor don Tomás Guido

Bruselas, diciembre 11 de 1830

Mi querido amigo:

Por el paquete de octubre contesté a su apreciable del 27 de mayo y ahora me apresuro a hacerlo a la de 10 de setiembre que he recibido ayer.

Mucho celebro su regreso a Buenos Aires y mucho más satisfactorio sería para los buenos patriotas el que V. volviese a tomar parte en la administración porque en las circunstancias en que se halla nuestro país necesita de hombres, no sólo conciliables sino que obren sin pasiones ni espíritu de partido. V. me dirá que es bien difícil poder formar una administración que toda ella parta de este principio mas si no hay una uniformidad absoluta, es suficiente el que una parte contenga los arrebatos de la otra: he leído no sé en dónde que los mejores matrimonios son los que se componen de caracteres encontrados, es decir, que si el del marido es violento y el de la mujer dulce y prudente, éste suaviza el de aquél y tempera sus violencias: por el contrario, si ambos fuesen arrebatados todo se lo llevaría Pateta en un momento.

---

[184] *DASM, op. cit.,* tomo VI, págs. 563-565. Río de Janeiro, 10 de septiembre de 1830.

Sabe V., señor don Tomás, que nada me ha gustado la solución que V. da a mi pregunta "de cuál será el término de las desavenencias de América" y a pesar de ser la misma, sí señor, la mismísima que yo esperaba, hubiera deseado que ella fuese un poco más consolante. Ahora bien, en el caso (como V. y yo suponemos) de continuar sin término fijo las revoluciones, pregunto ¿podría este pobre Capellán adoptar en su patria un sistema de conducta tal que le pusiere a cubierto de tomar parte en nuestras desavenencias? Venga la respuesta franca y categóricamente, pues ella puede servirme de regla para mis planes futuros. Es preciso convenir mi buen amigo que es bien melancólico tener que pasar el último tercio de la vida en la agitación y lo más insoportable verse en la necesidad de tomar parte en las guerras civiles, no jamás, jamás, jamás, antes preferiré volver a emigrar para siempre del país.

Rectifico la opinión que di a V. en mi anterior sobre la situación de la Europa: ella está sobre un volcán. En vano son las protestas de paz que V. verá prodigar a los gabinetes europeos; en vano las enormes deudas de los gobiernos parecen ser un gran obstáculo a un rompimiento; la guerra es inevitable: ella será de gigantes, pues se trata de nada menos que de la esclavitud o libertad del género humano. Los gobiernos serán arrastrados a pesar suyo a decidir esta gran cuestión. El torrente no puede contenerse, los pueblos claman por garantías y estos clamores son sostenidos por un exceso de población sumergida en la más espantosa indigencia; por otra parte, los gobiernos absolutos no parecen dispuestos a hacer concesiones y en este caso la lucha no debe ser dudosa en favor de los primeros. Pero ¿qué transtorno tan espantoso no va a experimentar este continente con tamaña contienda? Ah, mi querido amigo, ¿qué ventaja no reportaría nuestra patria en estas circunstancias si tuviéramos un gobierno establecido y sobre todo estable? Pero dejemos estas halagüeñas ilusiones y pasemos a otra cosa.

Recomendé a V. en mi anterior al Hijo de nuestro amigo el general Balcarce para el consulado de Francia: la verdad sea dicha, este joven por su alta honradez, su juiciosidad e instrucción es muy capaz de desempeñar con honor y lustre este empleo. Yo se lo recomiendo nuevamente del modo más expresivo.

Hace seis días regresé a ésta con el objeto de recoger algunas ropas y efectos que había dejado: este país se halla aún sin constituir,

pero hay esperanzas de que en breve se constituya en un Estado inde-
pendiente de la Holanda: yo pienso regresar a París a fines del pre-
sente a reunirme con mi hija y desde aquella altura observar el hori-
zonte político para tomar un partido según las circunstancias.

Salud, contentamiento y buena digestión, le desea su amigo inva-
riable

J. de S^n Martín

Mis recuerdos a la familia.

Guido contestó a esta carta agradeciendo los conceptos de San Martín y sus deseos de que volviese al ministerio, pero como siempre se había pronunciado por la paz con los gobiernos del interior y esto no era lo que quería el círculo influyente del partido federal bonaerense, le fue preciso apartarse del gobierno, "y al cabo se ha venido a parar a un rompimiento y a una guerra desastrosa; ya no es posible retroceder". Luego de dar algunos pormenores de la lucha entre unitarios y federales, respondía categóricamente a la pregunta que le formulara San Martín: "¿Si podrá adoptar en su patria un sistema de conducta tal que le ponga a cubierto de tomar parte en nuestras desavenencias? Sí, señor, daré a usted fracamente mi opinión. El general San Martín puede y debe no mezclarse jamás en la guerra civil de su país, porque su nombre y sus servicios pertenecen a una época célebre en recuerdos heroicos y a una causa decidida ya... pero el general San Martín ha subido a una altura tal que cualquiera que sea el punto de este país que elija para su residencia y cualquiera que sea su empeño en anonadarse, se le divisará de todas partes y se acudirá a él en los grandes conflictos. ¿Quiere usted también negarse a este rol? Manténgase usted en Europa, pues si trasladado a América está en manos de usted absolutamente el sustraerse a todo cargo público, para conservar su reposo, no le será dado mezquinar su interposición y su consejo en nuestras querellas. ¡Cuánta sangre y cuánto descrédito se hubiera quizá ahorrado, si la voz de usted hubiese podido ser escuchada a mediados del año 30! Me parece prudente sobre todo aguardar a la resolución del problema pendiente. Las armas van a decidirlo. En pocos meses sabremos qué es lo que ha quedado de la República Argentina".[185]

---

[185] *Ibídem,* tomo VI, págs. 566-567. Buenos Aires, 4 de abril de 1831.

Mientras tanto, San Martín, siempre pensando en retornar a su patria, seguía angustiado por el enfrentamiento entre ambas facciones argentinas, a la par que en Europa estaba a punto de entablarse una "lucha de gigantes" cuyo resultado tendría necesarias derivaciones en América. La unión de las nuevas naciones era más indispensable que nunca ante la alternativa de que se impusiesen en el viejo continente las fuerzas de la reacción.

Señor don Tomás Guido

París y marzo 12 de 1831

Mi querido amigo:

Su apreciable de 19 de diciembre es en mi poder. A la verdad su carta no es nada consolante con respecto a la situación del país. Yo no esperaba otra cosa a pesar de que yo soy como los enfermos desahuciados que sin embargo de conocer su situación les queda alguna esperanza de alivio. Desgraciadamente aún la consolante ilusión de alguna transacción se desvanece, se me desvanece al ver los papeles públicos de Buenos Aires y Córdoba cuya virulencia cierra las puertas a toda transacción. Desgraciado país.

Las circunstancias o por mejor decir los resultados de la contienda que va a dar principio en Europa decidirá de mi regreso a ésa. Confieso a V. que a no tener esta hija no me resolvería a dar este paso que sé va a comprometerme en las disensiones que afligen a nuestra desgraciada Patria, sea cual fuese el género de conducta que adopte.

En este viejo continente los sucesos se suceden con la rapidez del rayo. La lucha de gigantes que va a emprenderse va a decidir de la más grande cuestión que han presentado los siglos. Si lo que no es de esperar el partido absoluto vence esté V. seguro se hará una cruzada contra la América. La Inglaterra que puede escudarnos en toda circunstancia no lo hará si el partido de la aristocracia es vencedor: estas consideraciones y el de las ventajas que puede reportar la América de las disensiones del viejo continente nos debería estimular a olvidar todo resentimiento y procurar unirnos íntimamente, pero esto será predicar en desierto: cuando las pasiones hablan todo enmudece.

Me dice V. está retirado en su casa y al cuidado de sus hijos. És-
te es para mí el mejor termómetro para conocer que V. ha perdido to-
da esperanza de poder hacer el bien.

Mi salud no es buena, peor el humor, pero no los sentimientos de
amistad de su eterno amigo

José de S^n Martín

Hace más de un año no tengo noticias de O'Higgins. Esto me tie-
ne con cuidado. Yo lo había nombrado mi apoderado para ver si po-
día cobrar algo de la célebre pensión que se me señaló; yo creo que
este buen amigo no querrá escribirme por no darme malas noticias
sobre este particular. Si V. le escribe déle mis recuerdos y dígale que
yo sólo deseo saber de él.

Cuando pareció restablecerse la paz con la resolución del conflicto interno en la Confederación Argentina, luego del apresamiento de Paz y la derrota de Lamadrid por Quiroga en la Ciudadela, San Martín vio renacer sus
esperanzas de volver a establecerse en su patria en 1832, "aunque siempre
con el ánimo resuelto a volver a liar el petate si hay bullanga", y cruzar una
vez más el Atlántico.

Señor don Tomás Guido

París, noviembre 1º de 1831

Mi querido amigo:

Como estoy seguro que V. sigue el mismo sistema que este su ca-
pellán, es decir, de no tener libro copiador de sus cartas, es por esto
que V. se ha olvidado de su promesa hecha en la suya de 4 de abril (ad-
vierta V. que es la más fresca que he recibido de su señoría) en que me
dice hablando con relación al estado del país "ofrezco a V. noticiarle
oportunamente los sucesos y en vista de ellos decidirá V. si se acerca
o no el momento de abrazarle", y bien señor don Tomás ¿ha llegado
o no la oportunidad? Afortunadamente, para el hijo de mi madre que
ha habido almas caritativas que me han puesto al corriente de los
acaecimientos. Por ellos puede calcularse que la guerra fratricida que
tanto ha deshonrado y destruido esas desgraciadas provincias es con-
cluida: Gracias sean tributadas al Gran Alá por tan señalado benefi-

cio, él haga (como se lo pide con todo fervor este vil gusano y gran pecador) que la paz sea de tan larga duración como cuenta siglos el curso del majestuoso La Plata… mas a pesar de mis deseos temo… pero sea de esto lo que fuere mi partido está ya tomado: es decir que para el año entrante de 832 iré a depositar mis huesos en ésa pero advierta V. que con el ánimo resuelto de volver a liar el petate si hay bullanga, pues prefiero pasar el Atlántico más veces que Perry antes de verme obligado a tomar parte en una guerra civil, y vuelvo a prevenirle que esto no es nada agradable para un viejo mancarrón que apenas puede marcar el agua. En el vuelco de un dado ha estado el que hubiese marchado en el buque que conduce ésta, pero circunstancias mayores y más que todo concluir la educación de mi hija es lo que han decidido a prolongar por 8 o diez meses más mi residencia en Europa, que ya deseo perder de vista pues su mansión no es nada agradable amenazada del cólera que al fin la invadirá toda ella.

No sé por qué se me ha metido en la cabeza que antes de mi marcha tendré el gusto de verlo por este continente. Está en el orden el que V. sea nombrado ministro cerca de este estado por una parte me alegraría, por otra lo sentiría, pues si V. venía me privaría en ésa de su amable sociedad: sobre todo lo que deseo es su bien de V. Ésta será entregada por el caballero Garnier quien me ha ofrecido entregarla personalmente.

Recuerdos sinceros a los amigos López, Pinto, Balcarce, Viamonte, Luzuriaga && también mis respetos a madama y un beso a cada uno de los niños.

Se recomienda a sus santas oraciones su invariable amigo

José de S^n Martín

Acaban de decirme que O'Higgins ha pasado a Chile encargado del mando del Ejército. Dios le dé buena suerte… pero estoy seguro que se acordará con sentimiento haber dejado su residencia de Mata Ratones.

Guido, además de felicitarlo por el casamiento de Merceditas con Mariano Balcarce, alentaba al general a retornar, presentándole un panorama del país más prometedor luego de la finalización de la reciente contienda: "Concluyó de todo punto la guerra civil en este país, el triunfo decisivo de un partido sobre otro anuncia larga tranquilidad, si la intolerancia no se erige en sistema y si la división que ya asoma no se extiende en el partido preponderante. El señor Rosas es una potencia real superior a la de nuestros gobiernos anteriores: falta saber si se aprovechará de ella para dar a nuestra máquina política un movimiento regular y estable, para fundar las economías vitales que necesita la provincia y salvarnos de una bancarrota general".[186] En una carta posterior reiteraba los mismo conceptos y hacía explícita la intención que lo motivaba: "Se acerca el tiempo, según creo, de que usted regrese a su país, y probablemente sabrá ya por los periódicos de esta ciudad su actual situación. Hay paz en la república y en Buenos Aires bastante sosiego"; aunque no evitaba comentarle que existía una cuestión irritante: la resolución de la Sala de Representantes acerca de continuar otorgándole a Rosas las facultades extraordinarias que éste creía imprescindibles, mientras que la parte ilustrada e influyente se mostraba contraria.[187]

EL GENERAL CUENTA UNA ANÉCDOTA

Cuesta imaginar que el "Padre de la Patria" dedicara toda una carta a narrarle un extenso chascarrillo a su amigo Guido, como forma ocurrente y divertida de recriminarle la desatención de su correspondencia para con él. Bien, aquí está la prueba.

Señor don Tomás Guido

París, diciembre 6 de 1832

Mi querido amigo:

Voy a contestar a su sola apreciable de 15 de julio, única que he recibido en el año de Gracia de Nuestro Señor de 1832. En cuanto al cartapacio que debe componer las otras que V. dice haberme escrito, yo ignoro si los comandantes de los paquetes se las habrán tragado como V. dice. Al propósito del extravío de esta docena de cartas, permítame le cuente una anécdota que presencié en España el año... no

---

[186] *Ibídem*, tomo VI, págs. 572-573. Buenos Aires, 13 de febrero de 1832.
[187] *Ibídem*, tomo VI, págs. 573-575. Buenos Aires, 15 de julio de 1832.

tengo presente la fecha; es el caso: Conocí un oficial de marina, hombre de buen humor, contador eterno de anécdotas y sobre todo exagerativo al extremo, entre las infinitas que le oí fue la siguiente. Habiendo salido de Cádiz con dirección a Lima en la urca Malvina *en la que se hallaba de segundo; al llegar a la altura del Cabo de Hornos (después de un penoso y dilatado viaje) les entró un temporal de tal tamaño (aquí entraban las circunstancias de la absolución que les dio el capellán, los clamores de los marineros, las 4 bombas que no daban abasto para achicar el agua &&) que al 2º día desarbolaron de todos los Palos: el temporal duró sesenta días, al fin cesó como sucede en estos casos y al siguiente día descubrieron una isla: inmediatamente el comandante dispuso fuesen a tierra todas las embarcaciones menores con el objeto de hacer aguada y leña que era de lo que más carecían, desembarcaron pero desgraciadamente para ellos no encontraron nada de lo que habían ido a buscar; a pesar de haberla recorrido en todas direcciones y que según su cálculo (tenga V. presente que era isla) tendría de boqueo o circunferencia ocho leguas. El hambre les acosaba y el segundo que era el que mandaba los botes y lancha dispuso encendiesen fuego en tierra para hacer la comida –como carecían de todo combustible lo verificaron con media docena de remos– a los pocos minutos de encendido observaron que la isla se movía cuyo movimiento creciendo por momentos, creyeron fuese un fuerte terremoto. Sin recoger la olla ni lo que contenía (tal era el espanto que tenían) se reembarcaron con dirección al buque: al llegar a él notaron que la isla se les aproximaba y creyeron al pronto fuese alguna flotante de hielo pero cuál fue su admiración y espanto, cuando reconocieron clara y distintamente que la isla en que habían estado haciendo el hervido era un inmenso caimán que con la boca abierta venía en dirección del buque para tragárselo (como V. dice lo habrán hecho los comandantes de los paquetes con sus cartas). Al llegar a este punto de su relación, un cachumbo de los oyentes le dijo: amigo mío, juro a V. por mi honor que el caimán que V. nos cita aunque estupendamente grande yo no dudo de su existencia, pero protesto a V. que si yo mismo lo hubiera visto, yo no lo hubiera creído… Vd. se quejará de no haber recibido ninguna mía por más de 8 meses. V. tiene razón Sr. Dn Tomás, pero advierta V. que si no le he escrito no ha sido por usar de represalia, y sí por haberme visto con la maldita guadaña tan cerca de mi pescuezo que no creí poder volver a cachumbear con V: sí mi buen amigo, siete meses de padecimientos indecibles me han acabado infinito –así es que aunque cada día avanzo en mi mejoría, no me he encontrado aun capaz de emprender una larga navegación para acompañar a mi hija; por otra parte los Esculapios (Dios lo libre de ellos) me han prescripto volver a tomar los baños termales de Aix que tan conocido bien me hicieron en setiembre pasado y que lo avanzado de la estación no me permitió continuar. En fin, mi amigo, yo deseo volver a mi país y ahora con más motivo que mi hija parte; pero entre los dos le aseguro que temo como a la muerte la chismografía de nuestro país.*

Aun no he recibido y por consiguiente no he visto la obra publicada por Arenales: V. ha hecho muy bien en no mezclarse ni tomar parte en este asunto, de lo que le doy un millón de gracias. V. sabe cuál es mi opinión sobre este particular a saber que el hombre público no responde de otro modo que con resultados. Aquí viene bien la respuesta de un convencional del tiempo de la República francesa, a la solicitud de dos coroneles españoles prisioneros de guerra en que solicitaban un vestuario de los de desecho del ejército para cubrir sus carnes por hallarse enteramente desnudos. He visto la contestación que literalmente traducida decía: "Viles esclavos de un Déspota, vosotros no merecéis llamar la atención de un hombre Libre": Merlín.

Si recobro un poco más de fuerzas mi objeto es el de pasar el presente invierno bien sea en el mediodía de la Francia o bien en Italia, para desde allí pasar la primavera entrante a Aix en Saboya, pues la humedad de París no me conviene absolutamente.

Dígame V. con franqueza a qué grado se halla en nuestra Patria la tolerancia religiosa, pues por los rumores que corren parece la cosa no anda muy segura. Viva la Patria.

No dirá V. que es corta esta carta, ella necesita su indulgencia por los disparates que contiene.

Mis finos recuerdos a la Costilla y niños, los que me aseguran son unas alhajitas por sus talentos y educación. Ya veo que se le cae la baba ¿pero a qué padre no le sucede lo mismo?

Adiós, mi querido amigo, que sea tan feliz como lo desea su amigo eterno

José de Sⁿ Martín

Le recomiendo mucho, mucho y mucho a mi Mercedes. Ella sabe que V. y Goyo son mis dos predilectos amigos: buen par de maulas. Lo mismo digo con respecto a Balcarce cuyo joven estoy seguro le gustará.

La ocurrencia del general no pudo menos que hacerle pasar un momento de buen humor a Guido: "Cuando siete meses de ataque gástrico no han hecho brecha en el buen humor de usted, digo que ni la bomba de Amberes puede amoldarlo. ¡Conque yo me parezco al oficial de la urca *Malvina*! ¡Con que mi relación sobre las cartas tiene semejanza a la del célebre caimán! ¡Cómo se conoce que ha vivido usted en Cádiz muchos años en lo bien que capea al toro! Sepa usted pues que he escrito tales cartas y que no teniendo usted perdón de Dios por no haberme contestado una letra, veo claro que ha tenido que echar mano de tal oficial para que le sirva de parapeto!".[188]

AUTORITARISMO VERSUS DEMAGOGIA

Los comentarios políticos que suscitaron en San Martín los sucesos de América y en especial los del Río de la Plata daban cuenta de su creciente preocupación por el restablecimiento del orden. Habiéndose comprobado que no era posible conseguir la sujeción a las leyes, creyó que el único remedio estaba en la apelación a la fuerza: de allí que se fuera consolidando en él el concepto de la necesidad del fortalecimiento de la autoridad. Esto podría concebirse como una derivación o alternativa de su antigua opción monárquica para adaptarla al sistema representativo republicano que querían los pueblos.

En efecto, el ideal liberal que lo llevó a luchar por la causa de América, a medida que avanzaba en la consecución de su obra se fue desdibujando, tornándose cada vez más ambiguo: así, por ejemplo, como Protector del Perú prevenía a los pueblos de los peligros que implicaba la presencia de un militar afortunado pero simultáneamente pensaba que sólo una rígida dictadura podría contener la disolución de aquella sociedad desquiciada por el espíritu faccioso y las pequeñas pasiones.

---

[188] *DASM, op. cit.,* tomo VI, págs. 575-576. Buenos Aires, 27 de marzo de 1833.

Paulatinamente, a medida que el caos de América se fue agudizando y por lo tanto creciendo en él el desengaño, las ambigüedades cedieron el paso a nuevas y definidas convicciones. La siguiente carta es la más clara muestra de la reversión operada; la escribió al enterarse de los últimos sucesos porteños que culminaron con la deposición de Balcarce de la Gobernación, a raíz de la llamada "revolución de los restauradores". Lo estimuló a expresarse en la forma tan dura en que lo haría la carta que acababa de recibir de Guido relatando esos sucesos: "el general Balcarce, seducido por las teorías del liberalismo, se apartó sin advertirlo de los principios prácticos que debía consultar para no hacer ilusoria y aun odiosa la marcha constitucional que afectaba querer sostener: vio dividirse el partido federal y apoyó la fracción que invocando la libertad arrastraba a favor de su plan los que de buena fe la apetecían y los que valiéndose de este nombre podían desahogar su encono contra los que habían figurado bajo la administración de don Juan M. de Rosas. [...] se desligó a la prensa de las trabas con que existía por resoluciones anteriores y apoderados de ellas los más exaltados de ambos partidos, principió la guerra de dicterios, de calumnias y de invectivas [...] el gobierno y la Sala presenciando el incendio que propagaban los libelistas nada hacían eficaz para apagarlo". El rompimiento resultó inevitable y el propio Guido fue víctima inocente del desborde de las pasiones: "Se me juzga, mi amigo, como se me juzgaba en Lima después de la ausencia de usted: allí nadie podía comprender cómo podía yo serle consecuente sin preparar alguna revolución para que usted volviese; aquí no entienden mis enemigos cómo se puede tener amistad al señor Rosas sin seguir ciegamente tras su voz. ¡Miserables! El tiempo me vengó allí, el tiempo me vengará acá. Y sabrán los ilusos que si no acostumbro traicionar el honor volviendo mis espaldas a mis amigos en los días de peligros, tampoco sacrifico mis principios políticos a consideración alguna".[189]

La siguiente fue la reacción de San Martín ante esa narración de lo acontecido en el Plata:

Señor don Tomás Guido

París, 1° de febrero de 1834

Mi querido amigo:

Creyéndole ya en el Brasil, escribí a V. a este punto en fines de octubre pasado por conducto de mi recomendable amigo don Benjamín

---

[189] *DASM, op. cit.,* tomo VI, págs. 577-580. Buenos Aires, 20 de octubre de 1833.

Mary, encargado de negocios de la Bélgica, cerca de aquel gobierno, cuando me encuentro con la suya de 20 de octubre datada en Buenos Aires, en la que me da extensos detalles de las ocurrencias acaecidas en nuestra desgraciada patria. V. me hará la justicia de creerme si le aseguro que lejos de sorprenderme a su recibo, las esperaba como cosa inevitable. En prueba de ello, diga V. a Goyo Gómez le manifieste la que le escribí hace poco menos de 3 meses y por ella verá si había anunciado con antelación esta catástrofe, sin que para ello fuere necesario una gran previsión, sino la de conocer los hombres de la pasada administración. El general Balcarce me ha merecido y merece la opinión de hombre de bien, y con buenas intenciones, pero sus talentos administrativos y sobre todo su carácter poco conciliante y al mismo tiempo muy fácil de dejarse dirigir no los creía en armonía con su posición; sin embargo, cuando supe su elección a la presidencia [sic: gobernación] *no dudé que su administración tuviere un feliz resultado, si como me lo persuadí, se rodeaba de hombres de probidad y talentos; pero ¿cuál sería mi sorpresa cuando supe que la flor y nata de la chocarrería pillería, de la más sublime inmoralidad y de la venalidad la más degradante, es decir, que el ínclito y nunca bien ponderado Enrique Martínez había sido nombrado a uno de los ministerios? Desde este momento empecé a temer por el país, pero aún me acompañaba la esperanza de que los otros dos ministros (aunque para mí desconocidos) si se respetaban un poco, pondrían un dique a las intrigas y excesos de su colega y manifestarían a Balcarce la incompatibilidad de la presencia de un hombre como Martínez con la opinión y honor de todo gobierno: pero estas esperanzas desaparecieron completamente al ver que estos ministros fueron reemplazados por los doctores Tagle y Ugarteche: con esta trinidad no me quedó otra cosa que hacer que entonar el oficio de Agonizantes por nuestra desdichada Patria, pero como en este miserable mundo todo se halla compensado y según el adagio no hay mal que por bien no venga, yo creo que los últimos acontecimientos van a poner fin a los males que nos han afligido desde el año diez y que a nuestra patria se le abre una nueva era de felicidad, si como creo la nueva administración marcha con un paso firme y no olvidando los 24 años de ensayos en busca de una libertad que jamás ha existido. Me explicaré.*

Es preciso convenir que hay una cosa que trabaja sin cesar los nuevos Estados de América y que les impide gozar los bienes anexos a la tranquilidad y orden: unos lo atribuyen a la transición repentina de la esclavitud a la libertad; otros a que las instituciones no se hallan en armonía ni con la educación que hemos recibido, ni con el atraso en que nos hallamos –pues la idea de mandar y obedecer, y al mismo tiempo ser vasallo y soberano, supone conocimientos que no pueden esperarse de una nación en su infancia–; algunos a la desmoralización, consecuencia de una revolución que todo lo ha trastornado; no falta [quien] dé por causa el espíritu belicoso que imprime a toda nación una guerra dilatada &&. Todas estas causas pueden contribuir muy eficazmente; pero en mi pobre opinión lo que prolonga esta serie de revoluciones es la falta de garantías que tienen los muchos gobiernos; es decir, que éstos dependen del capricho de tres o cuatro jefes, a los que con degradación tienen que contemplar y adular; o a la masa del bajo pueblo de la capital, veleidosa por carácter y fácil de extraviar por un corto número de demagogos. Esto lo comprueba las frecuentes revoluciones de la fuerza armada, como la tentativa del doctor Tagle en el año 23, en que sólo 180 pillos estuvieron en el vuelco de un dado de derribar un gobierno que es menester confesar fue el más popular en Buenos Aires en aquella época.

Ahora bien, ¿cuál es el medio para proteger y afirmar estos gobiernos y darles el grado de estabilidad tan necesaria al bien de esos habitantes? Los últimos acontecimientos han decidido el problema y en mi opinión de una manera decisiva. Demostración: el foco de las revoluciones, no sólo en Buenos Aires, sino de las provincias, han salido de esa capital: en ella se encuentra la crema de la anarquía, de los hombres inquietos y viciosos, de los que no viven más que de trastornos, porque no teniendo nada que perder todo lo esperan ganar en el desorden; porque el lujo excesivo multiplicando las necesidades se procuran satisfacer sin reparar en los medios; ahí es donde un gran número de individuos quiere vivir a costa del Estado y no trabaja &&. Estos medios de discordia que encierra la capital deben desaparecer en lo sucesivo, sin que sea necesario derramar una sola gota de sangre y sin tener un solo soldado de guarnición. Que sepan los díscolos y aun los cívicos y demás fuerza armada de la ciudad que un par de regimientos de milicias de la campaña impide la entrada de ganado por sólo 15 días y yo estoy bien seguro que el pueblo mismo será el más interesado en evitar todo trastorno, so pena de no comer, y esto es muy formal. Se me dirá que el que tenga más ascendiente en la campaña será el verdadero jefe del Estado y en este caso no existirá el orden legal. Sin duda señor don Tomás ésta es mi opinión, por el principio bien simple que el título de un gobierno no esté asignado a la más o menos liberalidad de sus principios, pero sí a la influencia que tiene en el bienestar de los que obedecen: ya es tiempo de dejarnos de teorías, que 24 años de experiencia no han producido más que calamidades: los hombres no viven de ilusiones, sino de hechos. ¿Qué me importa que se me repita hasta la saciedad que vivo en un país de Libertad, si por el contrario se me oprime? ¡Libertad! Désela V. a un niño de dos años para que se entretenga por vía de diversión con un estuche de navajas de afeitar y V. me contará los resultados. ¡Libertad! para que un hombre de honor sea atacado por una prensa licenciosa, sin que haya leyes que lo protejan y si existen se hagan ilusorias. ¡Libertad! para que si me dedico a cualquier género de industria, venga una revolución que me destruya el trabajo de muchos años y la esperanza de dejar un bocado de pan a mis hijos. ¡Libertad! para que se me cargue de contribuciones a fin de pagar los inmensos gastos originados porque a cuatro ambiciosos se les antoja por vía de especulación hacer una revolución y quedar impunes. ¡Libertad! para que sacrifique a mis hijos en disensiones y guerras civiles. ¡Libertad! para verme expatriado sin forma de juicio y tal vez por una mera divergencia de opinión. ¡Libertad! para que el dolo y la mala fe encuentren una completa impunidad como lo comprueba lo general de las quiebras fraudulentas acaecidas en ésa. Maldita sea la tal libertad, no será el hijo de mi madre el que vaya a gozar de los beneficios que ella proporciona. Hasta que no vea establecido un gobierno que los demagogos llamen tirano y me proteja contra los bienes que me brinda la actual libertad. Tal vez dirá V. que esta carta está escrita de un humor bien soldadesco. V. tendrá razón pero convenga V. que a 53 años no puede uno admitir de buena fe el que se le quiera dar gato por liebre.

No hay una sola vez que escriba sobre nuestro país que no sufra una irritación. Dejemos este asunto y concluyo diciendo que el hombre que establezca el orden en nuestra patria, sean cuales sean los medios que para ello emplee, es el solo que merecerá el noble título de su libertador.

Mi salud sigue bastante bien: aunque de tiempo en tiempo sufro algunos ataques de nervios, que espero desaparecerán este año a beneficio de los baños de mar que tomaré el próximo verano.
Como siempre su invariable amigo

José de San Martín

Mis recuerdos a los amigos Pintos, Viamonte, López y los Luzuriaga.

Obsérvese que a pesar de esta proclividad hacia el autoritarismo, lo cierto es que la intencionalidad de San Martín era precisamente resguardar la libertad real y posible, en vez de sacrificarla en aras de un liberalismo absoluto y utópico. El suyo era, pues, un pensamiento que se atenía a los datos de la realidad, tratando de realizar los ideales que signaron toda su existencia en la medida de lo posible. Sólo así se explica que el general se preocupara contemporáneamente por el grado de libertad de culto de que se gozaba en el país, como lo demostraba esta contestación de Guido: "Me pregunta usted cómo estamos de tolerancia religiosa [...] Muy mal mi amigo. Hemos tenido quemados, matrimonios deshechos entre protestantes y católicos y otras mil maravillas".[190]

Lo cierto era que, ya perdida toda esperanza de un encauzamiento legal de la vida política argentina, San Martín llegó a renegar de una proclamada libertad teórica, que en los hechos y durante décadas no sólo nunca había existido sino que no era más que la variante demagógica de la opresión.

---

[190] *DASM, op. cit.,* tomo VI, pág. 575. Buenos Aires, 27 de marzo de 1833.

LA IRA DEL GENERAL
(1834)

EL AGRIO ALTERCADO CON MANUEL MORENO

Después de diez años de ostracismo, el Libertador no podía concebir que pudiera ocurrir el violento, desagradable e inesperado incidente que tuvo que protagonizar con Manuel Moreno, representante de las Provincias Unidas en Londres, de cuyos pormenores interiorizaba a Guido: "¿Quién le hubiera dicho a V. que a pesar de la distancia en que me hallo de nuestra tierra, el único paisanito que existe en Europa había de venir a alterar esta paz, único bien que gozo separado de los objetos que más amo? Y esto por un Doctor en medicina (peste en todos ellos). ¿Ítem que a los 50 años y (el pico no es de su competencia) había de meterme a espadachín y con lanzón y rodela tener que defenderme de follones y malandrines?". Enciende la ira de San Martín la versión que echaría a rodar infundadamente el diplomático argentino de que el general habría viajado a España para tratar sobre el reconocimiento de la independencia de los nuevos estados americanos mediante el establecimiento de monarquías, como si no fueran bastante ostensibles –como el implicado manifestaría– los "compromisos de pescuezo" que había contraído en los diez años que duraron sus "travesuras" en Argentina, Chile y Perú. Pero después de idas y venidas, el Libertador comprendería la nula entidad de quien considera un cobarde intrigante y decidiría dar por concluida la cuestión: "¿qué partido puede sacarse con un pícaro de tal tamaño? Yo no he encontrado otro que el de cortar este asunto, pues aunque me quedaba el recurso de haber marchado a Londres y darle una tollina de palos de patente, el resultado hubiera sido el de que la opinión del país hubiera padecido con el escándalo".

Las cartas siguientes permiten seguir paso a paso la reyerta, cuyas alternativas San Martín quiso compartir con su amigo Guido, a pesar de que ello no varió en nada la amistad que este último le manifestó a Moreno, de quien era amigo desde su primera juventud.

Es probable que en el desagradable episodio operase la insidia intrigante del diplomático boliviano Olañeta, quien tuvo un papel activo en el entredicho. Sus antecedentes en verdad no resultaban muy confiables: plegado tardíamente a la causa patriota, había promovido como diputado al congreso de La Paz en 1825 con sospechoso entusiasmo la independencia del Alto Perú de las Provincias Unidas; actitud a la que no debió ser ajena a que Bolívar lo designara auditor de guerra al año siguiente. Se lo presenta como un hombre de talento pero lleno de dobleces y sin escrúpulos; en fin, un oportunista político.

Hacia 1834, cuando se produce el enojoso incidente, Manuel Moreno llevaba cuatro años de dedicación a sus funciones de ministro ante la corte de Inglaterra. Sin tener trato personal amistoso con San Martín, mantenían, empero, entre Londres y París una discreta correspondencia epistolar. Por otra parte un acontecimiento de índole familiar había generado un nuevo lazo entre ambos: en octubre de 1833, la hija primogénita del flamante matrimonio constituido por Mercedes San Martín y Mariano Balcarce, nacida en Buenos Aires, fue bautizada contando como madrina a su bisabuela doña Tomasa de la Quintana de Escalada y como padrino al teniente coronel Mariano Moreno, hijo único del prócer de mayo y sobrino de Manuel. Se explica esta última elección por el hecho de que el padrino se había casado con Mercedes Balcarce, hija del general Marcos Balcarce. Sin embargo, nada de esto fue capaz de calmar la cólera que despertó en el Libertador la conducta atribuida al diplomático del gobierno argentino en Londres, como lo prueban las siguientes cartas.

Señor general don Tomás Guido
  Grand Bourg, cerca de París, 16 de agosto 1834
Mi querido amigo:
Hace como cuatro meses escribí a V. no lo he repetido por mi natural pereza y también porque carezco de noticias directas de V. ahora lo verifico con el motivo que demuestra la copia de carta que incluyo.
Estaba persuadido que retirado en el campo, el hijo de mi madre se hallaba fuera del alcance de toda chismografía, pero está demostrado que aunque me sepulte en el averno, la momia de este pobre capellán y su servidor será disecada o como dicen nuestros gauchos harán de ella Notomias: al propósito de mi retiro tengo presente la carta en que pintándome V. la situación en que se hallaba nuestra Patria en

los últimos sucesos ocurridos en la deposición del general Balcarce me decía V. "La maledicencia me cree cooperador de las ocurrencias del día, el tiempo me hará justicia como me la hizo en el Perú cuando se me creía era el agente de V.&&... V. añade, dichoso V. que separado de este caos vive tranquilo sin presenciar las desgracias de su patria". He bien señor don Tomás ¿quién le hubiera a V. dicho que a pesar de la distancia en que me hallo de nuestra tierra, el único paisanito que existe en Europa había de venir a alterar esta paz, único bien que gozo separado de los objetos que más amo? y esto por un Doctor en medicina (peste en todos ellos). ¿Ítem que a 50 años y (el pico no es de su competencia) había de meterme a espadachín y con lanzón y rodela tener que defenderme de follones y malandrines? A esto diré a V. lo que el abate Reynal. Nosotros los filósofos somos muy sabios en teoría, pero muy ignorantes en la práctica. Pero ya veo que con una actitud ministerial dice V. para su sayo que mi carta al Dr. Resio pasa los límites de la claridad y que al fin es preciso considerarlo como el representante de un gobierno. Para el presente caso vaya de cuento: érase un Cura Poeta (como nuestro amigo en cuestión es medio diplomático) que prevalido del sagrado de su ministerio perseguía con sus satíricos y mordaces versos a un honrado padre de familia: éste era religioso concienzudo (de lo que se ve poco en el día), desde su niñez había oído decir una sentencia (y que los hombres de sotana han procurado hacer pasar como un dogma) que de Corona para abajo la persona de un sacerdote era sagrada: nuestro hombre fluctuaba entre la venganza y el respeto, afortunadamente encontró un expediente para tranquilizar su conciencia, éste fue el de atrapar a mi cura poeta y colgándolo por los pies le dio una tollina de azotes de tal tamaño que jamás volvió a componer verso. Y bien, como V. ve yo no me dirijo al Representante de las Provincias Argentinas, pero simplemente al Galeno americano, y juro a V. por los manes de mis Nobles abuelos que si mis uñas lo llegan a atrapar en cualquier punto del continente o a mi regreso al país tiene de quedar como nuevo. Dejemos esto y convengamos en que de toda la colección (y no es corta) de diputados americanos que han venido a Europa con muy pocas excepciones son la flor y nata de la pillería chismográfica la más chocarrera. Pero ahora me acuerdo. ¿No es éste el mismo Doctor a quien en Logia Plena y constituida en Suprema Corte de Justicia, le dijo V.

era más ladrón que Caco, porque le había cargado un número de li-
bras esterlinas que V. no había percibido y por el contrario lo había
bloqueado por hambre (atentado el más criminal para el estómago de
Patente del Sr. Dn. Tomás) en términos que cuasi tuvo que comerse la
suela de sus zapatos? Déjemelo V., yo le juro por la Laguna Estigia
que yo vengaré el insulto hecho a la Barriga del más Noble Chopitea.
Pero dejémonos de broma y confesemos con rubor que un hombre co-
mo éste es un borrón para el Estado que representa. Mi primer impul-
so fue el de escribir al gobierno oficialmente sobre este particular pe-
ro después he calculado que siendo personal era de mi absoluta
competencia: si para fines del presente nuestro honrado representan-
te no ha venido a verme, me marcharé a tomar las aguas termales del
Berry pero estaré de regreso para el 20 del mismo.

Mi salud se repone visiblemente, gracias a los aires del Campo en
donde me hallo desde principios de abril y a la amable sociedad de la
familia de un antiguo y seguro amigo y compañero de armas en el mis-
mo regimiento en España y cuya familia vive al lado de la casita que
habito.

¿Cómo van nuestras cosas? la suerte haga vayan bien. Goce V. de
salud cumplida y sea tan feliz en compañía de su familia como lo de-
sea su antiguo e invariable amigo

José de Sⁿ Martín

Un millón de recuerdos al amigo Viamonte

Posdata 17 de agosto. Después de escrita ésta recibo en este mo-
mento la contestación de nuestro respetable representante, como V. ve-
rá me ofrece otra con más detalles. Va la copia y remitiré la que debe
venir por primera oportunidad –y mi última contestación, siento no
poder demorar ésta para que fuese completo el protocolo… Me ha he-
cho gracia lo de las consecuencias contra la dignidad y crédito del
Gobierno de la República en la persona de su ministro. Me parece que
si no viene tendré que emprender un viaje a Inglaterra para no dejar
a este malvado hueso sano.

[Copia de la aludida carta que San Martín dirigió a Moreno]

Grand Bourg, cerca de París, 30 de julio 1834

Señor don Manuel Moreno

Muy señor mío:

Hace algunos días que un americano patriota y de respetabilidad me escribió desde París lo que copio:

"Me es sensible decir a V. se me ha asegurado por una persona veracidad que su respetable nombre ha sido tomado para formar alguna intriga o maquinación: parece indudable que el señor Moreno, ministro de Buenos Aires en Londres ha escrito a los señores Zabala y Olañeta, ministros de Méjico y Bolivia a fin de que éstos le informen del objeto que V. ha llevado en una supuesta marcha a España y en donde se le supone a esta fecha".

Confieso a V. que a pesar del alto concepto que me merece el autor de este párrafo –que dejo citado– dudé mucho de su aserto, creyendo hubiere sido sorpendido por la persona a que hace referencia; sin embargo, a los pocos días de su recibo partí a París para informarme del caso en cuestión. Desgraciadamente el caballero Olañeta (pues el señor Zabala me es desconocido) había marchado a Bordeaux pero se me aseguró en su caso debía volver en breves días: luego que supe su regreso le escribí pidiéndole las explicaciones que creí necesarias al esclarecimiento de este negocio; su contestación es la que literalmente copio:

"París, 26 de julio 1834. Señor general don José de S. Martín. Mi querido y respetable general: en este instante acabo de recibir la carta en que V. me pide le diga los términos en que estaba concebida la del señor Moreno con referencia al supuesto viaje de V. a la península. Un tiempo bien largo hace que he ocultado a V. este incidente porque me era sensible causarle a V. una molestia y aunque no se me había encargado el secreto me parecía por otra parte de mi deber no mezclarme en asuntos puramente personales. Ya que V. ha sabido por otro conducto que yo había recibido dicha carta y otra igual el señor ministro de Méjico, según V. me lo ha asegurado, no hallo obstáculo alguno en instruirle a V. de ella. Yo no me acuerdo ahora general precisamente los términos de aquella carta que mostré a un amigo, diciéndole: que en Londres consideraban a V. en España y que sin duda se hacían suposiciones bien distantes de la realidad. Como a pesar

de que V. había estado conmigo hacía dos días, yo no lo había visto en todo el tiempo que se había hallado en la campaña, quise instruirme de la verdad muy a fondo como enviado americano para dar cuenta a mi gobierno: con este motivo manifesté dicha carta que ha llegado a conocimiento de V. con bastante sentimiento mío pues veo que V. se ha afectado mucho por lo que ella contuvo. Ahora mismo yo me negaría a dar a V. una contestación franca si V. no me dijera que se halla comprometido su honor y que quiere vindicarlo de imputaciones. Yo no puedo negarme a la verdad, ni menos a que V. aparezca libre de toda calumnia en este negocio, mucho más repito cuando ni se me encargó el secreto, ni es un asunto que a mí solo se me haya comunicado. Hablándome el señor Moreno del reconocimiento de los Estados americanos por la España y pidiéndome noticias sobre este particular, me agrega: aquí corre la noticia de que el general San Martín ha hecho un viaje secreto a España, sin duda con el objeto de tratar allí este asunto y de la manera del reconocimiento. Es bien extraordinario que dicho general haya emprendido dicho viaje sin autorización para ello. Yo presumo que él es cierto porque hace algunos meses que no me envía su correspondencia para Buenos Aires como solía hacerlo. V. me instruirá de esto como de lo demás. Ésta es según ahora me acuerdo la sustancia de dicha carta, cuyos términos precisos no traigo a la memoria después de cuatro meses que la recibí y que hace poco la rompí entre otros papeles sin haberla releído. Habiéndome impuesto muy a fondo de lo que V. había hecho en Francia durante un mes y medio que no nos veíamos en París, le respondí que era una atroz mentira el que V. hubiera ido a España y que hacía dos días había V. comido en mi casa viniendo de la campaña; en donde V. se ocupaba en trabajar un rincón de tierra que había comprado, &&&. Le aseguré que por el espíritu de su carta se entrevería que se hallaba con temores de monarquías en América y que aquí nadie pensaba en esto, que era imposible la verificación de tal proyecto y que con respecto a él estuviese muy tranquilo. He aquí, querido general, lo único que me acuerdo formalmente, siento haber roto la carta que si V. la considera necesaria para defenderse de la calumnia, se la hubiera pasado original, pues no se me encargó reserva alguna y de otra parte su contenido no era de aquellos que merecían secreto. Alíviese V. y mande señor como a su afectísimo amigo que lo es de V. y se honra de ello, Casimiro Olañeta".

Once años de un ostracismo voluntario de mi Patria, preferible a tomar parte en sus desavenencias; cortadas por sistema cuasi todas mis relaciones con mis antiguos amigos de América; mi notorio desprendimiento a todo mando e intervención en sus asuntos políticos, mi carácter no desmentido en todo el curso de nuestra justa revolución; mis servicios rendidos a la Independencia de Sudamérica; y en fin mis notorios compromisos con el gobierno español (compromisos de pescuezo, señor doctor), me daban derecho a esperar el que mi nombre no fuese tachado con una impostura tan altamente grosera como ultrajante; pero prescindiendo de las consideraciones que dejo expuestas y que por lo visto no han tenido para usted ningún valor, ¿cómo es concebible haya V. podido dar crédito a las noticias que dice han corrido en Londres sobre mi oculto viaje a España (y que en mi conciencia las creo hijas legítimas de V.) sin calcular —Primero: que fuese cual fuere el objeto de mi marcha (y como caritativamente V. la supone oculta no debía ser con sanas intenciones) pero supongamos fuese como V. dice para tratar del reconocimiento de la América (y no habrá estado distante de su pesamiento que para establecer monarquías o en fin para obligar a mis patriotas a bayonetazos a volver a la dulce dominación española). ¿Me cree V. tan falto de razón que para tratar de cualesquiera de estos pequeños e inocentes negocios emprendiese en el estado en que le consta se halla mi salud un viaje largo y penoso pudiendo hacer en París sin estos inconvenientes y sobre todo con el sigilo que exigía un asunto de tamaña importancia y del cual debe V. suponer dependía el éxito de la empresa? Por sentado y como preliminar de mi viaje V. ha dado como de hecho el generoso y paternal perdón y total olvido que el virtuoso y ya difunto rey de las Españas y en otro tiempo de las Indias y en su ausencia a la eternidad su cara esposa, y ésta en nombre de su hijita me habrán concedido por mis pequeñas travesuras cometidas en América desde los años 12 a 23. Segundo, con qué poderes o credenciales me presentaría para tratar del reconocimiento de nueve Estados independientes, pues por triste que sea la idea que tenga V. de la diplomacia española no puede suponerse que su atraso llegue a tal grado que admitiese un negociador sin este indispensable requisito: pero ya comprendo, V. ha calculado que el general San Martín es un vil intrigante, que el objeto que se proponía en su oculto viaje era el de hacer valer al gobierno español su pretendida influencia en las nuevas repúblicas de América y por este decoroso me-

287

dio sacar algún partido pecuniario o bien un empleíto de Ayuda de Cámara de S.M.C. Pero quiero suponer por un momento el que las noticias que V. dice han corrido en Londres hayan sido admitidas por V. de toda buena fe y que en razón de su alto empleo haya creído de su deber esclarecerlas como lo exigía su posición y los intereses de la República Argentina; ahora bien, ¿no hubiera sido un medio más noble y generoso y al mismo tiempo un deber de V., por el honor de su misma república de que soy un individuo, el haberme escrito directamente (como lo ha hecho otras veces) para esclarecer sus dudas, diciéndome con franqueza: General, tales y tales voces corren sobre su conducta, yo no las creo, pero para desmentirlas ruego a V. me dé una contestación? Pero si este modo leal y caballero repugnaba a sus principios y carácter, ¿no podía V. haber enviado algún amigo de su confianza (que no dudo lo tendrá) propio a desempeñar una honrada comisión de espionaje, o por lo menos escribir a otros particulares de París, sin comunicarles mi pretendido viaje, sino simplemente encargarle averiguasen si existía o no en esta capital o en sus inmediaciones? Pero cuál es la conducta que ha tenido V. en esta infernal intriga (que no puedo alcanzar el objeto que se ha propuesto en ella): se dirige V. a dos ministros de Naciones extranjeras para presentar a un general y ciudadano del mismo Estado que V. representa, o como un traidor a su patria, o como un vil y despreciable intrigante... Esta conducta no puede calificarse más que de uno de estos dos modos, o es V. un malvado consumado, o ha perdido enteramente la razón.

Sólo me resta exponer a V. la causa por la cual no le he remitido mi correspondencia para mis hijos como antes lo ejecutaba y de cuya falta saca V. la consecuencia de mi pretendido viaje a España; la razón es bien simple, haber preferido la vía de los buques mercantes a la de V. en razón de que entre las diferentes cartas que me ha remitido he encontrado tres abiertas y otras con signos de iguales tentativas: en dos ocasiones V. mismo se me ha disculpado diciéndome habían sido abiertas por inadvertencia.

Todo hombre que se respeta después de recibir una carta como ésta exige los esclarecimientos que son consecuentes. V. es joven y con salud, por consiguiente V. no tendrá dificultad en hacer un corto viaje a ésta con el objeto de pedírmelos, seguro de que se los dará los más completos

José de Sⁿ Martín

P. D. Dos cosas tengo que prevenir a V. Primera, que esta carta no es dirigida al representante de la República Argentina y sí sólo al doctor Moreno. Segunda, que aunque me había propuesto ir a tomar los baños termales que reclama mi salud el 1º del próximo agosto, suspendo mi marcha hasta el 20 del mismo mes por si como creo V. se digna venir a hacerme una visita.

Es copia del original y del duplicado, remitida en 10 de agosto al doctor don Manuel Moreno

Sⁿ Martín

[Carta de Moreno en contestación de la anterior]
Señor don José de San Martín

Londres, 15 de agosto de 1834

Señor general:

Está en mi poder la carta de 30 de julio último que tuvo V. a bien dirigirme desde Grand Bourg por conducto del señor Darthes, que me fue entregada el lunes 11 del corriente, igualmente el duplicado que se me ha remitido ayer; y por el cual veo que tiene V. la bondad de esperar respuesta hasta el 31.

Hago un gran esfuerzo sobre las circunstancias que me afligen en este momento[191] para responder a la indicada comunicación de V.; y debo asegurar a V. que quedo ocupado de la respuesta para la posta inmediata del martes 18, en que será remitida a V. Ella estará en sus manos antes del 31.

La circunspección de V. le sugerirá la reserva que es precisa en esta cuestión por las grandes consecuencias que tendría el escándalo contra la dignidad y crédito del gobierno de la República en la persona de su ministro.

---

[191] La aflicción a la que aludía Moreno se refería a la noticia que había recibido a mediados de ese año 1834 de que otro sobrino suyo, de nombre Esteban Badlan Moreno, oficial del Ministerio de Guerra, había sido muerto de dos balazos en circunstancias que transitaba frente a la casa del ministro de Hacienda, doctor Manuel José García, contra quien, y a causa de su poca diligencia para impedir en esos días el fugaz desembarco de Rivadavia en Buenos Aires, desataba sus rencores la caterva federal en creciente ascenso.

Sírvase V. permitirme que me repita siempre de V. señor general su más humilde servidor &

Manuel Moreno

Señor don Tomás Guido

Grand Bourg, 9 de octubre de 1834

Mi querido amigo:

Prometí a V. en mi última del pasado remitirle la contestación del bribón de Moreno: ahí va con el resto del protocolo.

Ahora bien, ¿qué partido puede sacarse con un pícaro de tal tamaño? Yo no he encontrado otro que el de cortar este asunto, pues aunque me quedaba el recurso de haber marchado a Londres y darle una tollina de palos de patente, el resultado hubiera sido el que la opinión del país hubiera padecido con el escándalo.

Es cierto que él no ha escrito a Zabala pero me ha asegurado un mejicano que vive con él que el encargado de negocios de Méjico en Londres lo había hecho por encargo de Moreno. Repito a V. lo que le dije en mi última que con raras excepciones lo general de los enviados americanos es una canalla tal que no se ocupan de otra cosa que de trampas y chismes y lo que prueba el estado de los nuevos gobiernos es el de tener estos empleados sin necesidad y sólo para hacer gastos.

Hace pocos días regresé de Dieppe a donde fui a tomar los baños de mar que me han hecho el mayor bien, lo que me promete pasar un invierno mejor que el pasado. Dichoso V. que la naturaleza le ha concedido una robustez tal que puede desafiar a todo cristiano a que citen una sola vez haber perdido ese apetito (sólo comparable el del prebendísimo padre Bauzá) sin que 24 años de revoluciones hayan podido disminuir su justa y no bien ponderada reputación.

Como siempre su sincero amigo

José de San Martín

[San Martín adjunta a Guido la copia de las siguientes cartas referidas al pleito con Manuel Moreno]

CARTA DUPLICADA Nº 1

Señor José de Sn Martín

Londres, 13 de agosto de 1834

Señor general:

La carta que se sirvió V. escribirme en data de 30 de julio desde

Grand Bourg me fue entregada por el señor Darthez antes de ayer 11 a las 4 de la tarde. Ella ha venido a aumentar el duelo en que mi corazón está anegado con la noticia recibida por el último paquete de que mi familia acaba de perder un joven interesante que hacía sus delicias y esperanzas, quien de un modo bárbaro aunque casual fue atravesado de dos balazos en las calles de su Patria. Mas yo no voy a entretener a V. de mi dolor, sino a contestar la carta que ha tenido a bien dirigirme, y permítame V. señor general que le diga que la he leído con tanto asombro como pena. No me avergüenzo de confesar que he llorado sobre ella y que ahora mismo me es preciso apurar toda la fuerza de mi espíritu, aunque abatido con tantos sinsabores para dar a esta contestación una especie de orden.

El simple relato de los hechos, con los documentos del caso que restablecen la verdad será el único medio de que me valdré para vindicarme de los cargos crueles que V. me ha hecho y que ha admitido V., aunque sea por un instante, sin audiencia del acusado y sin vista del proceso.

1º Es falso que yo haya escrito al señor Zabala sobre V., ni sobre persona o asunto alguno de este mundo. Yo no conozco a este señor, es la primera vez que oigo su nombre: nunca le he escrito, ni él me ha escrito.

2º Es falso que yo haya dicho al señor Olañeta en carta o de otro modo alguno que V. había hecho un viaje secreto a España a tratar allí del asunto del reconocimiento.

3º Es falso que en mi carta al señor Olañeta yo haya estampado estas palabras u otras que tengan semejante sentido: "Es bien extraordinario que dicho general (San Martín) haya emprendido dicho viaje a España sin autorización para ello. Yo presumo que él es cierto, porque hace algunos meses que no envía su correspondencia, &".

4º Es falso que yo haya creído o dado a entender que creía que V. hubiese ido a España en asunto público o privado y mucho más que hubiese V. ido en asunto que le fuese deshonrante a V. o a su Patria.

5º Es falso que yo haya sido el autor o inventor de la especie que corrió en Londres, de que el general San Martín había ido a España.

V. ve, señor general, que yo niego todos y cada uno de los cargos que se me han atribuido. Vamos a las pruebas.

El solo fundamento de la acusación contra mí es la carta que es-

cribí al señor Olañeta, ministro de Bolivia, en 23 de mayo de este año; carta que es la primera y única que he escrito en mi vida a este caballero y que fue correspondiendo a civilidades y aberturas que creí verdaderamente americanas y leales. Esta carta que no se ha reservado a otros, sino a V. en dos meses (no cuatro), que el señor Olañeta dice haber roto, cuando se le ha pedido, cuyos términos precisos no trae este caballero a la memoria, pero de cuya sustancia se acuerda, esta carta era literalmente como sigue. Felizmente yo no tengo la costumbre de destruir cartas de esta especie, ni los borradores de las que escribo en asuntos formales.

Carta del ministro de Buenos Aires al señor Olañeta, ministro de Bolivia
"Señor don Casimiro Olañeta
"Londres, 23 de mayo de 1834
"Mi estimado señor:
"Hace tiempo que pensaba escribir a V. para ofrecerle mi respeto y afecto como americano y colega, no menos que para agradecer a V. la indicación que se sirvió pasarme por conducto del señor Pazos a fines del año anterior, sobre las miras que manifestaban los agentes de España relativamente a nuestra América. Debo suplicar a V. quiera disculpar esta demora, que ha sido muy involuntaria, pues nada me habría sido más satisfactorio que cultivar una relación tan natural y exigida por los intereses de los gobiernos que ambos servimos y en que yo tendría la ventaja de corresponderme con una persona de las calidades que distinguen a V.
"La llegada aquí del conde de Floridablanca nos ha instruido de la disposición que muestra el gobierno español en este momento de reconocer la independencia, de que sin duda están Vs. impuestos por este personaje a su tránsito por París. Él ha hecho al señor Garro, ministro de Méjico en esta corte la proposición de aquel objeto; mas el señor Garro se ha negado a ello entre otras razones por la inconveniencia de que siendo un ministro acreditado no podía dejar su puesto y trasladarse a España de un modo privado y con un pasaporte que no reconociese su carácter público. Se dice aquí que el general San Martín ha ido a Madrid privadamente, lo que es bien extraordinario; y sólo observo que el general hace como dos meses no escribe a su familia por conducto de esta legación como solía hacerlo.

"Pido a V. tenga la bondad de pasarme copia del Tratado de Comercio entre Bolivia y Francia, que firmó V., el cual me será de mucha utilidad para el servicio en el concepto de que el uso que haré de él será enteramente privado, y en nada podrá perjudicar a las formas establecidas.

"Con esta ocasión ruego a V. se sirva admitir las seguridades de toda mi consideración &

"(firmado) Manuel Moreno."

V. ha visto, señor general, que aunque esta carta está en forma amistosa y de confianza, es enteramente oficial por su asunto, que es el más importante que puede ofrecerse a los gobiernos americanos y a sus representantes en Europa: el reconocimiento por España y nada sino este reconocimiento. Que no hablo sino como ministro de nuestro país a un ministro americano, el señor Olañeta, en un asunto que se me ha confiado por un ministro americano, el señor Garro. Que no hay una sola palabra, ni la más distante alusión a monarquías, a traición, a venta. Y bien: con este proyecto de negociación de reconocimiento, puro y legal, es que paso en dicha carta a unir el nombre de V., en este período. Repare V. muy atentamente los términos porque ésta es toda la cuestión. "Se dice aquí que el general San Martín ha ido a Madrid privadamente, lo que es bien extraordinario; y sólo observo que el general hace como dos meses que no escribe a su familia por conducto de esta legación, como solía hacerlo."

Ahora pues, yo no hago más que referir a un colega lo que corría aquí respecto de la persona de V. para que él me lo aclarase, como lo esperaba. ¿Y qué era eso que se dice aquí y que yo había oído? Que V. había ido a Madrid, no secretamente, no ocultamente, sino privadamente, lo que es una cosa muy diversa para todo el que entiende el idioma; del mismo modo (privadamente) que el ministro español ha solicitado que fuese el ministro mejicano a Madrid y que me ha propuesto a mí que fuese. ¿Y no es extraordinario que se diese a V. por ocupado en esta misión y se mencionase su nombre? ¿No es extraordinario que se dijese que el general San Martín había ido a Madrid fuese del modo que fuese? ¿Digo yo otra cosa refiriendo el rumor esparcido? ¿Hago yo alguna deducción ni la más leve que pudiese ser ofensiva a su respetable persona? Por el contrario, yo digo expresamente que la única observación de mi parte es que el general hacía dos meses que no escribía a su familia por conducto de esta legación? Lo que indicaba que o está V. ausente de París, o enfermo. Dice V. que podía haber escrito a V. mismo para aclarar esto: es verdad, pero cuando a V. se le suponía ausente, ¿qué resultado podía tener mi carta? ¿Podía yo esperar respuesta, cuando V. no escribía hacía dos meses a su familia que tanto ama? El motivo de no escribir, ahora recién es que V. me lo dice; pero yo lo ignoraba entonces; y debo decir a V. de paso, pues después me he de explicar más sobre este punto, que una sospecha tan indigna de V. y mía, como la de que yo violase la correspondencia privada de un amigo, después de cuatro años que se la envío de ida y vuelta hasta las puertas de su casa en París con toda seguridad y sin costo, no ha podido caber jamás en mi cabeza. ¿Qué imposible había por otra parte en que los ministros americanos y privadamente, como no ha querido ir el señor Garro y yo, hubiesen rogado al general San Martín que fuese en su nombre y con su autoridad y que el general se hubiese prestado a este nuevo y especial servicio? Yo le aseguro a V., señor general, de lo íntimo de mi corazón y sobre mi honor que si alguna cosa me pareció posible fue ésta; pero aun esto tan vagamente que no le di asenso, ni me fijé seriamente en ello, y bastaba para esto que V. no hubiese informado al ministro de su Nación y pedido su consentimiento, como era regular en tal caso.

Ahora, vea V., señor general, la respuesta del señor Olañeta, que yo no he roto, que conservo original y es como sigue:

Respuesta del señor Olañeta, ministro de Bolivia al ministro de Buenos Aires

"Señor don Manuel Moreno

"París, mayo 27 de 1834

"Mi estimado señor:

"La carta que V. ha tenido la bondad de escribirme y que yo he recibido con mucha satisfacción, es una prueba de sus sentimientos americanos. Y como los míos no pueden dejar de ser los mismos, contesto a V. en el acto para instruirle de lo que yo sé en el asunto del reconocimiento. Ayer he recibido una carta de una persona muy respetable de España, quien me dice: «El reconocimiento de los nuevos Estados es un asunto enteramente decidido por este gobierno y convencido como se halla de que a la España le interesa más este reco-

nocimiento, se hará sin exigirse condiciones de ninguna clase, si Vs. no se precipitan en las negociaciones. Yo soy tan americano como el primero y por lo que me consta indudablemente debo aconsejar la calma y entonces el reconocimiento se hará, como dicen nuestros paisanos de a caballo, pelo a pelo, &».

"El individuo que escribe esta carta se halla muy interiorizado en los asuntos del gabinete español y tiene relaciones con los primeros personajes. He recibido otros datos positivos de que el gobierno español se propondrá sacar algunas ventajas; pero que en caso de resistencia de la América, tratará simplemente de nación a nación y aun tomará ella la iniciativa.

"Pienso que se teme, o al menos entreveo en su carta alguna desconfianza con respecto a que se tratase de establecer monarquías en América en los momentos de hacer el reconocimiento. No hay nada absolutamente, nada de esto, ni se piense, ni se piensa por nadie en semejantes delirios; y V. sabe señor que aun cuando se proyectara sería inverificable. El general San Martín antes de ayer ha comido en casa y aunque hace algún tiempo no está de permanencia en París le he visto yo con mucha frecuencia en su campo que ha comprado y trabaja, o sea en la ciudad. Puedo asegurar a V. bajo mi palabra de honor que no ha estado en España. Sus relaciones con Aguado son muy antiguas y nada sospechosas al objeto de monarquías: me permito esta explicación porque aquí ya se había dicho por algunos americanos que el general se marchó a España a tratar monarquías: nada hay de cierto en el particular y V. puede estar tranquilo.

"Habiendo dicho a V. cuanto sé en el particular, me tomo la franqueza de ofrecer a V. mis respetuosos sentimientos y admitir lleno de gratitud la correspondencia de V., que me será muy agradable. Tuve el honor de conocer a Vd. en Buenos Aires, en la Biblioteca, donde V. me recibió una vez lleno de bondad. Y sus antecedentes todos le dan el derecho de honrar a la persona que V. se digne escribir. Yo leeré con gusto sus cartas y le serviré a V. si quiere ordenarme algo en París.

"Soy de V., señor Moreno, con la más alta consideración, su affmo. Servidor

"(firmado) Casimiro Olañeta.

"Estimaré a V. que mande entregar la adjunta al señor Montilla. Mi secretario se halla enfermo actualmente y por eso no ofrezco a V.

para el correo venidero una copia del tratado que remitiré a V. tan lue-
go como pueda ponerse en limpio."

Esta contestación del señor Olañeta es la única que habla de entrever temores o desconfianzas de monarquía. Y verdaderamente no
sé en qué parte de mi carta pudo entrever tal cosa. La vista de aquel
caballero debe ser muy lince para hallar lo que no existía, ya que su
memoria es algo flaca. Acaso la marca del papel en que escribí, como fabricado en Inglaterra, llevaba corono y esto hirió y exaltó su
imaginación. Él me entretiene de monarquías como del señor Aguado, de quien yo tampoco había hablado. Sobre todo, deténgase V. señor general sobre estas palabras del señor Olañeta: "Me permito esta explicación porque aquí ya se ha dicho por algunos americanos que
el general se marchó a España a tratar de monarquías". Con que antes de mi carta ya había corrido en París la especie, ya la sabía el señor Olañeta y ya se había forjado con aditamentos que no tenía el rumor de Londres. Con que la calumnia de que V. había ido a España a
tratar de monarquías nació en París, fue parto de americanos que el
señor Olañeta conoce, y que ha reservado a V. en el acto mismo en que
lo veía quejarse justamente de ella; y se contenta con dar una versión
de mi carta de 23 de mayo que dice haber roto, dejando en la sombra
a los autores de la infamia. Su testimonio está vivo: "Aquí (en París)
ya se había dicho que el general se marchó a España a tratar de monarquías" y ¿por qué en lugar de parafrasear mi carta de memoria,
no le dice a V.: "No general, el señor Moreno no ha dicho de V. semejante cosa, ni ha manifestado la más mínima intención de ofender a
V.? Otros han sido los que lo han hecho, no el ministro argentino: son
americanos por desgracia y yo los conozco"? Ya tiene V. aquí señor
general los hilos de este infame enredo. V. dará ahora fácilmente con
el ovillo. Estamos, según se ve, entre Padillas, no de la clase del noble Padilla de Toledo, sino del asqueroso Padilla de Cochabamba que
V. conoció en Chile y que yo conocí por mi desgracia en Londres. No
culpo sin embargo al señor Olañeta, pues creo aún por el honor del
puesto que ocupa que el mismo ha sido intrigado y que otro es el autor de toda esta trama, que ha estado preparando con constancia y
malignidad sin igual, por más de dos meses, hasta que ha reventado
por el lado que él desea, indisponiendo gravemente al general San
Martín conmigo, a ver si uno u otro queda en la estacada, o los dos,

que sería más agradable a él. Yo no se lo nombraré a V. por ahora: V. debe descubrirlo y conocerlo por sí, desde que yo estoy ya fuera de la cuestión. Sólo diré que podría apuntar a este villa no con el dedo: es mi enemigo gratuito y envenenado desde 1829, sin que yo le haya dado el menor motivo.

En cuanto al simple rumor de Londres, que es el que me toca, a saber, que V. había ido a España, no fue tampoco inventado por mí. Se me comunicó por el señor Pazos, quien lo había recibido del doctor Gillies, que venía de París en los primeros meses de este año. La carta adjunta de aquél lo comprueba. El dicho doctor Gillies ha vivido mucho tiempo en Mendoza, donde conoció a V. en el gobierno y ahora está en Edimburgo. Yo desatendí por meses esta noticia, hasta que siendo repetida por más de tres individuos de categoría que están en Londres, hice uso de ella del modo que V. ha visto ya. Era mi deber cerciorarme de la verdad de un hecho o rumor tan extraordinario, y jamás pude presumir que el conducto que elegí para ello diera ocasión a los efectos que ha tenido.

He procedido con tan buena fe en este asunto y con tanto honor y respeto al carácter del general San Martín, que apenas recibí la respuesta del señor Olañeta que contradice la calumnia, la remití en copia (por duplicado) al ministro de Relaciones Exteriores en nota oficial del 4 de junio Nº 262. Esto hice, señor general, de oficio, espontáneamente y sin pretender labrarme ningún mérito en ello para con V., pues en verdad yo no ejecutaba sino un mero acto de justicia. Y permítame V. que le pregunte: ¿son éstos los pasos de un calumniante? ¿Sería yo el autor de la calumnia y me tomaría el empeño de disiparla ante el gobierno? Y no discurro ni hago relaciones de memoria, señor general. Cito y presento documentos: pues ha llegado el caso de que hablen cartas y callen barbas. Hace 24 años que empezó nuestro conocimiento, aquí en Londres, donde tuve el gusto de ver a V., cuando iba por la primera vez de regreso a su Patria. No me encontró V. entonces como un vagabundo, como un intrigante o como un pillo. Me encontró V. sirviendo la primera misión que había despachado nuestro gobierno después de la Revolución. Desde aquella época he atravesado la revolución libre de la menor infamia y mi nombre nunca se ha visto unido a ningún crimen. Hoy ocupo un puesto (cuatro años hace) de la mayor confianza, honor y respetabilidad que pue-

de conferir un gobierno. Mi nombre (aunque humilde) está inscripto en todas las horcas españolas desde mayo de 1810 y todavía no se ha borrado de ellas: porque a nosotros, los civiles, también nos tratan con garrote o fusilamiento en casos de rebelión. Mi familia, que ha dado a la Patria un hombre ilustre, mi familia honrada ha pagado a la independencia un gran tributo de su sangre, quizá más que otra alguna, y ha visto perecer en el campo del honor más de tres individuos suyos. No soy joven, como V. me supone en su carta, mostrando en esto que hasta desconoce mi persona. He pasado los 47 años y el cabello que peino es blanco: pero canas honradas, señor general. He entrado por consiguiente en el último tercio de mi vida y en esta edad y en la posición social que tengo, el mundo no disculpa desaciertos. Era preciso que en esta edad y en este lugar, el general San Martín, a quien siempre he venerado como a una de las primeras ilustraciones de mi Patria, me sospechase y me creyese un vil calumniante suyo y me tratase de malvado o de loco. Porque todo lo que ha podido V. hacer es dudar cuando más y pedirme explicación y retractación de la calumnia supuesta. La explicación previa sabe V. que es de forma, aun para el desafío a que V. me cita pues por tal entiendo el último párrafo de su carta.

Mas si V. se sirve traer a la memoria mi correspondencia anterior con V. hallará en varias de mis cartas las expresiones repetidas de todo el respeto distinguido que he profesado siempre a su persona por sus eminentes servicios a la causa americana. Yo nunca he adulado a V. cuando estaba en poder y jamás le he pedido ningún favor. No puede lisonjearse que lo quisiese adular cuando no está en poder. Por consiguiente, aquellas expresiones de respeto y aun de veneración eran sinceras. ¿Cómo, pues, podría haberme convertido de improviso en enemigo suyo secreto? ¿Con qué objeto, señor general? V. mismo discurre sobre esta improbabilidad, pero en lugar de sacar la consecuencia que era justa y decir que era imposible que yo fuese su calumniante, me declara por autor de tan feo atentado.

Si a las injusticias que me ha hecho V. en su carta del 30 de julio puede V. agregar aun la de dudar de la exactitud de las copias que están insertas en ésta (y de cuya autenticidad le certifico como ministro de las Provincias Unidas) puede V. encargar a persona de su confianza que venga a esta legación y confronte el borrador de mi carta de

23 de mayo en el Libro N° 3, la carta original del señor Olañeta de 27 del mismo en la carpeta de correspondencia exterior y la nota oficial N° 262 en el Libro N° 7 de correspondencia con el ministro de Relaciones Exteriores de Buenos Aires: todo en el archivo de la legación. Puede V. también cerciorarse del Departamento de Relaciones Exteriores si he remitido allí tal nota N° 262 en copia de la carta del señor Olañeta y si en ocasión a alguna he escrito contra V.

Desde que ha acreditado V. la denuncia, está V. en la obligación de darme el nombre del denunciante respetable. Yo lo requiero.

Los documentos con que he demostrado a V. el notable engaño que ha padecido, deberían bastar para justificarme del modo más completo, pero yo quiero agregar esta declaración, a saber:

"Que jamás he tenido la menor intención de ofender al general San Martín; que nunca he creído, ni podido creer, cosa alguna que no fuese digna de su carácter y su nombre; y que nunca he proferido de escrito o de palabra ninguna opinión que no le sea honorable".

Esta declaración puede ser entendida en los términos que le sean más satisfactorios al general San Martín.

A mi vez reclamo y requiero de V. estas palabras: "Moreno está inocente. El general San Martín no tiene queja de su conducta hacia su persona".

He escrito más de lo que puede soportar mi ánimo en este momento. Dejo por necesidad dos puntos que aunque no son lo principal de la cuestión no pueden pasar en silencio y me ocuparán en seguida: la violación de cartas y el duelo a que ha llamado V. al ministro de su Nación en la corte de S.M.B. y debo entre tanto prevenir a V. que nuestro gobierno me continúa en el puesto que se ha servido confiarme y que yo no he renunciado los derechos y privilegios especiales a la persona, que corresponden a mis funciones.

Espero una respuesta inmediata a la presente comunicación.

Tengo el honor de firmarme muy de veras de V., señor general, su affmo. Compatriota, muy humilde servidor

Manuel Moreno

P.S. El principal fue dirigido el 18 de agosto por conducto del señor Darthez, bajo recibo. El presente duplicado se remite hoy 22 del mismo por el ministerio de S.M.B. por conducto de su embajada en París.

CARTA DUPLICADA Nº 2

Señor don Manuel Moreno

Señor y mi amigo:

Consecuente con nuestra conversación de ayer debo exponer a V. que hace algunos meses apareció por la primera vez en mi casa el doctor Gillies, autor de algunos artículos de la Enciclopedia de Edimburgo, trayéndome unos folletos para que yo los enviase al general Miller, de quien me dijo tenía instrucciones para ponerlos en mis manos. Con este motivo me habló de sus conexiones en América donde había vivido mucho tiempo y más particularmente en Mendoza, cuando se hallaba allí el general San Martín. Yo le dije que quizás habría tratado a dicho general quien estaba ahora en París; a lo que me respondió que muchísimo "pero que no estaba en París sino en España". Naturalmente sorprendido con esta noticia repetí: "¡El general San Martín en España!". A esto dijo: "Yo no lo sé, pero me lo han dicho".

Como V. me dijese que el general San Martín no le había enviado sus cartas para Buenos Aires, como regularmente lo hacía, por lo que recelaba V. que acaso se hallase enfermo, avisé a V. lo que acababa de oír del doctor Gillies.

Pocos días antes de que dicho doctor partiese para Edimburgo le volví a preguntar sobre lo que me había dicho y volvió a decir "que no sabía, pero que había oído". Yo repetí a V. este rumor y creo que es la primera idea que tuvo V. del caso.

Esto es cuanto en realidad me consta y de que me acuerdo.

Soy de veras su affmo. Servidor y amigo

Vicente Pazos
20 Mabledone Place
Agosto 13 de 1834

CARTA DUPLICADA Nº 3

Señor don Manuel Moreno

Grand Bourg, 29 de agosto 1834

Muy señor mío:

La de V. del 13 del corriente y el duplicado del 22 las he recibido a su debido tiempo. Dos razones me han impedido contestar: 1ª haber estado en cama hasta antes de ayer y 2ª exigir de V. me diga si dio cuenta a nuestro gobierno de las voces esparcidas sobre un supuesto viaje a España, pues esto me deja conjeturar por lo que V. dice haber remitido copia de la carta del señor Olañeta al ministro de Relaciones Exteriores en la nota oficial de 4 de junio bajo el Nº 262.

Aunque pasado mañana parto para los baños su contestación llegará a mi destino dirigiéndola a mi dirección a París; yo responderé entonces a su ya citada si como espero mi salud me lo permite y de lo contrario a mi regreso que creo lo será para mediados del próximo setiembre.

Se repite de V. su atento servidor, Sⁿ Martín

CARTA DUPLICADA Nº 4

Londres, 1º de setiembre de 1834

Señor general:

En carta del 29 de agosto último me pide V. le diga "si di cuenta a nuestro gobierno de las voces esparcidas sobre su viaje a España, dejando esto conjeturar por lo que expresé a V. en data de 19 del mismo de haber remitido copia de la carta del señor Olañeta al ministro de Relaciones Exteriores en mi nota oficial de 4 de junio bajo el Nº 262".

La siguiente copia de dicha nota oficial está tomada literalmente de la que se encuentra en la página 55 del Libro 7º de mi correspondencia oficial con el Ministerio de Relaciones Exteriores.

"Nº 262. Legación de las Provincias Unidas

"Londres, 4 de junio 1834. Año 25, &

"El infrascripto cree de mucha importancia el Extracto de la carta del señor Olañeta, ministro de Bolivia en París, en data de 27 de mayo que tiene el honor de acompañar al señor ministro de Relaciones Exteriores por el interés de la materia.

"El infrascripto aprovecha esta ocasión de observar que el señor Olañeta se está conduciendo de una manera muy americana y honorable en el ejercicio de la misión.

"Dios guarde &

"(firmado) Manuel Moreno

"Sr. Ministro de Relaciones Exteriores &&&"

Nota. La copia comprendía íntegramente el párrafo 1º, 2º, 3º y 4º de la carta del señor Olañeta, es decir, todo menos la posdata (fue duplicada en 2 de julio).

Debo agregar que la nota oficial, antes transcripta, es la única que en toda mi correspondencia tenga conexión con las voces sobre el viaje de V. a España; que no he dado cuenta a mi gobierno de tales voces, ni he tenido ocasión de mencionar el nombre de V., o de ocuparme de su persona, ni una sola vez, en ninguna correspondencia. La carta del señor Olañeta importaba se transmitiese al Ministerio así por las noticias que contiene respecto de España como por la referencia que hace de aquel viaje.

Aunque nadie tiene título para requerir mi correspondencia oficial con el gobierno, la franqueza con que la produzco en este caso mostrará a V. que mi deferencia no puede ser inspirada de otro deber que el de satisfacerlo, y de la lealtad y buena fe con que he procedido.

Tengo el honor de repetirme de V. su atto. Servidor

Manuel Moreno

CARTA DUPLICADA Nº 5
Señor don Manuel Moreno

Grand Bourg, 29 de setiembre 1834

Muy señor mío:

Antes de ayer regresé de los baños y según mi promesa voy a contestar a sus dos cartas de 13 de agosto y 1º del presente, aunque con el sentimiento de no poderlo hacer con la extensión que deseo porque ni el estado de mi salud ni el de mi cabeza me lo permiten.

Todo este desagradable y chismográfico asunto rola sobre si V. escribió o no a los señores Olañeta y Zabala sobre mi supuesto viaje a España: V. conviene haberlo hecho al primero con la sola diferencia que en lugar de ser secreto lo era privado. Después de transcribirme la carta del señor Olañeta V. añade: "V. ha visto pues, señor general, que aunque esta carta está en forma amistosa y de confianza es enteramente oficial en su asunto, & &". Sigue V. demostrando en el mismo párrafo la diferencia que hay para el que entiende el idioma entre las voces privadamente o secretamente, y en el párrafo siguiente añade V.: "Ahora, pues, yo no hago más que referir a un colega lo que corría aquí respecto de la persona de V. para que él me lo aclarase como esperaba, &&". Es decir, que V. comunica en una carta enteramente oficial a un ministro extranjero mi privado viaje a España y que con razón V. miraba como muy extraordinario con el fin de que dicho ministro le informase sobre él. Ahora bien, permítame V. le pregunte sobre qué bases se apoyaba V. para hacer esta comunicación oficial de mi supuesta marcha; V. me responderá que sobre el único e irrecusable aviso del doctor Pazos y a éste, según él dice en su carta un doctor Gillies (que no me acuerdo haber conocido en mi vida) y a éste que se lo han dicho en París, de lo que resulta que entre doctores y diplomáticos se jugaba con mi reputación del modo más extraordinario. V. quiere probarme que la calumnia de mi supuesto viaje a España ha sido inventada en París y no en Londres, y para esto se apoya V. en lo que dice en su carta el señor Olañeta de que en París se había dicho de este viaje por algunos americanos. No, señor, cada día me confirmo más y más en que este aborto es venido de Londres, al efecto copia a V. la que acabo de recibir del señor Olañeta: "Mi querido general. La carta que V. me remite en copia es indudablemente la que yo escribí al señor Moreno y en verdad y honor yo debo declararle a V.: eso de los americanos que yo he dicho pensaban había ido V. a España a tratar de monarquías se refiere al señor Zabala y su secretario que me lo dijeron a mí. Soy de V. su affmo. amigo, Casimiro Olañeta". Ahora bien, me asegura V. que no sólo no ha escrito al señor Zabala sino que aún no lo conoce; pero, ¿podrá V. asegurar del mismo modo el que otra persona lo haya hecho por encargo de V.? Concluyamos de una vez este más que desagradable asunto, diciéndole que admito la seguridad que me da de que no ha tenido jamás la idea de ofender mi honor, pero es preciso convenir en que V. ha obrado con una ligereza extraordinaria y que espero sea esta la última vez que V. tome mi nombre para nada. Tiene el honor de saludarlo su atento servidor, José de S^n Martín.

Es copia

S^n Martín

Sin embargo allí no terminó todo, pese a que según la carta dirigida a Guido ya transcripta del 9 de octubre, el general había decidido no continuar el pleito en salvaguarda de la imagen del país. Le llegaron a Moreno nuevas comunicaciones dirigidas a él en tales condiciones como las descriptas en la carta que sigue fechada el 8 de noviembre que autorizaban a confirmar la sospecha de que su corres-

pondencia era violada. Por consiguiente, el diplomático, en forma la-
cónica y protocolar pero con tono de dignidad ofendida, escribió en
términos descomedidos a San Martín, sin cruzársele por su mente mez-
quina y soberbia que se estaba dirigiendo nada menos que al libertador de medio continente:

Muy señor mío:

*Por el paquete que llegó antes de ayer ha venido con los pliegos
de esta legación, una carta dirigida a usted pegada por el sello a otra
para Mr. Rafray, de Londres, ambos sobres escritos al parecer de letra de Balcarce. Como al separarlas puede romperse el sello de la de
usted, o sacar alguna señal de haber estado unida a la otra por el la-
cre; y según lo ocurrido ya, usted no dejaría de suponer que había sido violentada o que habría sufrido tentativas, debo pedir a usted co-
misione aquí a una persona que reciba dicha carta en persona, que la
vea separar de la otra y certifique del modo como se le entregue. Por
si viniesen en lo sucesivo más cartas para usted con mis pliegos, debo informar a usted que la justicia que esta legación se debe a sí misma exige no exponerse más remitiéndolas a París y que es preciso que
alguna persona de la parte de usted las reciba en Londres. Aunque con
lo que ha pasado, se supone habrá prevenido usted que no le envíen
sus cartas de Buenos Aires por esta legación, ella hará la misma prevención al departamento respectivo, pues ni debe ni quiere encargarse más de la correspondencia de usted. Soy de usted atento servidor.*

Manuel Moreno[192]

Es de imaginar la irritación que debió volver a sentir el general, ante la
altanería soez del ministro, que ex profeso había elegido los términos de su
carta para evidenciarle a su destinatario la poca consideración que le merecía. Don José, sin controlar ya el impulso de ofuscación contra ese diminu-
to personaje que se atrevía a zaherirlo sin título alguno y de manera tan in-
solente, sentó al correr de la pluma estas frases lapidarias:

---

[192] Cit. en: ISMAEL BUCHICH ESCOBAR, *San Martín. Diez capítulos de su vida íntima*, Buenos Aires, Anaconda, 1939, pág. 46.

Grand Bourg, 16 de noviembre de 1834
Señor Don Manuel Moreno
Señor:

Consecuente con su atenta carta del 8 del corriente he escrito al señor D'Arthez –sobrino– de Londres para que se sirva presenciar la despegadura de la carta que V. me anuncia y poner como V. exige el certificado consiguiente: V. hace muy bien en tomar estas precauciones pues por este medio pone a cubierto no su honor porque, en mi sana opinión, le es a V. desconocido, pero sí sus costillas, pues estaba bien resuelto a visitarlas (único medio que puede emplearse con un hombre como V.) si volvía a notar en mis cartas la notoria curiosidad que V. emplea en todas las que caen en sus manos.

No se ha equivocado V., antes de lo que ha pasado como V. dice, ya había prevenido a mi familia suspendiese la remisión de sus cartas por su conducto; tal era la alta opinión que me merecía su conocida probidad en este asunto.

Vd. dirá que esta carta es sumamente explícita para un alto personaje como V.; sin duda tiene V. razón, pero yo no conozco las cosas [más] que por su verdadero significado, por esto es que le digo lo que francamente siento, a saber, que es V. un pícaro consumado.

Le prevengo que jamás recibiré más cartas de V. porque me deshonraría pero sí su visita –que no es de esperar porque V. es de aquellos que siguen el evangelio con exactitud, es decir, que si les dan una bofetada, vuelven el carrillo para que la repitan del otro lado. Sí señor el coraje de V. sólo lo reserva para intrigas y picardías.

No tiene para V. la menor consideración

José de San Martín.[193]

Dos años más tarde permanecía inalterable la opinión que San Martín manifestara sin ambages sobre el personaje que ocupaba la legación argentina en Londres. Así lo demuestra el hecho de que cuando se enterase en 1836 que Moreno había dejado su puesto y retornado a su país, sin detenerse a ha-

[193] Cit. en: *Ibídem*, págs. 47-48.

cer consideraciones acerca de él, se limitase a decirle a Guido: "se me ha asegurado ha marchado para ésa, buen provecho les haga a ustedes esta lagaña". Expresión por demás elocuente, que nos exime de cualquier comentario por la repugnancia que su sola imagen suscita.

LOS ÚLTIMOS AÑOS
(1834-1849)

Los días de Grand Bourg

Desde 1834 las finanzas del Libertador habían comenzado a arreglarse y en lo sucesivo se mostrarían cada vez más estables. Presumiblemente, como resultado de las operaciones realizadas por su yerno en Buenos Aires, San Martín pudo adquirir ese año la casa de Grand Bourg, a seis leguas de París, en la que pasaría la mayor parte de su ostracismo en Francia. Era una hermosa finca de campo junto al Sena que tenía la ventaja adicional de encontrarse vecina al castillo de Petit Bourg, donde residía el noble español Alejandro Aguado, marqués de las Marismas del Guadalquivir, quien había sido compañero de armas del Libertador, convirtiéndose veinte años después, cuando se reencontraron, en un acaudalado financista y generoso mecenas. Había prestado su asesoramiento económico a Fernando VII y al propio rey de Francia. Por entonces se dedicaba a la administración de sus cuantiosos bienes y se desempeñaba como intendente de la comunidad de Evry.[194]

Los días transcurridos en Grand Bourg fueron en general placenteros para el general, con la sola excepción que le causó el desagradable episodio con Moreno ya relatado. La idea de retornar a su país fue diluyéndose. A tal punto que promovió el retorno a Francia de sus hijos y su nietita, no sólo porque consideraba conveniente esperar a que el horizonte político argentino se despejase, sino además porque sus padecimientos de salud se habían agravado en 1835. Por otro lado, Mariano había sido separado del empleo de primer

---

[194] Cfr. Luis Kardúner, *Alejandro Aguado, el bienhechor*, Buenos Aires, Instituto judío argento de cultura e información, 1953.

oficial de la secretaría de negocios extranjeros; aunque a pesar de eso, San Martín no había mirado con disgusto la caída de Balcarce y en adelante se mostraría conforme con la evolución política que llevó a la instauración de la dictadura rosista:

Señor don Tomás Guido

Grand Bourg, cerca de París, 17 diciembre 1835

Mi querido amigo:

La de V. de 29 de junio remitida por el Sr. de Mandeville no me ha sido entregada más que a mediados del pasado noviembre. No la he contestado con más antelación esperando la proporción de la salida de un buque para ésa; ahora lo verifico por la **Herminie** *del Havre cuyo capitán será el dador y a quien conozco por haber conducido a mis hijos a Buenos Aires.*

Me dice V. en su citada carta desearía saber mi opinión sobre si convendría o no enviar de ésa un ministro a Madrid para negociar el reconocimiento de nuestra Independencia; en contestación diré a V. francamente que NO. 1° porque sean cuales fuesen los hombres que se hallen al frente del gobierno, es decir, liberales o absolutos se creerán con derecho de exigir de los nuevos Estados de América sacrificios que ni debemos ni podemos conceder. 2° que respecto se hallan en Madrid con el indicado objeto los ministros de México, Nueva Granada, Caracas será lo más prudente esperar el resultado de sus negociaciones y si son favorables (que lo dudo) sólo en este caso puede remitirse un negociador con seguridad del éxito: y por este medio se me proporcionaría la satisfacción de abrazar al Sr. Dn. Tomás si como es de esperar lo enviaran a esta comisión.

Hace cerca de dos años escribí a V. que yo no encontraba otro arbitrio para cortar los males que por tanto tiempo han afligido a nuestra desgraciada tierra que el establecimiento de un gobierno fuerte; o más claro, absoluto, que enseñase a nuestros compatriotas a obedecer. Yo estoy convencido que cuando los hombres no quieren obedecer la ley, no hay otro arbitrio que el de la fuerza. 29 años en busca de una libertad que no sólo no ha existido sino que en este largo período, la opresión, la inseguridad individual, destrucción de fortunas, desenfreno, venalidad, corrupción y guerra civil ha sido el fruto que la Patria ha recogido después de tantos sacrificios: Ya era tiempo de poner término a males de tal tamaño y para conseguir tan loable objeto yo miré como bueno y legal todo gobierno que establezca el orden de un modo sólido y estable; y no dudo que su opinión y la de todos los hombres que aman a su país pensarán como yo.

Yo aguardo a mis hijos en todo el próximo mayo: V. me dirá que es sorprendente que cuando el país presenta más garantías de seguridad y orden les haga hacer este viaje, en lugar de irme a unirme con ellos: a esto respondo que V. debe conocer como yo que mi presencia en Buenos Aires en estas circunstancias haría mi posición falsa y embarazosa hasta tanto que el orden no se halle establecido de un modo firme y permanente (yo tengo muy presente lo que me sucedió a mi regreso del Perú y cuando el año 29 llegué a esas Balizas; es decir que todos los demagogos, ambiciosos, intrigantes, && me quisieron tomar o escudarse con mi nombre para sus fines particulares, llegando su impavidez hasta el grado de leer en los cafés cartas supuestas mías). Hasta que esta época feliz no llegue no he querido privarme del placer de estar en compañía de los objetos que me son más apreciables en esta vida y que en mi edad avanzada y achacosa me son ya necesarios sus cuidados.

Mi salud sigue ganando en mejoría, yo celebraré que la de V. y familia sea completa porque en esta vida el primer bien es hacer buena digestión.

Adiós, mi buen amigo. Sea V. tan feliz como lo desea su

José de Sⁿ Martín

Así pues, el Libertador justificaba el otorgamiento de la suma del poder público al gobernador de Buenos Aires. Más tarde se afirmaría en esta convicción. En verdad esto no implicaba una renuncia a sus principios liberales, según ya se ha dicho. Si bien el desengaño había aminorado su fervor por ellos, sobre todo se trataba de un esfuerzo por descender de las alturas de la idealidad al terreno de las realidades concretas. Nunca abjuró de sus principios, sino que más bien pensó que se iría con mayor seguridad hacia ellos partiendo de las circunstancias tal como eran para que terminaran siendo lo que debían ser.

Señor don Tomás Guido

Grand Bourg, cerca de París, 26 de octubre 1836

Mi querido amigo:

Luego que recibí su apreciable del 18 de marzo del presente año me apresuré a escribir a Londres a fin de que revolviesen si era posible todo el Archivo de cartas rezagadas para ver si existían las dos que V. me anunciaba haberme dirigido por el Paquete: diligencia inútil; ellas han sido tragadas cual otro Jonás, ignoro si por ballena o ballenato, lo cierto es que ellas no han sido vomitadas como este Santo Profeta en ninguna de las dos administraciones de París ni Londres... ¡Que reposen en paz!

El capitán Soret me remitió a ésta su apreciable del 3 de julio: al siguiente día de su servicio me fui a París con el objeto de verlo y al mismo tiempo pedirle detalles sobre la interesante salud de V. Desgraciadamente había partido esa misma mañana para ver a su familia en Bretaña, lo que me privó de tener esta satisfacción.

Veo lo que V. me dice del doctor Moreno: este hombre feo hasta el grado de deshonestidad, y tan pícaro y cobarde, como feo no merece el que ningún hombre que se respete se ocupe por más tiempo de él: se me ha asegurado ha marchado para ésa, buen provecho les haga a Vds. esta lagaña.

El día que fui a París a ver al capitán Soret vi al encargado de negocios de Chile, quien me dijo (refiriéndose a carta de Santa María, negociador por parte de Méjico en Madrid) que éste y el general Soublet estaban aburridos de las exageradas pretensiones de los matuchos, que no esperaban más que la reunión de Cortes (que deben verificarse a fines del presente) para largarse lo más pronto posible, si no se da una solución pronta al reconocimiento; a pesar de lo expuesto, yo aconsejaría al señor don Tomás hiciese fuerza de vela para venir por estas costas, pues por este medio se me proporcionaría el gran placer de ver a esa persona y al mismo tiempo moler con ella algunas fanegas de conversación franca y nutritiva, y no con la contracción que siempre se hace por escrito, por temor que algún ballenato no se trague las confianzas, que por inocentes que sean siempre dan lugar a interpretaciones maliciosas.

Antes de ayer he tenido carta de O'Higgins, me incluye un decreto del gobierno de Lima, fecha 29 de abril, por el cual se da orden a la tesorería se me forme el ajuste de mi pensión íntegra (Gamarra tuvo la bondad de rebajarme la mitad) y que mi alcance (monta 118.000 pesos) será satisfecho cuando las circunstancias del tesoro lo permitan, en el entre tanto se me incluirá a la par que los demás del Ejército en el presupuesto mensual: este último párrafo es el más razonable; de todos modos yo les agradezco sinceramente su buena intención, con tanto más motivo cuanto yo no he dado el menor paso sobre el particular.

¡Qué bullanga es la que ha ocurrido en Montevideo! Las cortas noticias que dan los papeles son tan confusas que no se puede formar la menor idea: yo no dudo que Fructuoso Rivera no esté metido en esta jarana. Al propósito de la República Oriental, en París hace un año se presentó un tar Giró o Girú para levantar un empréstito. Éste se dirigió a Aguado, quien desechó sus propuestas y sin más antecedentes que saber las relaciones mías con este antiguo amigo, ha esparcido la voz que su repulsa era por los informes contrarios que yo le había dado. Confieso que Aguado no me habló hasta muchos días después de este negocio, pero si me hubiese consultado lo hubiese aconsejado lo mismo que él ha hecho. He aquí que sin comerla ni beberla me veo condenado a estar otra vez en litigio con este señor oriental como me sucedió con el bribón de Moreno y ni el retiro de mi Tebaida me pone a cubierto de la chismografía: qué sería si me hallase en ésa.

Tengo en frente de mí el retrato de V. Es imposible poderse hacer nada más parecido pues el autor no sólo ha sacado toda la expresión, sino también aquella sonrisa cachumbera que V. emplea tan oportunamente y con tanta gracia cuando se le presenta algún Lancero que sin piedad ni temor de Dios viene a robar el tiempo arrimando una ventosa… sin la menor caridad cristiana. En fin, todo, todo es el señor don Tomás Guido pintiparado, a quien el Ser Supremo conserve luengos años.

Veo con placer la marcha que sigue nuestra Patria: desengañémonos nuestros países no pueden (a lo menos por muchos años) regirse de otro modo que por gobiernos vigorosos, más claro despóticos; si Santa Cruz en lugar de andar con paños calientes de Congresos, soberanía del Pueblo, && hubiese dicho francamente sus intenciones (porque éstas son bien palpables) yo no desconfiaría del buen éxito, pero los 3 congresos que tiene sobre sí, darán con él en tierra y lo peor de todo harán la ruina del país. No hay otro arbitrio: para salvar un Estado que tiene (como el Perú) muchos Doctores... que un gobierno absoluto.

Escribía a V. el mes pasado una carta de introducción que no pude prescindir de hacerlo por la tenacidad con que me metieron el Lanzón. Ya sabe V. el valor nominal de tales recomendaciones.

Un millón de recuerdos a la amable costilla, a la que dirá V. que aún me acuerdo de la noche que los nigrománticos hicieron desaparecer la maceta de marimonias que V. le tenía destinada; en cuanto a sus hijos, me dicen los míos que son unos jóvenes llenos de educación, gracias y excelente comportación: yo lo felicito por este inapreciable bien, que es cuanto puede desear un padre honrado.

Coraje, mi buen amigo, para soplarse este cartapacio, pues la mano ha corrido sin sentir, lo que no le sucede con frecuencia a su viejo pero constante amigo

José de Sⁿ Martín

A partir de junio de 1836, San Martín volvió a estar rodeado de su familia pues retornaron Mariano, Mercedes y la pequeña nacida en Buenos Aires. "La mendocina –le contaba con ternura el Libertador a su amigo don Pedro Molina– dio a luz una niña muy robusta [se refería a la segunda: Josefa]; aquí me tiene usted con dos nietecitas cuyas gracias no dejan de contribuir a hacerme más llevaderos mis viejos días". Agregaba que retirado en Grand Bourg "he encontrado el restablecimiento de mi salud y por otra parte la tranquilidad que en el gozo es más conforme con mi carácter y edad, lo prefiero a vivir en París, cuya residencia después de ser contraria a mi salud yo no la encuentro buena más que para los que desean una sociedad activa o se hallan precisados a residir por sus negocios".[195] Sin embargo de lo afirmado y aunque el retiro en su finca campestre diera la tónica a la vida del Libertador en esta etapa, también tuvo ocasión de compartir momentos gratos con sus amigos sudamericanos y, en particular, con don Miguel de la Barra, quien le acompañaba siempre en sus viajes y desplazamientos por Francia. El hermano de éste recuerda en sus memorias que San Martín nunca dejó de asistir a las veladas conmemorativas de las victorias de Chacabuco y Maipú. Era co-

---

[195] *DASM, op. cit.*, tomo IX, pág. 496. Grand Bourg, 1° de febrero de 1837.

mún también que el grupo chileno que rodeaba al Libertador llegada la primavera partiera en su compañía en alegres cabalgatas hacia Montmorency o a los bosques vecinos, a Vincennes, etc. También consta en esos escritos la presentación de San Martín ante el rey Luis Felipe, quien en la oportunidad, tomando con ambas manos las del Libertador, le dijo con entusiasmo: "Tengo un vivísimo placer en estrechar la diestra de un héroe como vos; general San Martín, creedme que el rey Luis Felipe conserva por vos la misma amistad y admiración que el duque de Orleáns. Me congratulo que seáis huesped de la Francia y que en este país libre encontréis el reposo después de tantos laureles". También cuenta De la Barra que durante el último carnaval que pasó en París el Libertador los acompañó de buen grado a observar los festejos. Vieron allí la larga procesión de enmascarados y carruajes y los más fantásticos trajes. Y agrega: "Después de comer en Chez Grignon, llevados de la curiosidad, determinamos presenciar como espectadores una de estas orgías. En efecto, el 12 por la noche nos fuimos al Teatro de Varietés, donde tomamos un palco. Abajo bailaban los enamorados en medio de un tropel y gritería, aumentándose la confusión y apretura a medida que menudeaban las visitas al lugar en donde se expendían las bebidas".[196]

En tanto, las noticias que llegaban de América tenían por entonces como eje temático la inminente guerra entre Chile y la Confederación Peruano-Boliviana. El fusilamiento del ministro Portales, inspirador de la misma, hizo que por un momento se confiara en la detención de su puesta en marcha. San Martín alentaba las mismas esperanzas. Cuando la guerra por fin estalló, la consideró calamitosa para los tres Estados comprometidos en ella, pues la Confederación rosista terminó aliándose al país trasandino.

Señor don Tomás Guido

Grand Bourg, 17 de junio 1837

Mi querido amigo:

Voy a contestar a sus apreciables de 15 de febrero y 7 de marzo que me han sido entregadas por el joven Balcarce.

Ya había visto con antelación a sus cartas el rompimiento de hostilidades entre Chile y Perú pero ignoraba el decreto de ese gobierno de cerrar toda comunicación con Bolivia que en mi opinión es el equi-

---

[196] Armando Braun Menéndez, *"San Martín durante el ostracismo a través de un memorialista chileno"*, en *Boletín de la Academia Nacional de la Historia,* Buenos Aires, 1966, N° 39, pág. 173.

valente a una declaración de guerra: yo no dudo de las poderosas razones que habrán influido para adoptar una medida de tal trascendencia, pero sí el de que nuestro país, es decir, Buenos Aires porque sólo sobre ella cargarán los gastos que se originen para sostener una guerra que no podrá hacerse sin un cierto número de tropas regladas, a menos que Chile no suministre algunos subsidios, lo que dificulto mucho, por el principio de que un Estado que desde el año 21 ha gozado de completa paz, sin que en este intervalo hayan podido ni aun pagar los réditos de su deuda exterior, me da una malísima idea de su administración; por otra parte, yo no creo que esta guerra sea popular en Chile, porque ella está en oposición a sus intereses: más, porque el carácter de sus habitantes no es de aquellos que pueden inflamarse como el de nuestros compatriotas; otro más, porque yo no conozco en Chile un hombre capaz de mandar dos batallones, a menos que no se ponga a la cabeza de la expedición el ministro Portales, que según la opinión de los chilenos (existentes en París) es el Salomón de la América del Sud; otro más, porque yo no veo el campo de batalla entre estos dos Estados beligerantes, &&&

Consecuente con su encargo me he informado de los gastos que podrán originarse en la educación de su hijo en París, solo punto de Francia donde se da con aprovechamiento. Resulta que en los principales colegios en donde se enseñan las facultades mayores, a saber, el de Enrique IV, Luis el Grande, Carlomagno y Eliseo Borbón, se paga por la pensión anualmente 1.300 a 1.400 francos, a más hay que satisfacer separadamente los maestros de música, esgrima, equitación, idiomas, como el entretenimiento de ropa, calzado, &&. En resumen, se me ha asegurado que de 3.200 a 3.400 son los necesarios para el sostén decente de un joven.

Hace pocos días me he vuelto a resentir de los nervios lo que me obliga a marchar a tomar los baños de mar. Todo esto no es más que apuntalar esta vieja carcasa la que es preciso conservar a toda costa.

Mi familia buena: igual beneficio deseo a la de V., a la que le dará mis finos recuerdos recibiendo los de Mercedes y Balcarce. Buena digestión y contento le desea su viejo amigo

J. de Sⁿ Martín

En el año 1838 se anudarían un tanto más intensamente los lazos entre San Martín y Buenos Aires. Ya desde marzo del año anterior su yerno Mariano se había trasladado a esa ciudad a fin de tentar suerte en las transacciones comerciales, contando con los 14.000 pesos que le había adelantado Aguado. En parte suplía su ausencia las visitas que domingo por medio hacía a Grand Bourg su hermano el joven Florencio Balcarce, quien al llegar a la casona encontraba invariablemente al general gozando "a más no poder de esa vida tranquila y solitaria que tanto ambiciona, un día lo encuentro haciendo las veces de armero y limpiando las pistolas y escopetas que tiene, otro día es carpintero y siempre pasa así sus ratos en ocupaciones que lo distraen de otros pensamientos y lo hacen gozar de buena salud".[197] Sin embargo, las preocupaciones se sobrepusieron a sus placeres cotidianos cuando comenzó a complicarse la política rioplatense a raíz del bloqueo francés. Al enterarse del mismo el general le confiaba a su yerno que había escrito a "ese señor presidente [sic] ofreciéndole mis servicios en el caso de su rompimiento con Francia" y mostrándose resuelto afirmaba: "si la guerra se declara y mis servicios son admitidos sólo contra la Francia me pondré en marcha y dejaré a Florencio encargado del cuidado de la familia".[198] Al realizar ese ofrecimiento hecho en comunicación fechada el 5 de agosto, San Martín se mostraba coherente con una línea de conducta observada durante toda su vida: siempre como militar estuvo presto a servir a su país en guerra con una nación extranjera; así se lo había afirmado en 1829 a Fructuoso Rivera, y llegado el caso no hacía más que cumplir con su palabra. Rosas agradeció el gesto del prócer pero se mostró amablemente reticente, no considerándolo por el momento necesario. En cambio le ofreció el cargo de ministro plenipotenciario de la Confederación Argentina en el Perú, cargo que el Libertador no aceptó.

Señor don Tomás Guido

Grand Bourg, 16 de octubre de 1838

Mi querido amigo:

Su apreciable del 11 datada de Buenos Aires me ha sorprendido pues lo suponía en el Ecuador hacía largo tiempo, pero calculo que cuando no ha marchado ese gobierno lo tiene en reserva para algún otro objeto de mayor importancia.

---

[197] *DASM, op. cit.,* tomo XI, pág. 192. De Florencio a Mariano Balcarce, París, mayo 3 de 1838.

[198] *Ibídem*, tomo X, pág. 479. Grand Bourg, 14 de setiembre de 1838.

Efectivamente nada me ha sorprendido el desenlace de la expedición chilena al Perú y no dudo que la segunda que ha salido tenga iguales resultados si no son peores: lo sensible de todo es que nuestro país se halla empeñado en esta guerra que a mi ver no hará más que originar un aumento en la deuda del Estado porque los bolivianos no podrán jamás bajar a nuestras llanuras, así como nosotros no penetraremos en sus montañas careciendo ellos de caballería y nosotros de infantería, en fin yo respeto la decisión de ese gobierno que con presencia de las cosas lo habrá juzgado más oportuno que no yo a la distancia que me separa.

El bloqueo de los franceses es otro asunto más vital para ese país pues no sólo le quita los solos recursos que tiene para sostener la guerra contra el Perú sino que lo ha imposibilitado de socorrer la Banda Oriental cuya posesión por Fructuoso hará revivir el partido Unitario y por consiguiente prolongar los males de nuestra Patria. Este injusto bloqueo (que no dudo será aprobado por este gobierno sosteniendo la conducta de su almirante y cónsul) no me causaría tanto cuidado si entre nuestros compatriotas hubiese más unión y patriotismo que el que [en] realidad existe pero con los elementos tan discordantes de que [se] compone nuestro país, temo mucho que el gobierno pueda sostener con energía el honor nacional y se vea obligado a suscribir a proposiciones vergonzosas, última desgracia que puede caberle a un pueblo que tiene sentimientos de honor.

Esta carta le será entregada por el joven Florencio Balcarce cuya salud decaída lo obliga a dejar el curso de sus estudios en que había hecho rápidos progresos.

Mi salud sigue bien debida en mi opinión a la tranquilidad que disfruto, a la verdad es bien sensible estar separado de su país natal, pero mucho peor es el presenciar sus males sin poderlos remediar.

Mercedes agradece sus recuerdos, ella y sus niñas hacen más llevadero mi destierro en esta Tebaida, en la que pienso pasar el presente invierno.

Mil cosas a su amable costilla y niños, y a V. la rancia y sincera amistad de su viejo y servidor

José de Sⁿ Martín

Se produce aquí un hiato de unos años en la correspondencia conservada entre San Martín y Guido, la que se restablece cuando este último ya se encuentra como ministro plenipotenciario en la corte de Río de Janeiro.

Señor don Tomás Guido
Grand Bourg, cerca de París, 16 de marzo 1842
Mi antiguo y querido amigo:
Confieso franca y sencillamente ser a V. deudor de 2 contestaciones y 3 con la última que acabo de recibir de 29 de noviembre pasado; pero sin pensar un siniestro pensamiento aguarde los esclarecimientos que le daré para justificar mi silencio: no es como V. supone la falta de salud que lo ha motivado pues aunque ésta ha sido malísima por más de un año, no era de tal gravedad que me hubiera impedido poner cuatro letras al señor Cachumbo. El verdadero motivo es no poderlo hacer, no sólo con franqueza sino también por temor de que una expresión mal interpretada pudiere comprometerlo, vista la situación agitada en que se hallaba nuestra tierra; ahora que se halla V. a Barlovento de estos inconvenientes lo haré con más libertad y principiaré por felicitarlo por su nueva situación la que penosa por el infernal clima del Janeiro al fin gozará V. de tranquilidad de ánimo después de la terrible trinquetada que ha sufrido nuestro suelo.

Me dice V. no pierde la esperanza de dar un salto por este continente, sabe V. señor don Tomás que me alegraría en el alma se realizase su pronóstico, no sólo por el placer que tendría en abrazarlo sino también el que me resultaría recordando con V. los tiempos de antaño pues como dice el adagio, el bálsamo de los viejos es el recuerdo de lo pasado.

Después de un año de padecer de un mal de estómago continuo, me decidí a buscar este invierno un clima más templado y hace pocos días he regresado del mediodía de la Francia enteramente restablecido. La suerte haga no venga alguna otra lacra a atormentarme de nuevo que todo es de esperar cuando la casa es vieja.

Creía que los variables y alguna vez los muy rígidos inviernos de esta capital influyesen en la salud quebrantada de Sarratea, sin embargo a costa de algunos resfriados de poca consecuencia ha montado la mala estación con felicidad y en el día se encuentra en un esta-

do regular de salud; la mayor parte de las noches nos hemos reunido en París y como V. debe suponer la revista retroactiva de nuestra revolución da margen a que la conversación sea animada y entretenida.

Mi familia buena, ella me encarga para la de V. igualmente que yo un celemín de amistosos recuerdos y hacemos votos por que ese africano clima no influya en su salud: que la de V. sea completa y que sea tan feliz como se lo desea este su viejo e invariable amigo

José de Sⁿ Martín

P. D. Muchos recuerdos de mi parte al general Pueyrredón igualmente que a su señora esposa.

[En la cubierta dice: El general Sn Martín al señor general don Tomás Guido, ministro plenipotenciario de la República Argentina cerca del Emperador del Brasil por favor del señor don Manuel de Sarratea. Río de Janeiro]

Entre una y otra carta se produjo un acontecimiento que llenó de satisfacción al Libertador: en prueba del reconocimiento que éste le merecía el Congreso nacional de Chile aprobaba un decreto por el que se lo consideraba por toda la vida como en servicio activo en el ejército y se le abonaría el sueldo íntegro correspondiente a su clase aun cuando residiera fuera del territorio de ese país. A esta grata noticia se refería en la siguiente carta, como así también en la seria consideración que hacía el general de establecerse allí.

Señor general don Tomás Guido

Grand Bourg, 15 de abril 1843

Mi querido amigo:

No son dos, pero sí una y un cuarto de carta a que voy a contestar, es decir, a sus apreciables de 22 de setiembre y 22 de diciembre, ambas del año anterior, en esta última me felicita V. por la demostración con que la Legislatura de Chile viene de honrarme; y a la verdad yo debo decir al señor don Tomás que el sueldo de general de aquella República me viene muy bien pero también me creerá si le aseguro que no es éste el que me ha causado una tan completa satisfacción pero sí el que esta demostración es una alta aprobación de mi conducta militar en Chile, aprobación que la deseaba tanto como la existencia de mis hijos y que jamás se había hecho la menor mención en las cáma-

ras de esta República de este viejo y cascado pecador; hay más, como esta medida ha sido tomada sin que por mi parte haya sido solicitada, pues que jamás he manifestado mis sentimientos sobre el particular con persona alguna, la cosa ha sido más grata para mí. La del 22 de setiembre me fue entregada por el caballero Le Febre, sujeto muy recomendable y que he tenido un particular gusto en haberlo conocido, lo mismo que a la amabilísima Nieves, niña que conocí en aquella época en que el Sr. Dn. Tomás trató de robarme las marimoñas de mi pequeño jardín de Chile para presentárselas a su actual esposa. Ambos entregarán a V. la presente quedando nosotros con el sentimiento del poco tiempo que nos hemos tratado.

No dudo lo que V. sufrirá en ese clima verdaderamente africano. A mi ida a Buenos Aires en 829 sólo permanecí en Río de Janeiro cinco días, pero jamás me acuerdo haber sufrido calores tan excesivos, pero de tal naturaleza que era una postración general la que experimenté: quiera la suerte salga V. de ese infierno, pero no para regresar al Sud, pero sí a la latitud lo menos de 40º norte. Lo deseo tanto más cual el hambre que tengo de moler con V. una fanega de conversación es tal que sería capaz de hacer un largo viaje para satisfacerla a pesar de mis 64 navidades y demás lacras.

Se me vuelve a invitar con instancia tanto por el nuevo presidente como por los amigos de Chile para que fije mi residencia en él. Yo estoy resuelto a hacerlo luego que los hijos de mi difunto amigo el Sr. Aguado lleguen a su mayoridad, pues como tutor y curador de ellos no puedo abandonar tan sagrado encargo sin cubrirme de oprobio y de ingratitud: yo preferiría una chacarita sobre la costa de la Plata, pero mi buen amigo, yo busco vivir los pocos años que me restan de vida no sólo con una absoluta libertad, pero en tranquilidad y sosiego y a la verdad, yo no veo en la situación de nuestra pobre tierra una garantía capaz de proporcionarme estas apetecidas ventajas: Quiera Dios oír mis votos, en su favor, ellos serán siempre por que terminen nuestras disensiones y renazcan los días de Paz y unión de que tanto necesita nuestra patria para su felicidad.

Balcarce y mi hija que se hallan presentes me encargan para V. y mi señora doña Pilar un celemín de recuerdos, igual que para sus apreciables hijos; yo no sólo me uno a estos votos sino que añado lo quiere muy sinceramente este su viejo amigo

José de Sⁿ Martín

P. D. Ya habrá V. sabido la muerte de nuestro O'Higgins de quien hacía cerca de dos años carecía de sus noticias directas, aquí pueden citarse los versos del Gran Federico

En vain par vos travaux vous courez a la gloire,

Vous mourrez; c'en est fait; tout sentiment s'eteint.

Vous n'est ni cheris, ni respecté, ni plaint.

La mort ensevelit jusqu'a votre memoire.

Laus Deo

2a. P.D. sin Laus Deo. Nuestro Sarratea fuerte y rejuvenecido como V. no puede calcular. Pasado mañana lo veré, pues haré el viaje a París solo para despedirme de Nieves y su marido y entregarles la presente.

3a. Posdata. He dicho una y un cuarto de carta porque la última de V. es tan chica como los papeles que empleaba V. en limpiar las navajas de afeitarse, que si bien me acuerdo eran como para hacer un cigarro tal era su tamaño.

4a. posdata y creo será la última. Entre las cartas de felicitación que he recibido de Chile hay una del reverendo Bauza que lo creía en la eternidad hace más de 10 años, según me lo habían asegurado. Lo tiene V. de canónigo de Santiago. Yo no dudo que las misas que diga en el día no serán tan expeditivas como las que nos decía en tiempos de antaño.

5a. posdata y creo no será la última. Al propósito del terrible terremoto de la Guadalupe ¿se acuerda V. mi buen amigo del que sufrimos en Chile cierto día y que entró V. en mi despacho con los calzones caídos gritándome que saliese fuera de la pieza? Yo estoy seguro que el cataclismo de la Guadalupe si hubiera venido en aquella época no le hubiera causado el menor mal al señor don Tomás, tal era la extrema agilidad con que lo vi correr el ya citado día, agilidad que estoy convencido no tendrá en el año del Señor 1843.

El fútil motivo de tener que recomendar a los hijos de Santiago Arcos en marcha hacia Buenos Aires, dio origen a que aflorara en el general la nostalgia que se deja traslucir en la siguiente misiva, en la que sin embargo tampoco falta un dejo de tierna picardía al referirse al agradable impacto que le había causado la señora esposa de un visitante recomendado por Guido.

Señor don Tomás Guido

París, 20 de agosto 1843

Mi querido amigo

30 años han transcurrido desde que formé mis primeras amistades y relaciones en Buenos Aires y a la fecha no me queda un solo amigo: de éstos la mayor parte no existen y los restantes se hallan ausentes o emigrados; de la familia de Escalada toda ella ha desaparecido, excepto el Manuel, con quien hace muchos años corté toda comunicación por su mal proceder, así es que en el día no tengo una sola persona a quien recomendar a don Santiago Arcos, hijo de don Antonio y de la señora doña Isabel Arlegui de Chile a quienes V. conoció, por esto es que le ruego me recomiende a este amable joven a sus amigos –él pasa a Buenos Aires y regularmente después a Chile. Es la primera salida que hace del lado de sus padres y es joven muy apreciable y de buena conducta y tanto él como sus otros tres hermanos han recibido una educación e instrucción poco común, yo se lo recomiendo muy particularmente. Él lleva para doña Dominga Balcarce una carta de recomendación pero una mujer no lo podrá dirigir ni aconsejar como los amigos a quien V. lo recomiende. La ausencia de Sarratea en los baños de Vichy me ha impedido pedirle cartas en favor de mi recomendado que parte por el paquete inglés de principios de setiembre próximo.

Creo que la amabilísima Nieves habrá llegado felizmente a ésa y salido de su cuidado con felicidad. Déle V. un celemín de recuerdos de mi parte, igualmente que Pilarcita y demás muchachos.

Dije a V. en mi anterior había tratado con satisfacción a su recomendado el señor Lisboa, sujeto muy apreciable; pero a pesar de sus recomendaciones personales y amable carácter su señora me inspiraba sentimientos más benévolos no sólo por su carácter y maneras dulces –como caramelos– sino por sus bellísimos y destructores ojos. V. dirá que es una abominación que a las 64 Navidades tenga yo un tal lenguaje: señor don Tomás, no venga V. con su sonrisa cachumbera [a] hacerse conmigo el Catón y privarme del solo placer que me resta, es decir el de recrear la vista pues en cuanto a lo demás, Dios guarde a V. muchos años. Doblemos la hoja pues si continuase V. no ganaría en el paralelo, pues V. sabe que sobre este particular ha sido mucho más tentado de la risa que no este viejo y arrepentido pecador.

Mi salud completa, lo mismo que la de mi pequeña familia que co-mo de costumbre vivimos en el campo. Me alegraré que toda la suya y por consiguiente la del señor don Tomás gocen de igual beneficio.

Yo no quedo con consideración y respeto del señor ministro de la República Argentina, pero sí con la sincera amistad que siempre le ha profesado este su viejo amigo

José de Sⁿ Martín

San Martín tendría oportunidad de conocer por entonces a uno de los hijos de su entrañable amigo Guido y no descuida en darle a éste detalladas noticias de su vástago, denotando una notoria preocupación por aconsejarlo pero a la vez para dejarlo obrar con libertad.

Señor don Tomás Guido

Grand Bourg, 9 de setiembre 1844

Mi querido amigo:

Su apreciabilísimo hijo Daniel me entregó la de V. de 27 de marzo pasado, y aunque por mis hijos ya tenía conocimiento de su carácter y con este motivo había formado con anticipación mi juicio sobre él, he tenido que modificarlo en mucha parte: yo creí simplemente que Daniel sería un joven amable, de bellas maneras y hábil en la música, en fin, lo que se llama un joven de buen tono; pero con no poca sorpresa mía he visto que hay en él tela en qué cortar largamente. Un aplomo admirable para sus cortos años, rectitud de juicio, ideas positivas y nada de ilusorio, esto, unido a un carácter amabilísimo y a sus maneras dulces e insinuantes, le prometen ir largo y proporcionar a V. una vejez feliz, que es todo lo que los padres podemos desear de nuestros hijos: concluyo este exordio diciendo que Daniel es hijo de tal padre y que se conoce a tiro de ballesta que ha estado formado bajo el ojo vigilante del señor don Tomás.

El plan que Daniel ha adoptado de comenzar sus estudios (del primer año) en Nantes ha merecido mi aprobación y parecido muy juicioso, no sólo porque los principios de su carrera son los mismos que en ésta, sino que tendrá menos motivos de distracción que en París y al mismo tiempo vivirá con mucha más economía; pero para el 2º año es necesario venga a ésta, porque Nantes no presenta las facilidades y ventajas para la adquisición de los conocimientos teóricos, sobre todo los prácticos de París.

He dicho simplemente a Daniel que debe considerarme como a un padre y que bajo este principio ocurra a mí en todo cuanto se le ofrezca, él me lo ha prometido: el domingo último estuvo en ésta a comer con nosotros y despedirse, partió el martes y a esta fecha ya estará en destino.

Sarratea hace mes y medio marchó a tomar las aguas de Vichy; creo no regresará por ésta más que a fines del presente mes.

En definitiva, V. puede estar tranquilo por Daniel, sobre todo para cuando se venga a París, pues yo vigilaré sobre él con el mismo interés que si fuese V. propio.

Mi salud sigue bien pero temo el próximo invierno, así es que no sé si las ocupaciones de la testamentaría me permitirán hacer una escapada en busca de un clima más dulce que París y menos sujeto a las repentinas variaciones de temperamento.

Mis hijos me encargan para V. y mi señora doña Pilar un celemín de amistosos recuerdos, lo mismo que de la parte de este su viejo amigo que le desea no sólo todo bien, sino darle un fuerte abrazo

José de Sⁿ Martín

A las noticias sobre Daniel Guido dadas a su padre, el general sumaba ahora las referencias a los malos ratos que le había hecho pasar su quebrantada salud. Pero el tema que comenzaría a predominar en sus cartas cada vez más absorbentemente sería el nuevo conflicto generado con la intervención neutral armada anglo-francesa al Plata.

Señor don Tomás Guido

Grand Bourg, 10 de abril 1845

Mi querido amigo:
Muchas veces he tomado la pluma para contestar a su muy apreciable del 14 de diciembre pasado y otras tantas he tenido que renunciar a tamaña empresa: cerca de cuatro meses de continuos padecimientos, es decir, que no podía tomar el menor alimento sin que a la hora después me atacasen cólicos sumamente violentos, a esto agregue V. un sueño constantemente interrumpido y agitado y la conse-

cuencia fue la debilidad extraordinaria y con un tal desarreglo en las funciones que ha habido ocasión de estar 21 días sin poder obrar. Este conjunto de males me habían postrado en términos que creí tener que liar el petate para hacer el último viaje; afortunadamente y ya cansado de sufrir, tomé la resolución de abandonar París y a principios del pasado y en los días más rigurosos de frío que hemos experimentado en este cruel y largo invierno vine a sentar mi cuartel general en esta Tebaida, en donde he comenzado a reponerme y sobre todo el estómago ha comenzado a funcionar con regularidad, así es que espero a fines del presente emprender un viaje a la costa de África, remedio que la experiencia me ha hecho conocer es el que contiene.

Consecuente con su citada carta y en todo de acuerdo con las ideas de V., escribí a Daniel: he aquí en copia su contestación en data 2 de marzo: "mi padre, querido general, me ha escrito en el mismo sentido que usted, su cariño se alarma de la resolución que he tomado y le infunde temores de los que le confieso yo también no estaba del todo exento: mis cartas lo habrán tranquilizado, él sabe que hice mi elección, que he comenzado mis estudios anatómicos y que el primer paso difícil está ya vencido. Las primeras impresiones por susceptible que sea las mitiga la voluntad y luego viene la habitud y se acaba al fin por ver con indiferencia lo que al principio nos causaba horror". Ahora bien, después de una contestación tan terminante yo opino que es necesario dejarle seguir la carrera que ha emprendido, contrariar una vocación tan decidida no creo sería prudente.

¡Qué me dice V. de la intervención que se anuncia de la Inglaterra, Francia y el Brasil en nuestra contienda con la Banda Oriental! No puedo persuadirme traten de emplear la fuerza para hacerla efectiva; yo me inclino a creer sea más bien una mediación amistosa la que se trate de proponer, de lo contrario sería un abuso inicuo de la fuerza, sin que por esto consiguiesen los resultados que se proponen, es decir la terminación de la guerra, por el contrario ella se prolongaría por un tiempo indefinido y por consiguiente perjudicial a los intereses de los beligerantes y neutrales.

Nuestro Sarratea hecho un Hércules, es decir, goza de una salud que le envidio, así es que el cruel invierno que venimos a pasar no le ha hecho la menor impresión.

Miles de recuerdos a la amable Costilla e hijos, de mi parte igual que de la de Mercedes y Balcarce.

*Salud y sobre todo buena digestión le desea este su viejo e inva-
riable amigo*

José de S^n Martín

No puede menos que llenarlo de indignación la hipócrita conducta de los interventores, reconociéndose como perteneciente al "partido americano".

Señor general don Tomás Guido

Grand Bourg, 20 de octubre 1845

Mi querido amigo:

No quiero perder la ocasión de la marcha al Janeiro del señor don José Guerrico que según su señor hermano parte pasado mañana para ponerle estas cuatro letras.

Desde mi última que remití a V. por conducto de Sarratea hemos recibido noticias bien desagradables de nuestra Patria: es inconcebible que las dos más grandes naciones del universo se hayan unido para cometer la mayor y la más injusta agresión que puede cometerse contra un Estado independiente: no hay más que leer el manifiesto hecho por los enviados inglés y francés para convencer al más parcial la atroz injusticia con que han procedido: ¡La humanidad! Y se atreven a invocarla los que han permitido por el espacio de cuatro años derramar la sangre y cuando ya la guerra había cesado por falta de enemigos se interponen no ya para evitar males sino para prolongarlos por un tiempo indefinido: V. sabe que yo no pertenezco a ningún partido: me equivoco, yo soy del Partido Americano; así es que no puedo mirar sin el mayor sentimiento los insultos que se hacen a la América. Ahora más que nunca siento que el estado deplorable de mi salud no me permita ir a tomar una parte activa en defensa de los derechos sagrados de nuestra patria. Derechos que los demás estados americanos se arrepentirán de no haber defendido o por lo menos protestando contra toda intervención de los estados europeos.

Ya dije a V. en mi última que visto el estado abatido de mi salud me proponía pasar el próximo invierno bajo un clima más benigno que el de París; efectivamente me pondré en marcha en principios del entrante, bien sea al mediodía de la Francia o algún otro punto de Italia: como V. debe suponer a los 67 años y con una salud sumamente achacosa, no me será nada agradable tener que separarme de mi pequeña familia y de sus cuidadosos esmeros, pero es necesario hacer este sacrificio para evitar tanto padecimiento.

Aunque directamente no tengo noticias de Daniel, he sabido no tenía novedad en su salud por conducto de la Magdalena Thompson que escribe a Mercedes desde Nantes.

Balcarce y Mercedes me encargan para V. y la amable Pilar y familia sus amistosos recuerdos, igual que yo.

Goce V. de salud cumplida y sea tan feliz como se lo desea este su viejo amigo

José de San Martín

Esta carta va escrita por la posta pues Guerrico, el mayor, se va a París en el momento y [no] me ha dado tiempo ni aun de revisarla.

No tardó en saber de la heroica acción de la Vuelta de Obligado contra la escuadra anglo-francesa y, a pesar de su inicuidad, se complacía en comprobar la entereza con que sus compatriotas habían enfrentado la agresión.

Señor don Tomás Guido

Grand Bourg, 10 de mayo 1846

Mi querido amigo:

[…] Sarratea me entregó a mi llegada a ésta su muy apreciable del 12 de enero; a su recibo ya sabía la acción de Obligado. ¡Qué iniquidad! De todos modos los interventores habrán visto por este "echantillón" que los argentinos no son empanadas que se comen sin más trabajo que el de abrir la boca: a un tal proceder, no nos queda otro partido que el de no mirar el porvenir y cumplir con el deber de hombres libres, sea cual fuere la suerte que nos depare el destino; que por mi íntima convicción, no sería un momento dudosa en nuestro favor, si todos los argentinos se persuadiesen del deshonor que recaerá sobre nuestra patria si las naciones europeas triunfan en esta contienda, que en mi opinión es de tanta trascendencia como la de nuestra emancipación de la España. Convencido de esta verdad, crea usted, mi buen amigo, que jamás me ha sido tan sensible no tanto mi avanzada edad, como el estado precario de mi salud que me priva en estas circunstancias ofrecer a la patria mis servicios, no por lo que ellos

puedan valer, sino para demostrar a nuestros compatriotas que aqué-
lla tenía aún un viejo servidor cuando se trata de resistir a la agresión
la más injusta y la más inicua de que haya habido ejemplo [...][199]

Sigue con extrema atención y desconfianza las negociaciones que se lle-
vaban a cabo con los representantes de los gobiernos agresores, aun cuando
por entonces realizó un viaje por Italia, en el que contó en parte del trayecto
con la compañía de Juan Martín de Pueyrredón. Por entonces Guido le escribía que estaba al tanto de su marcha hacia Nápoles en procura de algún alivio, aunque le preocupaba que no hubiera conseguido gran mejoría en el benigno clima de Italia, "y cuando me acuerdo de que la cautela y prudencia no
es el fuerte de usted si se trata de conservar la salud, crece mi disgusto vién-
dolo enfermo". Pero luego el tema tenía que derivar inevitablemente hacia la
intervención anglo-francesa, verdadero *leit motiv* de su correspondencia por
entonces: "Continuamos lidiando con el apostolado de la paz: nunca hubo
burla más acre que la que han hecho del sentido común los que apellidaron
misión de paz a la de los ministros Ouseley y Deffaudis. ¡El demonio cargue
con semejante pacificación! Brava insolencia, mi amigo, el retozar así con el
más débil. Usted conoce cuál fue siempre la templanza de mis opiniones en
días ardientes. Debe usted creer que la edad y la experiencia han completado la obra de mi organización. Pues bien, con razón fría de una madura reflexión y exento de todo espíritu de partido, declaro a usted que en mi larga carrera política no he visto violaciones más escandalosas de la moral y del
derecho público que las acometidas por los agentes de dos renombradas naciones: Inglaterra y Francia en el Río de la Plata. Falta la serenidad para es-
cuchar de tales misioneros que no nos hacen la guerra, cuando la encienden
en la Banda Oriental, cuando transportan expediciones militares a ocupar los
puntos principales, cuando entran a sangre y fuego en nuestros ríos interiores, cuando se demuelen a cañonazos nuestras baterías y nos matan por cien-
tos nuestros soldados, cuando nos saquean y queman los buques centrales y
nacionales dentro de nuestros puertos, cuando nos apresan y destruyen nuestras embarcaciones; cuando bloquean nuestras costas, cuando por último ha-
bilitan al caudillo Rivera y lo conducen de un punto a otro con una columna
de extranjeros para invadir su propio país. ¡¡¡Si todo esto se hace en paz qué
se reservan aquellos caballeros para tiempo de guerra!!! [...]". Y lo que más
le indignaba era la causa positiva de esos desafueros: "La aduana de Montevideo. Las adquisiciones de una compañía inglesa. El tratado de comercio y

---

[199] Cit. en: *"El Centenario"*, págs. 266-267, no figura en AGN.

navegación celebrado por Inglaterra con el gobiernillo de aquella plaza [...] Allí tiene usted la clave de tanta inquietud. Cualquier otro pretexto general es historia de viejas o como decían nuestros padres, engañabobos".[200]

Señor don Tomás Guido

Grand Bourg, 26 de setiembre 1846

Mi querido amigo:

Acabo de saber que el joven Prieto, hijo de nuestro antiguo amigo el general de este nombre, parte de París mañana con destino a Chile, tocando en el Janeiro, lo que me contraría infinito pues estaba en la creencia no lo verificaría hasta 5 o 6 del entrante, en fin trataré de aprovechar el poco tiempo que me resta para escribir a los amigos de Chile y a V. ponerle estas cuatro letras y contestar a sus apreciables de 24 de febrero y 1º de julio. La primera entregada por el señor Irarrazábal y como V. debe suponer este apreciable sujeto ha sido tratado por mí y familia con la consideración que me merece todo lo que viene de parte de V.; y la última (que recibí hace muy pocos días) remitida por Sarratea, éste recorriendo las márgenes del Rhin y desde estos puntos, capeando a Mr. Guizot hasta ver los resultados de la negociación entablada por Mr. Hood, y que a pesar de los buenos resultados que todos fundan en ella, yo soy como las mulas chúcaras que orejean al menor ruido, es decir, que estoy sobre el quién vive, de todo lo que viene de Inglaterra, y aunque esta prevención podría extenderse a sus aliados contra nuestro país, éstos son todos más claros y verdaderos niños de teta comparados con sus rivales. Afortunadamente como estas dos entidades son tan opuestas he aquí que en el día se hallan, si no próximas a un rompimiento por lo menos sus relaciones amistosas visiblemente alteradas con motivo del casamiento de un hijo de Luis Felipe, con una Infanta de España; si estas circunstancias hubieran llegado un par de meses antes podrían haber contribuido poderosamente al triunfo de la lucha en que se halla empeñada nuestra patria. De todos modos me asiste una confianza segura de que a pesar de la desproporción de fuerzas y recursos el general Rosas triunfará de todos los obstáculos.

---

[200] *DASM, op. cit.*, tomo VI, págs. 584-586. Río de Janeiro, 30 de junio de 1846.

Efectivamente, tuve que partir para Italia en busca de un tempe-
ramento más benigno y por este medio ver si mejoraba mi arruinada
salud; este ensayo no ha dejado de tener un resultado favorable, pues
a excepción de un ataque bastante serio de cólicos nerviosos que tu-
ve en Nápoles y de otro de menos consideración en Roma el resto del
invierno ha sido mucho mejor que los demás que he pasado en París,
así es que este verano me he repuesto algún tanto, sin embargo de ha-
berme visitado los cólicos de tiempo en tiempo, en fin, es preciso con-
formarse y hacerse cargo que casa vieja debe tener goteras.

V. notará que no le hablo una palabra de nuestros amables inter-
ventores: en este particular yo soy como el célebre Manchego, sensa-
to en todo menos cuando se trata de caballería andante. Así es que
pierdo los estribos y mis nervios sufren cada vez que con los amigos
de ésta se suscita la conversación.

Como V. debe pensar aguardamos con la mayor ansiedad los re-
sultados de la Misión de Mr. Hood. La suerte haga se termine con ho-
nor por nuestro país como me asiste la confianza.

Daniel ha escrito estará en París para continuar sus estudios en
fines del entrante, cuando esto se efectúe, puede V. estar tranquilo que
cuidaremos de él.

Mis recuerdos amistosos a mi señora su esposa y familia, lo mis-
mo que de parte de mis hijos y a V. la antigua amistad de este su vie-
jo amigo

José de S^n Martín

P. D. El dador don Joaquín Prieto, que me dice trató a V. y fami-
lia a su paso por ésa, es un joven a quien tanto yo como mi familia
apreciamos mucho: su amable y franco carácter, instrucción y educa-
ción lo recomiendan. Así creo excusado hacerlo, seguro de que V. le
dispensará su amistad.

En tanto, sus quebrantos de salud se hacían cada vez más frecuentes, mas
él no descuidaba el seguimiento de las tratativas diplomáticas, admirándose
de la destreza con que se había conducido su amigo Guido y continuando expectante con respecto a las distintas fases presentadas por el conflicto inter-
nacional que por entonces enfrentaba con energía Juan Manuel de Rosas.

Señor general don Tomás Guido

París, 27 de diciembre 1847

Mi querido amigo:

No trato de justificar mi pereza pues ésta es ya bien conocida de V. cuando en su muy apreciable de 28 de marzo (a que contesto) me dice V. que no me escribe a trueque de contestación, sino por el placer de darme sus recuerdos: a mi vez diré a V. que mi pereza no es efecto de resfrío en mi amistad, sino la consecuencia de una salud quebrantada y con alternativas tales que afectan mi moral en términos que hay ocasiones en que la sociedad de mis propios hijos me es importuna: con tales disposiciones V. convendrá que el escribir no es un remedio eficaz para distraer mis ataques nerviosos. Dejemos a un lado males y miserias y pasemos al grano.

Al leer en nuestros papeles públicos la voluminosa correspondencia de V. a ese gobierno, confieso que no ha sido un pequeño triunfo el que V. ha conseguido en mantener la paz con la república. Mucho debe V. haber cachumbeado entre el desaforo bélico de ese gobierno y las exigencias muy naturales del nuestro: operación gigantesca y que no dudo como V. me dice lo han envejecido de 20 años; mas al fin V. ve un resultado feliz a sus trabajos, satisfacción bien consolante pues si a las hostilidades de los pacificadores se hubiesen agregado las de ese Imperio, la partida hubiera sido mucho más desventajosa: al propósito de pacificadores por esta parte sabrá V. la tercera o cuarta arremetida que hacen sobre nuestra pobre patria con la remesa de nuevos ministros. El Sr. Baron Gros, nombrado por este gobierno, goza de una excelente opinión, tanto por su carácter conciliante como por su honradez, e instrucción, no obstante estas recomendaciones y con perdón del señor don Tomás como diplomático diré a V. que orejeo cada vez que veo dirigirse a nuestras playas estos políticos, a pesar de lo que se dice de los sinceros deseos que estos dos gobiernos tienen de concluir definitivamente las diferencias con nuestro país. De todos modos yo estoy bien tranquilo en cuanto a las exigencias injustas que pueden tener estos dos gabinetes porque todas ellas se estrellarán contra la firmeza de nuestro don Juan Manuel; por el contrario, mis temores en el día son el que esta firmeza se lleve más allá de lo razonable. El ejemplo de los norteamericanos me da mucho que pensar, ellos han formado en Méjico dos regimientos de caballería muy bien pagados y mandados por jefes americanos y según un meji-

cano que he visto ayer, recién llegado me asegura que estos dos cuerpos han rendido ya servicios muy señalados pues ellos solos han limpiado a 20 leguas de Méjico toda las guerrillas que hostilizaban la capital: en fin, Dios dé al general Rosas el acierto de conciliar la paz y al mismo tiempo que el honor de nuestra tierra.

Hace unos 15 días y de regreso de Nantes estuvo a verme Daniel y tuve el sentimiento de no estar en casa, a mi vez he estado por dos diferentes ocasiones a verlo y me ha sucedido lo mismo. Sin embargo, sé goza de completa salud y que su conducta y aplicación son satisfactorias.

Mis hijos me encargan saludar a V. y a la amable Pilar y familia, hágalo V. también a mi nombre, igual que al lord Howden cuyo carácter franco y amable lo hacen apreciar de todos los que lo tratan.

Adiós mi querido amigo, goce V. no sólo un año nuevo muy feliz, sino tantos como se los desea este viejo amigo

José de Sⁿ Martín

P.D. Sigo defendiéndome lo mejor que puedo de la mala estación pero a costa de todo género de privaciones, así es que los tres ataques nerviosos que he sufrido ya este invierno no han sido tan violentos como los años anteriores: no le sucede esto a nuestro Sarratea que a pesar de sus navidades, frecuenta los teatros y goza de una salud cumplida y sobre todo con un estómago de patente, beneficio inapreciable sobre todo en el último tercio de la vida.

En el contenido de las últimas cartas predominan las cuestiones de índole social:

Sr. Gral. Dn. Tomás Guido

París, 27 de enero de 1848

Mi querido amigo:

A pesar de que por el último paquete escribí a V. por conducto de nuestro Sarratea, aprovecho de la marcha de nuestro compatriota el Sr. Guerrico, que parte mañana para ésa: como sé que V. conoce hace ya tiempo a este apreciable y buen amigo, excuso el recomendárselo, pues él lo hace por su amable y servicial carácter y sobre todo por una honradez a toda prueba. Así es que tanto mi familia como el resto de argentinos que existen en ésta, todos, todos tienen un verdadero sentimiento con su separación.

Antes de ayer estuvo a dejarme su cartita de recomendación el caballero St. Georges; yo me hallaba batallando con mi periódico dolor de estómago y había hecho decir al portero de la casa que no recibía; si mañana me encuentro con algún alivio y el frío excesivo que hoy experimentamos se suaviza un poco, iré a verlo para ofrecerle francamente mis servicios: Mercedes piensa hacer lo mismo con su señora, a la que conoció hace 8 o 10 días en casa de Sarratea, en donde comió con ella, de cuya satisfacción no pude disfrutar pues hace ya más de tres años que no como fuera de mi casa para evitar el menor exceso, que enseguida lo pago con doble interés de sufrimientos.

Guerrico dirá a V. el estado de este viejo mundo, y los aprietos en que se halla este gobierno, tanto por sus declarados disentimientos con la Inglaterra (resultado del matrimonio del duque de Montpensier) como por las complicaciones que presentan en el día la Suiza e Italia. Esta situación la creo muy ventajosa para nuestra tierra, pues ella hará rebajar las injustas pretensiones de este gabinete y por este medio terminar la paz con nuestra patria. El 21 de éste salió de Tolón la fragata a vapor el Mayellan *conduciendo al negociador francés con destino al Janeiro.*

Mis hijos me encargan para V., la amable Costilla y demás familia sus recuerdos amistosos –hágalo V. de la parte de este su antiguo y viejo amigo que le desa mejor salud que la que él tiene

José de Sn Martín.

Boulogne Sur Mer, julio 31 de 1848

Sr. Gral. Dn. Tomás Guido
Río de Janeiro
Mi buen amigo: por este paquete van de ésa de paso para Buenos Aires los jóvenes don Domingo, Don Antonio y don Javier Arcos, hijos de nuestro antiguo amigo y compañero Don Antonio Arcos; les he encargado hagan a V. una visita en mi nombre y se los recomiendo a V. muy particularmente, seguro de que les dispensará las atenciones que ellos merecen y que V. sabe acordar a los buenos amigos. Reciba V. por ellas mis agradecimientos anticipados y cuente siempre con la sincera amistad de su affmo. y sgo. Servidor

José de Sn. Martín

Y en las últimas misivas las cuestiones tratadas se focalizan preferentemente en la referencia que hace el general a Guido de la visita de su hijo Carlos Guido y en el agravamiento de sus dolencias y enfermedades, molestándolo particularmente sus cataratas que han llegado a impedirle escribir ya por mano propia.

Señor don Tomás Guido.
Boulogne Sur Mer, 29 de noviembre 1848
Mi querido amigo:
Su muy apreciable de 23 de agosto me ha sido remitida por su Sr. hijo Carlos desde París. Como V. debe suponer, me ha sido sensible no haberme hallado en aquella capital a su llegada para tener el gusto de conocerlo personalmente y al mismo tiempo ofrecerle cuanto valgo, sin embargo le he escrito en este sentido y espero que si me necesita él me ocupará como el más viejo y sincero amigo de su padre: en su contestación él me ofrece hacerlo y al mismo tiempo hacerme una visita antes de su partida.
Mis cataratas han llegado al grado de tener que servirme del auxilio de mano ajena para escribir. V. sabe que aunque malísimo pendolista, mi correspondencia particular siempre la he escrito yo mismo, de esto resulta que bien sea la habitud o falta de saberlo hacer ello es que jamás he podido dictar una carta, calcule V. el trabajo que en el día debe causarme el tener que hacerlo: espero que esta situación no sea definitiva pues pienso en fines del próximo verano hacerme operar y por este medio me resta la esperanza de recuperar mi vista esto es si el buque puede llegar a buen puerto para esta época.
Nada diré a V. de la situación de este viejo continente, los periódicos pondrán más al corriente que yo, de todos modos su estado puede resumirse en una palabra; la Europa actual es un caos.
Mis hijos lo saludan así como a su amable esposa y familia.
Adiós mi antiguo y buen amigo, goce V. y los suyos de la mejor salud y crea que siempre conservará estos sentimientos su José de Sn. Martín.

Sr. Dn. Tomás Guido

Boulogne, 9 de enero de 1849

Mi antiguo y querido amigo:

Con esta misma fecha escribo a su hijo Carlos suplicándole y en todo caso mandándole suspenda el viaje que había resuelto hacer a ésta para conocerme. Ciento cuarenta leguas de ida y vuelta en la estación más rigurosa del año, aunque hechas con velocidad por el camino de fierro es una operación bien incómoda. Yo hubiera tenido una satisfacción en abrazarlo, pero esta consideración me ha parecido superior a mis deseos.

Sigo penosamente tirando el invierno, que hasta ahora no se ha presentado demasiado riguroso; no sabemos si lo que nos resta de él continuará con la misma benignidad.

Carlos dirá a V. mejor que lo que yo le puedo escribir la situación de este país; en mi opinión, no hay que confiar en la aparente tranquilidad que presenta en el día. Las consecuencias de la revolución deben hacerse sentir necesariamente por muchos años y los dos grandes partidos de orden y anarquía que se encuentran en presencia deben continuar la lucha hasta que uno de los dos decida la cuestión de una manera definitiva.

Hasta el día ignoramos cuál será la resolución de este gobierno con respecto a nuestro país; de todos modos sean cual fuesen sus intenciones, yo creo que él tiene suficiente costura en que entretenerse en Europa, para pensar en hostilizarnos directamente a menos que la Inglaterra no meta el cisma.

Adiós, mi buen amigo, goce V. de una salud completa igual que toda su familia. La mía se une a estos sentimientos con los que será siempre su invariable y viejo amigo

José de Sn. Martín

Al año y medio de escrita esta última carta que consta en el legajo que contiene la correspondencia del prócer en el archivo del general Tomás Guido, le llegó al Libertador la hora de su paso a la inmortalidad. Su entrañable confidente lo sobrevivió dieciséis años, durante los cuales desempeñó una proficua carrera de hombre público: durante una década y hasta 1851 fue representante argentino ante el gobierno del Brasil. Al año siguiente, luego de Caseros, fue llamado por Urquiza para colaborar en su gobierno. Desde 1855 hasta 1861 fue senador en el primer Congreso Nacional de Paraná y en el ínterin desempeñó delicadas misiones puntuales: fue ministro plenipotenciario en el Paraguay; luego acompañó al Presidente de la Confederación en la mediación entre la nación guaraní y los Estados Unidos; más tarde fue designado enviado extraordinario y ministro plenipotenciario en misión especial al Uruguay y al Brasil, y finalmente fue uno de los comisionados signatarios del Pacto de Unión Nacional de San José de Flores. Ascendido al grado de brigadier general de los ejércitos de la República, sobresalió particularmente en el recinto parlamentario de la modesta capital provisoria de la Confederación, donde siempre bregó por la unión con la escindida provincia rebelde de Buenos Aires. Allí él simbolizó el respaldo de los guerreros de la Independencia a los legítimos continuadores de su obra, conmoviendo al recinto con sus alocuciones patrióticas, que aún hoy emocionan al leerlas en las páginas de los Diarios de Sesiones. En todo momento tuvo presente "el nombre y la memoria de mi glorioso e inolvidable amigo, el general San Martín". Y así fue como, el 28 de setiembre de 1857, Guido delegó momentáneamente la presidencia de la Cámara alta para presentar una moción destinada a reparar el silencio y el olvido de los argentinos, que demoraban imperdonablemente el reconocimiento debido a la gloria del Libertador. Ese día, el ya anciano don Tomás dijo: "Demos ejemplo de que sabemos venerar el recuerdo de los padres de la República Argentina. Que para ellos la posteridad empiece en sus hijos, cuando existen todavía algunos restos de la generación pasada, quebrados por el tiempo, que pueden contarles con la autoridad de los años lo que la historia no revela sino imperfectamente, respecto a esos esclarecidos patriotas, a sus trabajos, a sus gloriosas hazañas. Movido de estos sentimientos, que tanto importa estimular, presento una moción para que se levante un monumento al general don José de San Martín, que contribuya a perpetuar su memoria". E inquiría: "¿Tendré, por ventura, para fundar mi proyecto que enumerar los timbres de aquel insigne guerrero?".[201] Por supuesto que ello no fue necesario: pese a que no retuvo allí Guido su brillante oratoria, sabía que las suyas eran frases persuasorias destinadas a indubitables convencidos. A casi ciento cincuenta años de formulada, ¿será acaso necesario repetir esa pregunta? ¿Y tendremos el desconsuelo de hacerlo sin poder dar por descontada la respuesta? Si así fuera, si la "sucia

---

[201] Congreso Nacional, *Actas de las sesiones del Paraná correspondientes al año de 1857*, Buenos Aires, Imprenta de La Nación, 1884, pág. 413.

chismografía" de la que varias veces se quejó el Libertador hubiera embotado la sensibilidad patriótica de algunos argentinos, inhabilitándolos para discernir su más que probada grandeza como héroe y como hombre, sería oportuno recordar estas palabras de Sarmiento: "La principal razón contemporánea para condenar a los grandes hombres es que la condenación de las grandes figuras absuelve y agranda a las pequeñas. La rehabilitación del nombre histórico de San Martín fue lenta, larga, como si de suyo se hiciera en la conciencia humana, sin argumentos, sin panegíricos, sin controversias".[202]

---

[202] DOMINGO F. SARMIENTO, *"Discurso pronunciado en el acto de llegar las cenizas del general don José de San Martín al muelle de las Catalinas (28 de mayo de 1880)"*, en *Obras completas de Sarmiento*, Buenos Aires, Editorial Luz del Día, 1951, tomo XXII, *Discursos populares*, segundo volumen, pág. 82.

ÍNDICE

Esta edición
se terminó de imprimir en
Grafinor S.A.
Lamadrid 1576, Villa Ballester,
en el mes de julio de 2000.